Mosaik

bei GOLDMANN

Buch

Alle Kraft, die der Mensch braucht, um eine Situation zu meistern oder zu verändern, kann er aus sich selbst schöpfen – er muß es nur wirklich wollen. In dem Augenblick, in dem sich jemand für Freiheit, Glück und Liebe entscheidet, ist er frei, wird er glücklich werden und wird fähig sein, zu lieben. In dem Praxisbuch zur »Kraftzentrale Unterbewußtsein« helfen Erhard F. Freitag und Carna Zacharias jedem, die Macht der Gedanken richtig einzusetzen, um Probleme, Nöte, Krankheiten zu überwinden und ein glückliches Leben zu führen.

In »Kraftzentrale Unterbewußtsein« berichtet der erfahrene Hypnosetherapeut Erhard F. Freitag über seine Therapieformen und über seine erstaunlichen Erfolge damit. Aus der Kraft des Unterbewußtseins führt der Weg zu innerer Harmonie, körperlich-seelischer Gesundheit, Liebe zu den Mitmenschen und Erfolg im Beruf. Die Kraft des Positiven Denkens begegnet überzeugend einer Welt voller Probleme.

Autoren

Erhard F. Freitag ist einer der bekanntesten Hypnosetherapeuten Deutschlands. Seine Arbeit basiert auf dem Konzept des Positiven Denkens von Joseph Murphy.

Carna Zacharias arbeitet als Autorin und Journalistin in München. Sie schrieb das Kinderbuch »Jana«, das Sachbuch »Wo liegt Utopia?« und den Roman »Der Sinn des Lebens«.

Von Erhard F. Freitag liegen im Goldmann Verlag außerdem vor:

Hilfe aus dem Unbewußten (10957)
Kraftzentrale Unterbewußtsein (10888)
Die Macht Ihrer Gedanken (13618, mit Carna Zacharias)
Sag ja zu deinem Leben (12208, mit Gudrun Freitag)

ERHARD F. FREITAG
CARNA ZACHARIAS

Die Macht Ihrer Gedanken

Kraftzentrale Unterbewußtsein

Der Weg zum Positiven Denken

Mit einem Vorwort
von Dr. Joseph Murphy

Mosaik
bei GOLDMANN

Überarbeitete Taschenbuchausgabe Dezember 1998
© »Die Macht Ihrer Gedanken«
1986 Wilhelm Goldmann Verlag, München,
ein Unternehmen der Verlagsgruppe Random House GmbH
© »Kraftzentrale Unterbewußtsein«
1983 Script Buchagentur GmbH, Grünwald b. München
und Wilhelm Goldmann Verlag, München,
ein Unternehmen der Verlagsgruppe Random House GmbH
Umschlaggestaltung: Design Team München
Satz: Uhl + Massopust, Aalen
Druck: GGP Media, Pößneck
Verlagsnummer: 13618
Kö. · Herstellung: Sebastian Strohmaier
Made in Gemany
ISBN 3-442-13618-0
www.goldmann-verlag.de

11 13 15 17 16 14 12

ERHARD F. FREITAG
CARNA ZACHARIAS

Die Macht
Ihrer Gedanken

Inhalt

Vorwort

Liebe Leser,

dieses Buch soll Ihnen helfen, theoretisches Wissen in die Praxis umzusetzen. Wir alle wissen, daß drei Gramm Praxis schwerer wiegen als tausend Tonnen Theorie. Wir nehmen an, daß Sie die Bücher *Kraftzentrale Unterbewußtsein* und *Hilfe aus dem Unbewußten* bereits gelesen haben, daß wir bereits ein Stück des Weges gemeinsam gegangen sind. Doch auch wenn das nicht der Fall sein sollte, steht in dem vorliegenden Buch alles, was Sie wissen sollten, um Ihr Leben so zu gestalten, wie Sie es wollen. Damit wir uns nahe sind, bitten wir um Ihr Einverständnis, wenn wir ab jetzt die Du-Form in der Anrede wählen. Wir sind überzeugt davon, daß durch das vertraulichere Du mehr Nähe und dadurch eine Herzensverbindung möglich wird.

Noch eine Anmerkung zum Ausdruck »Positives Denken«. Positives Denken wird oft von Kritikern als »Schönfärberei« bezeichnet, doch das ist ein Mißverständnis, das, wie meistens, auf unzureichenden Informationen beruht. Positives Denken sollte richtiger »Konstruktives Denken« heißen, also aufbauendes Denken im Gegensatz zu zerstörendem. Nur ist »konstruktiv« ein eher sperriges Wort, deshalb vermeiden wir es lieber. Kritiker sind im Grunde mehr oder weniger nicht tatsächlich an einem Sachverhalt interessiert, sondern vielmehr daran, ihre Kompetenz zu beweisen. Kritik sollte eine Funktion von Liebe sein, oder es wäre besser, sie zu unterlassen.

Wir möchten dir zur Einstimmung auf dieses Buch einige Sätze von Prentice Mulford mit auf den Weg geben. Wir hoffen, daß sie dir Mut machen und dich mit Freude ans Werk gehen lassen:

»Wie ein Stück Eisen durch Kontakt magnetisch gemacht werden kann, so kann auch der gewöhnliche Mensch, auch der scheinbar unbegabte, Kräfte an sich ziehen und dadurch selber geistig schöpferisch werden. Welchen ›Strömen‹ er sich öffnet, das wird die Qualität seiner Ladung bestimmen...«

Wir wünschen dir, daß du viel Freude während des Lesens hast. Wenn du uns schreiben möchtest, wir freuen uns!

Colorado, USA, und München 1999

Carna Zacharias, Erhard F. Freitag

TEIL 1:

WAS IST POSITIV?

KAPITEL 1

Wohin wir gehen

Du möchtest etwas in deinem Leben verändern? Du möchtest dich entwickeln, deine Persönlichkeit aufbauen und festigen? Nichts leichter als das, lies aufmerksam die folgenden Seiten und es werden Wunder in deinem Leben geschehen. Eine der notwendigen Voraussetzungen ist, daß du Neues annehmen kannst, und daß du Ungewöhnliches, ja sogar Unbekanntes akzeptieren kannst.

Wie pflegen wir im allgemeinen mit einer neuen Situation umzugehen? Hier ein einfaches Beispiel. Wenn du die folgende Aufgabe gelesen hast, schließe bitte die Augen und löse sie:

Sage laut das Wort NEIN rückwärts...

Hast du bemerkt, wie du bei der Lösung der Aufgabe vorgegangen bist? Du hast dir das Wort zuerst einmal richtig geschrieben vorgestellt – und erst im zweiten Schritt rückwärts gelesen. Genauso gehen wir mit allem Unbekannten um, dem wir gegenübergestellt werden. Stehen wir vor einer noch nie dagewesenen Situation, liefert uns augenblicklich der perfekteste Computer, den es gibt – unser Gehirn –, Daten aus der Vergangenheit. Mit Hilfe dieser Daten konstruieren wir das Ergebnis der neuen Situation sozusagen im Planspiel. Und je nachdem, wie der »output« unseres Computers aussieht, gehen wir dann in die neue Situation hinein oder weichen ihr aus.

Das scheint ein effektives Verfahren zu sein. Doch das ist es nur auf den ersten Blick. Der Haken dabei ist nämlich, *daß die neue Situation tatsächlich nur sehr wenig mit deinen vergangenen Erfahrungen zu tun haben muß.* Natürlich gibt es gewisse Ereignisse, die durchaus mit dem Verstand berechenbar sind, zum Beispiel kannst du es dir sparen, die Niagarafälle hinunterzuspringen. Die Wahrscheinlichkeit, daß du es überlebst, ist einfach zu gering.

Dennoch tust du, sobald du mit etwas Neuem, Unbekanntem konfrontiert bist, fast immer so, als verlange jemand von dir, die Niagarafälle hinunterzuspringen! Du zauderst, du ziehst dich zurück in die Sicherheit der alten Verhaltensmuster, du findest tausend Rechtfertigungen (die Daten aus der Vergangenheit!), die dir dringend davon abraten, dich in fremdes Gelände zu wagen.

Nehmen wir ein Baby, das sofort nach der Geburt, aus welchen Gründen auch immer, von der Mutter getrennt wurde. Es wird die ersten Jahre seines Lebens von Heim zu Heim gegeben, und ist mal bei Verwandten, mal bei Pflegeeltern. Es hat keinerlei Orientierung, es erfährt nicht, was »zu Hause« ist. Es entwickelt eine starke Angst vor »Fremden«, weil diese das Kind, kaum daß es sich an eine Umgebung gewöhnt hat, wieder woanders hinbringen. Das Kind fühlt sich ständig hilflos den willkürlichen Aktionen anderer Menschen ausgeliefert. Dieses Kind wird nun erwachsen, es macht seinen Weg, weil es intelligent ist – doch es hat ein bestimmtes Programm gespeichert. Dieses Programm heißt: »Fremde Menschen sind meine Feinde. Fremde Menschen wollen mir Böses. Ich kann niemandem vertrauen.« Wird nun dieser Mensch vor neue Situationen gestellt, weicht er automatisch davor zurück, weil die Informationen zu diesem Thema, die sich das Gehirn aus der Vergangenheit hergeholt hat, negativ sind.

Da er sich deshalb aber nie einer Situation aussetzt, in der er feststellen könnte, daß Fremde auch hilfreich und liebevoll sein können und dann auch nicht länger Fremde sind, bleibt sein altes Programm wirksam. Und er hat weiterhin Angst vor Fremden...

Bei den meisten Menschen tritt erst einmal ein »Fluchtreflex« ein, wenn sie einer unbekannten Situation gegenüberstehen. »Nur weg hier«. Wenn du diesem Fluchtreflex *nicht* nachgibst, wenn du standhältst, anstatt zu flüchten, dann wirst du erstaunliche Erfahrungen machen. Du wirst es nicht nur »überleben«, du erfährst es auch am eigenen Leib, daß alles ganz anders sein kann als früher. Daß alles ganz anders *ist*. Die Augenblicke, in denen du das erkennst, werden zu den größten Glücksmomenten deines Lebens zählen.

»In der Schöpfung scheint es, daß Gott im Gestein schläft, in den Blumen träumt, in den Tieren erwacht und im Menschen weiß, daß er wach ist« (Yogananda).

Vereinfacht gesagt hat sich die Evolution aus dem Mineralreich entwickelt. Wir sagen von den Steinen, daß dies unbelebte Materie ist, doch wenn wir einen übergeordneten Standpunkt einnehmen, erkennen wir, daß auch ein Stein Bewußtsein ist. Er ist nicht in dem Sinne bewußt, wie wir es sind, er stellt eine Form von Bewußtsein dar, die subtil, latent ist. Materie ist die niedrigste Form von Bewußtsein, und Bewußtsein ist die höchste Form von Materie, beides ist zumindest hypothetisch austauschbar. Ein Stein wird sich weiterentwickeln, indem er durch Erosion zerfällt. Irgendwann einmal kommt etwas hinzu, das eine höhere Form von Bewußtsein darstellt. Ein Funke springt von irgendwo über, und dieser Funke schafft vielleicht etwas, das wir mit Mikroorganismus bezeichnen – Einzeller, unendlich kleine Lebewesen, aber der Beginn von Leben!

Eine Zwischenstufe ist mit Sicherheit der Kristall. Ist es nicht faszinierend, in den Juweliergeschäften graue Steine zu sehen, die aufgeschlagen worden sind und den Blick auf ihr Inneres, auf viele bunte Kristalle freigeben? Wir können uns mit ihnen nicht unterhalten, aber sie wachsen. Und Wachsen ist ein Merkmal von Leben. Da ist schon auf der niedrigsten Ebene so etwas wie Organisation: Vielleicht ist ein Felsen noch etwas Unorganisiertes (vielleicht aber durchschauen wir seine Organisation nur nicht), bei einem wachsenden Kristall jedenfalls ist dieses Prinzip erkennbar, sichtbar gewordenes Leben. Danach kommen die Pflanzen, von denen wir in unserer Unsensibilität lange angenommen haben, sie würden nichts anderes sein als zwar wachsende, aber sonst gefühllose Organismen. Spätestens seit dem hervorragenden Buch *Das geheime Seelenleben der Pflanzen* von C. Backster wissen wir, daß Pflanzen Gefühle haben, daß sie auf Lob und Liebe mit vermehrtem Wachstum reagieren, daß sie Furcht und sogar Eifersucht empfinden können. Jede Hausfrau sollte wissen, daß ihre Zimmerpflanzen auf sie reagieren, wenn sie mit ihnen spricht; Pflanzen erkennen sogar die Person wieder, die ihnen Wasser gibt! Du kannst Pflanzen mit liebevollen Worten zum besseren Gedeihen anregen, du kannst sie zu ungeahnter Blütenpracht bringen, sie »aufblühen lassen.« Sprich mit deinen Blumen, auch wenn andere sagen, daß du wohl etwas übertreibst. *Die allermeisten Menschen* sind eingeschränkt in ihrer Weltsicht, sie erkennen nicht die wahre Natur der Dinge.

Natürlich kannst du auch in der freien Natur Kontakt zu Pflanzen aufnehmen. Geh doch mal auf einen großen, mächtigen Baum zu, der dir auf Anhieb sympathisch ist. Nimm zuerst aus einer Entfernung von etwa 50 Metern Kontakt mit ihm auf. Sag zu ihm: »Hallo, Baum, es ist gut, daß es dich gibt. Ich komme jetzt, um mit dir zu sprechen, um mit dir zu sein.« Dann gehst du näher an ihn heran, auf 20 Meter, und versuchst, sein Energiefeld zu fühlen. Vielleicht bist du so sensitiv, daß du es spüren kannst. Dann geh noch näher heran, auf zehn Meter. Fühle den Baum, halte deine Hände in seine Richtung, benutze sie als Antennen und fühle, daß er »ist«. Nun gehe noch näher heran, berühre seinen Stamm, setze dich zu seinen Füßen, lehne dich an ihn und schließe die Augen. Gehe sanft und meditativ eine Verbindung mit ihm ein. Wenn du nicht ein Mensch bist, der vollkommen in seinem Kopf gefangen ist, werden seltsame Dinge geschehen. Du wirst das Gefühl haben, zu träumen. Der Verstand sagt: Das war irreal, das war Unsinn, doch ein inneres Wissen sagt dir: Mein Gott, ich habe tatsächlich mit diesem Baum kommuniziert. Er hat sich mir mitgeteilt. Ich will jetzt auch zu ihm sprechen, ihm sagen, daß ich ihn wegen seiner Stärke und seiner Anmut bewundere, daß er etwas Wunderbares ist und ihm danken, daß er mir Ruhe und Geborgenheit schenkt.

Nimm Kontakt auf zu dieser Ebene der Evolution. Sie ist nicht eine niedrigere Stufe im Sinne von minderwertiger. Du kannst viel von ihr lernen. Und hier, im Pflanzenreich, sind deine irdischen »Wurzeln«.

Danach kommt das Tierreich, eine Stufe der Evolution, mit der wir offensichtlich noch sehr verwandt sind. Hier findet sich schon sehr viel mehr Individualität, Charakter und ein höheres Maß an Freiheit. Wir können mit der Seele eines Tieres eine ganz persönliche Verbindung aufnehmen, wir können es lieben. Einem Tier aus Gleichgültigkeit oder Bösartigkeit Schmerz zuzufügen, zeugt von einem hohen Grad an Un-Bewußtsein.

Die ausgeprägten Wesensmerkmale von Tieren verkörpern auch seelische Aspekte von uns selbst. Die Treue eines Hundes, die anmutige Gefährlichkeit einer Raubkatze, die Freiheit eines Vogels – wir alle tragen Aspekte dieser Tiere in uns. Achte einmal darauf, wie oft du von Tieren träumst! Dein Unterbewußtsein nutzt diese Symbolik, um dir Botschaften zu vermitteln.

Die Grenze zwischen Tier und Mensch ist nicht so scharf, wie wir das vielleicht gerne hätten. Wann war definitiv das eine Wesen noch Affe und das andere schon Mensch? Man kann es nicht sagen, denn die Entwicklung vollzog sich fließend. Es gibt Anzeichen dafür, daß es Tiere auf unserem Planeten gibt, die uns in manchen Bereichen sogar überlegen sind. John C. Lilly, der faszinierende Experimente mit Delphinen machte, fand zum Beispiel heraus, daß diese Wesen über eine differenzierte Sprache verfügen!

Wir betrachten uns als die Krone der Schöpfung. Doch wir sind, wie es der indische Yogi und Philosoph Sri Aurobindo auch ausgedrückt hat, »Wesen im Übergang«, wir sind »ein Ruf, der wächst«.

Wir alle sind (jetzt) individuelles, spezielles Bewußtsein, unsere Heimat jedoch ist das universelle Bewußtsein und dorthin kehren wir in einem kosmischen Reigen auch einst zurück. Es gilt zu erkennen, daß wir alle, alles Lebende, lediglich eine Übergangsstufe sind. Sozusagen ein Intermezzo in der Ewigkeit. Wenn wir unser egoistisches Verhalten zugunsten eines weniger egozentrierten Charakters aufgeben, dann geschehen als erstes die angesprochenen Wunder. Es geschieht Gottgleiches, Göttliches, denn nichts anderes ist dieses Prinzipielle, Universelle, von dem wir kommen und zu dem wir zurückkehren. Nenne es, wie du willst. Nenne es das Absolute, Gott, Buddha, Tao, Licht, Geist, Allah, Brahma, es ist gleichgültig. Jeder Name ist richtig, jeder ist falsch, denn das, wovon wir sprechen, wenn von Gott die Rede ist, ist namenlos, ist ohne Anfang und ohne Ende.

Unser enormes Maß an Egoismus, unsere Kampfbereitschaft, jegliche Abgrenzung gegen andere ist ein Relikt aus unserer fernsten Vergangenheit, aus der Dämmerung der Menschheit. Damals brauchtest du aggressivere Eigenschaften, um zu überleben, *doch heute sind es genau diese Eigenschaften, die unsere Lebensqualität gefährden.* Der dumpfe Egoismus, die Rivalität, die Feindseligkeiten gegen andere – dieses »Steinzeitbewußtsein« läßt uns heute unsere Umwelt zerstören und ein unsinniges Wettrüsten fortführen. Doch selbst wenn wir alle Waffen, die wir haben, auf der Stelle vernichten würden – es wären in kürzester Zeit neue da. Es gilt nicht, die Waffen abzuschaffen, sondern erst einmal das *Bewußtsein* zu verändern, das diese Waffen ersinnt und sie für notwendig hält.

Jede Weisheitslehre, sei es christliche Mystik, Zen, Taoismus, Yoga, Sufismus, Positives Denken, indianische Naturreligion oder was auch immer – alle haben nur ein Ziel, seien die Wege dorthin noch so unterschiedlich: *das Ego zu überwinden.*

Du kannst dich gegen alle Einsichten sperren, doch dann bist du ein Dinosaurier, ein Relikt aus der Urzeit, und die Entwicklung wird über dich hinwegrollen. Denn eines Tages werden wir nicht mehr singen »We are one« (wir sind eins), sondern wir werden es *sein*-Einfach sein.

Wir können darüber spekulieren, wie die Entwicklung, wie die nächsten Stufen der Evolution tatsächlich aussehen werden, aber eines Tages wird die Veränderung da sein. Der Sprung vom Menschen zu den Göttern wird vollzogen sein. Der Yogi Satprem beschrieb es so: »*Ein ungeheures Gelächter wird die Erde erschüttern, und dann haben wir's geschafft!*«

Manchmal muß man den Blick zu den Sternen aufheben, um die Orientierung nicht zu verlieren. Du bist ein Teil dieses gewaltigen kosmischen Evolutionsprozesses, und du bist hier, um dein Bestes zu tun, diese Welt mitzugestalten. Nicht das Beste von irgendwem, sondern *dein* Bestes ist gefragt. Du bist ein notwendiger Faktor im Spiel des Lebens, du bist einer von sechs Milliarden Wegen zum Ziel. Wenn du dich klein und unbedeutend fühlst, verleugnest du das Große, den göttlichen Auftrag in dir. Falls du nicht weißt, wie und wo und was du tun kannst, so streck von nun an einfach die Hand aus, du wirst geführt werden.

»Wenn der Schläfer erwacht« (so der Titel eines Buches), dann wird er die Wahrheit sehen. Und die Wahrheit wird ihn frei machen: Alles, was du zu tun hast, ist also aufzuwachen, und aus dem Schlaf der Unbewußtheit, zum Bewußtsein deiner selbst zu kommen. Balle einmal deine Hand zu einer Faust, und jetzt öffne sie ganz langsam, bis alle fünf Finger gerade sind. Das ist ein körperliches Symbol für dein Aufwachen. Wenn du dich ärgerlich, müde, deprimiert fühlst, wenn du alles »sinnlos« findest, dann mach diese Geste. Die wird dir dein Ziel wieder vor Augen führen.

Und nun wollen wir uns mit Spaß und Elan an die Arbeit begeben. An die schönste und lohnendste Arbeit, die es überhaupt gibt: die Arbeit an sich selbst. Auf den folgenden Seiten machen wir dich weiter mit den Grundregeln des Positiven Denkens vertraut.

KAPITEL 2

DEINE KRAFTZENTRALE
UNTERBEWUSSTSEIN

Du glaubst nicht, was »wahr« ist, sondern was du glaubst, wird durch deinen Glauben für dich wahr. Dein Intellekt wirkt in mehrfacher Funktion, er ist zum Beispiel der Filter, durch den du die Welt wahrnimmst. Je nach Machtbefugnis, die du deinem Verstand einräumst, wird er dir eine verstandesgemäße Darstellung des Lebens anbieten. Oder, wenn deine Intuition und deine Spiritualität miteinbezogen werden –, kann sich eine transzendente Weltschau einstellen.

Es heißt in der esoterischen Philosophie »Wie Innen, so Außen«: Du erfährst von deiner äußeren Welt nur, was den Filter deines rationalen Verstandes passieren konnte. Du erkennst im Äußeren an Werten, was an geistigen Werten in dir vorhanden ist. Du kannst in der äußeren Welt nur jene »Dinge« verwirklichen (materialisieren), die *in dir* bereits potentiell vorhanden sind. Anders ausgedrückt: *Du mußt bereits (in dir) haben, was du verwirklichen willst.* Gewissermaßen projizierst du Inneres (Geistiges) auf die Leinwand des Raumes (Materialisation). Geist ist immer die vorrangige Wirklichkeit. Die Bibel läßt den Geist durch die Propheten sagen: »*Es gibt keine Manifestation, denn durch mich.*« Was jedoch »Geist« ist, entzieht sich noch immer weitestgehend unserem vollen Verständnis. Es ist wohl entwicklungsgeschichtlich noch zu »früh«, sich über die Beschaffenheit (Existenz, Natur) der letzten »Realität« ein Urteil zu bilden. Wie auch immer dir das Absolute erfaßbar ist, ist von den Mitteln abhängig, mit denen du sie zu erfassen suchst. Je weniger du rational suchst, desto besser lernst du das zunächst Irrationale zu erfahren. Wenn der letzte Hintergrund, sozusagen die hintergründigste Ursache Gott ist, so müssen wir diese Annahme einfach als eine zulässige Vereinfachung akzeptieren. Lerne mehr intuitiv – und weniger über den Verstand – zu verstehen. Dein rationales Wissen wird mit seiner Zunahme auch gleichzeitig dein Nichtwissen vermehren und damit zum Hindernis zwischen dir und deinen anderen Dimensionen werden.

Auf der Suche nach Erkenntnis ist es immer noch der beste Weg, sich meditativ »leer« zu machen! Alles, was sich in dir an rationalem Wissen angesammelt hat, verstellt sozusagen den Blick auf das, was ist. Alles, was an weltlichen Informationen in dir ist, verzerrt deine Objektivität ins Subjektive.

Ein anderer Begriff, der dir zum Verständnis der geistigen Natur verhelfen will, ist Bewußtsein. Geist und Bewußtsein sind miteinander verwandte Größen, über die mehr nachzudenken sich lohnt. Eine bedeutende Eigenschaft von Bewußtsein ist, daß es unabhängig von Materie, unabhängig vom Körperlichen existiert. Es kann zwar mit ihr in Wechselwirkung treten, sollte aber besser als eigenständige, ja sogar höherwertige Realität verstanden werden. Materie und Geist, Immanenz und Transzendenz sind eins, Materie als die niedrigste Form von Geist dient dem Geistigen zur Aktion in der Welt. Vielleicht liegt in dem Wort »Bewußtsein« die größte Annäherung an den wahren Hintergrund von allem, was ist. Vielleicht ist es die einzige, oder nenn es die letzte Realität, die wir jedoch in Ermangelung definitiver konkreter Beschreibung je nach Tradition Gott, das Absolute, Brahman, oder auch das Tao nennen.

So arbeitet unser Unterbewußtsein

Positives Denken ist eine tief von innen kommende Lebensanschauung, derer sich *jeder*, der bereit und offen dafür ist, bedienen kann. Wenig in unserem Leben passiert, ohne daß wir dafür die Weichen gestellt haben: Das bedeutet wiederum, daß wir für unser Handeln weitestgehend selbst verantwortlich sind. Wie aber entstehen diese Verbindungen? Wo wir doch so schnell bereit sind, unsere Mißerfolge »Zufällen«, »Umständen«, oder einfach dem »Schicksal« anzulasten. Wenn du zu erkennen beginnst, daß alles von dir ausgeht und deshalb auch wieder zu dir zurückkehrt, so hast du bereits mit dem Positiven Denken begonnen.

All die Ursachen für unser Verhalten, für unsere Gewohnheiten, für die »Zufälle«, sind in unserem Unterbewußtsein zu suchen. Es sind die vielen kleinen Programmierungen, die uns zu dem »gemacht« haben, was wir sind. Direkt beschreiben können wir das Unterbewußtsein nicht, weil wir keine vergleichbare Größe haben. Stell es dir als etwas vor, das nicht räumlich, nicht zeitlich orientiert ist, das nicht materiell existiert. Stell es dir vor wie einen Gedanken, der zwar nicht faßbar, greifbar, aber dennoch vorhanden ist.

Das Unterbewußtsein ist – im übertragenen Sinn – unter dem Bewußtsein. Das Unterbewußtsein verfügt über enorme Eigenschaften: es liebt Unterhaltung, körperliche Gefühle, wie beispielsweise Essen, Sex, in der Sonne liegen, und es liebt die *Wiederholung* dieser Unterhaltung. Es hat die Eigenschaft einer Tonbandkassette. Es ist die Aufgabe eines Tonbandes, zu speichern, festzuhalten und auf Abruf das Gespeicherte wiederzugeben. Du kannst dein Unterbewußtsein auch mit deinem Bankkonto vergleichen. Alles, was du dort deponierst, bleibt dort, ja, wird sogar mehr. Das gilt für die Soll- wie für die Habenseite. Kassette und Bankkonto haben gemeinsam, daß es ihnen egal ist, was du speicherst oder deponierst. Und ebenso arbeitet dein Unterbewußtsein. Es speichert deine Gedanken, und es ist ihm unwichtig, von welcher Qualität sie sind. Es arbeitet überpersönlich, das heißt neutral, es hat weder die Fähigkeit noch das Recht, darüber zu urteilen, ob das, was du denkst, gut ist oder nicht. Es arbeitet wie ein dienstbarer Geist, der die Wünsche seines Herrn erfüllen möchte und so führt es alle Befehle des Bewußtseins aus, die ihm von dir in Form von Gedanken, Wünschen, Ideen vorgesetzt werden.

Es heißt: *Du bist, was du denkst* und in diesem Sinne hast du durch *dein Denken* dem Unterbewußtsein alle wahren oder unwahren Ansichten über die eigene Fähigkeit beigebracht. Nur wenn du also dein Bewußtsein mit klaren positiven Gedanken erfüllst, kann dieses dem Unterbewußtsein positive »Muster« vermitteln. Es kann nur durch unsere Gedanken beeinflußt und geändert werden. Wir sollten verstehen lernen, *daß es nicht unterscheidet, sondern nur aufnimmt, speichert, wiedergibt, sozusagen deine Exekutive ist.*

Und jetzt sind wir schon an dem entscheidenden Punkt angelangt, der interessanterweise gerade wegen seiner Einfachheit schwer zu verstehen ist. Denkst du destruktiv, so *muß* das Unterbewußtsein aufgrund seiner einfachen Struktur annehmen, daß du *destruktiv sein willst.* Und es beginnt, das Destruktive zu verstärken, es anzuziehen, es zu materialisieren. Redest du von Krankheit, so schließt das Unterbewußtsein daraus, daß es das ist, was du möchtest. Es ist seine Aufgabe, deine Gedanken zu realisieren. Sprichst du von Gesundheit, so fängt das Unterbewußtsein mit derselben Intensität an, diese Gedanken zu materialisieren.

Das Unterbewußtsein hat den Auftrag, dein Bewußtsein von Informationen freizuhalten, die du nicht ständig parat haben mußt. Dadurch bleibt dein Bewußtsein frei für seine Hauptaufgabe: kreativ zu sein. Hätten wir alle unser Wissen ständig im Bewußtsein, dann wäre diese Kreativität empfindlich beeinträchtigt. Wir wissen also jetzt, daß das Unterbewußtsein als Transformator arbeitet. Ein Gedanke ist eine geistige Größe, eine höhere geistige Dimension, in der weder Raum noch Zeit existieren. Das Unterbewußtsein formt (transformiert) diese geistige Vorstellung um, transferiert sie gewissermaßen aus der geistigen Ebene in die weltliche. *Wenn wir ein Ziel haben, so sind wir bereits auf dem Weg, denn nur wer ein Ziel hat, kann ankommen.* Es ist also wichtig, daß du weißt, was du willst. Du kannst deine Wünsche individuell gestalten oder auch allgemein gültige Ideale für dich in Anspruch nehmen. Wichtig ist also: *Ein Ziel haben heißt, auf dem Weg sein* und mehr ist nicht nötig.

In der Werkstatt deines Geistes werden Aufträge nur in bildhafter Form angenommen, d. h., die Sprache des Unterbewußtseins ist bildhaft. Es versteht kein einziges Wort – es versteht nur die Bilder, die hinter jedem Wort, jedem Gedanken stehen. Wenn du beispielsweise einen fremdsprachigen Satz auswendig lernst, von dem man dir gesagt hat, daß er bedeutet: »Ich sehne mich von ganzem Herzen nach Gesundheit« – dann speichert das Unterbewußtsein mit diesem Satz die Vorstellung »Gesundheit« und setzt ihn in eine bildhafte Vorstellung von Gesundheit um.

»Die Fähigkeit von Kindern, in phantasievollen Bildern zu denken, geht oft im Lauf der Jahre verloren. Wenn wir heute vor die Aufgabe gestellt werden, bildhaft zu denken, erscheint uns dies manchmal schwierig. Das sollte dich aber nicht beunruhigen, jeder Mensch hat die Fähigkeit, Bilder vor seinem geistigen Auge entstehen zu lassen. Stell dir einen Wunsch vor, z. B., daß du die Fahrprüfung bestehst. Male dir in Gedanken aus, wie du sicher und ruhig zur Prüfung gehst, wie du die Aufgaben, die dir der Fahrlehrer gibt, spielend meisterst. Du siehst, wie du bereits beim ersten Anlauf in die Parklücke kommst, wie du souverän die Vorfahrtstraßen beachtest. Spürst du schon deine Gelassenheit und Ruhe? Nun steigst du aus, der Fahrlehrer beglückwünscht dich und übergibt dir den Führerschein.

Die Vorstellung einer Handlung ist fast gleichwertig mit der Ausführung selbst. Die gedankliche Vorstellung ist die wichtigste Hilfe für die Vervollkommnung der Persönlichkeit. So konnte in einem Experiment nachgewiesen werden, daß die rein gedankliche Übung des Bogenschießens – genügend lange durchgeführt – zur gleichen Vervollkommnung der Treffsicherheit führt wie das tatsächliche Bogenschießen selbst. Erfolgreiche Männer und Frauen haben schon zu allen Zeiten ihre Imagination in Rollenspielen zu ihrer Entwicklung benutzt. Napoleon übte jahrelang in Gedanken die Kriegskunst aus, ehe er die erste Kampfhandlung selbst leitete. Er sah sich als Kommandeur der Insel Korsika und übte Schlachten mit mathematischer Genauigkeit. Baron Hilton führte in Gedanken schon eines seiner Riesenhotels, lange bevor er sich überhaupt ein Hotel kaufen konnte. Als Junge spielte er gern Hoteldirektor. Du sollst natürlich weder Napoleon spielen noch Mr. Hilton sein, du sollst du selbst sein mit *deinen* Wünschen und Zielen.

Du siehst, das Unterbewußtsein funktioniert ganz einfach: *Habe eine klare Zielvorstellung und du bist auf dem Wege.* Du solltest die geistige Entsprechung dessen, das du haben willst, in dir haben. So einfach dieser Satz auch klingt, so schwierig mag er zu verstehen sein. Verinnerliche diesen Gedanken in seiner ganzen Bedeutung, denn diese Erkenntnis ist notwendig für die Arbeit an dir selbst. Er ist der Boden für die Saat, die alsbald aufgehen wird. Wiederhole: *Ich habe die geistige Entsprechung meiner Wünsche in mir!* Das heißt: Meine Gedanken sind bereits da, jetzt folgt deren Realisation!

Man kann das Unterbewußtsein mit einem Garten vergleichen, bei dem wir als Gärtner entscheiden, was wir daraus machen: einen Urwald, eine Monokultur oder einen Garten Eden. Wir haben die Wahl, und – zugegeben – es ist eine schwierige, unbequeme Entscheidung, die aber für jeden von uns einmal fällig wird. Haben wir gewählt, dann haben wir damit begonnen, den Garten zu gestalten. Wir entfernen die Steine, schaffen Bewässerungsmöglichkeiten und anderes mehr. Ebenso ist es mit der Arbeit an uns selbst. Wenn wir uns entschieden haben – und du hast das schon getan, wenn du bis hierher gelesen hast –, dann werden wir anfangen, die Hindernisse in uns ausfindig zu machen, und uns daran machen, sie abzubauen. Negative Programmierungen, Frustrationen, Ängste und Aggressionen können wir gezielt abbauen, und wir können uns eine positive Einstellung zu uns und unserer Umwelt erarbeiten.

Gestalte deine Zukunft selbst

Nachdem wir nun etwas über die Funktionsweise des Unterbewußtseins wissen, sollten wir uns jetzt mit uns selbst beschäftigen. Überprüfe zunächst deine Gedanken. Erlebst du es nicht oft, daß deine *Befürchtungen* eintreffen? Kaum hustet jemand in deiner Nähe, denkst du: »Hoffentlich bekomme ich keine Erkältung.« Spürst du dann ein Kratzen im Hals, dann nimm zu dem »alten« Wissen hinzu, daß du deinen Husten nicht nur von deinem Nachbarn hast, sondern daß deine Gedanken an Erkältung dein Unterbewußtsein erst auf Erkältung programmiert (vorbereitet) haben. Dein Unterbewußtsein hat nur erfolgreich gearbeitet und deine Befürchtungen realisiert. Es heißt schon in der Bibel: »Was du befürchtest, wird über dich kommen, und nach deinem Glauben wird dir geschehen.«

Eine Grundvoraussetzung für deinen Erfolg ist der Glaube an die Erfüllung deiner Wünsche. Solange du Zweifel hast, kein festes Ziel vor dir siehst und du innerlich schwankst, solange kann auch deine schöpferische Kraft in dir nicht für dich wirksam werden. Innerlich zerrissen und unsicher, bleibst du auf der Stelle stehen und kommst nicht voran. Der geistige Zwiespalt lähmt deine Kraft, splittet sie und zermürbt dich. Werde zu einer geistigen *Einheit* und handle aus ihr, dann wirst du auch einen geraden Weg sehen, einen Weg zur Sonnenseite des Lebens. So wie du deinen Partner, deine Freunde und deinen Beruf aussuchst, so solltest du auch »Ausschau« halten nach: Frieden, Harmonie, Erfüllung, geistigem und materiellem Reichtum.

Triff deine persönliche Wahl – trenne dich von deinen negativen Weggefährten –, wähle bewußt das Positive, das Schöne und Beglückende. Sage ja zu deinem Leben, zur Freude, zu Glück und Erfolg. *Denke folgerichtig, dann handelst du auch richtig.* Wenn du eine Fehlentscheidung getroffen hast, dann basiert sie auf falschen Informationen. Nicht Gott oder eine andere Macht führt dich in die Irre oder bestraft dich, sondern du selbst hast durch dein Denken dein Unterbewußtsein angewiesen, deine negativen Gedanken zu verwirklichen. Nimm den heutigen Tag als das Ergebnis deiner Gedanken aus der Vergangenheit. Vielleicht hattest du negative Gefühle, vielleicht hast du negativ gedacht, und folglich sind dir dann auch die Probleme begegnet, die du selbst (durch dein Denken) erschaffen hast! Du hast das, was dir heute begegnet, über das Gesetz der Resonanz in dein Leben gezogen. Was du heute denkst, wird sich morgen realisieren. Heute ist das Ergebnis deiner vergangenen Gedanken, morgen das deiner heutigen Gedanken. Kreiere, erschaffe das, was du morgen möchtest. Es ist nie zu spät, deine Lebensqualität aktiv zu verändern.

Manchmal kommen enttäuschte Menschen in die Praxis und berichten, daß sie trotz positiver Suggestionen keinen Erfolg erzielen konnten. Diese Menschen haben nicht den Boden für die Suggestionen bereitet. Niemand wird den schönsten Samen auf ein Feld voller Disteln und Steine werfen und ein üppiges Blumenfeld erwarten. Jeder weiß, daß der Boden für ein Blumenbeet vorbereitet werden muß, aber nur wenige machen sich bewußt, daß für die Blumen des »Lebens« auch erst die Grundlage geschaffen werden sollte. Erst die Einsicht in diese Zusammenhänge ermöglicht eine wünschenswerte Änderung. Verdeutliche dir Ursache und Wirkung, setze diese Wahrheit um, und dann solltest du mit der praktischen Arbeit beginnen. *Sorge dafür, daß das kommt, was du liebst, andernfalls mußt du lieben, was kommt.*

Du willst deine Zukunft selbst gestalten, und nicht darauf warten, was sie bringt? Dann solltest du von jetzt an dein Unterbewußtsein über deine Wünsche – klar und bildhaft – informieren. Mache dabei nicht den Fehler, dich mit den Dingen zu beschäftigen, die du loswerden willst. Es ist niemals möglich, Probleme loszuwerden, indem du dich mit ihnen befaßt. Sich mit Problemen beschäftigen heißt, sie zu vergrößern. Denken ist ein schöpferischer Vorgang und es ist nicht möglich, etwas weg-zudenken. Dein Geist ist immer kreativ, *was du also denkst, das wirst du hervorbringen!*

Sage zu den Sorgen deiner Vergangenheit: »Vergangenes ist vergangen, und so sollte es bleiben.« Eigentlich wäre ein »Vergeßnis« manchmal viel hilfreicher als ein Gedächtnis. Wir sollten imaginieren, was wir wollen, anstatt Nicht-Wünschenswertes zu bemängeln. Stell dir vor, daß das, was du möchtest, da ist, und als logische Folge das, was du nicht willst, auflöst.

Ein gutes Beispiel bietet auch hier wieder die Krankheit – ein Zustand, den wohl jeder von uns kennt. Du bist also krank, deine Krankheit ist dir unangenehm. Du beschäftigst dich deshalb mit deiner Krankheit, und sie erhält dadurch einen höheren Stellenwert in deinem Leben – und sie wird sich so lange weiter ausbreiten, wie du dich mit ihr beschäftigst. Sich ständig mit dem Problem zu beschäftigen, ist der wahre Grund, warum Kranke kränker und Arme immer ärmer werden.

Sobald du das System zu durchschauen beginnst, beschäftigst du dich anstatt mit dem Negativen mit dem Positiven, mit deiner Gesundheit anstatt mit deiner Krankheit. Und da alles, womit du dich befaßt, nur größer werden kann, wird deine Krankheit automatisch kleiner in dem Maß, in dem deine Gesundheit sich (in deinem Geist) ausbreitet. Befasse dich mit Gesundheit, mit gesundem Essen und gesunden Getränken. Stell dir vor, wie du gesund aussiehst, und du bist auf dem Weg. Dasselbe gilt natürlich auch für deine Schulden, für Probleme jeglicher Art.

Wenn du dir also deine positiven Suggestionen erarbeitest und sie dir jeden Tag eingibst, dann treffen diese Suggestionen zuerst auf die Anhäufung von Negativem, die jeder von uns seit der Kindheit in sich trägt. Diese negativen Programmierungen haben wir nicht nur durch unsere Erziehung, wir alle werden täglich auf eine sehr destruktive und gefährliche Art beeinflußt. Stell den Fernseher an, blättere in der Zeitung. Was findest du?

Überwiegend negative, und das heißt angstmachende, Nachrichten und Szenarien. Deine persönlichen Suggestionen sind zunächst wie ein Tropfen auf den heißen Stein, aber bekanntlich sind es stete Tropfen, die den Stein höhlen.

In uns allen steckt oft noch so viel Widerstand, so viel Destruktives, das sich positiven Suggestionen eventuell noch lange widersetzt. Daher hier drei Möglichkeiten, diesen Widerstand abzubauen und raschere Erfolge zu erzielen:

- *Auflösen* durch Autosuggestion oder Hypnose (Regression).
- *Verzeihen*: Es ist eine Frage der seelischen Reife, ob du das willst. Es ist der Königsweg zu verzeihen – für den, der es wirklich kann.
- *Dankbarkeit*, daß alles das, was war, das Beste war, was dir geschehen konnte, das ist Positives Denken im Original. Alles was jetzt ist, hat dir geholfen, das zu sein, was du heute bist, ein bewußtes Wesen reich an Erfahrungen. Es gibt im Positiven Denken nichts Negatives, alles hatte Sinn und Notwendigkeit, um zur höchsten Erkenntnis zu gelangen.

Was ist Hypnose?

Wir möchten auf die erste Möglichkeit, die Hypnose, näher eingehen. Denn gerade hier gibt es so viele falsche Vorstellungen. Der Sinn der Hypnose ist unter anderem, den Patienten durch bestimmte Techniken in die Kindheit oder in entscheidende Lebenssituationen *zurückzuführen*. Wenn beispielsweise jemand schwer verletzt und mit einem Schock einen Autounfall überlebt, bei dem der Wagen Feuer fing, kann im Rahmen einer Hypnosetherapie dieser Schock leichter aufgearbeitet werden, als das bei den meisten anderen psychotherapeutischen Verfahren möglich ist. Der Patient wird in der Hypnose noch einmal vorsichtig in diese Situation geführt. Natürlich hat er Angst vor diesem schrecklichen Gedanken und würde ihn lieber weiter verdrängen, als ihn aufzuarbeiten. Wir führen ihn deshalb erst einmal in die Umgebung des Unfalls, lassen ihn vom Hubschrauber aus zuschauen und gehen dann langsam näher an das Geschehen heran, bis er innerlichen Abstand gewinnt, indem er *tatsächlich* zur Kenntnis nimmt, daß er gerettet wurde und es jetzt besser wäre, ein Vergeßnis zu entwickeln anstatt voller Angst weiter in der Aura dieses Erlebnisses zu verbleiben. Wir helfen ihm in dieser Situation, er kann sich dadurch von seiner Angst und deren Folgen lösen – er kann dann wieder ohne Furcht Auto fahren und wird nicht mehr blaß beim Anblick von Feuer.

Das gleiche geschieht bei Verhaltensstörungen, deren Ursachen in der Kindheit zu suchen sind. Wenn einem Kind ständig gesagt wird, daß es dumm, häßlich oder unfreundlich ist, dann ist es kein Wunder, wenn sich in diesem Kind diese negativen Suggestionen festsetzen. Außerdem erscheint ein Kind häßlich, unfreundlich und dumm, weil es genau dieses Verhalten aus seiner Umwelt übernommen, also abgeschaut hat. Die Eltern sind meist das Vorbild für das, was dann vom Kind nachgebildet wird! Der kritisierende Erwachsene bekämpft beim Kind *seine* Dummheit, *seine* Häßlichkeit, *seine* Unfreundlichkeit. Es ist auf jeden Fall dumm, jemandem zu sagen, er sei dumm. Später erkennt der Mensch zwar diese Zusammenhänge, kann sich aber allein nicht von den jahrelangen Zurückweisungen und destruktiven Grundmustern lösen. Er braucht Hilfe von außen, um wieder frei zu sein.

Im Verlauf der Therapie gehen wir zurück in die Kindheit (Regression), vollziehen die schmerzhaften Situationen nach und können oft tief verwurzeltes Leid auflösen.

Angestrebt wird durch dieses Zurückführen ein *wachsendes Bewußtsein* um die eigene göttliche Natur, frei von Frustrationen und Traumata. *Selbsterkenntnis ist das Ergebnis eines langen*

Weges des Sich-selbst-bewußt-Werdens und zu lernen, dem Er-
kannten zu vertrauen.

Der Patient findet zu seiner Mitte, erkennt, daß er enorm viel positive Energie besitzt, die sich aber erst jetzt – nach Auflösung dieser hemmenden, vergangenen Erfahrungen – frei entfalten kann. Er lernt loszulassen, kann sich akzeptieren und beginnen sich zu lieben. Es ist ein wahrhaft beglückender Augenblick, wenn man die Veränderungen sieht, die in den nur zehn Tagen einer Therapie vollzogen werden können. Unglückliche, im wahrsten Sinne des Wortes gebeugte Menschen verlassen die Praxis aufrecht, mit elastischem Gang, eine positive Ausstrahlung umgibt sie – sie haben ihr *Selbstbewußtsein* gefunden, sind frei und sicher und wissen, daß sie die Probleme, die sich ihnen stellen, lösen werden. Sie haben erkannt, daß sie dankbar sein können für jedes Problem, weil sie gelernt haben, daß in allem eine Erkenntnis verborgen lag.

Das Wort Hypnose hat für viele Menschen etwas Geheimnisvolles. Viele stellen sich darunter einen Zustand ähnlich einer Narkose vor, bei dem sie weder fühlen noch wissen, was sie tun; daß sie einfach schlafen und wieder aufwachen, ohne sich zu erinnern, was in der Zwischenzeit geschehen ist. Hypnose ist etwas völlig anderes – es ist ein Zustand tiefer Entspannung, eine Zwischenstufe zwischen Wachen und Schlafen; ein Zustand immer tiefer werdenden inneren Friedens. Notwendig dafür ist lediglich die Bereitschaft, sich zu öffnen, und das Vertrauen in den Therapeuten.

Es gibt generell drei Tiefen oder Phasen in der Hypnose: In der oberen bis mittleren Tiefe wird eine Therapie durchgeführt, wobei der Patient alles um sich herum registriert, das Geschehen aber nicht unbedingt verstandesorientiert einordnen, beeinflussen will. Er kann mechanische Handlungen, wie die Augen öffnen oder den Arm heben, nicht mehr so leicht durchführen. Er wird nicht durch seinen rationalen Verstand gehemmt; seine seelischen Kräfte und sein Gedächtnis sind frei und lassen längst vergessene Situationen wieder aufleben. Alle Situationen seines Lebens können in plastischen Bildern erscheinen. Der Patient ist in der Lage, sich in Problemsituationen, egal wie weit sie zurückliegen, zurückzuversetzen – in Situationen, die für ihn kritisch waren, die sein Leben beeinflußt und geprägt haben und die er nicht vergessen kann, die er nicht aufgearbeitet hat. Es tauchen Situationen auf, die er verdrängt hat, weil sie unangenehme Erinnerungen in ihm wachrufen oder weil er seelisch oder körperlich verletzt wurde. Im Zustand des entspannten Betrachtens ist er in der Lage, diese Situationen noch einmal nachzuvollziehen. Eine Situation neu zu bearbeiten heißt, sie von innen heraus zu verstehen, sie sozusagen neu einzuordnen und ihr damit einen neuen Stellenwert beizumessen. Es sind die vielen Erlebnisse, an die wir uns oft nicht »erinnern« können. Weil sie verdrängt wurden, beherrschen sie uns sozusagen aus dem Exil. Verdrängte Gefühle lösen Ängste aus, verursachen Komplexe und sind ein idealer Nährboden für Neurosen jeglicher Art.

Es gibt dann noch die dritte und tiefste Phase der Hypnose – den sogenannten somnambulen Bereich. Nur sehr wenige Menschen überhaupt können aufgrund ihrer Veranlagung in einen so tiefen Trancezustand gelangen, daß sie für ihre Außenwelt nicht mehr erreichbar sind. Dieser Bereich ist für eine Therapie nicht geeignet, da der Patient geistig so weit entfernt ist, daß er das Wort des Therapeuten und damit die Suggestion nicht aufnehmen kann. Allein schon deshalb scheidet diese – für viele Menschen mit Unbehagen empfundene – Phase für eine Therapie aus. Eine veraltete Vorstellung über Hypnose beruht auf der längst überholten Anschauung, daß nur dieser Tiefenzustand Hypnose sei. Es hat sich jedoch längst erwiesen, daß diese tiefste Stufe keinen therapeutischen Erfolg bringt.*

---

* Für ausführlichere Informationen zum Thema Hypnose und ihre Möglichkeiten siehe Erhard F. Freitag, *Kraftzentrale Unterbewußtsein*, München: Mosaik bei Goldmann, 1998.

So arbeitest du erfolgreich mit Suggestionen

Wir wollen uns nun mit Suggestionen befassen. Voraussetzung für ein gutes Wirken der Suggestionen ist ein *tief entspannter Allgemeinzustand*. Je mehr du alltägliche Gedanken abschalten kannst, je lockerer und gelöster du bist, desto bereiter ist dein Unterbewußtsein, Worte (Suggestionen, Affirmationen), die du ihm eingibst, aufzunehmen. Erarbeite dir deine Suggestionsformel, indem du in positiven Worten deine Wünsche formulierst. Dabei solltest du nicht zu sehr ins Detail gehen, sondern darauf vertrauen, daß die Weisheit deines Unterbewußtseins den richtigen Weg für dich finden wird. Je häufiger du dann diese Affirmation anwendest, desto tiefer prägt sie sich ein. Die beste Zeit, dein Unterbewußtsein über deine Ziele zu informieren, ist die Zeit vor dem Schlafengehen und die Zeit vor dem Aufstehen – es ist die Zeit, in der sich die Tore des Unterbewußtseins öffnen. Aber auch tagsüber solltest du deine Formel so oft wie möglich anwenden. Überprüfe nicht jeden Tag, ob du Fortschritte gemacht hast und wieviel du erreicht hast – so wie du täglich auf der Waage dein Gewicht überprüfst. Glaube und vertraue, laß dir etwas Zeit, habe Geduld mit dir selbst. Behalte die gleichen Worte bei und vergiß nicht, daß dein Unterbewußtsein die bildhafte Sprache am besten versteht. Stell dir die Erfüllung deiner Wünsche vor. Du wirst merken, daß du dich positiv veränderst und daß sich dadurch dein Leben wandelt.

Sei du selbst, du bist nicht auf der Welt, um so zu sein, wie andere dich haben wollen. An der Veränderung in deiner Umwelt kannst du deine eigene Veränderung erkennen. Stell dich auf die Sonnenseite des Lebens – laß dich nicht von Zweiflern und notorischen Pessimisten verunsichern, sie arbeiten ebenfalls mit Suggestionen, aber mit negativen. Betrachte deine Wünsche als realisierbar, und sie werden zur Realität werden. Jedem geschieht nach seinem Glauben – wenn du also davon überzeugt bist, daß du dein Ziel erreichst, dann wird das dafür Notwendige geschehen. Du wirst wie von einer unsichtbaren Macht geführt werden und dein Ziel erreichen.

Suggerieren bedeutet Gedanken *wiederholt* denken. Es ist eine besondere Form des Denkens, des Erschaffens, des Kreierens. Es ist ein Herbeiziehen von erwünschten Situationen – niemals das Gegenteil. Wenn wir dir sagen: »Stelle dir den Eiffelturm nicht vor« – was siehst du dann vor deinem geistigen Auge? Den Eiffelturm natürlich! Und je lauter wir rufen: »Stell ihn dir *nicht* vor«, desto deutlicher siehst du ihn. Also wirst du ihn dir ganz tief und fest einprägen. Du kannst weder ihn noch irgend etwas wegsuggerieren. Deshalb ist gerade für die Arbeit mit Autosuggestionen sowohl Disziplin als auch einige Übung notwendig. Aber der Aufwand lohnt sich bestimmt. Einige Menschen machen trotz dieser Hinweise den Fehler, daß sie Worte wie »keine« oder »nicht« verwenden. Das Unterbewußtsein versteht diese Worte nicht und negiert sie. Der Sinn des Satzes verkehrt sich dann sehr leicht in das Gegenteil. Wenn du sagst: »Ich habe keinen Hunger«, versteht das Unterbewußtsein: »Ich habe Hunger.« Die Folgen kannst du dir ausmalen. »Ich habe keine Schmerzen mehr«, heißt also: »Ich habe Schmerzen mehr.« Also keine Verneinungen. Suggestionstechnik heißt auch viel richtiger im Englischen Affirmation – *Bejahung!*

Hier eine Erfahrung, die Erhard machte:

»Vor ein paar Tagen hielt ich einen Vortrag vor meinen Patienten und sprach etwa zehn Minuten davon, wie wichtig es ist, nichts zu verneinen. *Ich sagte also in verschiedenen Variationen, daß wir jetzt nur davon reden werden, was wir wollen, daß es ist, daß jede Form des Problemdenkens nur mehr Probleme schafft und sie nicht beseitigt.* Ich warnte also eindringlich davor, jetzt oder auch später Problemlösung betreiben zu wollen. Ich sagte, daß die meisten Menschen Probleme haben, weil sie von kaum etwas anderem als ihren Problemen reden. Da geschah etwas für mich wieder einmal sehr Lehrreiches. In meinem zweiten Buch schilderte ich die junge Heilpraktikerin, die bei der Prüfung durchfiel, weil sie sich suggerierte: ›Ich lerne und *behalte* alles‹ – was dann auch tatsächlich geschah, nämlich, daß sie das Erlernte in der Prüfung für sich behielt. Genauso wie damals gab es auch an diesem Tag wieder eine neue Erfahrung, etwas Wichtiges zu lernen, als nämlich eine junge Frau aufstand und den Raum verließ. Im Flur wurde sie von einer Mitarbeiterin angesprochen und gefragt, warum sie denn ginge. Die Antwort verblüffte mich später außerordentlich und bestätigte mir doch zum hundersten Male die einfache, simple Arbeitsweise des Unterbewußtseins eindrucksvoll aufs neue. Frau Sylvia G. sagte: ›Ich muß jetzt da raus, denn die reden gleich von Problemen, und davon habe ich weiß Gott selbst genug.‹ Sie hatte – ich hätte es wissen müssen – nicht gehört, daß ich sagte, wir reden jetzt *nicht* von Problemen. Vom Wort *nichts* hatte sie nicht gehört!«

Negatives wird sich in dem gleichen Maße verkleinern, wie das Positive sich in dir ausbreitet. Du brauchst also nichts wegzusuggerieren, denn es verschwindet von selbst. Außerdem müßtest du unweigerlich negative Worte benutzen, und die Konsequenzen wären dann fatal. Wende dich also nicht mit deinem Problem an das Unterbewußtsein, sondern mit der Lösung – das ist ja dein Ziel.

Werde der, der du bist!

Wir wollen hier einmal den Begriff »Ego« ein wenig beleuchten. Je weniger du egozentrisch denkst, desto mehr wird dein Denken natürlicherweise auf das Allgemeinwohl gerichtet sein. Je intensiver du egoistisch denkst und handelst, desto mehr werden die anderen dich beneiden und versuchen, dir das, was du erreicht hast, wegzunehmen. Es gibt zwei Arten von Egoisten. Der naive Egoist sammelt in seinem Leben soviel wie möglich an. Er wird von seinen Mitmenschen zwar bewundert, schafft aber über entstehenden Neid oft eine negative Atmosphäre. Im Gegensatz dazu steht der kluge Egoist. Er wirkt vornehmlich im Interesse vieler, er gibt von dem, was er geschaffen hat, gerne und freiwillig. Seine Mitbürger helfen ihm, denn sie wissen, daß sie durch ihn weiterkommen und durch ihn gefördert werden. Laß einfach das Wort Ego weg – laß es dir zur Freude werden, anderen zu helfen, sie teilhaben zu lassen an deinen Gedanken und den positiven Folgen dieser Gedanken. Es ist nicht deine Aufgabe, für andere dazusein, aber es ist sehr wohl deine Aufgabe, dafür zu sorgen, daß andere dich an deinen Früchten erkennen können und du ihnen als gutes Beispiel dienst.*

Wir wollen gar nicht verschweigen, daß es sicherlich nicht immer ganz leicht ist, oft oder gar immer mit gutem Beispiel voranzugehen. Es ist vielen so beschwerlich, daß sie es nicht für sonderlich erstrebenswert halten. Sie setzen lieber andere auf dieses Schemelchen, auf die sie dann ihre eigenen Erwartungen projizieren können. Sei Vorbild, aber streng dich nicht zu sehr dabei an, laß geschehen, du wirst zur rechten Zeit am rechten Ort sein, du brauchst nur du sein, das ist genug, wenn es mit der rechten Einstellung verbunden ist. Du bist ein Individuum. So wie du bist, ist es gut. Also höre auf, auf die anderen zu schauen, und zu versuchen, so zu sein, wie sie wollen, daß du sein sollst. Arbeite an dir und an deinem Weg, der dich zu neuen Erkenntnissen führen wird und in dir ein Licht entzündet, ein Licht, das mit zunehmender Erkenntnis heller und strahlender wird – bis du eines Tages ganz von diesem Licht durchdrungen bist, und ein Licht bist, das keinen Schatten wirft.

Alles, was du in deinem Leben erreichen kannst, ist, ein Ausdruck göttlicher Schöpferkraft zu sein. Wenn du deinen Blick schulst, dann wirst du bemerken, daß das Gute, das du äußerlich

---

* Mehr zum Thema Ego, siehe Erhard F. Freitag, *Diesseits der Wirklichkeit,* Bergisch Gladbach: Bastei Lübbe, 1997.*

an einem Menschen siehst, auch innerlich vorhanden ist. Innere Harmonie zeigt sich auch in äußerer Harmonie. Deshalb behaupten wir auch, daß materieller Mangel ein Mangel an geistiger Aktivitäten ist. Es fehlt vielen der Wille, das eigene Potential zu ergründen und folgerichtig einzusetzen. Wenn du erfolgreich sein willst, dann solltest du bewußt sein, das heißt, *dir deiner Möglichkeiten bewußt sein.* Das bedeutet Vertrauen – ein unbeirrbares, tiefes Vertrauen in dich und deine eigenen Fähigkeiten – zu entwickeln. Du kennst dich am besten, du kennst deine Talente, deine Wünsche und Bedürfnisse, wer also ist dir näher, wer ist vertrauenswürdiger für dich, als du selbst! Wenn du dieses Buch bis zum Ende durcharbeitest, dann kann man mit Recht sagen, du hast dich selbst erfahren, und mit dieser Erfahrung gibt es kein unüberwindliches Hindernis auf dem Weg zum Erfolg. Du hast die Verantwortung für dich und dein Leben akzeptiert, es ist dir etwas ganz Selbstverständliches geworden. Du hast dich entschieden für dein Leben, für dein Ziel. Du wirst Erfolg haben in allen Bereichen, die für *dich* wichtig sind.

Erfolgreich sein bedeutet, ein glückliches Leben zu führen, ein Leben mit wahren Freunden, ein Leben ohne all die Zwänge, die du dir oft unbewußt selbst gemacht hast. Du solltest immer wissen, daß dir niemand Grenzen setzen kann – nur du selbst bist es, der dich fördert oder hindert. Du wirst spüren, wie beflügelt und leicht du deine täglichen Aufgaben angehst und sie meisterst, wenn du erst einmal gelernt hast, loszulassen von alten, destruktiven Vorstellungen.

Loslassen von den Zwängen des Alltags, die du dir gemacht hast, ist der erste Schritt, der dich zur Fülle des Lebens führt. Du stellst durch Loslassen sozusagen in dir den Raum zur Verfügung, der zu werden, als der du gedacht bist. Dir kann prinzipiell niemand etwas aufzwingen – du alleine errichtest dir deine Grenzen, oder bereitest dir den Himmel auf Erden. Deshalb ist das Loslassen von alten, überholten Vorstellungen ein wichtiger Baustein zu deinem Erfolg. Du kannst deine Stärke spüren, deine Kräfte fließen frei, und Harmonie durchströmt dich, wenn du loslassen, geschehen lassen kannst. Der Gedanke, daß du es selbst in der Hand hast, wie dein Leben verlaufen wird, wie groß dein Erfolg sein wird, macht dich frei und sicher. Du vertraust auf deine Kraft, auf die unerschöpfliche Instanz in den Tiefen deiner Seele.

Du wirst mit dieser Arbeit an dir selbst in die Werkstatt deines Geistes hinabsteigen, dich finden – aber du wirst auch den Schöpfer in dir finden, denn du und der »Vater« sind eins, wenn auch in der Erscheinungsform von zwei. Der Glaube an deinen Erfolg basiert auf dem Wissen, daß alles, was du bist und einst sein wirst, vom Leben gewollt ist. Deine ganze Kraft und Energie ist dir von der großen schöpferischen kosmischen Macht gegeben und sie hilft dir zu sein, wie du sein willst. Es ist eine Kraft, die aus dir heraus und durch dich wirkt. Es wird dein Glaube sein, der dir hilft, Berge zu versetzen, wenn es an der Zeit ist! Wenn sich dir diese Erkenntnis eingeprägt hat, dann siehst du deinen Weg klar vor dir, dann bist du hinübergewechselt von der Schattenseite auf die Sonnenseite des Lebens.

Bevor wir jetzt zu einigen praktischen Übungen kommen, die dir deinen Weg zum Erfolg erleichtern und die dir neue Impulse und Anregungen geben, sollst du die Schritte, die wir bisher gemeinsam zurückgelegt haben, überdenken, sie auf dich wirken lassen. Vergiß einmal alles, was dich belastet, was dich kränkt, dich verletzt, dir Sorgen und Kummer bereitet – mach dich frei von negativen Gedanken. Du kannst es, wenn du es willst. Es ist ein wichtiger Schritt, damit du zum Guten in dieser Welt finden kannst. Diese Arbeit ist die bestbezahlte Arbeit der Welt, ihr Lohn ist deine Freiheit, zu sein, wie du sein willst. Wir können dich begleiten, indem wir dir Hilfestellung geben, dir unsere Erfahrung und unsere Erkenntnis vermitteln, dich unterstützen, aber die Arbeit selbst läßt sich nicht delegieren.

Machst du mit, dann gehst du in die richtige Richtung und hast bereits den ersten Schritt getan, und wie es heißt: Der nächste Schritt erfolgt zugleich. Vielleicht siehst du es dann schon vor dir – zwar noch weit entfernt und ganz klein –, das helle Licht, das nur für dich leuchtet. Dieses Licht wird jeden Tag ein bißchen heller, es wird immer strahlender werden und dir bis zu deinem Ziel dein Wegweiser sein. Du bist jetzt gerade dabei, durch deine eigene Arbeit das zu kreieren, was du dir wünschst. Für einen positiv denkenden Menschen ist alles möglich in dieser Welt, und in deinem Inneren weißt du es selbst. Dieses Wissen macht dich froh und sicher, es macht dich stark, es ist die Lösung und wird dir auch deine Erlösung sein. Du weißt, daß du deine positiven Kräfte einsetzen kannst für deine Wünsche. Du wirst finden, was du suchst. Für jeden von uns wird es etwas anderes sein in den kleinen Dingen. Gemeinsam aber ist uns allen das große Ziel: ein Leben in Harmonie, Freude, Erfüllung und Erfolg. Nimm deshalb den folgenden Leitsatz mit auf deinen Weg:

> *»Wer aber auf das Glücklichsein verzichtet,*
> *erfüllt sein Dasein nicht.«*

(Ludwig Marcuse)

Teil II:

Dein persönliches Erfolgsdiagramm

KAPITEL I:
ÜBUNGEN ZUR ALLGEMEINEN SENSIBILISIERUNG

Nach deinem Glauben wird dir geschehen. Wenn du glaubst, daß das Leben ein Kampf ist, dann wird es genau das für dich sein: ein mühevoller, anstrengender Kampf gegen alles und jeden. Du genießt Glücksmomente, in denen du dich als Sieger fühlst, doch im großen und ganzen wirst du dich als Verlierer gegen »die Macht des Schicksals« empfinden. Doch ein Schicksal, wie es im alltäglichen Sprachgebrauch oft zitiert wird, gibt es nicht. Da ist kein Schicksal, kein Etwas oder Jemand, der dich in eine Situation hineinsteuert und dich sogar wie eine Marionette an unsichtbaren Fäden gefangenhält. Es ist nur *deine* Meinung über die Welt, *deine* Beurteilung der Situationen, die deine Erfahrungen formt. Wenn du dich entschließt, das Leben nicht als Kampf, sondern als Spiel anzusehen, wird dich augenblicklich eine große Erleichterung und Ruhe überkommen.

Die Schriftstellerin Florence Shinn hat mehrere Bücher geschrieben mit dem Thema: Das Lebensspiel und seine Regeln. Sie legt darin dar, daß es keinen Lebenskampf gibt, nur ein Spiel und seine Regeln. Das ist eine sehr konstruktive Einstellung: Ein Spiel zu verlieren, das tut nicht so weh, als in einem Kampf unterlegen zu sein. Außerdem haben wir von vornherein viel mehr Möglichkeiten, ein Spiel zu gewinnen, wenn wir mit unseren Möglichkeiten spielen anstatt zu meinen, einen erbitterten Kampf führen zu müssen. Wenn Angst im »Spiel« ist, dann kommt es natürlicherweise zu Schwierigkeiten, die unsere Chance auf einen Gewinn erheblich verringern.

Viele sind der Meinung, daß Spielen nur etwas für Kinder sei und daß wir Erwachsene uns gefälligst dem Ernst des Lebens zu widmen hätten. Aber überlege einmal, vielleicht ist der »*Ernst des Lebens«* eine Behauptung, der widersprochen werden sollte. Vielleicht liegt hier ein bedeutender Irrtum vor, den es zu korrigieren gilt. Schauen wir uns doch um: Die Natur ist in ein wundervolles, höchst aufregendes Spiel vertieft. Warum gleicht keine Schneeflocke der anderen? Warum wachsen Känguruhbabys in den Beuteln der Mütter auf? Warum legen die Menschen keine Eier? Alles hat seinen Sinn, aber alles könnte sich ganz und gar anders entwickelt haben. Alles ist, wie es ist, und erschafft sich aus sich selbst ständig und *spielerisch* neu. Auch das, was wir nicht sehen können, spielt. Die Physik hat entdeckt, daß die Bestandteile der Atome, die subatomaren Teilchen, ohne Unterlaß in spielerischer Bewegung sind, ja, daß *Bewegung ihr Wesen* ist. Das, was aller Materie zugrunde liegt, ist also kein fester, »seriöser« Grundbaustein, es ist Tanz. Und das ganze Universum ist ein kosmischer Tanz, ein Reigen zu Ehren einer höchsten Instanz, die wir Gott und die Philosophen das Absolute nennen.

Alle Energie will frei fließen, strömen, sich verströmen. Eine Rose kämpft nicht voller Angst um ihr Blühen, sie sorgt sich nicht, ob ihr das vielleicht gelingen wird. Sie blüht einfach, weil das ihr Beitrag zur Schöpfung ist. Alles geschieht, weil es geschieht. Jedes Wesen bekommt, was es braucht, sonst würde es ganz einfach nicht existieren. Nur wir Menschen meinen, wir müßten Gewalt anwenden, um zu »unserem Recht« zu kommen. Wir beißen die Zähne zusammen und gehen mit dem Kopf durch die Wand. Dabei gibt es diese Wand überhaupt nur, weil wir *glauben,* daß es sie gibt.

Laß los, laß geschehen, öffne dich und tanz mit. Sag ja zum Leben. Sei wie eine kleine weiße Wolke, nicht wissend wohin, aber voller Vertrauen, wohin auch immer der Wind dich weht, dort wird dein Ziel sein.

Man könnte sagen, daß alle Probleme, die wir haben, das Resultat von Widerstand sind. Widerstand erzeugt Reibung, und durch Reibung kommt es zu Verlusten, kann etwas zerbrechen, und zerstört werden. In der fernöstlichen Verteidigungstechnik wird diese Erkenntnis praktisch angewandt. Wir im Westen üben, einer Faust, die auf uns zukommt, in irgendeiner Weise Widerstand zu leisten. Der fernöstliche Mensch reagiert anders: Da kommt eine Faust auf ihn zu, er ergreift die Faust und zieht an ihr. Damit wendet sich die Aggression des Angreifers gegen diesen selbst – er fliegt über den, den er angreift, hinweg. Dieses Gesetz der Widerstandslosigkeit beherrschen wir nicht. Aber wir können es lernen.

Lerne es, und *ver*lerne statt dessen zu kämpfen. Je mehr Energie du einsetzt, um ein Ziel zu erreichen, desto mehr Hindernisse wirst du auf dem Weg zu deinem Ziel antreffen. Gestatte – das ist keine Ironie –, daß deine Wünsche in Erfüllung gehen. Jede willentliche, angestrengte Aktivität, die Hindernisse auf dem Weg zum Ziel beseitigen will, erschafft die Hindernisse gerade durch diese willentliche Aktivität.

Du mußt nicht kämpfen. Sei dir statt dessen deiner Schöpferkraft bewußt. Der Schöpfer hat bestimmt keine Überstunden gemacht und wie verrückt gearbeitet, um das Universum zu erschaffen. Er hat *gedacht,* und das Universum war da. Materie ist manifestierter Geist. Hör auf, Gedanken als etwas Irreales zu betrachten. Es gibt keine Realität, außer der, die sich in Gedanken ausdrückt und sich dann auf der materiellen Ebene manifestiert. Ein Gedanke ist etwas Geistiges. Wenn er überhaupt etwas Materielles an sich hat, dann ist es sein Streben, sich aus der geistigen Dimension in die materielle Ebene zu transformieren. Daß er das kann, ist lediglich eine Frage von Energie. Aber Energie eben nicht im Sinne von willentlicher Aktivität, sondern Energie, die im Glauben frei wird.

Wenn du an die Verwirklichung eines Gedankens glaubst, wenn du gewissermaßen weißt, daß er sich verwirklicht, dann hast du ihm die Kraft gegeben – genau die Energie, die er braucht, um sich zu verwirklichen. Da wir aber daran zweifeln, daß sich »Dinge«, Situationen durch reines Denken verwirklichen, müssen wir auch auf der körperlichen Ebene aktiv werden.

Wenn du glaubst, daß du arbeiten mußt, um Geld zu verdienen, dann wirst du »in der Tat« arbeiten müssen. Es gibt allerdings eine Menge Leute, die glauben, daß sie auch ohne zu arbeiten Geld verdienen, und genau in dieser Lage sind sie dann auch.

Wenn es heißt »ohne zu arbeiten«, so ist damit jedoch keineswegs Nichtstun gemeint. Weder auf geistiger noch auf körperlicher Ebene aktiv zu sein, führt selbstverständlich zu einem nicht wünschenswerten Zustand. Nicht arbeiten, in hier gemeintem Sinne bedeutet, nicht von einem Termin zum anderen eilen zu müssen; meint, weder Schwielen an den Händen noch einen gekrümmten Rücken zu haben; nicht so sehr den Körper einsetzen zu müssen, um Resultate zu erzielen. Der höchste Wirkungsgrad spielt sich auf der geistigen Ebene ab. Hier also wird das neue Betätigungsfeld, die erforderliche Präsenz des geistig erwachenden Menschen sein. Das neue Jahrtausend wird einen großen Wandel in den sogenannten reichen Ländern zur Folge haben. Wir alle werden weniger produzieren, aber statt dessen mehr inspirieren. Vieles in uns will uns auffordern, auf körperlicher Ebene zu wirken, anderes in uns sagt zugleich, daß der Effekt dabei wohl nur gering ist, und oft ein Gefühl des Unbefriedigtseins hinterläßt. »*Vieles an dir ist noch Mensch, und vieles an dir ist noch nicht Mensch, sondern gestaltloser Geist, im Nebel schlafwandelnd auf der Suche nach dem eigenen Erwachen.*«

In Relation zu diesem Erwachen verlagert sich die Aktivität von der grobstofflichen (körperlichen) Ebene zur feinstofflichen (geistigen). Von der Arbeit im Steinbruch zum reinen Bewußtsein, zur schöpferischen Ebene, deretwegen man uns Menschen heißt.

Spielen kann man (wieder) lernen

Wenn du also deine Kräfte nicht mehr für einen sinnlosen Kampf verausgaben mußt, dann sparst du viel Kraft und Zeit. Lenke deine Aufmerksamkeit auf dich selbst und stell dir vor:

Du bist losgelöst, durchlässig und offen. Du bist da, einfach nur da. Fühl dich als Geist, als Seele, als Energie. Ein Teil deines Selbst drückt sich durch deinen Körper aus, aber identifiziere dich nicht mit deinem Körper, er ist nur *ein* Aspekt von dir. Nicht du bist es, der handelt, du bist vielmehr das Werkzeug eines Größeren, der durch dich wirkt. Entschließe dich, des öfteren zu gestatten, daß »Es« geschieht. Stell dir vor: Es denkt, spricht und handelt durch dich. Versuche, diesen philosophischen Standpunkt einmal zu akzeptieren, habe keine Vorbehalte. Laß ihn auf dich wirken. Sag jetzt, laut oder tonlos: *Es* geschieht durch mich.

Laß von jetzt an das, was du als dein kleines »Ich«, als deine Individualität bezeichnest, etwas zur Seite treten. Damit »Es«, das Große, Gott, durch dich wirken kann. Zieh aber nicht Boxhandschuhe an, um gegen deine »Individualität« oder gar dein »Ego« zu kämpfen. Es genügt vollkommen, wenn du lernst, geschehen zu lassen, zu gestatten, daß der schöpferische Allgeist in dir die Werke tut, dann werden sich wunderbare Dinge ereignen. Du wirst lachen, wo du vorher traurig warst. Du wirst tanzen, wo du früher wie versteinert verharrtest. Du wirst Freude haben und Freude weitergeben – und du wirst dich mehr denn je als Individualität, nämlich als einzigartiges Wesen, empfinden.

Stell dir vor, daß dich ein Energiefeld umgibt. Siehst du es, siehst du, daß es weit leuchtet. Sieh, daß es etwa einen halben Meter größer ist als dein Körper und die Konturen deines Körpers nachzeichnet. Du kannst dieses Energiefeld jederzeit mit deinem Willen ausdehnen, bis in die Unendlichkeit. Du kannst es aber auch zu einem kleinen Punkt zusammenziehen, zu einem kleinen Lichtpunkt inmitten deiner Stirn. Sieh jetzt aus einer Entfernung von drei, vier Metern von oben auf dich herab. Sieh deine körperliche Gestalt in diesem leuchtenden Energiefeld. Erhöhe dessen

Leuchtkraft bis hin zum strahlenden, goldenen Licht. Dieses goldene, wunderschöne Licht ist mehr dein Naturell als das, was deine physischen Augen wahrnehmen!

Wir haben gesagt, Energie und Geist sind identisch und Energie und Materie sind zwei Erscheinungsformen von ein und demselben. Materie ist die niedrigste Form von Geist, Geist ist die höchste Form von Materie. Wenn du dich als Licht und Energie wahrnimmst, wirst du schnell feststellen, daß auch alles andere aus demselben Urgrund, aus derselben lichten Energie besteht. Die Menschen, die sich neben dir befinden, die Pflanze auf dem Fensterbrett, die Katze auf dem Sofa, die Möbel deiner Wohnung. Aus dieser Perspektive werden die Grenzen der einzelnen Individuen und Dinge aufgehoben, alles verschmilzt mit allem. Jedwede Form von Trennung ist Illusion, verursacht von einem engen, eingeschränkten Bewußtseinszustand, der, wenn du es willst, nun deiner Vergangenheit angehört. Sobald du die Perspektive wechselst, einen höheren Bewußtseinszustand anstrebst, wirst du erkennen, daß alles eins ist, alles sich gegenseitig durchdringt und somit einander bedingt.

Du meditierst, seit du auf der Welt bist

Vielleicht gelingt es dir noch nicht so richtig, dich auf diese Weise als Energiefeld zu fühlen. Fühle, daß auch das in Ordnung ist, bemüh dich nicht darum.

Du machst jede Erfahrung dann, wenn die Zeit dafür reif ist. Vielleicht hast du auch keine Lust, jeden Tag eine Übung namens »Meditation« zu absolvieren, bei der dir nur deine Einkaufsliste und die noch offenstehenden Rechnungen durch den Kopf spuken. Laß es einfach sein. Wie es Ralph Emerson ausdrückte, soll Meditation »die Betrachtung Gottes vom höchsten Standpunkt« sein. Meditation ist ein Reinigungs- und Entflechtungsvorgang. Du reinigst und befreist dich von deinen gewohnten Beurteilungen der Dinge, du läßt gewissermaßen dich und deine Probleme los. Um diesen Prozeß in Gang zu bringen, gibt es einige jahrtausendealte Praktiken wie Zen und Yoga. Doch du kannst auch dein tägliches Leben zu einer Meditation machen. Das tust du, indem du auf die rechte Art denkst. Sobald du dich dabei ertappst, daß du anklagend und mit Selbstmitleid über ein Problem nachdenkst, stoppe sofort diesen Gedankenfluß. Stell nicht das Problem vor dein geistiges Auge, sondern die Lösung, nach der du dich sehnst. Denk nicht *nach,* sondern *voraus.* Du wirst feststellen, daß du mit der Zeit immer weniger im gewöhnlichen Sinne denkst, im Sinne von grübeln, analysieren, kritisieren. Dein Denken wird frei, locker, konstruktiv sein, wenn du es immer öfter auf das Höhere, auf das Absolute ausrichtest, gleichgültig, ob du bügelst, dein Auto reparierst oder im Verkehrsstau steckenbleibst.

An der Zahl der Stunden, die du damit verbringst, angestrengt an »Nichts« zu denken, keuchend deine Atemzüge zu zählen oder deine eingeschlafenen Füße zu bedauern, ist nicht dein spiritueller Fortschritt abzulesen. Dagegen ist es ein Hinweis für deine geistige Entwicklung, wenn du dich nicht länger *bemühen* mußt, zu meditieren. Denn, um es mit dem Titel eines Buches von Thaddeus Golas zu sagen: »Der Erleuchtung ist es egal, wie du sie erlangst.« Irgendwann wird es schwierig sein, die Meditation zu unterbrechen, nicht mehr an das Göttliche zu denken. Erst wenn du dich zur rechten Zeit, am rechten Ort ohne Unterlaß, Tag und Nacht, mit dem Urgrund allen Lebens verbunden fühlst, dann meditierst du richtig. Denke daran – Meditation ist keine Körperhaltung, sie ist eine Geisteshaltung, die nur deiner Offenheit bedarf, damit »ES« geschieht. Dann *bist* du Meditation: die Meditation Gottes.

Tu es doch einfach

Wenn du dieses Buch in der Hand hältst, hast du vielleicht schon andere Bücher gelesen, die dir Hinweise für ein glückliches Leben geben wollten. Einiges davon hat dir gefallen, und du hast vielleicht kleine Bleistiftkreuze an Übungen gemacht, die du einmal ausprobieren wolltest. Doch dann hast du das Buch beiseite gelegt – und später wußtest du nicht mehr, wo welche Übung zu finden ist, und zum Suchen und Herausschreiben der Übungen hattest du keine Lust.

Mit diesem Buch wollen wir es dir erleichtern, deine guten Vorsätze auch durchzuführen. Wir haben die verschiedenen Übungen und Affirmationen so geordnet, daß du eine klare Übersicht hast und findest, was für dich persönlich gerade passend ist. Du kannst mit diesem Buch allein arbeiten oder mit ihm zu einem unserer Seminare kommen; gemeinsam ist vieles schöner, leichter und macht mehr Freude.

Streng dich beim Lesen dieses Buches und bei den Übungen aber nicht an. Je mehr Mühe du dir gibst, aufmerksam zu sein, desto weniger bist du entspannt – und desto weniger wirst du erfüllt sein. Ein Schwamm sollte weich sein, um viel Wasser in sich aufnehmen zu können, ist er hart, perlt das Wasser an ihm ab. Du solltest Interesse an dem haben, was du liest, aber im Hinterkopf wissen, daß es überhaupt nichts Neues ist. Es ist ein Wissen, das schon immer in dir war. Das, was dir gesagt wird, ist eigentlich nur dein eigenes Wissen, zu dem du vielleicht vorübergehend keinen Zugang hattest. Alles, was wir wollen, ist, dir zu helfen, dich zu erinnern, *daß du ein außerordentlicher Erfolg bist.*

Deshalb laß uns jetzt weiter im Dialog sein. Was in diesem Augenblick deine Seele bewegt, ist wichtig. Was vorher war, ist unwichtig, was morgen ist, kann warten. Laß uns das Jetzt, diesen Augenblick, erleben.

Körperübungen

Wie entspannst du dich? Indem du die Füße auf den Tisch legst, ein kühles Helles zur Brust nimmst und eine Zeitschrift durchblätterst? Warum nicht. Was dir Spaß macht, ist in Ordnung.

Aber wenn das alles ist, was du zu deiner Entspannung tust, ist es zu wenig. Denn die wichtigste Voraussetzung für ein erfülltes, glückliches Leben ist die Fähigkeit zur Tiefenentspannung. Du kannst dich noch so sehr bemühen, frei, leicht und offen durchs Leben zu gehen – wenn du es mit hochgezogenen Schultern, verkniffenem Mund, gepreßter Atmung, und verkrampftem Magen tust, wird nie etwas daraus. Der Weg in den Himmel führt nicht am Körper *vorbei,* sondern durch den Körper *hindurch.* Liebe deinen Körper. Akzeptiere deinen Körper, so wie er ist. Danke deinem Körper. Er ist ein wunderbares, göttliches Instrument, er ermöglicht dir das Leben auf dieser Erde. Mach dir deinen Körper nicht zum Gegner, zum Feind, den es zu besiegen oder gar zu überwinden gilt. Viele neigen dazu, ihren Körper gänzlich zu mißachten oder ihn mit Genußgiften zu quälen. Oder sie betrachten ihn als eine Art Maschine, die erbarmungslos auf sportliche Höchstleistungen getrimmt werden muß. Frauen haben durch ihren Zyklus, durch das Kindergebären meist ein direkteres, »weicheres« Verhältnis zu ihrem Körper, sind aber durch negative Affirmationen aus ihrer Kindheit (»so etwas tut ein Mädchen nicht!«) häufig verkrampft.

Damit die Übungen ihre volle Wirkung entfalten können, ist es wichtig, daß du die Technik der Tiefenentspannung so gut wie möglich beherrschst.

Viele haben irgendwann einmal das autogene Training erlernt. Doch fragt man sie, wie lange sie brauchen, um in Trance zu kommen – autogenes Training ist Selbsthypnose –, sagen sie: zehn, fünfzehn Minuten. Es ist eine frustrierende Angelegenheit, so lange zu brauchen, um in Trance zu gehen. In der Hypnosetherapie kann man lernen, in zehn Sekunden in den tiefsten »Keller« zu kommen. Du schaust eine Couch an, auf die du dich legen willst, und du mußt dich beeilen, auf die Couch zu kommen, weil du sonst schon »weg« bist und sie nicht mehr findest. Es ist im Grunde außerordentlich einfach, in tiefe Zustände von Trance zu gehen.

Bei der folgenden Grundübung wäre es gut, wenn du in Trance gehen kannst. Also »mach dir keine Mühe« – sonst wirst du bald einer von denen sein, die tausend Gründe finden, sich vor dieser »Arbeit« zu drücken…

Zieh dich in einen ruhigen, abgedunkelten aber gemütlichen Raum zurück. Leg dich relativ flach hin. Die Beine sollten leicht gespreizt sein, so daß die Fußspitzen nach außen fallen, die Arme liegen locker neben dem Körper. Einengende Kleidung ist gelockert. Schließe die Augen (erst nach dem Lesen dieses Absatzes) und atme ruhig in deinen Bauch. Bei jedem Einatmen atmest du Entspannung ein, bei jedem Ausatmen atmest du Spannung aus. Denke: Es atmet mich. Meine Arme sind warm und leicht. Meine Beine sind warm und leicht. Meine Füße sind ganz locker. Das Becken ist entspannt. Der Bauch ist ganz locker und wölbt sich leicht bei jedem Einatmen. Der Brustbereich, die Schultern sind ganz weich und locker. Der Atem ist ruhig und gleichmäßig. Etwa fünf Zentimeter oberhalb des Bauchnabels liegt das Sonnengeflecht, der Solarplexus. Stell dir im Sonnengeflecht strömende Wärme vor. Fühle dich wohl…

Auch das Herausgehen aus der Entspannung will gelernt sein. Spring keinesfalls plötzlich auf, sonst kann dir schwindelig werden. Der Kreislauf sollte behutsam wieder in Schwung gebracht werden.
Das geschieht in vier Schritten:

1. Die Hände werden geballt, die Arme gestreckt,
2. dann die Beine angespannt und gestreckt.
3. Die Arme werden über den Kopf gestreckt, der ganze Körper gereckt und gedehnt.
4. Jetzt tief Atem holen und die Augen öffnen.

Du kannst dir auch eine Kassette mit der Entspannungsübung besprechen oder dir Kassetten mit Entspannungsanweisungen kaufen. Achte beim Kauf darauf, daß dir die Stimme gefällt, sonst baust du womöglich einen Widerstand gegen das Gesagte auf.*

Von der Entspannung zur Trance

Nun eine geistige Reinigungsübung, die deinen Körper erfrischt und stärkt. Um körperliche Beschwerden zu lindern oder gar ganz zum Verschwinden zu bringen, mache diese Übung wenn möglich täglich.

Du liegst in einer wunderbaren tiefen Entspannung, dein Sonnengeflecht ist strömend warm. In deiner Vorstellung wirst du zu einem kleinen Lichtpunkt, der voller Mitgefühl nach allen Seiten seine Umgebung betrachten kann. Als dieser Lichtpunkt wanderst du nun durch deinen Körper, wobei du die strömende Wärme mitnimmst. Du bewegst dich von Organ zu Organ, zu Magen, Darm, Leber, Galle, Nieren. An jedes dieser Organe verströmst du dabei Lebensenergie, bringst Licht an jede noch dunkle Stelle – und jedem Organ sagst du ein liebevolles »Danke«, für seine Arbeit, für sein harmonisches Zusammenspiel in der Sinfonie der Organe. Als Beendigung dieser Übung geh genau den gleichen Weg zurück, den du gekommen bist.

Dieser erweiterte Bewußtseinszustand führt fast von alleine in die Trance und damit in die Nähe aller deiner Ziele. In diesem besonderen Zustand ist dein Unterbewußtsein empfänglich für bildhafte Vorstellungen und Affirmationen. Habe Visionen, träume vom Leben und dann lebe deinen Traum. An der Trance ist nichts Mystisches oder gar Kompliziertes.

* Kassetten von Erhard F. Freitag sind erhältlich im Fachhandel oder über die Kontaktadresse, siehe Nachwort.

Hier nun eine weitere sehr einfache Methode, sich selbst zu erfüllen, und am Glück der Welt teilzuhaben.

Du liegst ganz entspannt da. Nun stell dir ein kleines, leeres Notizbuch vor. Du schlägst es auf und schreibst mit einem Stift auf die erste Zeile der linken Seite deinen Vornamen. Auf die erste Zeile der rechten Seite schreibst du das Wort »Trance«. Nun schreibst du auf die zweite Zeile der linken Seite deinen Namen und auf die zweite Zeile der rechten Seite das Wort »Trance.« Nun gehst du wieder zur linken Seite und wiederholst diesen Vorgang. Fahre damit fort. Wenn die Seite vollgeschrieben ist, blättere um. Schreibe so lange auf die linke Seite des Notizbuchs deinen Namen und auf die rechte das Wort »Trance«, bis dir beinahe der Stift aus der Hand fällt. Nun schreibe auf die linke Seite deines Büchleins das Wort »tiefer«. Und auf die rechte Seite das Wort »tiefer«. Und auf die linke Seite wieder »tiefer«. Fahre damit fort, bis du das Gefühl hast, den Stift nicht mehr halten zu können. Nun bist du in Trance, und dein Unterbewußtsein ist aufnahmebereit für alles, was du ihm eingeben möchtest.

Das richtige Ausatmen ist bereits die halbe Entspannung. Achte einmal darauf, wie du gewöhnlich atmest. Ziehst du die Schultern hoch und atmest flach im oberen Lungenbereich? Hältst du die Luft an, sobald ein Gefühl dir angst macht? Dabei kannst du dir gerade in unangenehmen Situationen eine »Erste Hilfe« über die Atmung geben. Wenn du das nächste Mal Panik oder Wut in dir hochsteigen fühlst, dann hebe den Kopf, laß die Schultern sinken und atme tief bis in den Bauchraum durch. Du wirst dich mit Sicherheit danach sehr schnell besser fühlen. Deine Reaktion wird wohl ganz anders sein, als du üblicherweise auf Schreck reagierst!

Hier eine Atemübung, die im Yoga zum täglichen Programm gehört. Die wechselseitige Nasenatmung beeinflußt den Geist über den Körper. Sie löst energetische Blockierungen und entspannt so sehr, daß viele Menschen sie täglich praktizieren.

Setz dich mit aufrechtem Oberkörper in den Schneidersitz oder auf die Fersen. Schließe die Augen und konzentriere dich auf den Punkt zwischen den Augenbrauen (das dritte Auge). Hebe die rechte Hand und verschließe mit dem Ringfinger dein linkes Nasenloch. Atme tief durch das rechte Nasenloch ein und zähle dabei im Sekundenrhythmus bis vier (also »eins und zwei und drei und vier«). Verschließe jetzt mit dem Daumen das rechte Nasenloch und halte den Atem vier Sekunden lang an. Öffne das linke Nasenloch und atme acht Sekunden lang aus. Atme durch das gleiche, also das linke, Nasenloch ein und zähle dabei im Sekundenrhythmus bis vier. Verschließe jetzt mit dem Ringfinger das linke Nasenloch und halte den Atem vier Sekunden lang an. Jetzt atme durch das rechte Nasenloch acht Sekunden lang aus …

Wiederhole diesen Turnus einige Minuten lang.

Das hört sich kompliziert an, ist es aber nicht, wenn du es einmal ausprobiert hast, dann geht es wie von alleine. Diese Atemübung sollte etwa zehn Minuten lang durchgeführt werden, sie ist ein ausgezeichnetes Mittel gegen Depressionen. Probiere sie einmal aus, wenn du dich so richtig »fertig« fühlst – sie energetisiert dich und ist ein Muntermacher!

Übungen, die deine Imaginationsfähigkeit schulen

Frage verschiedene Menschen, welche Bilder in ihnen hochsteigen, wenn sie das Wort »Glück« hören. Die Antworten werden sich erheblich voneinander unterscheiden. Der eine sieht sich faul in der Sonne am Strand liegen, der andere in einer Liebesumarmung, der dritte läßt sich gerade einen Lottogewinn auszahlen. »Glück« bleibt so lange ein leeres Wort, bis ihm *bildhafte Vorstellungen* einen Sinn geben.

Als Kinder haben wir alle ein lebhaftes Innenleben voller phantastischer Vorstellungen gehabt, wir haben Geschichten erlebt, wir haben alles mögliche und vielleicht auch unmögliche gesehen. Einiges davon war den Erwachsenen nicht nachvollziehbar und es wurde uns dann oft mit den Worten: »Ach hör doch auf mit dem Unsinn!« aberzogen. Die Phantasiegebilde, das, was wir in bunter Farbenpracht bildhaft erlebt haben, wurden uns durch intellektuelle Erwachsene einfach weggenommen. Es war deren logischer Verstand, der unsere Phantasien als wirres, unrealistisches Zeug abgetan hat und der sich anmaßte, es besser zu wissen, was gut und richtig sei. So wurden wir langsam nüchtern gemacht, sozusagen versachlicht. Aus einem kleinen Menschen voller Phantasie wurde ein nüchternes, erwachsenes Kopfwesen, das nicht mehr träumen durfte.

Hier eine einfache Übung, die deine Imaginationsfähigkeit, also die Fähigkeit, Bilder zu sehen, anregt:

Lege eine Blume, die dir besonders gefällt, vor dich auf den Tisch. Schau sie genau an. Schließe die Augen. Nun wirst du die Blüte vor deinem inneren Auge sehen. Vielleicht nur eine halbe Sekunde, vielleicht zwei, das ist nicht wichtig. Wenn sie zu verschwimmen beginnt, dann öffne nur ganz kurz die Augen und schließe sie sofort wieder. Laß also ganz kurz das Bild der Blume wieder hinein und imaginiere, »sieh« sie erneut. Mach es wie eine Kamera, die kurz den Verschluß öffnet, um ein Bild in sich aufzunehmen. Wiederhole das immer wieder, fünf Minuten lang. Dann nimm einen Apfel, eine Blumenvase – was du willst. Schau den Gegenstand kurz an, schließe die Augen und imaginiere, visualisiere ihn, das heißt, sieh ihn vor deinem inneren Auge.

Wenn du diese Übung an vier oder fünf Abenden, jeweils nicht länger als ein paar Minuten, machst, dann kannst du es ein für allemal. Sag nicht, daß du mit der Imagination Probleme hast. Das ist etwas kinderleicht (wieder) zu Lernendes, es sei denn, du machst ein Problem daraus, indem du weiter behauptest, »es nicht zu können«. Wenn du dir immer wieder sagst, daß du es nicht kannst, dann ist es natürlich auch so. Wenn du dir aber immer wieder sagst, daß du es kannst, dann ist es natürlich auch so. Es gibt Menschen, die sagen, sie können nicht rechnen, obwohl sie es doch gelernt haben, und folglich lösen sie dann auch die einfachsten Aufgaben nur mühevoll. Wenn du dir nur lange genug einredest, daß das Leben eine höchst komplizierte Sache ist, dann mußt du bald bei vielem Alltäglichen um Hilfe bitten.

Deine Schöpferkraft einzusetzen und visualisieren zu lernen ist also außerordentlich wichtig. Dein Unterbewußtsein versteht nur den bildhaften Anteil einer Aussage und entnimmt aus ihm mehr Informationen als aus tausend Worten.

Wenn du etwas erreichen willst, kommt es darauf an, klare innere Leitbilder von einer erwünschten Situation zu erschaffen.

In dir schläft ein Genie, wecke es!

Der berühmte Chemiker August Kekulé hatte sich lange bemüht, die chemische Formel für Benzol zu finden. Doch alles Grübeln half nichts. Da träumte er eines Nachts von Schlangen, die ihre Schwänze fraßen – der Benzolring war gefunden! Dieses mittlerweile weltbekannte Beispiel zeigt auf beeindruckende Art, was unser Unterbewußtsein alles leisten kann: Es schenkt uns wunderschöne, symbolstarke Bilder und bringt uns der ersehnten Lösung näher. Es springt völlig unerwartet ein, wenn der Verstand zu versagen droht. Und es hat tatsächlich für alles die perfekte Lösung parat, wenn wir in rechter Weise mit ihm zu »arbeiten« lernen.

Schauen wir uns unsere zwei Arten zu denken doch einmal genauer an. Sicherlich hat August Kekulé auf der Suche nach seiner Formel lange sein Gehirn strapaziert. Aber was für ein Gehirn? Es ist die linke Seite des Gehirns, die in Worten denkt und logische Verknüpfungen herstellt. Wir haben einige Zeit in der Evolutionsgeschichte gebraucht, um diese Fähigkeit zu entwickeln; man sollte sie wahrhaftig nicht geringschätzen. Die logische Art zu denken hat nur einen Haken: Sie glaubt, sie wäre die *einzige*.

Unser Verstand hält tatsächlich immer das, was er tut, für perfekt. Ein Problem, das er nicht lösen kann, ist eben nicht zu lösen – und schon gar nicht von einer Einrichtung wie dem Unterbewußtsein.

Deine rechte Gehirnhälfte – übrigens bei weitem nicht so rechthaberisch wie die andere – hat eine ganz andere Arbeitsweise. Sie denkt in Bildern, sie ist dein visuelles Gedächtnis. Hier ist der Ort deiner schöpferischen Möglichkeiten, weil das visuelle Gedächtnis keine Grenzen hat.

In deiner rechten Hirnhälfte wohnt deine Schöpferkraft. Das trifft selbst auf Menschen zu, deren Lebensinhalt Abstraktion und Logik ist! Eine Untersuchung bei hervorragenden Mathematikern – darunter Albert Einstein – hat ergeben, daß praktisch alle den innerlichen Gebrauch von Wörtern oder Zahlen vermeiden. Sie denken vielmehr in Bildern. Das Umsetzen in Formeln und Worte erfolgt erst zu einem späteren Zeitpunkt.

Lerne wieder, deinen Bildern, deinen Empfindungen, deinen Gefühlen zu vertrauen. Auch wenn der Verstand sie in ihrem Wert zu reduzieren sucht, vertraue, damit dir nach deinem Glauben geschehen kann. Mach dir keine unnötigen Gedanken, ein reifer Verstand verfügt zur rechten Zeit über die notwendige Einsicht und Urteilsfähigkeit. Denn was wäre gewesen, wenn der Wissenschaftler Kekulé sein Erlebnis nur als albernen Traum abgetan hätte?

Vergöttere deinen Verstand nicht, aber verteufle ihn auch nicht. In der rechten Weise eingesetzt, hilft er dir zu erkennen, welche Schätze in dir ruhen. Ihn zur rechten Zeit zur Ruhe zu bringen, verhilft deiner schöpferischen Imagination, zu »Tage« zu treten!

Damit das Genie in dir erwacht, ist es also wichtig, daß deine rechte und deine linke Gehirnhälfte synchron zusammenarbeiten. Fast jeder Mensch bevorzugt gewohnheitsgemäß eine der beiden Gehirnhälften, in unserer westlichen Welt ist es meist die linke, die »benutzt« wird. Um so wichtiger ist es, die Fähigkeiten der rechten Gehirnhälfte zu stärken. Sonst bist du ein brillanter Analytiker: klug, aber tief unglücklich, weil du keinen Zugang zu deiner Schöpferkraft hast. Nur die Schöpferkraft *in dir verändert* die Dinge wirklich.

Wenn du das Gefühl hast, Bilder sehen zu können, ist es an der Zeit, die erste kleine »Filmproduktion« bei deinem Unterbewußtsein in Auftrag zu geben.

Mach dir einen einfachen, klaren Wunsch bewußt. Nun stell dir vor, du müßtest ihn einem anderen Menschen in einem Stummfilm von etwa zehn Sekunden Dauer vermitteln! Deinen Wunsch sozusagen »rüberbringen«. Du bist jetzt für diese Arbeit dein eigener Drehbuchautor, Schauspieler, Regisseur, Kameramann und Beleuchter. Drehe ein, zwei einfache Szenen, die bildlich beschreiben, was du meinst. Ein Beispiel: Du wünschst dir, ein großer Pianist zu sein. Dann könnte dein Film etwa so aussehen: Du sitzt in einem großen, wunderschönen Konzertsaal am Flügel, und das Auditorium hört deinem Spiel voller Begeisterung zu. Das Publikum ist gebannt und es liegt ein großer Zauber über dem Konzertsaal. Du hast dein Spiel beendet, verbeugst dich, man sieht und hört wie die Leute klatschen und jubeln und dir große Blumensträuße auf die Bühne reichen. Danach feierst du mit Freunden und Verehrern in einem noblen Restaurant, ein Sektkorken schießt hoch, eine Freundin fällt dir um den Hals…

Am besten ist es, die Regieanweisungen für diesen Film – es können natürlich auch mehrere zu verschiedenen Themen sein – auf ein Blatt zu schreiben und sie oft durchzulesen. Spiel dir diesen Film in deinem Inneren immer wieder vor, in der U-Bahn, in der Badewanne, abends vor dem Einschlafen und dein Unterbewußtsein wird – gepaart mit deinem Fleiß – alles ihm mögliche tun, ihn wahr werden zu lassen.

Erst dein Glaube versetzt Berge

Deine ganze Entspannungstechnik, deine ganze Fähigkeit zu imaginieren, nützen nur in dem Maße, in dem du glauben kannst. Nur, wenn du mit der ganzen Kraft deines Herzens glaubst, deine Ziele auch zu erreichen, dann erreichst du sie auch. Alles nützt nur, wenn du Vertrauen hast in dich, in diese Technik, diese Möglichkeit, diesen Weg. Wenn du glauben kannst, daß du das, was du möchtest, auch erreichst, ist dir alles möglich.

Wenn du kein Vertrauen hast, gelingt dir allenfalls mit großem Fleiß, einigermaßen zurechtzukommen, mehr nicht! Wer einen Minderwertigkeitskomplex hat, der kann hundert Jahre lang visualisieren, bis vielleicht endlich einige wenige Wünsche in Erfüllung gehen.

Deshalb, hab Vertrauen in dich! Das wird dir vielleicht zunächst nicht immer leichtfallen, wenn du in deiner Kindheit statt bestätigt bezweifelt wurdest. Doch es ist der beste Weg, zum Ziel zu kommen. Vertraue, sonst wirst du dich immer nur im Vordergrund entspannen und im Hinterkopf an dem, was du möchtest, zweifeln. Denn kein Vertrauen zu haben, heißt dich zu fürchten und was du befürchtest, wird über dich kommen. Dieses Gesetz ist nicht neu, wir kennen es alle, aber es ist entscheidend, daß du es ganz für dich entdeckst, nicht wieder im Kopf, sondern ganz tief drinnen. Sei dir bewußt: *Nicht das, was du möchtest, nicht das, was du willst, geschieht, sondern das, was du glaubst.* Sich zu fürchten ist negativer Glaube und genau da enden die meisten in einer intellektuellen Sackgasse. Achte also auf die Inhalte deines Glaubens. Nichts darf dich wankend machen, halte jetzt ein Plädoyer zum Thema »Ich bin ein außerordentlicher Erfolg«.

Wenn du bisher ein Zweifler warst, dann beginne doch einmal, über dich nachzudenken. Versuche, über dein »*Selbst*« zu befriedigenden Erkenntnissen zu kommen. Nicht intellektuell nachzudenken, sondern einfach Informationen zu sammeln über die Natur dieses Selbst. Ist es Seele, ist es Bewußtsein, ist es materiell, oder reiner Geist? Was, wie und wo ist es? Bemühe dich einige Tage, einige Monate – wie lange, das ist eine Frage deiner Intention. In dem Maße, in dem du dir Informationen zufließen läßt, wirst du dir der Natur deines Selbst bewußt werden. Du wirst Bewußtsein haben über dein Selbst. Und das ist Selbstbewußtsein im Original. Das ist zugleich auch der Wendepunkt in deinem Leben und der Zeitpunkt, an dem andere zu dir sagen: Du bist selbstbewußt! Dann solltest du lachen und dich freuen und bestätigen: Ja, ich weiß etwas von meinem Selbst. Ich bin mir meines »Selbst« bewußt. In dem Maße, in dem du dir der Eigenschaften deines Selbst bewußt wirst, wirst du Vertrauen gewinnen. Und wenn du diesen Vorgang weiterführst, weiter Sehnsucht hast nach Erkenntnis, dann wird aus diesem Selbstbewußtsein die nächsthöhere Potenz, nämlich Selbstvertrauen. Selbstvertrauen ist also das Resultat der Suche nach Erkenntnis, auf den Spuren deiner selbst.

Akzeptiere es nicht, wenn man von dir verlangt, blind zu vertrauen. Lehne blinden Glauben, blinden Gehorsam stets ab. Wir haben die Möglichkeit, das, was wahr, was glaubhaft ist, auch zu verstehen und zu erfahren. Vielleicht hast du auch das Wort »Glaube« in deinen Kindertagen so oft gehört, daß du es jetzt nicht mehr hören kannst. Wir denken meist gar nicht darüber nach, was damit tatsächlich gemeint ist und welche große Bedeutung es in unserem Leben haben kann.

Glaube geht einher mit Selbstvertrauen, Selbstvertrauen ist die Folge von Selbstbewußtsein, Selbstbewußtsein ist das Ergebnis von Meditation oder Denken über das Wesen des Selbst. Und auf diesem Wege wird dir dann auch Gott begegnen, nicht Gott als menschliche Vaterfigur, sondern Gott als nicht denkendes, reines, bewußtes Sein.

Hier nun eine Trancereise, die dich dieser Begegnung näher bringen wird. Am besten ist es, wenn du sie dir auf Band sprichst:

Kosmische Reise
Meditation von Klaus Biedermann

Lege dich bequem auf den Rücken, deine Fußspitzen fallen zur Seite, deine Arme liegen neben deinem Körper, du schließt die Augen. Du atmest in deine Mitte, du atmest in dein Zentrum. Begleite deinen Atem. Sei ganz bei deinem Atem, atme ganz bewußt. Deine ganze Aufmerksamkeit richtet sich auf deinen Atem. Du atmest in deine Mitte. In deiner Mitte ist die Quelle der Ruhe. Stell dir ruhig eine Quelle vor, in die du hineinatmest – atme in deine Quelle der Ruhe. Und nun erlaube deinem Körper sich auszuruhen. Du erlaubst deinem Körper sich zu entspannen. Du erlaubst deinem Körper zu schlafen. Aber nur dein Körper wird schlafen. Dein Bewußtsein ist vollkommen wach. Du hörst die Stimme, die zu dir spricht. Alles andere ist gleichgültig und weit weg und unwichtig. Alle Gedanken fallen von dir ab, wie die Blätter eines Baumes im Herbst. Stell dir einen Baum im Herbst vor, der seine Blätter verliert. Langsam – mit jedem fallenden Blatt wird es ruhiger in dir. Mit jedem Blatt, das zu Boden fällt, entspannst du immer tiefer und tiefer. Du läßt dich nun hineingleiten in einen angenehmen Zustand friedlicher Entspannung, und du erlaubst dir, alles loszulassen. Du konzentrierst dich nur auf die Entspannung, und du entspannst deine Beine. Du entspannst deine Gesäßmuskeln. Du entspannst deine Bauchmuskeln. Du entspannst deine Rückenmuskeln. Du entspannst deinen Brustkorb. Du entspannst deine Schultern. Dein Atem geht wie von selbst in deine Mitte, ein und aus. Du entspannst nun deine Arme bis hinunter in deine Fingerspitzen, so daß auch deine Hände vollkommen ruhig sind. Du entspannst deine Nackenmuskeln und gehst über die Schläfe zur Stirn, und du entspannst deine Stirn. Deine Stirn ist entspannt und glatt. Du hast deine Augen geschlossen, und in den Augen ist es dunkel. Dein Blick ist auf die Nasenwurzel gerichtet – auf den Punkt zwischen den Augenbrauen. Und du entspannst deinen Mund. Dein Mund ist leicht geöffnet. Deine Zunge ist gelockert und gelöst, und du spürst nun, wie dein Gesicht von Atemzug zu Atemzug gelöster und weicher ist. Mit jedem Atemzug ist dein Gesicht entspannter und weicher, so wie dein übriger Körper auch entspannter und weicher ist. Und du wirst auch gleich spüren, wie dein Körper angenehm leichter und leichter ist. Dein Körper fühlt sich mit jedem Atemzug leichter, bis du vollkommen entspannt und angenehm auf der Unterlage ruhst. Ich werde jetzt gleich zählen, von 10 zurück bis 1, und während ich zähle, stellst du dir vor, du stehst auf einer Rolltreppe, die langsam nach unten fährt, nach unten in die Entspannung. Während ich also zähle, fährst du langsam nach unten in die Entspannung und Losgelöstheit. Ich beginne zu zählen: 10 – 9 – 8 – du fährst nach unten – 7 – 6 – 5 – 4 –, du bist leichter und leichter – 3 – 2 – 1. Dein Körper ist entspannt, dein Körper ist ruhig, dein Körper ist ganz leicht, dein Körper schläft. Und während dein physischer Körper hier in diesem Raum vollkommen entspannt und leicht daliegt, bist du in deiner Phantasie bereit, diesen Raum zu verlassen. Du bist bereit, diesen Raum zu verlassen zu einer kleinen Reise.

Stell dir vor, du bist auf einer Frühlingswiese – auf einer wunderschönen Frühlingswiese mit vielen Blumen und blühenden Bäumen. Die Sonne scheint, und es ist angenehm warm. Am Himmel ziehen vereinzelt weiße Wolken. Und du bist auf dieser Wiese und du fühlst dich sehr wohl. Du wirst hier auf dieser

Wiese an Situationen erinnert, in denen du sehr glücklich warst. Und dieses Gefühl erlebst du hier wieder. Du bist auf dieser Wiese und schaust in die Wolken. Niemand weiß, woher sie kommen, niemand weiß, wohin sie ziehen. Und je länger du in die Wolken schaust, desto tiefer entspannst du. Und dann gehst du ein Stück über die Wiese, und du kommst zu einem herrlichen Wasserfall. Du stellst dich unter das Wasser und dieses Wasser spült alles von dir weg – deine ganze Vergangenheit, auch das, was heute geschehen ist. Alles wird von dir weggespült. Du spürst die herrlich erfrischende Kraft des Wassers. Über dem Wasserfall steht ein wunderschöner Regenbogen. Du spürst die Kraft des Wassers in dich einströmen. Du spürst, wie dich das Wasser erfrischt und belebt. Und du genießt es, unter diesem Wasserfall zu stehen. Und dann verläßt du diesen Wasserfall und gehst zurück auf die Wiese und legst dich in das Gras. Du liegst im Gras und läßt dich von der Sonne trocknen. Genieße die Wärme der Sonne. Du spürst einen sanften Wind, der deinen Körper streichelt, und liegst einfach da und ruhst dich aus, ruhst dich aus wie nach einer langen und beschwerlichen Reise. Und du schaust in die Wolken. Du schaust in die Wolken, und du siehst, wie eine dieser Wolken, eine kleine weiße Wolke, zu dir herunterkommt – zu dir auf die Erde und sanft neben dir landet. Sie fordert dich auf, dich in sie hineinzusetzen. Du fühlst dich unendlich wohl und geborgen. Geborgen und bequem. Du liegst einfach da. Und dann spürst du, wie diese Wolke langsam, ganz langsam vom Boden abhebt und mit dir davonfliegt. Immer höher fliegt, mit dir über die Landschaft dahinfliegt. Du fliegst über wunderschöne Landschaften, über Wiesen, über Wälder, über Berge, über Flüsse und Seen. Du liegst in deiner Wolke vollkommen entspannt. Du spürst die Wärme der Sonne, ein leichter Wind schaukelt sanft die Wolke. Und du genießt es, dir all die Wunder dort unten anzuschauen. Und dann spürst du, wie diese Wolke langsam höher fliegt, langsam, aber stetig höher steigt. Höher und höher. Und du siehst jetzt die Natur dort unten wie ein Mosaik, und noch höher fliegt die Wolke. Höher und höher. Und du siehst nun schon die einzelnen Erdteile dort unten und die Meere, und die Wolke fliegt weiter. Höher und höher. Du spürst, daß deine Wolke hinausfliegt in das Universum. Hinaus in das Weltall. Du siehst die Erde jetzt schon dort unten als eine bunte Kugel. Und du fliegst vorbei an dem Mond, der zu unserer Erde gehört, vorbei an den Sternen und den Planeten. Du fliegst hinaus in das Universum. Und je weiter du fliegst, je weiter du kommst, desto freier fühlst du dich. Und du spürst, du bist ein Teil des Universums. Du liegst auf deiner Wolke und fliegst in die Ferne des Alls. Du kommst vorbei an unbekannten Planeten und vielen, vielen unbekannten Sternen. Du liegst in deiner Wolke und fliegst durch den Kosmos. Du fliegst weiter und weiter, und du siehst von weitem einen kleinen Punkt, einen kleinen Punkt von goldenem Licht. Und auf dieses Licht fliegt deine Wolke zu. Und je näher du diesem Licht kommst, desto größer wird es. Es wird größer und größer, je mehr du dich ihm näherst. Und dann siehst du, daß deine Wolke auf ein riesengroßes Lichtfeld zufliegt. Auf ein großes Feld kosmischen Lichtes, goldenen kosmischen Lichtes. Deine Wolke fliegt hinein in dieses kosmische Licht. Und hier in diesem kosmischen Licht bleibt deine Wolke stehen. Und du bist umgeben von goldenem, warmem, kosmischem Licht. Warmes, goldenes, kosmisches Licht umgibt dich, und du öffnest dich. Du öffnest deinen Körper, deinen Geist und deine Seele und läßt dieses kosmische Licht in dich einströmen. Du spürst eine wunderbare warme, goldene Energie in dich einströmen. Dein Körper ist angefüllt mit kosmischer Energie. Du spürst, wie dieses Licht in jede Zelle deines Körpers fließt, in jedes deiner Organe. Dieses kosmische Licht strömt in dein Herz. Und dein Herz leuchtet wie eine Sonne, hell und klar. Das kosmische Licht strömt in deine Lungen. Das kosmische Licht strömt in alle deine Organe und erfüllt deinen ganzen Körper. Und jetzt spürst du, wie sich deine Seele weitet. Deine Seele ist ganz weit. So weit wie dieses kosmische Licht. Deine Seele ist so groß und so weit wie dieses Feld kosmischen Lichtes. Und hier oben spürst du, du bist eins mit dem Universum. Du bist eins mit dem Universum. Dein Körper, dein Geist und deine Seele sind angefüllt mit kosmischer Energie, mit wundervoller, goldener, kosmischer Energie. Und jetzt spürst du, wie sich deine Wolke langsam wieder in Bewegung setzt und dieses kosmische Lichtfeld verläßt; aber du spürst auch, du nimmst einen Teil dieser kosmischen Energie mit, du hast diese kosmische Energie in dir. Und mit dieser neu gewonnenen Kraft ist eine tiefe Zufriedenheit in dich eingeströmt. Du spürst ganz deutlich diese tiefe Zufriedenheit, die in dir ist, die dein ganzes Sein erfüllt. Deine Wolke fliegt zurück durch das Weltall. Du kommst wieder vorbei an den Sternen und den Planeten. Du fliegst zurück durch das Weltall, und du fühlst dich wohl und geborgen. Du ruhst in dir selbst. Du ruhst in dir. Du fühlst dich wohl, und du weißt, du bist frei. Und du weißt, das Universum sorgt für dich.

Übungen, die deine Intuition stärken

Als Albert Einstein einmal gefragt wurde, was denn das Geheimnis bei der Entwicklung der Relativitätstheorie gewesen sei, antwortete er: »Der wirklich wertvolle Faktor war Intuition.«

Nun glaube aber nicht, daß nur Geistesgrößen wie Herr Einstein über diesen »wertvollen Faktor« verfügen. Auch die Mutter, die nachts ohne besonderen Anlaß den Drang verspürt, nach ihrem Baby zu sehen, handelt intuitiv. Oder der Geschäftsmann, der einer Situation mißtraut, obwohl nichts Greifbares vorliegt. Intuition ist die Eingebung, die innere Stimme, die Belehrung, die aus dem eigenen Inneren kommt. Oft tritt dieses Wissen sehr plötzlich an die Oberfläche des Bewußtseins. Jeder Mensch, so auch du, verfügt über Intuition. Wenn du aber das Gefühl hast, nicht intuitiv zu sein, ist diese Gabe bei dir allenfalls verschüttet, ist lediglich inaktiv. Die Stimme der Intuition ist leise. Sie ist nur vernehmbar, wenn sich der Geist in einem Zustand der Entspannung, Friedfertigkeit und Stille befindet.

Vertraue deiner inneren Stimme und entkräfte ihre Weisungen nicht durch spitzfindige logische Argumente. Dein Intellekt soll deine intuitiven Erkenntnisse nicht zerpflücken. Er soll vielmehr Wege finden, sie nutzbar zu machen.

Wenn du einmal gelernt hast, dein intuitives Verstehen zu gebrauchen, so wirst du niemals mehr zu der alten Methode des logischen Kombinierens und der angestrengten Willenskraft zurückkehren, genauso wenig wie jemand, der die Elektrizität zu handhaben gelernt hat, zu Kohle oder Öl zurückkehrt.

In der Intuition liegt die Lösung deiner Probleme

Intuition löst Probleme, schafft überraschende Auswege aus verfahrenen Situationen und eröffnet dir ungeahnte Möglichkeiten. Du kannst die Macht der Intuition gar nicht überschätzen. Laß diese Geisteskraft in dir erwachen. *Glaube* an ihre immerwährende Existenz in deinem Inneren. Sage dir oft während eines Tages:

Ich bin intuitiv.

Hier eine Übung, die deine intuitive Kraft stärkt:

Geh in eine tiefere Entspannung. Stell dir vor, wie du mit einem Menschen, den du sehr magst, Freundschaft schließt. Vielleicht lächelt ihr euch an, berührt euch, tauscht Geschenke aus. Es ist gleichgültig, was du tust, du sollst nur ein Gefühl der innigen Freundschaft zum Ausdruck bringen. Und nun wähle den Sitz deines Unterbewußtseins in deinem Körper aus. Ist es im Kopf, im Herzen? Im Bauch, im Becken? Triff deine Wahl spontan, nicht nach logischen Überlegungen. Nun stell dir vor, daß dein Unterbewußtsein in dem von dir gewählten Körperteil eine Form hat. Ist es ein stiller, tiefer See? Ist es ein Feuerball? Ist es eine Quelle? Wenn du dein Bild gefunden hast, dann beginne mit deinem Unterbewußtsein Freundschaft zu schließen. Sag ihm vielleicht, daß du seine Fähigkeiten achtest und bewunderst, und bitte es darum, dir mit intuitiven Eingebungen zu Hilfe zu kommen. Sei ganz offen, zärtlich und gefühlvoll bei dieser Freundschaftszeremonie. Zum Schluß bedanke dich bei deinem Unterbewußtsein und verabschiede dich in dem Wissen, ein Bündnis mit dem wichtigsten Freund deines Lebens geschlossen zu haben.

Diese Übung hat oft eine große Wirkung, oft beschenkt dich dein Unterbewußtsein noch am gleichen Tag mit einer wertvollen Erkenntnis und es eröffnen sich dir neue, ungeahnte Möglichkeiten.

Doch Intuition ist nicht Versenkung in das eigene, innere Selbst. Intuition ist der Kanal, durch den Ideen zu dir kommen. Intuition hilft dir teilzuhaben am kosmischen Wissen.

Gewöhnlich denken wir, daß unser »Ich«, unsere Persönlichkeit, etwas vollkommen Getrenntes von anderen »Ichs«, von der Welt da draußen ist. Doch wir haben schon gesehen, daß das eine Illusion ist, daß in Wahrheit alles, was in diesem Universum existiert, miteinander in Beziehung steht. »Wer Gott nicht überall sieht, sieht ihn in Wahrheit nirgendwo.« Es gibt keinen Gott, kein göttliches Wissen »da draußen« und »da oben« oder irgendwo. Das was du suchst, sucht auch dich und so ist das Absolute (Gott) zwar nicht irgendwo, aber keineswegs nirgendwo.

Gott, das Göttliche, ist in uns.

Wissenschaftler haben herausgefunden, daß Menschen aus derselben Art von Materie bestehen wie die Sterne. Wir alle sind also Sternenstaub. Ist das nicht eine wunderschöne Vorstellung? Der Sinn unseres Lebens liegt darin, »selbstbewußt« zu werden, das heißt, unsere kosmische Größe, unsere göttliche Natur zu erkennen. Wenn wir aus Sternenstaub sind, wie könnten wir uns dann provinziell nennen? Unser Wesen ist universell kosmisch, prinzipiell. Der nächste Schritt sollte eigentlich leicht sein und uns helfen zu erkennen, daß durch uns das gleiche Prinzip wirkt, das auch das Universum geschaffen hat. Deine Intuition hilft dir dabei mehr, als es dein rationaler Verstand je könnte. Intuition ist dieser Verbindungskanal zwischen innen und außen, zwischen dem Individuellen und dem Universellen. Sozusagen die »Standleitung« von der prinzipiellen Ebene zu den individuellen Bereichen in dir. Wenn du dich der Seite deines intuitiven Wesens öffnest, hast du zugleich den Königsweg zu deinem eigenen Inneren und hinaus in die unendlichen Möglichkeiten des universalen Geistes gefunden.

Frag doch einfach mal
Vielleicht ist dir die unendliche Weite, die kosmische Dimension, mit der du durch deine Intuition in Verbindung stehst, noch wenig vertraut. Dann betraue deine intuitive Erkenntnisfähigkeit doch erst einmal mit kleineren Aufgaben, die dir persönlich aber sehr am Herzen liegen.

Hier eine Übung:

Nehmen wir an, du hast ein bestimmtes Problem. Du hast schon viel hin und her überlegt, gegrübelt, analysiert, erwogen, vieles in Betracht gezogen. Dein Verstand hat dir aber keine Lösung geboten, die dir »eingeleuchtet« hat. Nun mach folgendes. Tu, als wäre dein Problem ein Ding. Nimm einen Karton und pack dein Problem hinein. Schließe den Karton fest – wenn du magst, kannst du Geschenkpapier drumherum wickeln und eine schöne Schleife anbringen –, denn Probleme sind Geschenke, die wir uns selber machen. Trag das Paket in den Keller. Es ist ein schöner, sauberer, trockener Raum. Dort steht ein breites Regal. Leg dein Paket in dieses Regal und verlasse den Raum, schließe die Tür hinter dir ganz fest. Und nun denke nicht mehr an dein Problem. Das ist sehr wichtig: Zieh deine Gedanken *vollkommen* ab von deinem Problem. Wenn immer du daran denken möchtest, unterbrich deinen Gedankenfluß sofort. Nach einiger Zeit wird aus dem »Keller« – deinem Unterbewußtsein – intuitiv eine Lösung für dein Problem aufsteigen.

Diese Paket-Übung ist dann sehr effektiv, wenn man es schafft, das Problem in Ruhe zu lassen!

Nicht immer hat man so säuberlich »abgepackte« Probleme. Oft fühlt man sich nur irgendwie am Ende mit seinem Latein, ausgelaugt und hilflos. Man weiß, daß etwas schiefläuft, aber man kann nicht genau sagen, was. Wenn deine intuitiven Fähigkeiten zugeschüttet sind, hast du leicht das Gefühl, in Routine erstarrt zu sein. Dann ist es Zeit, ganz direkt mit deinem Selbst in Kontakt zu treten.

Entspanne dich, geh nach der Notizbuch-Methode in Trance. Stell dir vor, du stehst auf einer Sommerwiese. Es ist angenehm warm, du hörst das Zwitschern der Vögel, du siehst die bunten Blumen und atmest ihren Duft ein. Ein leichter Wind streicht über dein Gesicht. Du fühlst dich sehr wohl. Nun gehst du einen Weg entlang, langsam, in aller Ruhe. Da siehst du in der Ferne eine Gestalt, die dir entgegenkommt. Du kannst nicht erkennen, wer das ist, aber du spürst, daß diese Gestalt Wohlwollen und Wärme ausstrahlt. Du hast Vertrauen zu ihr, du gehst ihr gern entgegen. Nun begegnet ihr euch auf deinem Weg, und du »erkennst« diese Gestalt, die die innigsten und liebevollsten Gefühle in dir wachruft. Vielleicht ist es jemand, den du kennst, vielleicht ein alter Mann oder eine weise Frau. Das ist belanglos, gib der Gestalt die Eigenschaft, der du das größtmögliche Vertrauen schenken kannst. Nun setzt du zusammen mit diesem Wesen deinen Weg fort. Ihr kommt in eine kleine Kapelle. Diese Kapelle ist so ausgestattet, daß du dich sehr wohl darin fühlst. Die Kapelle ist wunderschön, statte sie weiter aus, mit Gold, Malereien, Marienstatuen, Jesusfiguren, Buddhas, was immer du möchtest. Nun beginnst du mit deinem BegleiterIn eine Unterhaltung. Frag ihn/sie alles, was du wissen möchtest. Über deinen Lebensweg, über bestimmte Konflikte, über Gesundheitsprobleme. Dieses Wesen ist dein *Selbst*, und es weiß alles über dich, in der Vergangenheit, Gegenwart und Zukunft. Werde still und du wirst Antworten erhalten. Vielleicht nicht in Worten, sondern in Symbolen, Gefühlen oder Bildern. Unterhalte dich mit deinem Selbst, solange du willst. Wenn du das Gefühl hast, daß es genug ist, bedanke und verabschiede dich. Geh in völligem Wohlbefinden und dem Wissen, daß sich alles zum besten gewendet hat, den Weg durch die Wiesen zurück.

Mit dieser Übung kannst du die wichtigste Entdeckung deines Lebens machen. Du erkennst, vielleicht urplötzlich, daß alles, was du brauchst, in dir ist, schon immer da war. Alle Hilfe, die es gibt, gibst du dir selbst (fast). Alles was du nicht hast, hast du dir selber vorenthalten. Äußere Umstände, andere Menschen können nur Anstöße geben, damit du diesen Schatz in dir entdeckst.

Übungen, um das »Jetzt« besser zu erfahren

Es war einmal ein berühmter Zen-Meister, der wußte, daß seine Zeit zu sterben gekommen war. Alle seine Schüler hatten sich vor seinem Haus versammelt und warteten auf eine letzte große Wahrheit des Meisters. Da ließ er seinen Lieblingsschüler zu sich rufen und beauftragte ihn damit, ihm ein Stück Kuchen zu holen. Der Schüler holte den Kuchen und ging wieder zu seinem Meister. Als er nach einiger Zeit aus dem Haus kam, bestürmten ihn die anderen Schüler, ihnen zu sagen, welche große Wahrheit der Meister am Ende seines Erdenlebens verkündet hatte. Der Lieblingsschüler sagte: »Der Meister hat gesagt: Der Kuchen war köstlich.«

Und nun eine Anekdote über einen Studenten, der sich einem psychologischen Test unterzog. Der Psychologe zeigte ihm ein Bild, auf dem eine Waldwiese zu sehen war, und fragte ihn: »Woran denken Sie dabei?« Der Student sagte: »An Sex.« Der Psychologe zeigte ihm ein Bild, auf dem eine Stadtansicht zu sehen war, und fragte ihn: »Woran denken Sie dabei?« Der Student sagte: »An Sex.« Der Psychologe zeigte ihm ein abstraktes Gemälde und fragte: »Woran denken Sie dabei?« Der Student antwortete: »An Sex.« Dann zeigte ihm der Psychologe ein Bild, auf dem ein Paar in heftiger Umarmung zu sehen war. Er fragte: »Woran denken Sie dabei?« Der Student sagte: »An mein Auto.«

Die meisten Menschen gehen wie im Schlaf durchs Leben und hängen mit ihren Gedanken entweder in der Vergangenheit oder in der Zukunft. Oder sie träumen sich an einen anderen Ort. Wenn sie im Theater sitzen, denken sie an die Skipiste, wenn sie auf der Skipiste sind, denken sie an die Sauna, wenn sie am Strand liegen, denken sie an Sex, wenn sie Sex haben, denken sie an ungebügelte Hemden... Schläfst du dich auch mit offenen Augen durchs Leben? *Wach auf*, erkenne, daß das Leben hier und jetzt und nicht »Wenn... dann« ist, denke nie mehr: *Wenn* ich ein Haus habe, *dann* bin ich glücklich. Oder *wenn* meine Kinder erwachsen sind, *dann* tue ich etwas für mich. Oder gar: Wenn ich dies oder jenes *hätte* oder *wäre, dann*... Es gibt kein wenn... dann. Es gibt nur dich, jetzt, und diesen Augenblick. Alles, was du verändern willst, weil es dich behindert, muß hier und jetzt geändert werden. Die Zukunft ändert sich nur, wenn die Gegenwart umgestaltet wird. Alles, was du tun willst, kannst du nicht irgendwann tun, sondern du solltest jetzt gleich damit beginnen. Heute ist der erste Tag vom Rest deines Lebens.

Hier eine kleine Übung:

Sag dir ganz unvermittelt – oder laß es dir von jemand anderem zurufen – das Wort »Stopp«. Halte daraufhin auf der Stelle mit allem inne, was du gerade tust. So als ob ein Film »einfriert«. Werde dir deines Gefühls für dich bewußt. Welche Muskeln spannst du gerade an? Welche Empfindungen hast du in diesem Moment? Fahre nach einigen Sekunden mit dem fort, was du gerade tust.

Gewöhne dir möglichst an, auch wirklich bei dem zu sein, was du gerade tust. Führe deine Gedanken geduldig und beharrlich immer wieder zu deiner unmittelbaren Gegenwart zurück. Glück ist ein Gefühl der vollkommenen »Gegenwärtigkeit«. Wenn du dich an besondere Glücksmomente in deinem Leben erinnerst, wirst du eine Gemeinsamkeit erkennen: Du warst vollkommen im Jetzt, jede Empfindung für Zeit hatte sich aufgelöst.

Die letzte große Wahrheit des sterbenden Zen-Meisters war also: Seid gegenwärtig, kostet den Augenblick aus, bis zur allerletzten Sekunde eures Lebens. Denn das ist das Leben: der Geschmack des Kuchens auf der Zunge. Der Hauch des Windes, der über das Schilf streift. Der Moment, in dem dir ein Freund tief in die Augen sieht, um dann für immer wegzugehen.

Hier eine Übung:

Setz dich ganz entspannt und bequem hin. Leg die Hände auf die Oberschenkel, so daß die Handinnenflächen nach oben gekehrt sind, aber ohne Anstrengung. Schließ die Augen. Laß los. Laß geschehen, was immer geschieht. Laß ein Gefühl in dir entstehen, das angenehm ist. Da ist kein Mensch, der dir etwas vorschreibt. Es ist ganz allein dein

Gefühl. Laß dich jetzt tief in dieses angenehme Gefühl hineingleiten. In innere Ruhe, in Harmonie und Frieden. Dehne dieses Gefühl auf den ganzen Raum aus, in dem du dich befindest. Erhöhe deine Stimmung, deine innere Schwingung, indem du dir vorstellst, daß Licht in dir ist. Überall in dir ist Licht. In deinem Kopf, in deinem Oberkörper, in deinem Unterleib, in deinen Armen, in deinen Beinen. Nun ist das Licht dabei, durch deine Poren nach außen zu dringen. Wenn du die Augen öffnest, kommt ein Strahlen aus ihnen. Fühle mit deinem ganzen Körper, mit deinem ganzen Sein, wie strahlendes Licht von dir ausgeht. Es ist schön, hierzusein. Es ist schön, dazusein, einfach nur zu sein. Teilzuhaben. An allem teilzuhaben. Hier und jetzt.

Diese Übung wird dich öffnen, durchlässig, empfänglich machen für alles, was ist.

Lerne wieder zu hören

Weil wir zwei Ohren, aber nur einen Mund haben, könnte man annehmen, der Schöpfer meinte, wir sollten doppelt soviel zuhören, wie sprechen. Ein Naturphilosoph des letzten Jahrhunderts hat gesagt: »Das Auge ist nach außen gerichtet, es erfaßt immer nur den äußeren Menschen. Das Ohr dagegen zieht die Außenwelt in die menschliche Seele ein und erfaßt den inneren, verborgenen Menschen. Das Gehör ist also der zentrale Sinn.«

Wir alle sind Augenmenschen. Wir geben sehr viel auf das *Aussehen* eines anderen, wir vertreiben uns die Zeit mit *Fernsehen*, wollen aber nicht *einsehen*, was wir in der Welt sehen. Die berühmten Seher der Antike, die hinter die Dinge schauen konnten, waren blind. Unseren Gehörsinn haben wir dagegen unempfänglich gemacht. Wir wollen nicht *hören*, wir können nicht *zuhören*, wir erzeugen Lärm um uns herum, um Botschaften der Stille nicht ertragen zu müssen.

Stille führt nach innen, zu uns selbst. Warum kannst du es

manchmal nicht aushalten, wenn es vollkommen still um dich herum ist? Weil du dir dann selbst begegnest. Hab Vertrauen. Such diese Begegnung geradezu, es könnte die wichtigste Begegnung deines Lebens sein. Wir haben schon gesagt, daß die Stimme der Intuition leise ist. Öffne deine Ohren und vernimm die Innenseite der Dinge. Mach dich empfänglich für die feinen, hohen Frequenzen. In einem Radio stellt man meist den Sender ein, den man am klarsten empfängt. Wenn du diesen Sender den ganzen Tag hörst, wirst du feststellen, daß auf diesem Kanal auch viel Dummes und Seichtes kommt. Irgendwann wirst du auf die Suche nach anderen Sendern gehen. Sie werden vielleicht nicht so deutlich zu empfangen sein, aber du wirst mit wunderschöner Musik oder wertvollen Informationen beschenkt. Ab jetzt willst du nie wieder nur einen einzigen Sender hören.

Nimm nicht nur die Seiten der Wirklichkeit an, die dir am deutlichsten vor Augen geführt werden. Du kannst das Laute, Bunte, Direkte genießen. Aber geh weiter, geh durch das Augenscheinliche hindurch und *höre die Stille*.

Hier eine alte Zen-Übung:

Setz dich hin, schließe die Augen. Laß deinen Atem ganz entspannt durch deinen Bauch fließen. Höre auf deinen Atem. Wenn du das eine Weile getan hast, wirst du durch deinen Atem hindurch hören. Du hörst jetzt den Raum, in dem du sitzt. Nimm dir aber nicht vor, ihn unbedingt hören zu wollen. Höre ihn einfach. Höre dann durch den Raum. Vielleicht hörst du Autohupen, Radiomusik, Stimmen. Nimm alles hin, sortiere nicht, was du gerne hören möchtest und was nicht. Jetzt höre durch alle Geräusche hindurch. Höre hinter die Geräusche. Dort ist die Stille. Jetzt hörst du nur noch deinen eigenen Körper, ein Pochen vielleicht. Wenn Gedanken kommen, laß sie vorbeiziehen. Vielleicht nicht beim ersten Mal, aber irgendwann erfährst du: Auch die Stille ist laut, die Stille dröhnt. Höre auch durch dieses

Dröhnen hindurch. Du bist jetzt deine Ohren. Deine Ohren sind Segel, mit denen du auf dem Meer des Seins unterwegs bist. Laß dich einfach auf diesem Ozean der Stille treiben. Beginne auf das zu lauschen, was dir hinter dem Leisesten, von dir noch Wahrzunehmenden begegnen wird.

Wenn du die Ewigkeit erfahren willst, dann solltest du das Jetzt erleben können, denn beides ist eins. Wenn du die Zukunft verbessern willst, so gibt es keinen anderen Weg, als das Jetzt zu verändern.

Du solltest wissen,
die Kraft zu verändern liegt in der Gegenwart, hier und jetzt.

Das bedeutet, hier und jetzt ist der Hebel, an dem du ansetzen kannst, denn dieses Hier und Jetzt ist die einzige Realität, die wir haben. »Vergangenheit«, »Zukunft« und »Ewigkeit« sind gedankliche Abstraktionen, welche für dein Gedeihen ohne Bedeutung sind. Du solltest also erst einmal deinen gegenwärtigen Zustand annehmen, um ihn dann verändern zu können.

Der Kraftpunkt liegt in der Gegenwart. Erweckt dieser schöne Satz nicht auch in dir ein herrliches Gefühl von Stärke, Chance, Möglichkeit oder, modern ausgedrückt, »Power«? Da ist keine Vergangenheit, die dich nach unten zieht, da gibt es keine Zukunft, die drohend vor dir liegt. Das einzige, was gilt, ist das Jetzt. Und dieses Jetzt ist dein Sprungbrett. Jetzt.

Und jetzt.

Partner- und Gruppenübungen

In der Gruppe

Ein organisches Ganzes ist mehr als die Summe seiner Teile. Eine Gruppe hat mehr Energie, als die addierte Energie ihrer Mitglieder ergibt. Gerade wenn du scheu, in dich gekehrt und am liebsten allein bist, würde dir Aktivität in einer Gruppe guttun, denn nur *unter* Menschen verlierst du die Angst *vor* Menschen. Wir machen im folgenden Vorschläge für Übungen, die du in der Gruppe – vielleicht in deinem Freundeskreis – ausprobieren kannst. Achte darauf, daß niemand unter euch geistig krank ist. Arbeitet am besten mit einem Therapeuten. Du solltest auch keinesfalls bei euren Treffen *nur* diese Übungen machen, es passiert dann zu wenig, und ihr werdet vielleicht enttäuscht auseinandergehen. *Es ist sehr sinnvoll, sich für diese Übungen vorher »weich« zu machen, das heißt, Spannungen körperlich abzureagieren.* Das kann man durch mehrere Verfahren erreichen. Eine dynamische Meditation eignet sich ausgezeichnet dafür. Wenn du sie nicht kennst, such dir jemanden, der sie dir beibringt. Sie ist nicht schwierig, aber durch Worte nicht richtig zu erklären, man lernt sie am besten durch »mitmachen«. Sehr gut ist es auch, mindestens eine Stunde lang zu lauter Musik ekstatisch zu tanzen. Oder zu joggen (10 km!). Denk dir etwas Geeignetes aus, aber tu *auf jeden Fall* etwas.

Und nun zu den Übungen:

Zwei sitzen sich gegenüber, sie können sich an den Händen fassen. Einer ist A, der andere B. Nun beginnt A zu fragen: »Wodurch begrenzt du dich?« B antwortet. A geht nicht auf die Antwort ein und fragt wieder: »Wodurch begrenzt du dich?« B antwortet. A stellt die gleiche Frage. B antwortet wieder. Das ganze zehn bis zwanzig Minuten lang, dann werden die Rollen vertauscht.

Es ist wichtig, daß die Antworten auf diese Frage spontan und aus dem Bauch heraus kommen. Versucht nicht, beeindruckende intellektuelle Begründungen zu geben. Die Antworten müssen auch nicht »logisch« sein. Sie *haben* ihre Logik, darauf kannst du dich verlassen.

Eine ähnliche Übung:

Zwei sitzen sich gegenüber, sie können sich an den Händen fassen. A beginnt, von sich zu erzählen. B unterbricht ihn, wann immer es geht, mit der Frage: »Warum?« A sollte darauf eingehen, auch wenn es scheinbar keine Antwort gibt. Das Ganze zwanzig Minuten lang, dann werden die Rollen getauscht.

Diese Übung führt dich zu der Erkenntnis, daß *du* der Verursacher deiner Erfahrungen bist und niemand sonst. Bei der folgenden Übung sollten mehr als zehn Personen in der Gruppe sein und ein Therapeut. Sie klingt sehr harmlos, aber sie kann viel aufbrechen.

Ihr setzt euch zu zweit gegenüber, und jeder schaut dem anderen unverwandt ins linke Auge (Brillen bitte abnehmen). Es sollte dabei nicht geblinzelt werden, auch wenn die Augen tränen. Der Therapeut bestimmt das Ende der Übung.

Die Wirkung ist enorm, weil mit den Tränen auch Emotionen hochkommen, die in den Tiefen der Seele vergraben waren. Durch das Freisetzen dieser Gefühle kommt ein innerer Reinigungsprozeß in Gang. Gefühle, die man nicht ausdrückt, vergißt man nie! Deshalb ist es so wichtig, gerade negative, schmerzliche Gefühle an die Oberfläche zu lassen, um sie über das Bewußtmachen zu transformieren und sich von ihnen zu befreien.

Bei der nächsten Übung solltest du schon etwas Erfahrung mit Gruppenarbeit haben, und alle sollten innerhalb von sehr kurzer Zeit in Trance gehen können.

Ihr setzt euch auf den Boden, ganz eng zusammen, umschlingt euch mit den Armen. Geht nun in Trance und beginnt, gemeinsam zu atmen, anfangs ein wenig hyperventilieren, also in einem schnelleren Rhythmus atmen. Ihr könnt auch einen gemeinsamen Summton finden. Nach fünf bis zehn Minuten beginnt irgendeiner der Gruppe mit einem bestimmten Thema – aus dem Bauch heraus zu sprechen. Bei diesem Thema bleibt ihr dann für die ganze Übung. Nehmen wir an, einer sagt: »Ich sehne mich nach Gesundheit.« Nach zwei Sekunden oder einer Minute, wie es gerade kommt, fügt jemand eine ganz spontane Aussage zum Thema Gesundheit hinzu. Zum Beispiel: »Gesundheit ist Lachenkönnen.« Dann ein anderer, dann der nächste, dann ruhig alle durcheinander. Während der ganzen Übung habt ihr die Augen geschlossen.

Es kommt hier darauf an, daß alle Aussagen ganz spontan und aus dem Bauch (Unterbewußtsein) heraus gemacht werden. Es geht nicht darum, Lexikondefinitionen zu finden oder durch Klugheit zu beeindrucken. Du sollst nur den Begriff mit Inhalt füllen, ihn bildhaft und erfahrbar machen. Andere Begriffe, die ihr euch nach und nach vornehmen könnt, sind: Glück, Liebe, Harmonie, Intuition, Geist oder Geld. Jeder einzelne von euch wird gestärkt aus dieser Übung hervorgehen.

Und nun eine Vertrauensübung:

Bildet einen oder mehrere Kreise, je nachdem, wie viele ihr seid, mit sieben oder acht Personen. Einer stellt sich in die Mitte und schließt die Augen. Er steht ganz gerade, die Füße nebeneinander, die Knie durchgedrückt, die Arme seitlich an den Körper gelegt. Nun beginnt diese Person in der Mitte, sich zu irgendeiner Seite fallen zu lassen. Also mit durchgedrückten Knien, nebeneinander gestellten Füßen, an der Seite liegenden Armen und *ohne* in den Hüften abzuknicken. Die anderen im Kreis fangen den Fallenden auf und stellen ihn behutsam wieder in die Mitte. Es wird so lange gewechselt, bis jeder einmal für mindestens fünf Minuten in der Mitte stand.

Wenn du diese Übung zum erstenmal machst, ist es dir sicherlich ein bißchen unheimlich, wenn du dich fallen läßt. Indem du aber deinem Reflex, ein Bein vorzusetzen, in den Hüften abzuknicken oder die Arme auszustrecken nicht nachgibst, wirst du ein wunderbares Gefühl von Geborgenheit erleben und wieder zu vertrauen lernen.

Und hier noch zwei Übungen zur Selbsterkenntnis:

Zwei, die sich schon kennen, sitzen sich gegenüber. A fragt B: »Was glaubst du, denke ich von dir?« B antwortet darauf. A geht nicht auf die Antwort ein, läßt B ausreden und stellt wieder die gleiche Frage. Zehn Minuten lang. Danach werden die Rollen getauscht.

Diskutiert *nicht* darüber, ob der andere recht oder unrecht hat mit dem, was er gesagt hat. Denke still für dich darüber nach, *warum* der andere zu eventuell so ausgefallenen Ansichten gekommen ist.

Und nun die Übung »Verzeih dir und allen alles«:

Zwei Personen sitzen sich gegenüber. A fragt B: »Was kannst du dir in deinem Leben nicht verzeihen?« B antwortet. A fragt so lange, bis B nichts mehr einfällt. Dann fragt A: »Was kannst du anderen nicht verzeihen?« B antwortet. A fragt so lange, bis B nichts mehr einfällt. Dann werden die Rollen getauscht. Zum Schluß stellt ihr euch vor, daß euer Gegenüber all die Personen in sich vereinigt, denen ihr etwas nicht verzeihen könnt. Und jetzt verzeihst du deinem Gegenüber stellvertretend für alle Personen, die dir etwas angetan haben.

Mißbrauche diese Übungen nicht als Partyspiele. Sie haben nur dann eine therapeutische Wirkung, wenn du sie als ernsthafte Gruppenarbeit – möglichst unter Anleitung eines Therapeuten –

verstehst. Dann wird der Nutzen, den du aus ihnen ziehst, außerordentlich groß sein.

Partnerspiele für zu Hause
Hier einige Übungen, die du mit einem Partner auch zu Hause machen kannst.

Diese Übung wird deine Sensitivität erhöhen:
Legt euch für die Dauer eines Gesprächs Augenbinden an. Ihr werdet feststellen, daß ihr plötzlich ein Gespür für Nuancen und falsche Töne habt, für das, was »dahinter« ist.

Die Augen zu schließen und nur zu hören, was jemand sagt, ist eine gute Methode, ganz neue Informationen über Menschen zu bekommen. Deine Augen werden viel zu oft durch das Aussehen eines anderen getäuscht, nur weil er gerade deinem Bild von Attraktivität entspricht oder eben nicht entspricht.

Die folgende Übung schärft die Sinne und die Wahrnehmung der Umwelt:

Einer verbindet sich die Augen und tut so, als ob er blind wäre. Der andere erklärt ihm nun die Umgebung. Er schildert Farben und Formen in allen Einzelheiten. Er beantwortet die Fragen des »Blinden« ganz genau.

Hier eine Übung, die dich sensibilisiert:

Macht einen Spaziergang miteinander und sagt immer abwechselnd: »Ich bin mir bewußt, daß...« Also zum Beispiel: »Ich bin mir bewußt, daß Wolken am Himmel stehen. Ich bin mir bewußt, daß ich Bauchschmerzen habe. Ich bin mir bewußt, daß ich mich mit dir sehr wohl fühle...«

Und hier noch eine höchst wirkungsvolle Übung, wenn du mit deinem Partner Streit hast und jedes Gespräch nur in Aggression, Türenknallen oder eisigem Schweigen endet.

Setzt euch auf den Fußboden, Rücken an Rücken. A beginnt zu sprechen, redet sich alles von der Seele, was er sagen möchte, so lange er will. B muß schweigen, er darf *kein* einziges Wort sagen und auch keine Reaktion – etwa verächtliches Schnauben oder ähnliches – zeigen. Die Sitzung ist zu Ende, wenn A es möchte (50 bis 60 Minuten oder länger). Auch danach findet *keine* Diskussion statt! Am nächsten Tag werden die Rollen vertauscht, am folgenden wieder und so weiter.

Nach drei, vier Tagen wirst du feststellen, daß du eigentlich das gleiche wie dein Partner willst und immer nur an ihm vorbeigeredet hast.

Übungen mit Kindern

Hier ein Spiel, das einem Kind große Freude macht:

Setzt gemeinsam einen Zeitraum fest von einem Tag, einer Stunde, einer Woche, was immer ihr wollt. In diesem Zeitraum darf das Kind bestimmen, was gemacht wird.

Du kannst viel aus den »Wünschen« deines Kindes über dich und dein Verhalten ihm gegenüber lernen!

Mit der nächsten Übung bringst du dein Kind zum Sprechen, wenn es mit seinen Problemen nicht recht rausrücken will:

Denk dir den Anfang einer Geschichte aus. Ein Märchen vielleicht. Jeder von euch fügt immer abwechselnd der Geschichte einen oder mehrere neue Sätze hinzu, an denen der andere dann anknüpfen muß. Bis die Geschichte ganz von selbst zu Ende ist.

Du wirst erstaunt sein, welche Dramatik die Handlung erreicht. Da eure Einfälle natürlich aus dem Unterbewußtsein hochsteigen, kannst du sehr gut akute Probleme darin erkennen.

Nun eine Übung, die vor allem für kleinere Kinder geeignet ist:

Sag deinem Kind, es soll seine Familie malen. Aber alle Familienmitglieder (es selbst eingeschlossen) müssen als Tiere dargestellt werden.

Dies ist ein bewährter Test aus der Kinderpsychologie. Denn je nachdem, ob der Vater zum Beispiel als Hase und die Mutter als Elefant dargestellt ist (oder umgekehrt), kannst du aus diesem Bild herauslesen, wie das Kind die Familiendynamik empfindet.

Positives Denken im Alltag

Wann hast du dich zum letztenmal *selbst* so richtig verwöhnt? Sag nicht: »Das geht doch nicht.« Oder womöglich: »Ich habe Wichtigeres zu tun.« Wir alle sind Sinnmenschen, wir lieben es, schöne Dinge zu sehen, zu hören, zu fühlen, zu riechen, zu schmecken. Wer sich zur »Vergeistigung« zwingt, unterdrückt wesentliche Teile seiner Persönlichkeit. Geh nicht an deiner Sinnlichkeit vorbei, geh durch sie hindurch. Gerade wenn du die materielle Welt überschreiten willst. *Überschritten, transzendiert werden kann nämlich nur das Erfahrene, nicht das Verdrängte oder Gemiedene.*

Lerne, das Leben zu genießen. Ein anderer kann dir vielleicht Genüsse schenken, aber nicht Genußfähigkeit. Wenn du dich selbst, ganz für dich allein, verwöhnst, entwickelst du diese Genußfähigkeit. Und dann bist du auch für Verwöhnen und verwöhnt werden erst richtig aufgeschlossen.

Schwelge doch mal in Phantasien darüber, was dir guttun würde. Es ist vollkommen egal, was »die anderen« davon halten. Du tust es ja für dich, nicht für die anderen. Brich aus deinen routinemäßigen, vielleicht schalen Vergnügungen aus, laß dir mal etwas »Lust«iges einfallen. In diesem Sinne geben wir dir ein paar kleine Anregungen:

Tip 1: Nimm ein Bad mit einem ausgesuchten Badezusatz. Ergeh dich in kennerischer Bewunderung für deinen Körper. Leg besonderes Augenmerk auf die Körperteile, die auch von anderen immer wieder gelobt wurden.

Tip 2: Gerade wenn du sehr vernünftig mit Süßigkeiten umgehst: Such dir aus dem Kochbuch ein Dessert aus, bei dem dir das Wasser im Munde zusammenläuft, und bereite eine Riesenportion ganz für dich allein zu.

Tip 3: Lümmle dich mitten am Vormittag auf die Bank vor deinem Lieblingsbild im Museum hin.

Tip 4: Geh am Nachmittag in den Film, der dein besonderes Interesse geweckt hat, weil alle gesagt haben, daß er unter deinem geistigen Niveau ist.

Tip 5: Kauf dir die schönste überflüssige Kleinigkeit, die dir gerade einfällt (das Buch, das du nicht für deine berufliche Fortbildung brauchst, den Lippenstift, der zum Halsband deines Hundes paßt, den Blumenstrauß in deiner Lieblingsfarbe, die Fahrkarte 1. Klasse nach nirgendwohin).

Tip 6: Laß dir eine Massage geben, falls du das bisher für Verweichlichung hieltest.

Tip 7: Stell deine Lieblingsmusik für fünf Minuten so laut, daß die Wände wackeln (es muß ja nicht gerade um Mitternacht sein).

Tip 8: Halte gänzlich ungeniert einen Mittagsschlaf, wenn du eigentlich gar keine Zeit dazu hast.

Tip 9: Hol dir dein Lieblingsessen aus dem Restaurant. Speise mit großem Genuß allein und beglückwünsche dich, daß du dich in so ausgezeichneter Gesellschaft befindest.

Tip 10: Bereite dir ein exquisites Getränk zu, lehne dich zurück und ruf dir alle Komplimente ins Gedächtnis, die dir je gemacht wurden (über dein spitzbübisches Lächeln, deine Grazie beim Pfannkuchenwenden, deine lässige Art im Umgang mit dem Finanzamt…).

Die Kunst, Komplimente zu machen

Komplimente zu machen ist eine wirkungsvolle Methode, Positives Denken »unter die Leute« zu bringen. Damit ist natürlich nicht jenes mechanische »gut siehst du heute wieder aus« gemeint oder gar unehrliche Schmeicheleien. Es ist schon erstaunlich, wieviel leichter es uns fällt, einem anderen etwas Kritisches zu sagen, als ihn zu loben. Achte einmal darauf, ob du öfter etwas Positives *denkst*, aber etwas Negatives *sagst*. Vielleicht *denkst* du gerade, daß dein Mann wirklich ein gutaussehender Kerl ist, aber du *sagst*: »Warum hast du denn die Mülltüte schon wieder nicht mit hinuntergenommen!« Vielleicht *denkst* du gerade, daß deine Frau eine ausgezeichnete Köchin ist, aber du *sagst*: »Warum gibt es heute Zitronencreme und keine Orangencreme zum Nachtisch?« Wir halten seltsamerweise tatsächlich gute Meinungen über andere zurück, aus Angst, daraus könnte Hochmut entstehen oder es würde irgendwie ausgenutzt. Knurrig und barsch zu sein wird von manchen Männern als Stärke angesehen.

Chefs meinen oft, daß ihre eigene Bedeutung sinke, wenn sie die Vorteile ihrer Mitarbeiter zu groß herausstreichen. Dabei ist genau das Gegenteil der Fall. Nahezu alle Angestellten, die unzufrieden mit ihren Vorgesetzten sind, vermissen Lob und Anerkennung ihrer Arbeit. Sie schätzen ihren Chef gerade dann, wenn er auch andere neben sich hochkommen läßt. Also, falls du selber ein Chef bist: Nimm dir immer wieder vor, die Leistungen deiner Mitarbeiter *offen* anzuerkennen. Das hat gleich zwei sichere Vorteile: Die Mitarbeiter werden motiviert, und dadurch leisten sie mehr – und sie halten dich für einen tollen Chef! Solltest du kein Chef sein, dann ist es noch wichtiger, dir diese Eigenschaft anzueignen – damit du bald einer bist.

Komplimente zu machen, die andere aufblühen lassen, ist eine Kunst, die erlernt werden kann. In einem gelungenen Kompliment steckt viel Einfühlsamkeit. Die meisten Menschen halten sich in einigen Teilen ihrer Persönlichkeit für stark, in anderen für schwach. Manchmal kann man ihnen das nahezu auf den ersten Blick ansehen. Ein sehr hübsches Mädchen hat zum Beispiel oft Angst, daß man es für dumm halten könnte. Wenn du jetzt der Hundertste bist, der ihr sagt, wie hübsch sie ist, nimmt sie dieses Kompliment vielleicht nur mit einem gequälten Lächeln auf. Wenn du ihr aber sagst, daß dir ihr politisches Urteil oder ihr literarischer Geschmack wichtig ist, machst du ihr damit tatsächlich eine Freude. Ebenso lieben es viele Männer, für die anspruchsloseste Hausarbeit über den grünen Klee gelobt zu werden, und intelligente Frauen hören gern etwas über ihr gutes Aussehen.

Wiederhole nicht gedankenlos Selbstverständlichkeiten, wenn du Komplimente machst. Versuche den Teil einer Persönlichkeit durch Anerkennung zu stärken, der ein bißchen Pflege braucht. Bei Kindern kannst du so auf eine ganz sanfte Art große erzieherische Wirkungen erzielen. Wenn du dein unordentliches Kind für das einzige Mal, wo es sein Spielzeug weggeräumt hat, lobst, ist die Wahrscheinlichkeit, daß sich dieser bemerkenswerte Vorfall wiederholt, schon (etwas) größer.

Sieh in anderen Menschen nicht nur, was sie sind, sondern auch, was sie sein möchten. Hilf ihnen durch deine Bestätigung, auf diesem Weg voranzugehen. Zweifel an sich hat jeder schon selbst genug, es ist nicht deine Aufgabe, sie zu bestärken. Einen anderen in dem zu unterstützen, was er sich von Herzen wünscht, das ist das Schönste, was ein Mensch für einen anderen tun kann.

Schreib's auf

Es gibt eine einfache Methode, die Wichtigkeit von Aussagen zu betonen: Man schreibt sie auf. Leg dir verschiedene Listen an, die du immer wieder durchliest, verbesserst, ergänzt. Hier ein paar Beispiele:

Liste 1: Schreib alle positiven Eigenschaften auf, die du an dir entdecken kannst. Sei nicht zu selbstkritisch dabei. Gerade Eigenschaften, die erst im Ansatz vorhanden sind, können durch diese Form von Bejahungen gestärkt werden.

Liste 2: Notiere alle Situationen und Begebenheiten, in denen du dich besonders gut und erfolgreich fühlst. Denk an alle Lebensbereiche, nicht nur an deinen Beruf. Ergänze diese Liste laufend.

Liste 3: Überlege dir, wie du mit deinen ganz persönlichen Fähigkeiten und Talenten bestimmten Menschen eine Freude machen kannst und wie dein ganz persönlicher Beitrag zur Erhaltung des Friedens in dieser Welt aussehen kann.

Leg auch Listen über Affirmationen an, die dir beim Lesen verschiedener Bücher besonders gefallen haben. Vor allem aber schreibe deine Wünsche und Pläne auf, und zwar so, als *wären sie schon erfüllt*. Also zum Beispiel: »Ich bin Abteilungsleiter in meiner Firma.« Oder: »Ich habe ein Haus am Meer.«

Ist das ein schöner Tag!

Gib jedem Tag ein Wort, ein Thema, das du in deinem ganz normalen Alltag mit Inhalt füllen willst. Das bedeutet nicht, daß du über dieses Thema nachdenken oder etwas lesen sollst. Mach es ausschließlich sinnlich und gefühlsmäßig erfahrbar. Vermeide es, nach den Gründen zu fragen, *warum* du bestimmte Empfindungen hast. *Habe sie einfach.*

Hier ein Beispiel:

Harmonie

- Hör dir Musik an, die du liebst, die du aus dem Bauch heraus als harmonisch empfindest.
- Schau dir ein Bild an, das deinem Sinn für Harmonie entspricht. Betrachte es lange und genau, laß seine Form und seine Farben auf dich einwirken.
- Schau bewußt hin auf dem Markt, wie die Gemüsefrauen ihr Obst und Gemüse aufgebaut haben.
- Triff dich mit einem Menschen, den du als harmonisch empfindest, und führe ein Gespräch mit ihm (aber nicht über den Begriff Harmonie!). Laß seine angenehme Gegenwart bewußt auf dich wirken.
- Betrachte ganz bewußt eine Landschaft in ihrer Ganzheit.
- Schau dir ganz genau an, wie eine einzelne Blume aussieht.
- Spüre in deinen Körper hinein, sei dir des harmonischen Zusammenwirkens deiner Organe bewußt.
- Male ein Bild, das für dich Harmonie ausdrückt. Vielleicht ist es nur ein Kreis, es kommt nicht auf Kunstfertigkeit an.
- Blicke dich in deiner Wohnung um. Wo ist dein Sinn für Harmonie gestört, willst du es ändern?
- Überlege, zu welchen Menschen du im Augenblick disharmonische Beziehungen hast. Entscheide dich für mindestens einen, bei dem du heute einen Schritt zur Harmonisierung unternehmen willst.
- Sauge einen Duft in dich ein, den du besonders magst (Parfüm, Blumen, Essen, den Geruch deines Partners).
- Stell dir ein Gericht zusammen – oder laß es dir zusammenstellen –, das du geschmacklich als harmonisch abgerundet empfindest.
- Umarme und streichle ganz bewußt einen Menschen, den du magst.

Vielleicht findest du Harmonie auch in der perfekten Konstruktion einer Maschine, in einer bestimmten sportlichen Tätigkeit –

deiner Phantasie und deiner Sinnlichkeit sind keine Grenzen gesetzt. Es ist nicht wichtig, was »man« unter diesem Begriff versteht, sondern wie du ihn empfindest.

Andere Themen des Tages könnten sein: Glück, Gesundheit, Frieden, Schönheit, Liebe, Erfolg, Reichtum, Wahrheit – was immer du willst.

Lachen ist gesund

»Lachen ist die beste Medizin«, das ist nicht nur eine Redensart. Ein amerikanischer Starpublizist bewies, daß man das ganz wörtlich nehmen kann: Norman Cousins litt an einer unheilbaren Krankheit, bei der sich das Bindegewebe im Rückgrat nach und nach auflöst. Die Ärzte gaben ihm keine Chance mehr, doch Cousins fand sich mit dieser Diagnose ganz und gar nicht ab. Er hatte gelesen, daß negative Gefühle im Körper negative chemische Veränderungen hervorrufen. Muß es dann, so überlegte er weiter, nicht möglich sein, mit positiven Gefühlen positive chemische Veränderungen zu bewirken? Und welches Gefühl ist positiver als das Lachen? Er verordnete sich eine Lachtherapie. Mit komischen Filmen brachte er sich gezielt zu zwerchfellerschütterndem Lachen – der Erfolg war verblüffend. Das Lachen hatte die Wirkung von Schmerztabletten: Zehn Minuten Gelächter schenkten Cousins zweieinhalb Stunden Schmerzfreiheit. Der unheilbar Kranke wurde wieder gesund, und die Schulmedizin stand wieder einmal vor einem Rätsel.

Inzwischen haben amerikanische Universitäten den Gesundmacher Lachen genauer untersucht. Lachen, so fanden sie heraus, erhöht die Atmungskapazität und den Sauerstoffaustausch im Blut, die Muskelaktivität und die Herztätigkeit. Es stimuliert das sympathische Nervensystem und fördert die Produktion eines Enzyms, das den Schmerz vermindert. Kurz gesagt: Lachen gleicht einer sportlichen Tätigkeit und ist für unsere Gesundheit außerordentlich wichtig. Eine humorvolle Einstellung zum Leben ist die beste Vorbeugung gegen Herzkrankheiten, Krebs und Depressionen.

Nimm das Leben also nicht tierisch ernst, wenn du gesund bleiben willst. Lach mal wieder, vor allem über dich selber!

KAPITEL 2:

BRING ORDNUNG
IN DEIN LEBEN!

»Ihr müßt mehr Methode in euer Leben bringen. Gott selbst erschuf die Ordnung. Die Sonne scheint bis zum Abend und die Sterne funkeln bis zum Morgen« (Yogananda).

Das Wort »Kosmos« bedeutet Ordnung und sagt uns, daß im Universum wohl jemand ist, der Ordnung geschaffen hat. Was auf den Makrokosmos zutrifft, gilt gleichermaßen auch für den Mikrokosmos. Wie oben so unten, wie innen so außen. Grundsätzlich herrscht vollkommene Harmonie, es sei denn, du selbst hast disharmonische Kräfte auf dich einwirken lassen, und ihnen die Macht verliehen, Einfluß auf dich auszuüben. Du hast, weil du es nicht besser wußtest, aus destruktiven Gedanken und Gefühlen Verhaltensweisen entstehen lassen, die sich zu der heute als Realität empfundenen Situation entwickelt haben. Das alles kann genauso weitergehen, sich aber auch in jede andere von dir gewünschte Richtung verändern. *Wenn du ein »kosmisches Bewußtsein« haben willst, solltest du dich in die kosmischen Gesetze einordnen.* Die Tatsache, daß du dies hier liest, drückt klar deinen Wunsch nach einer Weiterentwicklung im Sinne der Evolution aus…

Alles, was dazu notwendig ist, besitzt du bereits, es muß überhaupt nichts Neues hinzukommen. Alles, was du brauchst, hast du seit deiner Geburt, nämlich die Fähigkeit, schöpferisch tätig zu sein, die Befähigung zum Imaginieren. Denn das, was jetzt in diesem Augenblick in deinem Leben ist, ist ja genauso das Ergebnis der von dir benutzten Möglichkeit, etwas zu erschaffen. Alles, was bis jetzt in deinem Leben geschehen ist, hast du angezogen. Die Realität um dich herum wurde aus deiner Einstellung zu den Dingen, zum Leben, zu allem, was ist, geschaffen. Deine

Grundeinstellung wurde dir mit der Erziehung vermittelt, aus dieser Konditionierung entwickelten sich gleichermaßen Vorlieben und Abneigungen. Beide nehmen Raum in deinem geistigen Gebäude ein und werden fortan jede für sich versuchen, das ihrem Inhalt Entsprechende anzuziehen. Du weißt bereits, daß die Evolution sozusagen eine Einbahnstraße ist, und daß die Schöpfung keinesfalls abgeschlossen ist, sondern wie eh und je im Prozeß des ständigen Werdens, des ständigen Kommens und Gehens, begriffen ist. Es ist deshalb nicht möglich, etwas *nicht* Wünschenswertes durch Gedanken aufzulösen. Die Richtung der Gedanken in uns wird bestimmt durch unsere Einstellung zu uns, zum anderen, zum Leben.

Wer also Vorlieben und Abneigungen hat – und wer hat die nicht –, kann sich jetzt in diesem Augenblick bewußt werden, daß er die in seinem Gedankengebäude vorhandenen Inhalte ins Leben ruft. Je wichtiger ein Gedanke für dich ist, desto bevorzugter wird er in der Werkstatt deines Geistes zur Verwirklichung gebracht. Es ist vollkommen gleichgültig, ob du ihn mit einem Plus- oder mit einem Minuszeichen versehen hast, ob er konstruktiv oder destruktiv ist, das was du denkst und fühlst, das bist du, oder wirst du alsbald sein.

Sehr viele Menschen beschäftigen sich intensiv mit allem möglichen, von dem sie *nicht* wollen, daß es ist. Schalte den Fernseher ein, er spiegelt sehr gut die Meinung eines Volkes wider, dort wird der überwiegende Teil der Aufmerksamkeit auf nicht Wünschenswertes gerichtet. Ähnlich verhält es sich auch mit dir. Deshalb, nur deshalb fordern wir dich immer wieder und in diesem Buch *bewußt wiederholt* dazu auf, dich ausschließlich mit dem zu beschäftigen, von dem du willst, daß es ist!

Fast regelmäßig entsteht hier ein Mißverständnis. Positives Denken heißt konstruktives Denken und will keinesfalls Negatives aus Angst verdrängen. Nur der oberflächliche Denker vermutet beim Positiven Denken Vogel-Strauß-Politik. Negatives verdrängen zu wollen führt unweigerlich dazu, daß es aus dieser

Verdrängung, aus der Verbannung, also aus dem Unbewußten heraus Herrschaft über uns gewinnt. Das ist niemals Ziel und Zweck einer Lebenshilfe, die versucht, ursächlich vorzugehen.

Dieses Kapitel will dir helfen, ein Zeitprogramm aufzustellen, mit dem du in der Lage bist, in die Hierarchie innerhalb deines Gedankengebäudes ordnend einzugreifen. Um die vorhandenen Machtverhältnisse in deinem Unterbewußtsein zu ändern, bedarf es eines einfachen Konzeptes, einiger Beharrlichkeit und des Wissens, das Recht und die Möglichkeit zu haben, ein deinen Vorstellungen entsprechendes Leben zu führen.

Noch ein paar Anmerkungen zum Faktor »Zeit«.

Du erreichst in keinem Lebensbereich viel, wenn du nicht einen Sinn für Rhythmus, Zyklus, für die Wiederholung von Tätigkeiten entwickelst. Lernst du etwa Klavierspielen, wenn du mal drei Monate, mal ein Jahr, mal fünf Jahre mit dem Üben Pause machst? Oder schau einmal einer wirklich guten Hausfrau zu. Sie hat den Ablauf ihrer Tätigkeiten in eine bestimmte Ordnung gebracht, um effektiv zu sein.

Ordnung wird sich aus einem inneren Gefühl für das Wesen der Dinge ergeben; wenn du möchtest, dann schwing mit, dann bist du »synchron«. Vor dreihundert Jahren fiel einem holländischen Wissenschaftler auf, daß zwei Pendeluhren, die man nebeneinander an die Wand hängt, in genau demselben Rhythmus schlagen. Sie behalten ihren gleichen Pendelschlag bei, weit über das Maß hinaus, mit dem sich zwei Uhren mechanisch einander angleichen lassen. Es ist tatsächlich so, als »wollten« sie im gleichen Rhythmus schlagen. Weitere Untersuchungen ergaben, daß dieser Wille zum gleichen Rhythmus universell ist. Natürlich ist er auch bei Lebewesen zu finden. Die Natur, alles Natürliche hat das Bestreben nach Harmonie, weil sie nach dem besten Energiezustand sucht, und der Gleichklang des Miteinander-Schwingens verbraucht weniger Energie als die Disharmonie. Harmonie ist also der perfekte Zustand, nach dem das Sein strebt. Wir sind mit jedem Atom in diese göttliche Harmonie eingebunden. Je mehr wir uns von dieser Harmonie mittragen lassen, je weniger Widerstand wir ihr entgegensetzen, desto glücklicher sind wir. Man kann auch umgekehrt sagen: *Jedes, tatsächlich jedes Problem, das du hast, sei es Krankheit, Geldmangel, Erfolglosigkeit, Einsamkeit oder was auch immer, ist das Ergebnis eines Mangels an innerer Harmonie.*

Ordnung ist eine kosmische Heilkraft. Seelisch kranke Menschen sind meist nicht in der Lage, ihr Leben in »Ordnung« zu halten. Sie ertrinken im Chaos, ihre Wohnung ist chaotisch, ihre Beziehungen sind chaotisch, sie sind ohne innere und äußere Ausrichtung. Du hast dir dieses Buch gekauft, weil du dein Leben harmonischer gestalten willst. Wir wollen dir dabei mit unseren Erfahrungen, Übungen und Affirmationen helfen. Es ist einleuchtend, daß es nur wenig nützt, wenn du eine Übung zwei-, dreimal machst und dann nie wieder, wenn du alle drei oder vier Wochen einige Affirmationen zur Veränderung deines Lebens einsetzt. *Jede Schwingung neigt dazu, sich durch Wiederholung zu verstärken.* So entstehen bestimmte Muster. Wenn du ein Trinker, Raucher, ein Streßgeplagter oder ein Dicker bist, dann haben sich Verhaltensmuster bei dir eingeschliffen. Es ist zunächst schwierig, diese Muster aufzulösen, weil sie ja durch ständige Wiederholung zu Gewohnheiten wurden und dich zu beherrschen scheinen. Aber es ist möglich, wenn du es tatsächlich willst; und wenn du glaubst, daß es dir möglich ist, dann wirst du schlank sein, oder was auch immer du willst. Mag die Gegenschwingung auch zunächst schwach gegenüber dem gewohnten Muster sein, je mehr diese Schwingung wiederholt wird, du deinen Glauben bestärkst, desto stärker wird sie. Geduld bringt Rosen und mit der Zeit kommt die Wende. Das neue Muster ist stärker als das alte, denn weil in der Evolution alles nach Wandel, nach Veränderung strebt, kommen dir sozusagen die kosmischen Kräfte zu Hilfe. Aus dem Tropfen auf den heißen Stein wird der Tropfen, der den Stein höhlt; wenn du Geduld hast und ihn nur genügend oft fallen läßt, geschehen alsbald Wunder in deinem Leben!

Noch ein paar Hinweise für den Gebrauch der Bausteine für deine Zeitprogramme:

1. Die hier gemachten Vorschläge sind keine Vorschriften, die du unbedingt befolgen sollst. Sie sind Hilfen, um deine eigene innere Ordnung, deinen eigenen Rhythmus zu entwickeln.

2. Geißele dich nicht, wenn du mal einen faulen Tag hast. Deine negativen Gedanken über dich und dein eventuelles Versäumnis sind viel schädlicher als die Unterlassung selbst. Es gibt viele, die mit verbissener Miene jeden Tag ihr Müsli essen, eisern joggen, meditieren oder Yoga machen und *nichts erreicht haben.* Wenn du nachsichtig, gütig und liebevoll zu dir und anderen bist, tust du damit tausendmal mehr, als es spirituellen Fanatikern je möglich ist.

3. Es ist hilfreich, bestimmte Übungen, für die du dich entschieden hast, stets etwa zur gleichen Zeit zu machen. Das hat wieder mit Rhythmus zu tun, außerdem sind sie dann in deinen Tag eingeplant und du »vergißt« sie weniger leicht.

4. Sag nicht, du hast keine Zeit. Nimm dir Zeit, dann hast du sie. Die Arbeit an sich selbst ist die bestbezahlte Arbeit der Welt. Stell dir vor, was du alles an Arztbesuchen und Anwaltshonoraren sparen kannst. Die Zeiten vor dem Aufwachen und vor dem Einschlafen lassen sich zum Beispiel wunderbar für Affirmationen verwenden statt für selbstquälerische Gedanken. Hast du dich einmal auf einen dir eigenen Rhythmus eingepegelt, so schaltet dein Gehirn fast automatisch zur gewohnten Zeit auf Empfang.

5. Tanke deine seelischen Energien von Zeit zu Zeit außerhalb deiner vier Wände wieder auf. Die Seminare, die wir durchführen, setzen in nur wenigen Tagen Energie für lange Zeit in dir frei.

Was du jeden Tag tun solltest

Du solltest täglich vor dem Aufstehen fünf Minuten lang geistig den Weg vorbereiten für das, was du dir vom Tage erhoffst. Schicke liebevolle Gedanken in den Tag, um ihn zu erleuchten. Dr. Murphy sagt dazu: »Lassen Sie Gottes Liebe das Licht sein, das Ihrem Weg leuchtet.« Du kannst durchaus, wenn du dir die Mühe machen willst, einzelne Situationen, von denen du weißt, daß sie heute kommen werden, mit positiven (erfolgversprechenden) Gedanken unterstützen. Einfacher jedoch und weniger egoistisch ist es, in sich ein tiefes Gefühl von Freude, Liebe, Genugtuung, auf den heutigen Tag bezogen, entstehen zu lassen oder, besser ausgedrückt, durch sich hindurchfließen zu lassen. Stell dir vor, *fühle* es, daß heute ein glücklicher Tag ist. Der Tag des Herrn. Daß alles Glück der Welt für dich da ist, dir zu helfen. Ganz besonders zu helfen, wenn dein Vorhaben im Interesse vieler ist. Je mehr dein Tun darauf gerichtet ist, zu helfen und andere an deinem Erfolg teilhaben zu lassen, um so mehr werden alle positiven Kräfte des Universums dir zur Seite stehen.

Das Gute, oder neutraler ausgedrückt, das von der Evolution Gewollte, hilft dir helfen. Sei davon überzeugt, daß deine Existenz, all dein Tun, zum Wohle aller wirkt. Überzeuge dich davon, daß deine Arbeit konstruktiver Natur ist. Daß niemandem geschadet wird. Laß dieses Wissen um deine Rechtschaffenheit ganz tief in dein Bewußtsein ein. Sieh vor deinem geistigen Auge, wie sich andere über das Resultat deiner Arbeit freuen. Freue dich darüber, daß sich andere über dich freuen, damit der Freude kein Ende ist.

Das ist es, was du täglich, vor dem Aufstehen, tun solltest. Wenn du fleißiger bist, geh noch ein-, zweimal im Laufe des Tages in den Höhepunkt des Gefühls, das du vor dem Aufstehen hattest, hinein. Das braucht nur zwei bis drei Minuten lang zu sein, dafür aber intensiv! Fühl dich ganz und gar in das Glück hinein, von dem du möchtest, daß es ist. *Glauben sollst du an das, was noch nicht ist, damit es werde.*

Weiterhin kannst du ganz bewußt einzelnen Menschen, denen du begegnest, mit innerer Freundlichkeit entgegentreten. Wenn du vor einer Situation am heutigen Tag Angst hast, stell dir den betreffenden Augenblick vor, wie er aufgehellt ist, heute (zum erstenmal) positiv verläuft. Falls dieser unangenehme Augenblick am Nachmittag stattfindet, lächle ihn doch einfach mal aus der Distanz von einigen Stunden an. Wenn die gefürchtete Situation um 15 Uhr stattfinden soll, dann geht es doch wirklich zu weit, die Angst vor dem Ereignis schon den Vormittag überschatten zu lassen. Schicke Licht zu der betreffenden Stunde, lächle sie an, bejahe die kommenden Ereignisse. Sag dir: Ich habe diese Situation angezogen, weil sie mir ein guter Lehrer sein wird. Nötig war sie, sonst wäre sie nicht da, nichts ist einfach nur so da, nichts ist zufällig, aber vieles ist fällig.

Beginne dich zu freuen über den Tag und die Geschichte, die er für dich bereithält.

Wenn du noch fleißiger bist, kannst du Gespräche mit imaginären Personen führen. Sag allen, denen du heute begegnen wirst: Danke, daß es dich gibt, hilf, daß sich unsere Begegnung heute zu unserem Wohl und zum Wohle vieler entwickelt. Lächele aus dieser zeitlichen Distanz den (die) anderen an. Reiche möglichst vielen Menschen die Hände, stell dir vor, daß ihr euch strahlend gegenübersteht. Stell dir vor, wie du heute abend zurückblickend sagst und fühlst: Es war ein schöner Tag.

All das braucht nur jeweils zwei bis drei Minuten zu dauern, ist aber eine wunderbare Übung, die dir zu deinem Glück verhilft.

Das Wichtigste bei dieser Arbeit an dir selbst ist die Wiederholung. *Tag für Tag gilt es, die neue Ordnung in deinem Unterbewußtsein zu bestätigen.* Wer dieses einfache Programm regelmäßig praktiziert, schafft sich einen neuen Himmel (den geistigen Inhalt), und dadurch eine neue Erde (die Manifestation).

Hör jetzt am besten einfach auf zu lesen, und geh spazieren. Meditiere über das gerade Gelesene. Du wirst unsere guten Gedanken fühlen. Wir sind in diesem Augenblick, über Raum und Zeit hinweg, bei dir. Geh jetzt, damit du vorankommst, damit was weitergeht.

Die Hörerin einer meiner Rundfunksendungen schrieb: »Ich ging nach einer Ihrer Aufforderungen, spazierenzugehen, los – und hatte dabei das größte Erlebnis meines Lebens. Ich kehrte nach Hause zurück, wie verwandelt. Tiefe Ruhe und Harmonie erfüllten mich. Danke für diesen guten Rat.« Großartige Erlebnisse sind nicht kompliziert und kosten schon gar nicht viel Geld. Alles in diesem Buch Beschriebene ist mehr oder weniger kostenlos. Sicher kannst du deinen Weg abkürzen, dir helfen lassen und zur Hypnosetherapie kommen, aber eine Notwendigkeit dazu besteht nur selten.

Noch ein Wort zu der Aufforderung, einen meditativen Spaziergang zu machen. Wenn wir sagen: Wir sind über Raum und Zeit hinweg bei dir, dann ist das keine nette Redensart, sondern bewiesene Tatsache. Wir stehen alle miteinander raum- und zeitlos in Beziehungen, und alle, die sich dafür öffnen, können dieses Miteinander auch deutlich wahrnehmen. Dabei wirkt weder räumliche Distanz noch zeitliche Differenz behindernd. Mach doch eine Probe aufs Exempel. Wann immer es dir paßt, meditiere eine Weile, zwischen fünf und dreißig Minuten. Öffne dich, geh in dieser Tiefenentspannung spazieren und suche uns oder, falls dir das lieber ist, auch nur einen von uns beiden im Geiste. Ungefähr so, als würdest du am Radio einen bestimmten Sender suchen. Genau in dem Augenblick, in dem du aufhörst zu wollen, offen bist, geschieht es, daß du und ich miteinander kommunizieren.

Was du an einem freien Wochenende tun kannst

Dein Leitgedanke für dieses Wochenende: Schau gründlich und ehrlich hin, welche Glaubenssätze und alten Programme dich daran hindern, endlich dich selbst und deine Wünsche zu verwirklichen. Laß einmal alle anderen an diesem Wochenende in Ruhe und aus dem Spiel. Dieses Wochenende kann und soll nur für dich da sein, ungeteilt. Alles, was es zu bieten hat, kannst du auch allein genießen. Sorge dafür, daß keine profanen Angelegenheiten dich stören können. Such nach außen keinen Kontakt, diesmal möchtest du den Weg nach innen suchen, den inneren Freund, auch wenn du ihn manchmal schon den inneren Schweinehund genannt hast.

Beginnen wir am Freitag nachmittag mit einem langen Spaziergang, ein bis zwei Stunden sollten es schon sein. Allein natürlich und ohne Ablenkung. Es soll ein meditativer Spaziergang werden, der zu deiner Verinnerlichung beitragen wird. Nimm deine Umwelt gar nicht besonders wahr, aber laß sie trotzdem auf dich einwirken. Achte auf Gedanken und Bilder, die in dir hochsteigen, sieh sie dir nur an, ohne zu urteilen. Nur eine einzige Aktivität ist gestattet: zu verzeihen. Wenn also Situationen hochkommen, die dich geärgert haben, verzeihe, wem auch immer, ohne Vorbehalt. Verzeihende Liebe fragt nicht nach Schuldigen. Laß etwas von dem Frieden um dich herum in dich hinein. Ruf laut nach innen, daß du verzeihst, allen und allem, damit Platz entsteht für inneren Frieden. Denn Ärgernisse, Vorbehalte, Wut nehmen innerem Frieden den Platz weg. Beides kann nicht sein. *Friede ist eine Funktion von Liebe. Entweder man liebt, verzeiht und eint, oder man fürchtet, trägt nach und trennt.*

Wenn du von deinem Spaziergang zurück bist, mach es dir so gemütlich wie möglich. Iß dein Lieblingsessen, höre deine Lieblingsmusik, lies ein, zwei Gedichte, die dich ansprechen, tanze ein wenig. Setz dich dann auf deinen Lieblingsplatz, schließe die

Augen und imaginiere. Laß alte, eventuell negative Erinnerungen wieder hochkommen und dann lächle sie über die Zeit hinweg an. Bejahe die vergangenen Ereignisse, verzeih allen Beteiligten, vor allem aber dir selbst. Und dann zieh einen liebevollen Schlußstrich. Sag liebevoll-autoritär zu dir selbst: »So, das wäre es, das ist abgehakt, zur ewigen Ruhe gebettet. Ich werde ab sofort keine Gedanken mehr an diese Ereignisse verschwenden.« Du hast dir und allen anderen alles verziehen, und wenn dieses Verzeihen echt war, ist alles Negative aus diesen Erinnerungen dann auch ein für allemal aufgelöst.

Versuch jetzt zu schlafen, in dem befriedigenden Gefühl, etwas Wichtiges erfolgreich abgeschlossen zu haben.

Am Sonnabend steh früh auf, um dazusein, wenn der neue Tag *dich* begrüßen will. Mach dir für heute ein Programm, das ganz auf Happiness ausgerichtet ist. Sport treiben, singen, tanzen, basteln, meditieren, schreiben, lesen. Tu das, was dir Freude macht. Laß dich nicht von anderen ablenken. Geh allein ins Kino, in die Sauna, kauf dir ein Kleid, einen Anzug. Bleibe den ganzen Tag in einem verinnerlichten Zustand. Laß es geschehen, daß du heiter, gelöst, beschwingt bist. Laß möglichst oft Bilder in dir entstehen, die du verwirklichen möchtest, übe dich im Glauben daran, daß Glück und Erfolg lernbar sind, und daß du auch in diesem Studienfach ein außerordentlicher Erfolg bist! Freue dich darüber, daß du weißt: daß du ein außerordentlicher Erfolg bist, daß du ein außerordentlicher Erfolg bist, daß du ... Lächle möglichst viele, die dir begegnen, an. *Siehst du jemanden ohne Lächeln, leih ihm eins von dir.* Du bekommst es sicher zurück. Laß den Abend mit schöner Musik, einem Film, der dir Spaß macht, einer aufbauenden Lektüre ausklingen.

Am Sonntag, nach einem gemütlichen Frühstück, blättere einmal das vorliegende Buch durch und such dir einige Übungen aus, die du heute machen willst. Wie wäre es mit der Trancereise? Oder der Zen-Hörübung? Vielleicht möchtest du auch damit beginnen, Freundschaft mit deinem Unterbewußtsein zu schließen. Nimm nur das, worauf du wirklich Lust hast. Lies auch den Abschnitt »Lebenssituationen« durch. Betrifft dich hier etwas persönlich? Meditiere über den Text, mach dich mit der dazugehörigen Suggestion vertraut. Und nun hole dir einige Blätter Papier und möglichst viele bunte Stifte. Schreib riesengroß auf jedes Blatt Papier einen Schlüsselbegriff deines Lebens. Zum Beispiel: Gesundheit, Liebe, Beruf, Urlaub, Geld, Familie. Und nun notiere auf das jeweilige Blatt, was du dir dazu *ersehnst.* Schreib *alle* deine Wünsche auf, habe keine Hemmungen, niemand außer dir sieht diese Papiere, aber für dich sind sie eine Offenbarung deines Inneren, deiner verdrängten Sehnsucht!

Für den Rest des Tages hast du dann nur eine Aufgabe: Diese Wünsche alle als bereits erfüllt zu imaginieren. Denke an sie, übe dich dir *bildhaft* vorzustellen, was du möchtest. Sag nicht einfach »ein Haus am Meer« vor dich hin, sondern *visualisiere* dieses Haus am Meer, erschaffe es vor deinem inneren Auge. *Sieh* dich mit dem weißen Porsche durch die Stadt fahren, *mal dir aus,* was du in deiner neuen Position im Büro tust, und so weiter. Nimm diese Bilder abends mit ins Bett, laß sie tief in dich einsinken, damit du von ihnen träumen kannst, und sich deine Träume verwirklichen.

Mach dir in der folgenden Woche ein kleines, ganz persönliches Zeitprogramm. Lege fest, was du wann, wie und wie lange tun möchtest. Überfordere dich im ersten Elan nicht dabei. Es ist besser, wenig zu tun, das aber regelmäßig, als ganz groß anzufangen und dann ganz stark nachzulassen. Du mußt keineswegs therapeutische und spirituelle Superleistungen erbringen, Positives Denken ist kein Leistungssport, bei dem man Medaillen gewinnt.

Es kommt nicht darauf an, etwas Besonderes zu tun,
sondern das, was man tut, richtig zu machen.

Dein Spruch des Tages

Hier sind einige Volksweisheiten, Sprüche, Zitate. Wir haben 31 ausgewählt, für jeden Tag eines Monats einen. Du solltest diese Sprüche nämlich nicht einmal durchlesen und dann wieder vergessen. Du solltest dir jeden Tag einen dieser Sätze vornehmen und darüber meditieren. Laß diesen Satz in dich einsinken, versuche den Bezug, den er zu deinem eigenen Leben hat, innerlich zu erfahren. Hindere deinen Verstand daran, das Gelesene kritisch zu zerpflücken. Nimm ihn an, ganz weich, ganz empfänglich.

- Wer aber auf das Glücklichsein verzichtet, erfüllt sein Dasein nicht.
- Jeder von uns ist ein Engel mit nur einem Flügel. Wir können fliegen, wenn wir uns umarmen.
- Alles, was du in die Zukunft verschiebst, fehlt dir im Jetzt.
- Arbeit, in der rechten Einstellung getan, ist Meditation.
- Du bekommst Energie nur, indem du sie anwendest. Vor dem Empfangen liegt das Geben.
- Ändere dich selbst, und die Umstände werden sich ändern.
- Vergiß niemals, daß du nicht allein bist. Das Göttliche ist bei dir.
- Wahrhaftigkeit ist der Schlüssel der göttlichen Türen.
- Gib alles, was du bist, und alles, was du hast; nicht mehr wird von dir verlangt, aber auch nicht weniger.
- Denke nicht an das, was du warst, sondern an das, was du bist und zu sein dich sehnst.
- Den Mut zu verlieren, ist die einzige Sünde.
- Es gibt nur eine Krankheit: nicht bewußt zu sein.
- Unsere Freiheit besteht darin, daß wir uns auf eine höhere Ebene begeben können.
- Das Heil liegt im Kernpunkt des Übels.
- Es gibt nichts Unmögliches und hat es nie gegeben. Es gibt nur Augenblicke, die gekommen sind oder nicht gekommen sind.

- Suche nicht nach dem Sinn des Lebens, laß dich finden.
- Habe den Mut, zur Wahrheit zu kommen, auch wenn der Weg durch die Hölle geht.
- Viele wollen vollkommen sein, aber nur wenige sind bereit, etwas dafür zu tun.
- Jeder bekommt das, was er verdient, doch nur der Erfolgreiche gibt es auch zu.
- Es ist besser, eine Kerze anzuzünden, als sich über die Dunkelheit zu beklagen.
- Nicht wie der Wind weht, sondern wie man die Segel setzt, darauf kommt es an.
- Um zur Quelle zu kommen, muß man gegen den Strom schwimmen.
- Wenn einer träumt, ist es ein Traum, wenn viele träumen, ist es der Beginn einer neuen Wirklichkeit.
- Helfende Hände sind heiliger als Lippen, die beten.
- Glaube denen, die die Wahrheit suchen, und zweifle an denen, die sie gefunden haben.
- Der eine fragt, was ihm die Zukunft bringt, der andere gestaltet sie selbst.
- Gewohnheiten sind Vorgesetzte, die man nicht bemerkt.
- Das Leben findet täglich statt.
- Liebe das Leben und das Leben wird dich lieben.
- Deine Freude ist entlarvtes Leid.

Das endgültige Ziel ist, sich in ständigem Geeintsein mit dem Göttlichen zu befinden, nicht nur während der Meditation, sondern im ganzen tätigen Leben.

KAPITEL 3

PROBLEME SIND GESCHENKE

Lebenssituationen

Hier eine kleine Geschichte, die Dr. Joseph Murphy gern erzählte – eine wahre Geschichte natürlich.

»Es waren einmal Zwillingsschwestern. Sie hatten etwa zur gleichen Zeit geheiratet und waren zufriedene Ehefrauen. Nach einigen Jahren jedoch wurden sie beide plötzlich von ihren Ehemännern verlassen. Die eine der Schwestern nahm daraufhin ihren alten Beruf wieder auf und hielt unerschütterlich an der Überzeugung fest, daß ihr aus dieser Situation nur Gutes erwachsen könne. Sie lernte bald einen anderen Mann kennen, und heute ist sie glücklich verheiratet. Die andere Schwester dagegen sah nur ihren Verlust und schwelgte in wachsenden Haß- und Rachegefühlen. Sie zog sich eine schwere Arthritis zu, und ihr Leben besteht aus endlosen Leiden.«

Hatte die eine Schwester nur Glück? Ja, das hatte sie. Aber kein unverdientes, sondern ein Glück, das sie selbst herbeigeführt hatte. Sie beherrschte nämlich die wahre Kunst des Lebens: Sie wußte, wie man aus jeder Situation etwas Gutes macht. Das ist nicht gleichbedeutend mit »das Beste daraus machen«. Denn das heißt ja nur, daß man sich mit Anstand in eine schlechte Situation fügt. »Etwas Gutes« bedeutet tatsächlich, daß man die unerwünschte Situation in ihr Gegenteil verkehren kann. Oder, noch klarer ausgedrückt: Es gibt keine objektiv schlechte Situation, sondern erst deine Meinung darüber macht sie dazu. Erst wenn du klagst und schimpfst, in Selbstmitleid schwelgst, dem anderen die Schuld zuschiebst, wird aus deiner gefährdeten Ehe eine Katastrophe, wird aus deinem schlechtgehenden Geschäft eine Pleite.

Vielleicht festigt die Krise deine Ehe, oder eine Scheidung macht den Weg frei für ein wirkliches Liebesglück. Vielleicht öffnet dir ein geschäftlicher Mißerfolg den Geist für andere, viel gewinnbringendere Ideen.

Möglicherweise wendest du jetzt ein: Es gibt aber doch objektiv schlimme Situationen, zum Beispiel den Tod eines geliebten Menschen oder körperliche Behinderung. Einerseits ja, aber frag einmal Menschen, die das erlebt haben oder erleben: Auf die Todeserfahrung, nach der tiefen Trauer, folgt die Wiedergeburt; dem körperlich Behinderten eröffnen sich seelische und geistige Dimensionen, die uns in unserer »Normalität« manchmal verschlossen bleiben. Auch hier schaffst du durch Bewertung Begrenzung, urteilst du. Indem du urteilst, verurteilst du, wo ein Richter ist, ist auch Leiden.

Wir sind gerne Opfer

Bist du ein Opfer? Wenn du nur tief genug in dich hineinschaust und ehrlich zu dir bist, wirst du erkennen, daß es stimmt. Der Grund dafür liegt in unserer Erziehung. In unserem Kulturkreis werden dem kleinen Kind ständig durch Androhung von Strafen Grenzen gesetzt. Wenn du das tust, dann… Wenn du das nicht tust, dann… Das Kind lernt, auf Bestrafung zu warten. Es hat ständig Angst vor Bestrafung, es *erwartet* Bestrafung, also bekommt es Bestrafung. Später, wenn man erwachsen ist, glaubt man nicht mehr, daß die Eltern strafen, aber man hat Angst davor, daß die Strafe von Gott, vom »Schicksal«, von den anderen kommt. Der Mechanismus ist der gleiche geblieben: Erstens: Empfindest du dich als Opfer, dann erwartest du Strafe, dann benimmst du dich entsprechend und es muß das, was du befürchtest, über dich kommen. Dieser Teufelskreis schließt sich, wenn du dann noch sagst: Ich habe gewußt, daß es so kommt, immer auf die Kleinen.

Opfer zu sein, bringt gewisse Bequemlichkeiten mit sich. Man kann seine Hände in Unschuld waschen, man ist gut, rein und edel, eine zarte, verwundete Seele, die das Äußerste von Mitgefühl für sich beanspruchen darf. Schlecht und böse sind die anderen oder »das Schicksal«. (Ich würde ja mögen, aber lassen haben sie mich nicht gewollt.)

In dem Augenblick, in dem du dich entscheidest, kein Opfer mehr zu sein, mußt du etwas sehr Schwieriges tun: Du mußt die Verantwortung für dich selbst übernehmen. Du mußt akzeptieren, daß alle Probleme, Schwierigkeiten, alles »Böse« und »Schlechte« in dir selbst und keineswegs bei »den anderen« ist. Und weil das sehr viel Mut erfordert, weil diese Erkenntnis ein Leben nie mehr so sein läßt, wie es war, ziehen die meisten Menschen es vor, Opfer zu bleiben. Alle Lebenssituationen, die wir im folgenden skizzieren, fordern im Grunde von dir die gleiche Seelenarbeit; wir fassen sie noch einmal in drei Schritten zusammen:

1. Erkenne, daß du nicht Opfer bist, sondern allenfalls eine Opfer-Rolle *spielst.*
2. Löse dich von dieser Rolle und übernimm die *Verantwortung* für die Situation.
3. Arbeite das Gute an dieser Situation heraus, entdecke, welche Einsichten, welche *Chancen zur Weiterentwicklung* sie dir schenkt.

Glück ist entlarvtes Leid

Alles Leiden ist ein Mittel, das einen Zweck erfüllt. Der Zweck ist Leben und das möglichst im Einklang, in der Harmonie des Teils, mit dem Ganzen. Probleme, sagt man, sind Geschenke, die wir uns machen, um zu all den Erkenntnissen zu gelangen, die wir brauchen, um unser Leben zu erfüllen. Und Erkenntnis ist ein Fortschreiten in der geistigen Evolution, ist der Weg, den Sinn unseres Seins zu finden. Natürlich könnten wir auch ohne Probleme, ohne Leiden Erkenntnis erlangen, doch dazu sind nur sehr wenige von uns in der Lage. Oft sind wir geradezu unglaublich faul. Haben wir einmal einen winzigen Augenblick eine winzig kleine Erkenntnis gewonnen, so wollen wir uns darauf ausruhen. Doch das Leben ist ein erkenntnisschaffender Prozeß, es schreckt uns aus unserem selbstzufriedenen Dösen auf – indem es uns ein Problem schickt. Probleme sind sozusagen Erziehungsmaßnahmen der Evolution, und das Leiden daran ist die Peitsche. Auf Leiden reagiert jeder, je nach Dickfelligkeit oder Sensibilität früher oder später. Leidest du, dann wirst du in irgendeiner Weise aktiv werden, dann bist du auf dem besten Weg, eine Erkenntnis zu gewinnen, deine Einstellung wird sich ändern und es wird hell um dich.

Diese andere Einstellung wird deine Erfahrungen verändern und der Erfahrene geht den Weg des geringsten Widerstandes. Ändere die Einstellung hin zum Guten, und deine Erfahrungen werden besser sein!

Oft sind wir nicht bereit, Leiden auf uns zu nehmen. Wir schieben es möglichst weit weg, wir sagen oftmals sogar, wie gut es uns geht, behaupten, da gäbe es gar kein Leid. Wir verdrängen, was uns nicht gefällt. Dabei sollten wir wissen, wer heute den Kopf in den Sand steckt, der knirscht morgen mit den Zähnen. Alles, was wir verdrängen, addiert sich, wird dadurch größer, und schließlich kehrt es in viel schlimmerer Form zurück. Wenn du noch durch Leiden lernen mußt, dann geh wenigstens ganz durch das Leiden hindurch, fühle es, spüre es in jeder Faser deines Seins, akzeptiere es. Wenn du das tust, wirst du die Erfahrung machen, daß Leiden überflüssig wird und dann letztlich nicht mehr »*von Nöten*« ist.

Wenn du in deinem Leben zurückblickst, willst du gerade die größten Leidenserfahrungen nicht missen, weil sie dir auch die größten Erkenntnisse gebracht haben. Und wenn du begreifst, daß es diese Erkenntnisse sind, auf die es eigentlich ankommt, dann wirst du beschließen, deine Arbeit freiwillig zu tun. Du wirst wieder in alte Gruben fallen, doch wenn du dein Ziel vor Augen hast, immer seltener. Bis du eines Tages vielleicht die Peitsche nicht mehr brauchst und Zuckerbrot bekommst...

Und nun zu einzelnen Lebenssituationen.

Wenn du einen Partner suchst

Laß das folgende geistige Gesetz tief in dich eindringen: *Wenn du jemanden suchst, so gibt es auch jemanden auf der Welt, der dich sucht.* Wenn das nicht der Fall wäre, würdest du gar nicht suchen, denn es gibt in der geistigen Welt keinen Impuls, der ins Leere geht. Alles steht miteinander in Beziehung. Also selbst wenn du klein, pummelig und die Mutter von drei unehelichen Kindern bist: Wenn du dich nach einem Mann sehnst, so gibt es diesen Mann auch, und er wird auf kleine, pummelige Frauen stehen und er wird Kinder lieben und er hat sich schon immer nach der Herzenswärme gesehnt, die nur du ihm geben kannst. Die meisten Menschen, die sich – scheinbar vergebens – einen Partner wünschen, haben Minderwertigkeitsgefühle. Sie glauben, weil sie nicht so jung und hübsch wie ein Mannequin oder so markig und cool wie der Typ von der Zigarettenreklame sind, wird sich niemand für sie interessieren. Aber das sind intellektuelle Überlegungen, die mit Statistiken über »Typen«, die gerade modern und chic sind, rechnen. Aufregend schöne und besonders erfolgreiche Menschen sind keineswegs glücklicher in der Liebe als du und ich. Sie haben vielleicht mehr Chancen, aber Chancen muß man auch nutzen können.

Also werde dir zunächst einmal klar darüber, was du geben kannst. Erkenne, wer du *bist*, zerbrich dir nicht den Kopf darüber, wer du *nicht bist*. Werde dir deiner Qualitäten bewußt, finde heraus, was einen anderen Menschen an dir anziehen könnte. Ist es dein Witz, dein Charme, deine Intelligenz, ist es deine Treue, deine Zuverlässigkeit, ist es deine Mütterlichkeit, deine Zärtlichkeit, deine Sportlichkeit, deine praktische Begabung – oder gar alles zusammen? Bei dieser Schatzsuche wirst du auf jeden Fall Gold finden. Eine gute Methode ist es, Freunde zu fragen. Da kommen erstaunliche Dinge zutage. Eigenschaften, die man an sich selbst kaum beachtet hat, weil man sie für selbstverständlich hielt, werden von Freunden oft hochgeschätzt. Etwa deine feinfühlige Hilfsbereitschaft, aber auch Zurückhaltung bei den Sorgen anderer, oder deine ansteckende gute Laune.

Und nun geh an die praktische Arbeit. Mach dich zu einem *Sender,* der eine Botschaft in die Welt, in den spirituellen Äther hinaus sendet. Diese Botschaft lautet: *Hallo, idealer Partner, hier bin ich, melde dich.* Gib jeden Morgen, gleich nach dem Aufstehen, Informationen darüber, wo du dich heute aufhalten wirst. Etwa: »Um elf bin ich beim Friseur, um 17 Uhr hole ich jemanden vom Bahnhof ab, abends sitze ich in der Kneipe an der Ecke. Wenn du Lust hast, mir heute zu begegnen, dann weißt du jetzt, wo du mich finden kannst.« Du hast nur ein einziges Hindernis bei dieser Methode zu überwinden: deinen rationalen Verstand. Der sagt dir nämlich, daß du nicht jemanden herbeirufen kannst, den du noch gar nicht kennst, und daß eine Verabredung per »Seelentelefon« vollkommener Unsinn ist. Mach dir klar, daß du sehr wohl Informationen »in den Wind« sprechen kannst. Wie aber erreicht deine Information den richtigen Empfänger? Eben dadurch, daß er dein Empfänger ist. Das ist eine Sache der Wellenlänge. Gleiche Schwingungen sprechen aufeinander an, passen sich an, verstärken sich. Sender und Empfänger gehören zusammen wie Tag und Nacht, Leben und Tod, Mann und Frau. Du und…

Wenn du einen Partner suchst, dann solltest du wissen, daß eure Begegnung zuerst im seelischen und geistigen Bereich stattfindet, erst dann im körperlichen, äußeren. Oder anders gesagt: Wenn ihr euch körperlich begegnet, habt ihr schon lange vorher seelischen Kontakt zueinander aufgenommen. Deshalb haben Liebende oft das Gefühl, sich schon lange zu kennen, auch wenn sie einander gerade erst begegnet sind.

Einen Fehler darfst du bei der Partnersuche auf keinen Fall machen; dich auf einen bestimmten Menschen, den du unbedingt haben willst, zu fixieren. Besonders Frauen neigen dazu, sich diesen und keinen anderen Mann in den Kopf zu setzen, selbst wenn er verheiratet oder offensichtlich nicht interessiert ist. Wünsche dir *allgemein* einen Menschen, der seelisch mit dir harmoniert – und du wirst einen *bestimmten* bekommen. Versuchst du einen *bestimmten* Menschen zu dir zu zwingen – dann wirst du vielleicht *niemanden* dein nennen.

Affirmationen: Idealer Partner, ich weiß, daß du da bist, daß auch du mich suchst, so wie ich dich suche. Der gemeinsame Geist, der uns so lange Sehnsucht nacheinander haben läßt, führt uns jetzt zusammen. Ich liebe dich und bitte dich für uns beide: Laß dich heute von deiner inneren Stimme führen, laß es einfach geschehen, daß wir uns in Liebe begegnen. Wie oft schon habe ich deine Umarmungen gefühlt, mit dir gesprochen, wie oft schon war ich in innigster Liebe mit dir vereint. Wie oft schon hörte ich deinen Ruf, deine liebevolle Stimme, spürte ich die unendliche Harmonie, die in Vollkommenheit mündet, wenn wir uns jetzt auch auf der weltlichen Ebene finden. Ich bin Körper – Seele – Geist wie du, laß uns auf allen diesen Ebenen eine unzertrennliche Einheit bilden zur Ehre des Höchsten. Auf daß Liebe sich durch uns ausdrückt und wir beide anderen ein Vorbild sind. Ich singe und tanze mit dir und bin fröhlich. Ich bin in Gottes Herzen und ich weiß, dort finde ich auch dich.

Unglücklich verliebt

»Denn gleich wie die Liebe dich krönt, wird sie dich kreuzigen.«
Wenn jemand die Tendenz hat, ein ewig Leidender zu sein, so ist »unglückliche Liebe« eine wunderbare Gelegenheit dazu. Falls du dir einen Partner ausgesucht hast, unter dem du leidest, so liegt der Grund dafür in deiner inneren Einstellung zu dem, was Leiden schafft. Wenn du ein solches Programm in dir hast, so sind schlechte Erfahrungen doch ganz folgerichtig. Bist du unglücklich verliebt, mußt du dein inneres Programm, das auf Leid und Strafe ausgerichtet ist, ändern. Wer leidet, dem fehlt nur das Talent zum Glücklichsein. Positives Denken sagt, was noch nicht ist, das kann noch werden.

Frauen entscheiden sich oft für verheiratete Männer, weil sie Angst vor einer wirklichen Bindung haben. Sehr viele Frauen spielen die Geliebte, die »Andere«, doch das fünfte Rad am Wagen ist nie ein Zufall. Es gibt genügend unverheiratete Männer, aber gerade, weil sie das sind, haben sie keinen Reiz für diese Frauen. Wenn du dich mit einem verheirateten Mann einläßt, muß Leid entstehen. Entweder der Mann meint es nicht ernst mit dir und liebt seine Frau, oder er benutzt dich als Leiter, um sich von seiner Frau frei zu machen. Doch eine Leiter stellt man weg, wenn man sie nicht mehr braucht. Laß dich nicht benutzen! Sag dem Partner, der beteuert, daß er sich von seiner Frau trennen will: Komm wieder, wenn du dich getrennt hast. So lange werden wir uns nicht sehen.

Gerade Frauen fixieren sich oft auf einen ganz bestimmten Mann. Sie wollen nicht einen Partner, der zu ihnen paßt, sondern einen Namen: Dieser ganz bestimmte muß es sein, und wenn ich den nicht kriege, will ich gar keinen. Oft spielt da eine unaufgelöste Bindung an den Vater eine Rolle. So ein Verhalten ist neurotisch, es ist selbstzerstörerisch und aus Angst geboren. Die Angst bewirkt die Einschränkung des Spektrums der Möglichkeiten. Welcher Mann kann schon mit dem Vaterbild eines nicht erwachsenen weiblichen Wesens mithalten, gab er ihr doch vieles, wie es nur ein Vater geben kann.

Bei einem Mann spielt oft die Erinnerung an die große Liebe, an die einzige Frau, die er angeblich wirklich geliebt hat, eine Rolle. Weil diese Frau ihn verlassen hat, rächt er sich dafür an anderen Frauen, denen er später begegnet – er leidet und läßt leiden. Der Mann ist dann auf keine tatsächlich reale Frau fixiert, sondern auf ein *Bild* von ihr – und das hat natürlich oft wiederum mit der Mutter zu tun. Welche Frau kann schon mit dem Mutterbild eines nicht erwachsenen männlichen Wesens mithalten, gab sie ihm doch alles, das Leben, selbstlose Liebe, wie sie nur eine Mutter geben kann.

Wenn du unglücklich verliebt bist, ist es entscheidend, daß du die Fixierung an den betreffenden Menschen auflöst. Sieh der Tatsache ins Gesicht, daß dieser Partner doch nicht ideal für dich ist, auch wenn du es noch so sehr willst. Es sollte bald eine Lösung für diese leidbringende Situation gefunden werden, und diese Lösung besteht – ganz wörtlich – in der Lösung. Mach mit allen taktischen Überlegungen, wie du »ihn« (sie) doch noch herumkriegen kannst, Schluß, und laß diesen Menschen los. Viele Mütter haben schöne Söhne, viele Mütter haben schöne Töchter. Stell dir vor, daß es mehr als tausend ideale Partner auf der ganzen Welt für dich gibt. Zehn oder fünfzehn davon solltest du schon kennenlernen, mit wie vielen du »es« dann genug sein läßt, wird die Zeit zeigen.

Versuch aber nicht, die Fixierung aufzulösen, indem du dich krampfhaft bemühst, *nicht* an das Objekt deiner Begierde zu denken. Es gibt da eine schöne Anekdote über Immanuel Kant. Kant hatte einen Diener – er hieß Hampe –, der ihm große Schwierigkeiten machte. Wenn Kant nun in seine philosophischen Studien vertieft war, merkte er immer wieder, daß seine Gedanken zu diesem Diener abschweiften. Um dem ein Ende zu bereiten, schrieb er einen großen Zettel, den er sich über den Schreibtisch hängte. Auf diesem Zettel stand:

»Nicht an Hampe denken!«

Klar, daß Kant nun noch mehr an Hampe dachte…

Also sei klüger als der geniale Philosoph. Leg den Menschen, in den du unglücklich verliebt bist, auf deine linke Hand und puste ihn lächelnd weg. Und dann gestatte dir in aller Freiheit, an einen anderen zu denken. Nicht zähneknirschend und zwanghaft. Jede Energie, die du einsetzt, schafft erst das Hindernis, das du dann überwinden mußt. Es gibt keine tatsächlichen Hindernisse.

Gestatte dir, am Glück dieser Welt teilzuhaben. *Entscheide dich für das Glück, damit du dein Dasein erfüllst.* Leg jetzt dieses Buch beiseite, mach einen Spaziergang und sage bei jedem Schritt: Ich habe mich für das Glück entschieden. Dann wird dir gar nichts anderes übrigbleiben, als dich bald *glücklich* zu verlieben. Du solltest immer wissen: Freude heißt der Stoff, aus dem die Schöpfung ist!

Affirmationen: Ich lasse los, weil ich mein Talent zum Glücklichsein entwickelt habe. Durch mein Loslassen ist Raum in mir für Neues. Meine innere Weisheit läßt mich jetzt den richtigen Partner anziehen. Er ist ideal für mich und ich passe zu ihm, geistig, seelisch, physisch. Das Einzigartige an meiner Persönlichkeit bereitet jetzt den Weg, den Idealvorstellungen meines Partners zu entsprechen. Ich bin, was ich den Worten »Ich bin« folgen lasse. Ich bin liebevoll, voller Liebe. Allein durch meine Anwesenheit wird in meinem Gegenüber das Gute gestärkt. Liebe, Harmonie, Friede, gegenseitiges Vertrauen. Ich bin liebenswert und liebesfähig. Indem ich innerlich frei bin und diese Freiheit lebe, liebe ich meinen Partner, ohne ihn zu fesseln. Ich lasse ihm Raum für seine Einzigartigkeit, für die ich ihn bewundere. Meine von Herzen kommende Bereitschaft, zu vergeben, meine Friedfertigkeit, lassen mich zu dem werden, der auf das Beste unwiderstehlich wirkt.

Wenn du dir ein Kind wünschst

Du möchtest ein Kind haben, aber du wirst nicht schwanger. Der Hintergrund für das Symptom Unfruchtbarkeit ist manchmal eine unbewußte Ablehnung; obwohl du dir ein Kind wünscht, hast du Angst, schwanger zu werden. Vielleicht haben die Eltern »vorgelebt«, daß es nicht so leicht ist, ein Kind zu haben, und du hast diese Einstellung übernommen. Auch körperliche Gründe, wie ausbleibender Eisprung oder, beim Mann, Zeugungsunfähigkeit, haben sehr oft seelische Ursachen, die in der häuslichen Situation zu finden sind.

Den Mädchen wird in der Pubertät die Angst vor Schwangerschaft oft richtiggehend eingebleut: Wenn du mit einem Kind nach Hause kommst, schmeißen wir dich raus! Selbst wenn das Kind später erwünscht ist, ist dieses Programm noch wirksam. Um körperliche Mängel zu beseitigen, mußt du also erst einmal in sehr vielen Fällen die seelischen Probleme aufarbeiten. Dafür gibt es zwei Möglichkeiten. Die erste: Durch Regressionstechniken wirst du von einem Therapeuten in die Situationen zurückgeführt, die Angst in dir ausgelöst haben. Traumata können in einer fachgerechten Hypnosetherapie aufgelöst werden und dich aus dem psychosomatischen Teufelskreis befreien.

Die zweite Möglichkeit: Du lernst zu vergeben, zu verzeihen, du erteilst dir und deiner Vergangenheit eine *Generalabsolution.* Das heißt, du sagst dir mit innerer Überzeugung und Wahrhaftigkeit, daß alles in Ordnung war, wie es war. Du verzeihst deiner Vergangenheit, den Menschen, unter denen du gelitten hast. Du machst Frieden, du dankst ihnen dafür, daß sie dich dahin gebracht haben, wo du heute bist. In dir ist über Leiden Bewußtheit entstanden, ist ein unter dem Druck der Ereignisse entstandenes *erweitertes Bewußtsein,* das dich jetzt verstehen läßt, was vorher unverständlich war. Erkenne, du bist vollkommen in Ordnung, so wie du bist. Wenn du verzeihst, dann ist Vergangenes wirklich auch *vergangen,* ist nicht mehr. Wenn du vergeben kannst, dann gehst du mit dem Strom der Evolution, und der trägt dich weiter, bis du der bist, der du sein willst.

Wenn du fähig bist, wahrhaftig zu vergeben, wird dich ein großes Gefühl von Freiheit und Freude überkommen. Verzeihen können ist eine der wichtigsten Eigenschaften des ethischen reifen Menschen und ist fester Bestandteil jeglicher positiven Lebensphilosophie.

Verzeihe am Sonntag dir selbst.
Verzeihe am Montag deiner Familie.
Verzeihe am Dienstag deinen Freunden und Kollegen.
Verzeihe am Mittwoch quer durch alle finanziellen Schichten deinen Landsleuten.
Verzeihe am Donnerstag quer durch alle kulturellen Schichten deinen Landsleuten.
Am Freitag vergib durch alle politischen Richtungen deinen Landsleuten.
Samstag: Vergib allen anderen Nationen.

Da ist dann nichts mehr, was dich hindert, was dich bremst, was dir angst machen kann. Keiner hält dich gefangen, keine Vergangenheit lastet auf dir. Du selbst kannst dich befreien, einfach dadurch, daß du dich für frei erklärst. Und nun beginne den Zustand der ersehnten Schwangerschaft immer wieder zu visualisieren: Dein Arzt sagt dir, daß der Test positiv ist, du erzählst es deinem Partner und ihr seid glücklich. Du siehst dich stolz mit einem gewölbten Bauch durch die Gegend gehen, deine Freunde freuen sich mit dir.

Dieses Visualisieren wirkt nicht augenblicklich, es dauert eine gewisse Zeit, bis der Widerstand überwunden ist. Es ist auch allgemein bekannt, daß ein zu intensives Wollen die Empfängnis eher verhindert. Oft wurden Frauen genau in dem Moment schwanger, als sie ihren Wunsch nach einem Kind »vergaßen«. Das hängt wieder mit einem geistigen Gesetz zusammen: *Die*

Energie, die du einsetzt, um ein Ziel zu erreichen, ist das Hindernis auf dem Weg zum Ziel. Je mehr willentliche Kraftakte du unternimmst, desto mehr wird dich von dem zu Erreichenden trennen. Wenn du etwas erzwingen willst, vertraust du nicht darauf, daß es geschieht. Sobald du also eine Schwangerschaft erzwingen willst, hast du Angst, daß du nicht schwanger wirst, und genau dieser Glaube ist es oft, der dann in Erfüllung geht. Wenn du dich entschieden hast, ein Kind zu bekommen, so hast du 75 Prozent der Energie freigestellt, die dafür nötig sind. Den Rest überlasse deinem Mann.

Eine Frau, die sich zu eindringlich ein Kind wünscht, übt auch in anderer Weise Zwang aus: Sie ist der Überzeugung, daß ihr ein Kind zusteht, daß ihr ein Kind gehört, nur weil sie biologisch zur Mutterschaft fähig ist. Das ist eine falsche Sicht der Dinge. Die Seele, die sich im Augenblick der Zeugung bei dir inkarnieren will, ist nicht alleine schon deshalb dein Besitz, nur weil das kleine Baby zunächst so hilflos ist. Sie ist eine freie Seele, die dich in Freiheit wählt. Khalil Gibran hat das in seinem Büchlein *Der Prophet* sehr schön ausgedrückt:

»Eure Kinder sind nicht eure Kinder. Sie sind die Söhne und Töchter der Sehnsucht des Lebens nach sich selber. Sie kommen durch euch, aber nicht von euch. Und obwohl sie mit euch sind, gehören sie euch doch nicht. Ihr dürft ihnen eure Liebe geben, aber nicht eure Gedanken. Denn sie haben ihre eigenen Gedanken. Ihr dürft ihren Körpern ein Haus geben, aber nicht ihren Seelen. Denn ihre Seelen wohnen im Haus von morgen...«

Affirmationen: Ich lasse jetzt geschehen, daß ich schwanger bin. Ich bin jetzt in der idealen Verfassung, ein Kind zu empfangen. Ich bin in der Liebe mit meinem Partner vereint und weiß, daß die Tiefe der seelischen Bande das Maß ist, mit dem eine Seele von uns angezogen wird. Unsere Liebe ist die Kraft, die eine Seele anzieht, je tiefer die Zuneigung zwischen mir und meinem Partner ist, desto reifer, älter und liebevoller wird auch der Geist sein, den wir anziehen. Es ist schön, all das zu wissen.

Wenn du Angst hast vor Schwangerschaft und Geburt

Schwangerschaft und Geburt gehören zu den großartigsten Erlebnissen im Leben einer Frau – manche Frauen meinen sogar, es sei das schönste Erlebnis überhaupt. Wenn du erfährst, daß du schwanger bist, solltest du keine Angst bekommen, sondern Freude empfinden über deine Situation. Der weibliche Organismus ist ideal geeignet, Kinder zu gebären. Viele Komplikationen in der Schwangerschaft haben seelische Ursachen. Wenn du Probleme mit deinem Partner hast, wenn du das Kind eigentlich nicht willst, reagiert der Körper. Eins ist sehr wichtig: Falls du dich entschieden hast, das Kind zu behalten, dann solltest du diesen Entschluß auch innerlich vollkommen bejahen. Akzeptiere, was ist, selbst wenn du vorher Zweifel hattest, freue dich auf das neue Leben, das aus dir hervorgeht. Schwangerschaft ist nicht nur die Wartezeit auf die Geburt, sie ist nicht nur Vorspiel auf ein glückliches Ereignis. Schwangerschaft ist eine einzigartige Möglichkeit zur Selbstentfaltung. Eine Chance, sich nicht nur dem Wachstum des eigenen Selbst zu überlassen, sondern sich auch dem neuen werdenden Selbst hinzugeben. Nie ist eine Frau so harmonisch und so vollkommen eingebunden in den kosmischen Kreislauf; nie ist sie in einem direkten Sinn so kreativ wie in dieser einzigartigen Zeit.

Nimm dir in der Schwangerschaft viel Zeit. Jede werdende Mutter streichelt instinktiv ihren Bauch, und spricht mit ihrem Baby. Sag deinem Kind, daß du dich darauf freust, ihm alles Schöne dieser Welt zu zeigen, sag ihm, daß es willkommen ist; sag ihm, daß du es liebst. Es gibt eine Reihe von Untersuchungen darüber, daß Babys schon im Mutterleib ausgeprägte Empfindungen haben. Sie reagieren auf die Gefühle der Mutter, leiden mit, wenn sie Streß und Angst empfindet. Darum sind alle Arten von Entspannungsübungen und positiven Affirmationen jetzt ganz besonders wichtig. Nie ist die Macht deiner Gedanken größer als jetzt: Du kannst durch sie Leben schenken (oder zerstören).

Ein Kind sollte in Liebe empfangen werden, nicht aus Zufall oder gar mit Widerwillen. Bei der Zeugung wird eine Seele angezogen, deren »Größe« von der Qualität der Seelenenergien von Mutter und Vater während der Zeugung bestimmt wird.

Die Geburt ist für jede Frau eine einzigartige Erfahrung. Leider werden jedoch von Generation zu Generation negative Gefühle weitergegeben. Es kursiert das Gerücht: eine Geburt sei gefährlich, schmerzhaft und vieles mehr. Wenn die werdende Mutter solche (Vor-)Urteile innerlich akzeptiert, dann ist es leicht nachvollziehbar, daß sie auch tatsächlich Angst bekommt. Angst kommt von Enge, der Körper verkrampft sich, wird eng, und dadurch entstehen erst in sehr vielen Fällen die Schmerzen. Durch *posthypnotische Suggestion* kann sich eine Frau perfekt auf die Geburt vorbereiten. Das bedeutet, daß man einer Schwangeren eine Suggestion unter Hypnose gibt, die aber erst im Augenblick der Geburt wirksam wird. Das funktioniert so gut, daß wir es schon erlebt haben, daß ein Kind vor der Hebamme da war! Und das ganz ohne Schmerzen für die Mutter.

Sicher kennst du Dr. Leboyer und seine Methode der »sanften Geburt«. Lies nicht nur darüber, sondern wende sie auch an. Wenn es zu vertreten ist, sollte man sich für eine Hausgeburt entscheiden. Das Kind wird nicht durch Kälte, grelles Licht und das Klappern von Metallschüsseln gequält, und es wird nicht der Mutter entrissen. Diesen letzten Punkt kann man gar nicht hoch genug bewerten. Babys, die ihren Müttern gleich nach der Geburt fortgenommen werden, haben oftmals ein Leben lang Kontaktprobleme, das Urvertrauen zwischen Mutter und Kind wird nachhaltig gestört. Es ist himmelschreiendes Unheil, was da von empfindungslosen Menschen für seelischer Schaden angerichtet wird! Noch ein Wort zu den Männern: Väter sollten bei der Geburt nur dabeisein, wenn sie dieses Ereignis verkraften. Keinesfalls darf der Grund sein, der Frau einen Gefallen tun oder den Nachbarn imponieren zu wollen.

Wenn du unsicher bist und während der Schwangerschaft oder vor der Geburt Angst hast, geh zur Hypnosetherapie. Gerade hier sind die Möglichkeiten dieser Heilmethode einzigartig.

Affirmationen: Heute ist ein neuer und wunderschöner Tag, glücklicher als je einer zuvor. Heute werde ich mein Kind, das aus meinem Herzen kommt, in die große weite Welt geleiten. Ich habe lange Sehnsucht in meinem Herzen gehegt, jetzt ist es soweit. Ich bin entspannt, glücklich und froh. Ich weiß, daß mein Körper ideal geeignet ist, ein Kind zu gebären. Sobald die Geburt beginnt, bin ich vollkommen ruhig und werde auch Augenblicke des Schmerzes bejahen. In meinem Ja liegt Weite und Offenheit und so wird es eine ganz und gar natürliche Geburt sein, leicht für mein Kind und mich. Diese Geburt meines Kindes ist ein wunderbares Erlebnis. Ich bejahe es. Ich begebe mich in den Schutz des Allerhöchsten und ich danke Gott, daß er bei mir ist in dieser schönen Stunde.

Wenn ein Kind Schulschwierigkeiten hat

Ein Kind, das Schwierigkeiten in der Schule hat, spiegelt oft Probleme in der Familie wider. Spannungen in der Partnerschaft der Eltern entladen sich allzuoft über die Kinder und sind der Hintergrund für eine leidvolle Jugendzeit. Das Kind hat das Bedürfnis, beschützt zu werden, und wenn sich die Eltern streiten, bekommt es ganz natürlicherweise Angst. Es kann nicht »zumachen« und sich distanzieren, es erlebt alles unmittelbar und leidet oftmals deshalb auch viel stärker als ein Erwachsener. Viele Eltern üben auch direkten Druck auf ihre Kinder aus. Sie fordern, daß auf bestimmten Gebieten Leistungen erbracht werden, obwohl die Talente ihres Kindes vielleicht ganz woanders liegen. Prestigedenken spielt immer wieder eine übergroße Rolle, das Kind »muß« studieren, obwohl es vielleicht eher praktisch begabt ist. Eltern sollten daran denken, daß Kinder eigenständige Wesen mit eigenen Wünschen und Gedanken sind, sie sind kein Eigentum, mit dem man nach Gutdünken verfahren kann. Unausgelebte Träume werden oft nach dem Motto »du sollst es einmal besser haben als ich« gedankenlos übertragen. Die Kinder müssen dann schaffen, woran die Eltern gescheitert sind. Eltern sollten sich viel Zeit für ihre Kinder nehmen und herausfinden, wo deren spezielle Interessen und Vorlieben liegen. Das Besondere im Menschen wird nur dann aktiv, wenn es erkannt und gefördert wird.

Unsere Schulen sind in den allermeisten Fällen unmenschlich, weil sie meist einseitig auf die Vermittlung von intellektuellem Wissen ausgerichtet sind. Da wird im Stundentakt das Thema gewechselt, die meisten Fächer haben keinen Bezug zur Lebenswirklichkeit des Kindes. Körperliche Bewegung und künstlerischer Ausdruck spielen eine untergeordnete Rolle, praktisches, handwerkliches Tun wird geringgeschätzt. Dabei hat es schon sehr früh, in den zwanziger Jahren dieses Jahrhunderts, Ansätze für eine hoffnungsvolle Neuorientierung gegeben. Die Rudolf-Steiner-Schulen (Waldorfschulen) entwickelten damals ein bis heute gültiges Erziehungskonzept: Die Stoffverteilung und die Unterrichtsart richten sich jeweils nach der momentanen Entwicklungsstufe des Kindes, es wird ein Ausgleich zwischen Aufnehmen und eigenem Tun angestrebt, künstlerische und praktische handwerkliche Fächer sind den theoretischen zumindest gleichgeordnet. Großer Wert wird auch auf die Zusammenarbeit zwischen Schule und Eltern gelegt. Sehr viel seltener werden Kinder aus Waldorfschulen therapiebedürftig, sehr oft aber leiden Jugendliche in staatlichen Schulen unter dem oft seelenlosen »Lehrbetrieb«! Im Grunde lernt jedes Kind gern, Lernen ist ein natürlicher, angenehmer Vorgang. Erst ein monotoner Schulbetrieb macht ihn zur Mühsal. Soll einem Kind, das Lernschwierigkeiten hat, geholfen werden, dann darf das nicht mit Druck und Zwang geschehen, um den Stoff »einzupauken«. Unter Druck erreichen wir immer nur das Gegenteil von dem, was angestrebt ist: Lernen wird noch anstrengender, das Kind nimmt noch weniger auf. Durch vielerorts angebotenes autogenes Training für Kinder lernt es, innere Blockaden abzubauen, sich wieder zu öffnen. Imaginiere mit deinem Kind die *positiven Situationen des Lernens*, laß es sehen, wie es entspannt im Klassenzimmer sitzt, wie es aufmerksam zuhört – nicht verkrampft versucht, sich zu konzentrieren. Zeig dem Kind im Alltag, wie lustvoll lernen sein kann. Lernen ist nicht auf die Schule beschränkt, Erziehung heißt auch: Mein Kind macht mit. Es hilft mir beim Kuchenbacken, es lernt, wie man ein Auto wäscht, es erfährt, wie man mit Geld umgeht. Das ist oft mühsam, denn allein geht alles viel schneller, doch es lohnt sich. Stöhne auch nicht über die Arbeit, die *du* machen mußt, sonst stöhnt das Kind über *seine* Arbeit – etwa über die Schule. Wenn du den Nährboden für ein gesundes Heranwachsen deines Kindes bereitest, wird es auch keine Schulschwierigkeiten haben und dir durch ein harmonisches Wesen danken.

Affirmationen für das Kind: Ich lerne gerne, ich bin wie ein neuer Computer, der jetzt darauf wartet, daß seine Speicher gefüllt werden. Meine Speicherkapazität ist riesengroß, und es macht mir Spaß, Wissen in mich aufzunehmen. Wann immer dieses Wissen, das ich in der Schule aufnehme, abgerufen wird, steht es sofort zur Verfügung. Es ist ganz leicht, zu lernen, ich brauche bloß gelöst und entspannt zu sein, Interesse am Lehrstoff zu haben, alles andere geht wie von allein. Ich bin offen für das Wissen der Welt. Ich genieße die Verblüffung der Lehrer und der

Schulkameraden über mein gutes Gedächtnis. Alles Wichtige ist für das ganze Leben in mir abrufbereit. Das Leben ist schön, und ich danke meinen Eltern und Gott, daß es mich gibt.

Für Eltern von schwierigen Kindern

Wenn Eltern ihre Kinder sozusagen zur »Reparatur« in die Praxis bringen, schicken wir oft die Kinder nach einiger Zeit hinaus und versuchen den Eltern schonend beizubringen, daß eigentlich sie auf die Couch gehören und nicht das Kind. Die Eltern sind mit an Sicherheit grenzender Wahrscheinlichkeit der Grund dafür, das sich ihr Kind der Welt mit all ihren Wundern verschlossen hat. Manchmal sind die Eltern dann so betroffen, oder gar beleidigt, daß sie gehen möchten. In der Tat sind schwierige Kinder ausschließlich das Produkt ihrer schwierigen Eltern. Phineas Quimby, ein sehr bekannter spiritueller Lehrer im letzten Jahrhundert, sagt: »Ein Kind ist wie eine leere Tafel, auf die Angehörige, Geistliche und alle, die des Weges kommen, etwas kritzeln.«

Ein Kind ist ein Spiegel der im Elternhaus vorherrschenden geistigen Strömungen. Kinder lernen in erster Linie von ihren Eltern. Eltern sind Bezugspersonen, auf die sich das Kind also in seinem Nachahmungstrieb bezieht! Kinder reagieren ganz unmittelbar auf das, was ihnen gesagt oder vorgelebt wird. Die Eltern eines schwierigen Kindes sollten sich Gedanken über die Art machen, wie sie sowohl miteinander, als auch mit dem Kind umgehen, nur so ist eine Wandlung möglich. Eine Freundin hatte gehört, daß man ausschließlich das tun soll, was man möchte. Diese Botschaft gab sie an ihre Kinder weiter, und das Ergebnis war fürchterlich. Ihre Kinder taten tatsächlich nur noch, was sie wollten. Ohne liebevolle »Zügel« werden sie natürlich nicht lernen, in der Welt zurechtzukommen. Bei aller Liebe zur Freiheit müssen wir uns doch dem Leben hingeben, und das kann heißen, auch Pflichten zu erfüllen. Diese Mutter hat ihre Kinder falsch über Geben und Nehmen aufgeklärt. Sie waren auf dem besten Weg, Egoisten zu werden. Die Kinder befolgen, wie das kindlicher Art entspricht, wortwörtlich, was ihnen gesagt wird.

Auch das Gegenteil, die autoritäre Erziehung, läßt Kinder schwierig werden. Das Erziehungsmodell der westlichen Zivilisation ist seit Jahrhunderten auf Dressur und Unterdrückung aufgebaut und ist alles andere als eine Hilfe zur Selbsthilfe in Freiheit. Ein Kind, das unter Druck gesetzt wird, sucht Ventile und verhält sich dann schnell (selbst-)zerstörerisch. Die Individualität eines Kindes wird bei uns ganz selten gefördert, und die beiden häufigsten und banalsten Begründungen dafür sind: keine Zeit, kein Geld. Vielleicht am verhängnisvollsten für die Erziehung eines Kindes ist es, wenn die Eltern ihre eigenen Ängste nicht aufgelöst haben und sie – unbewußt – auf das Kind übertragen. Das Kind wird unfrei und ängstlich, und selbst wenn man ihm einen Keks anbietet, wird es den Kopf schütteln, aus Angst, etwas falsch zu machen. Hinter dem »Nein« und »Ich will nicht« eines Kindes steht immer Angst vor Neuem. »Nein« zu sagen ist zunächst leichter, nichts kann passieren, alles bleibt beim alten. Dieses Verhaltensmuster wird dann in das Erwachsenenleben übernommen. Die Menschen verharren aus Angst im Alten und leiden, anstatt einen Schritt nach vorne zu tun und dadurch die Situation zu meistern. Früher oder später werden sie doch zu diesem Schritt gezwungen, denn die geistige Evolution duldet keinen Stillstand. Warum also nicht gleich – mit Lust, anstatt mit Leiden? Eltern, die selber in Angst und zur Vorsicht erzogen wurden, geben diese Angst an ihre Kinder weiter, diese wieder an ihre Kinder, und so kann eine ganze Gesellschaft ängstlicher und neurotischer werden. Eine ängstliche und neurotische Gesellschaft jedoch braucht Waffen, um eine Scheinstärke zu demonstrieren, und die Wahrscheinlichkeit, daß diese Waffen eines Tages auch eingesetzt werden, ist dann tatsächlich groß. Sag jetzt nicht, daß deine Angst real und somit gerechtfertigt sei. Jede Angst ist subjektiv. Auch wenn viele Menschen Angst für real halten, wird sie dadurch nicht wirklicher. Die Gefahr ist nur da, wenn wir an die Gefahr glauben. Der Grund für einen Krieg ist seine Vorbereitung! Du kannst dich entscheiden, keine Angst mehr zu haben und unendlich viele Gründe, keine Angst zu haben, werden in dein Leben kommen. Sage dir so oft wie möglich: Ich vertraue auf die göttliche Führung, ich vertraue mir. Du kannst die Lektüre dieses Buches unterbrechen, spazierengehen und dich entscheiden. Entscheide dich aber nicht gegen etwas, gegen Krieg oder gegen irgendein System oder gegen die Angst. Entscheide dich *für* Vertrauen. *Für dich.*

Noch ein praktischer Hinweis für den Umgang mit deinem Kind. Die meisten Eltern spulen gedankenlos ein bestimmtes Programm ab: »Du bist zu blöd, aus dir wird nie etwas, das kannst du nicht, wie oft soll ich dir noch sagen…« Mach es doch einmal anders: Nimm dein Kind auf den Schoß, wenn es etwas lernen soll, und sag ihm ganz liebevoll: »Siehst du, so macht man das, es ist ganz einfach. Toll, wie du das schon kannst. Und wenn du es so machst, wird es sogar noch besser. Papa und Mama erklären dir alles, dazu sind wir doch da. Wir sind stolz auf dich…« Theoretisch wissen das fast alle Eltern, aber dann werden sie doch wieder schnell ungeduldig, und die alte Platte wird aufgelegt: »Du bist zu dumm, das wirst du nie begreifen…« *Versuche konsequent, dieses alte Programm zu löschen und durch ein positives zu ersetzen, und du wirst nie wieder ein schwieriges Kind haben.* Ein Kind, das genügend Aufmerksamkeit und Bestätigung bekommt, ist nicht lästig oder aggressiv. So einfach ist das.

Affirmationen: Ich begleite mein Kind bis zur Schwelle seines eigenen Geistes, von dort wird es selber weitergehen. Ich bin das Tor, durch das mein Kind diese Welt betrat. Eine Seele hat mich als ihren Lehrer gesucht. Aber ein Lehrer lernt auch vom Schüler. Ist Leben etwas anderes als austauschen, als geben und nehmen? Ich liebe mein Kind, so wie ich zu lieben verstehe. Es hat mich ausgewählt, gerade, weil ich noch ein Suchender bin. Es hat mich gewählt, weil es Beispiele dafür brauchte, wie man es macht, aber auch, welche Fehler man vermeiden sollte. Die Qualität, die sich durch mich ausdrückt, hat mein Liebling bei mir gefunden. Mein Kind lebt zwar bei mir, doch es gehört sich selbst. In Demut und Stolz neige ich mein Haupt, und alles ist gut.

Für Jugendliche mit schwierigen Eltern

Vielleicht ist dein Vater Alkoholiker oder deine Mutter eine wehleidige Frau. Vielleicht streiten deine Eltern von morgens bis abends oder du bist ein Scheidungskind. In deiner Kindheit warst du der Denkweise, den Handlungen deiner Eltern vollkommen ausgesetzt. Du hast ihre Probleme reflektiert, denn ein kleines Kind ist der Spiegel seiner Eltern. Du hast unter der Disharmonie in deinem Elternhaus gelitten und andere Kinder, denen es besserzugehen schien, mußtest du natürlich beneiden. Nun ist es an der Zeit, wie Dr. Joseph Murphy es ausdrückt, dein »Königreich zu beanspruchen, denn du bist ein König oder eine Königin über deinen gesamten Wahrnehmungsbereich«. *Alles, was dir jemals von Eltern, Lehrern, Heimerziehern an Ungutem eingeredet worden ist, kann aufgelöst werden.* Jeder Mensch ist in der Lage, umzulernen, alte Programmierungen zu löschen und Neues an die freiwerdende Stelle treten zu lassen.

Entscheide dich jetzt, in diesem Augenblick, daß du frei bist, und daß weder deine Eltern noch irgend jemand sonst Macht über dich haben. Besinne dich auf deine Eigenständigkeit, deine Autonomie, deine Individualität. Werde selbständig, wenn du dein Zuhause nicht mehr ertragen kannst. Mit 18 oder 20 wärst du sowieso aus dem Haus gegangen, vielleicht geschieht es jetzt etwas eher. Es ist kein Nachteil, früh auf sich selbst gestellt zu sein, denn es zwingt zum Erfolg. Oft werden Kinder, die verwöhnt und verhätschelt wurden, denen die Eltern alle Schwierigkeiten aus dem Weg räumten, zu Versagern. Sie glauben oftmals, daß andere für ihr Wohlergehen verantwortlich sind und verlieren beim kleinsten Hindernis den Mut. Kinder mit schwierigen Eltern lernen dagegen früh, daß man alle Kraft, die man braucht, aus sich selbst schöpfen kann. Je intensiver der Druck auf dich ist, desto mehr wirst du darauf reagieren. Das mag dir im Einzelfall weh tun, aber da ist nichts, was tatsächlich gegen dich gerichtet ist; die Situation, an der du jetzt leidest, trägt alle Elemente in sich, die dich zum Erfolg führen. Schau dir doch einmal Erfolgsmenschen an. Sie kamen meistens aus schwierigen Verhältnissen, sie mußten sich durchbeißen, und sie konnten sich nur auf ihre eigene Stärke verlassen. Aber *gerade darum* haben sie es geschafft, während die mit dem silbernen Löffel im Mund Geborenen oft im Leben scheitern.

Egal wie schlimm deine Situation mit deinen Eltern ist, nur die Hälfte davon ist wirklich schlimm, die andere ist gut. Du hast gelernt, nur die eine Hälfte zu sehen, übe dich darin, auch die gute zu sehen. Aus einer Situation, die du durchstehst, gehst du gestärkt hervor. Was dich nicht umbringt, das macht dich stärker!

Wenn Eltern mit sich und ihrer Ehe Probleme haben, benutzen sie die Kinder oft als Blitzableiter. Dann wird ihnen gesagt, daß sie nichts taugen, daß sie kein bißchen besser als ihr Vater/ihre Mutter sind, da werden Aggressionen am schwächsten Glied der Kette ausgelassen. Als kleines Kind wußtest du nicht, daß die Mutter eigentlich den Vater meinte, wenn sie dich angeschrien hat, du hast das natürlich auf dich bezogen und gemeint, daß du eben kein liebenswertes Kind seist, wenn man dich so behandelt. Nun bist du alt genug, um zu erkennen, daß du nicht schuld bist, daß deine Eltern nur ihre eigenen Schwierigkeiten (an dir) abreagiert haben. *Du kannst alle negativen Suggestionen zurückweisen, wenn du weißt, daß sie nichts mit deiner Person zu tun haben.*

Mach dich mit dem Gedanken vertraut, daß du dir deine Eltern ausgesucht hast. Du hast sie dir als ideale Lehrer gewählt. Wenn du die Sache aus dieser Perspektive betrachtest, wirst du lächeln und dich nicht länger als Opfer fühlen. Sag dir: Die Fehler, die ihr macht, liebe Eltern, die werde ich nicht machen. Ich nehme bewußt zur Kenntnis, was bei euch läuft, und nehme es als Gelegenheit, daraus zu lernen. Ich sehe genau, wo ihr ganz großartig und wo ihr mittelmäßig oder sogar ungenügend seid. Denk daran: »Niemand ist unnütz, er kann immer noch als schlechtes Beispiel dienen.« Ich entscheide mich jetzt für mich selbst!

Wenn du das schaffst, wirst du nicht dein ganzes Leben herumlaufen und noch als Grufti deine Eltern für deine Mißerfolge und dein Unglück verantwortlich machen. *Die Vergangenheit hat nur soviel Macht über dich, wie du ihr gibst.* Deine Eltern haben nur soviel Macht über dich, wie du ihnen zugestehst. Entscheide dich für die Freiheit, und du wirst frei sein.

Affirmationen: Ich entscheide mich. Für mich. Meiner Lehrzeit erster Teil ist nun beendet. Ich bin ein kreativer Denker und nutze diese Fähigkeit von nun an zu meinem und zum Wohle aller. Ich habe mir diese Eltern als Lehrer gesucht, um zu lernen, wie es geht, und auch, was man alles falsch machen kann. Meine Eltern haben mich durch ihre persönliche Note zur Schwelle meines eigenen Geistes geführt, von wo aus ich allein weiterwandern will. Meine Eltern haben zu mir von ihrem Verständnis der Dinge gesprochen, doch mein Verstehen muß ich selber suchen. Ich bin der Teil meiner Eltern, der weiterlebt, wenn sie nicht mehr da sind. Alles was ich von ihnen annehmen konnte, lebt in mir weiter, doch nehme ich es auf meine Weise. Die Jahre, die ich bei ihnen war, sind die Flügel, die mich durch die Zeit tragen zu meinem eigenen Ich. Ich danke dir, Mutter, und dir, Vater.

In einer akuten Ehekrise

Eheprobleme entstehen oft zunächst nur, weil von den Eltern diese Rolle, nämlich Eheprobleme zu haben, »vorgespielt« wurde. Wenn die Mutter dazu neigte, jedem Konflikt durch mitleidheischende Kränklichkeit zu entgehen, so wird die Tochter – wenn auch unbewußt – diese Haltung übernehmen. Wenn der Vater seine Verletzlichkeit hinter Aggressivität versteckte, so wird auch der Sohn dieses Muster wählen. Wenn du Probleme mit deinem Partner hast, dann werde dir also erst einmal klar darüber, ob du nicht einfach eine Rolle spielst, die du von deinen Eltern übernommen hast.

In einer Ehekrise neigt jeder dazu, dem anderen die Schuld an dieser Situation zu geben. »Weil *du* untreu warst. Weil *du* zu wenig Rücksicht auf mich nimmst. Weil *du* mit deinem Beruf verheiratet bist. Weil *du* dich ja emanzipieren mußt. Weil *du* böse, gemein, unmoralisch, abscheulich bist. *Ich* dagegen bin unschuldig. *Ich* will nur das Beste für uns beide. *Ich* habe ja wohl noch ein Recht darauf. *Ich* kann ja nichts dafür. *Ich* bin betrogen und ausgenutzt worden …«

Spielt da etwa wieder jemand die Opferrolle?

Es gibt aus jeder Ehekrise einen sicheren Ausweg: *Ändere du selbst dich, dann, aber wirklich erst dann, wird sich auch der andere ändern.* Alle Probleme, die du mit einem anderen hast, haben ihren Ursprung in dir selbst. Du hast dir nur für dein Theaterstück den passenden Partner gesucht. Es wird dir niemals gelingen, jemanden zu ändern, wenn er selbst es nicht will. Je mehr Druck du ausübst, desto mehr Widerstand wird er leisten, um so mehr Druck mußt du wiederum ausüben … und so weiter. Stell dir vor, ihr sitzt beide in einem Segelboot (eurer Ehe). Jeder hängt sich auf seiner Seite weit über Bord, um das Boot im Gleichgewicht zu halten. Je mehr sich der eine hinauslehnt, desto weiter muß sich auch der andere hinauslehnen, um die Gleichgewichtsstörungen auszugleichen, welche die Stabilisierungsversuche des anderen verursachen. Das Groteske an dieser Lage ist nur, daß das Boot selbst vollkommen im Gleichgewicht wäre, wenn die beiden es nicht zu stabilisieren versuchten, sondern bequem zusammen darin säßen: Du mußt also *weniger* tun (weniger anklagen, weniger schimpfen, beschuldigen, den anderen verändern wollen), um *mehr* zu erreichen, nämlich »das Boot« wieder mühelos stabil zu halten.

Eine Krise ist auch immer eine Chance zur Wandlung. Frag dich einmal: Was ist an unserer Beziehung überholt, festgefahren, starr, was stellt sich einer lebendigen Entwicklung in den Weg? Eine Ehe ist keine Momentaufnahme, die am Tag der Hochzeit gemacht wird und dann für alle Zeiten gültig ist. Als ihr geheiratet habt, hat der Mann sich vielleicht als Brötchenverdiener und die Frau als Mutter und Hausfrau gesehen. Aber muß das jahrzehntelang so bleiben? Als ihr euch kennengelernt habt, wolltet ihr vielleicht jeden Abend gemeinsam verbringen, aber heißt das, daß man nie mehr allein etwas unternehmen darf? Es gibt bei einer Eheschließung viele – meist sogar unausgesprochene – Vereinbarungen, die erst ans Licht kommen, wenn sie gebrochen werden. Klammere dich nicht an ihnen fest, nur weil du mit zwanzig von ihrer Richtigkeit überzeugt warst.

Das Leben ist ständiger Wandel, was sich nicht wandelt, zerbricht. Also ist es gerade nicht das Festhalten am gewohnten Muster, was die Ehe festigt, sondern die natürliche Veränderung, die Entwicklung. Eine überstandene Krise nützt der Ehe, das bestätigen viele Paare.

Überleg dir, was *du* in eurer Ehekrise tun kannst, welche Einstellungen du überprüfen und verändern kannst. Ist es nur dein gekränkter Stolz, der dich so wütend macht? Ist es deine Angst, verlassen zu werden? Kehre vor deiner eigenen Tür, miste deinen Augiasstall aus, sieh den Balken im eigenen Auge. Und wenn das jeder für sich tut, habt ihr ganze Arbeit geleistet, die Krise wird überwunden sein und du bist wieder einmal um viele, viele Erkenntnisse reicher.

Affirmationen: Ich liebe meinen Partner. Ich gestatte ihm Freiraum, ich gestatte ihm zu sein, wie er es entschieden hat. Ich sehe unsere Partnerschaft von Liebe und Harmonie erfüllt. Auf meiner Seite ist die Bereitschaft, Freiheit zu geben, sie ist mein Ausdruck von Liebe, zu der ich fähig bin. Alles, was in mir seinen Ursprung hat, kehrt zu mir zurück. Mein Partner hat Vertrauen zu mir, und seine Liebe gibt mir die Kraft, alles Nötige zu tun. Ich bin weich, durchlässig, liebevoll und friedfertig. Gott selbst hat uns zusammengeführt, und ich rufe ihn jetzt um Hilfe an. Seine Weisheit soll das Licht sein, das unserem gemeinsamen Pfad leuchtet.

Bei einer Scheidung

Wenn man sich nach reiflicher Überlegung zu einer Scheidung entschlossen hat, so gibt es nur eine Reaktion darauf: Man soll sich über diesen Entschluß freuen (auch wenn der Partner dabei nachgeholfen hat). Endlich hört dieses Katastrophenverhältnis auf! Endlich bin ich wieder frei! Endlich habe ich wieder Spaß am Leben! Endlich bin ich offen (frei) für neue, schöne Begegnungen! Versuche, in dem wahrscheinlich jetzt folgenden Finanzstreit der Klügere zu sein. Wenn du es dem anderen finanziell »heimzahlen« willst, wird er das gleiche mit dir tun. Wenn du verständnisvoll bist, wirst du mit Sicherheit vom anderen mehr bekommen. Nehmt nur *einen* Anwalt, der freundlich schlichtet, und nicht zwei, die eventuell aus dem Anheizen eures Streits Kapital schlagen.

Eine Scheidung gibt dir Gelegenheit, über eine der wichtigsten Tatsachen des menschlichen Lebens nachzudenken: die Trennung. Trennung ist der Gegenpol von Begegnung, Bindung. Das eine ist ohne das andere gar nicht möglich.

Eine bewußte und in liebevoller Konsequenz vollzogene Trennung bedeutet loslassen können, und das ist etwas, was uns allen unendlich schwerfällt.

Wir alle neigen dazu, alles, was wir in die Finger bekommen, krampfhaft festzuhalten, aus Angst, wir gingen sonst leer aus. Doch dieses Festhalten an der Vergangenheit, an alten Beziehungen oder gar die Überzeugung, man habe ein »Recht« darauf, etwas oder jemanden zu besitzen, dieses Festhalten *selbst* ist es, das die Probleme schafft. Menschen, die ihren Ehepartner nicht loslassen können, schwelgen in Rache- und Haßgefühlen, ihre Unfähigkeit zur Ausscheidung des Gefühlsabfalls zieht oft Krankheiten der Ausscheidungsorgane (Darm, Nieren oder Leber) nach sich.

Catherine Ponder hat einen Satz in ihrem Buch *Die Heilungsgeheimnisse der Jahrhunderte* geschrieben, den du dir in der Situation einer Trennung einprägen solltest: »*Wenn irgend etwas aus Ihrem Leben verschwindet, ist das immer ein Zeichen dafür, daß etwas Besseres unterwegs ist.*« Allerdings kann dieses Bessere nur kommen, wenn du das Alte losläßt. So wie man nur in ein leeres Gefäß ein neues Getränk gießen kann, so kann auch nur eine neue, bessere Partnerschaft beginnen, wenn du dich von der alten, überholten Beziehung freigemacht hast.

Und nun, wenn du dich von deinem Ehepartner in liebevoller Konsequenz verabschiedet hast, beginnt die nächste Phase deines Lebens. Du hast sicherlich Fehler in deiner Ehe gemacht, aus denen du gelernt hast, du bist erfahrener, reifer geworden. Du wirst nicht den nächstbesten Partner wählen, du wirst bewußt und in Ruhe suchen, du wirst dir Zeit lassen. Vor allem ältere Frauen neigen oft zur Panik, sie befürchten, daß es bald niemanden mehr geben wird, der zu ihnen paßt. Sie haben natürlich recht, es wird dann niemanden mehr geben, wenn sie es sich *einreden*. Was du befürchtest, wird über dich kommen.

Stell dir vor, daß du ein Wesen mit allen Chancen bist. Du hast an jedem Finger eine(n), die idealen zehn Partner(innen) stehen schon für dich bereit, sie warten auf dich. Du hast dich in deinen tiefsten Tiefen schon entschieden, doch du bist nicht in Eile, du genießt deine Freiheit. Du entscheidest dich erst wieder ganz bewußt, wenn du innerlich auch wirklich vollkommen dazu bereit bist. Denk nicht an statistische Wahrscheinlichkeiten über Chancen der Wiederverheiratung, du bist keine statistische Größe, du bist ein Individuum. Miss Amerika oder Mister Universum haben keine größeren Chancen, glücklicher zu werden als du, denn dein Idealpartner will ja nicht Miss Amerika oder Mister Universum, er will ausgerechnet *dich*.

Sieh auch für den Menschen, mit dem du verheiratet gewesen bist, neue Möglichkeiten, neue Chancen. Auch du warst nicht der ideale Partner für ihn.

Falls du dich nicht so bald wieder binden möchtest, stell dir all die großen Chancen vor, die sich dir jetzt bieten. Du kannst endlich ohne Rücksichtnahme auf die Familie beruflich Karriere machen. Du kannst eine Weltreise unternehmen. Du kannst ein Jahr ins Ausland gehen. Du kannst endlich ungestört meditieren...

Manche Menschen reifen in einem Jahr Alleinsein mehr als in zehn Jahren Partnerschaft. Denk dran: Auch eine Scheidung ist ein Problem, das du dir selbst zum Geschenk gemacht hast, um neue Erkenntnisse zu gewinnen. Der »Blick zurück im Zorn« macht dich unnötig leiden. Und wolltest du nicht versuchen, ohne Leiden zu lernen?

Affirmationen: In unserer Trennung liegt die Hoffnung auf Freiheit. Um sie dir und mir zu gewähren, entlasse ich dich heute liebevoll aus meinem Leben. Etwas Gutes, ja etwas sehr Gutes ist für dich und mich unterwegs, und wir wollen beide bereit sein, es jetzt zu empfangen. Das Leiden, das wir uns gemeinsam schafften, hat uns ausgehöhlt, und dieser Raum will sich jetzt mit Freude füllen.

Freude und Leid kommen aus derselben Quelle, haben ihren gemeinsamen Ursprung tief in unserem Inneren. Ich danke dir für die guten und auch für die weniger guten Stunden an deiner Seite. Unsere Freude und unser Leid hat uns beide wachsen lassen, so daß wir jetzt loslassen können und jeder für sich dem eigenen Glück entgegengeht. Ich will gerne an die gute Zeit mit dir zurückdenken und wünsche dir von Herzen alles Gute. Lebe wohl, ein gütiges Schicksal läßt unsere Wege auseinandergehen.

Einsamkeit

Einsamkeit ist selbstgewähltes Leid, ist Beschränktheit im Denken, ist ein ganz und gar freiwilliger Rückzug aus der Welt. Vielleicht warst du schon ein einsames Kind, deine Eltern schenkten dir zuwenig Aufmerksamkeit, du durftest nicht mit den »Schmuddelkindern« spielen, du wurdest nur gelobt, wenn du dich allein in dein Zimmer zurückgezogen hattest. Doch nun bist du erwachsen, und kein Mensch zwingt dich mehr, in Isolationshaft zu sein. Selbst wenn du keine Familie hast und im Altersheim wohnst, mußt du nicht einsam sein: Im Zimmer neben dir und im Zimmer über dir und im Zimmer unter dir hoffen andere Menschen, daß du an ihrer Türe anklopfst, einen gemeinsamen Spaziergang vorschlägst oder nur eine Tasse Kaffee trinken willst.

Wer zu Hause sitzt und sagt: »Ich habe niemanden«, der hat sich selbst in diese Situation gebracht. Es gibt so viele, die nur darauf warten, angesprochen zu werden. Geh einmal am Wochenende in die Parks, da sitzen viele, viele Menschen auf den Bänken, junge und alte, die gerne mit dir ins Gespräch kommen würden. Wenn alle darauf warten, daß der andere den ersten Schritt tut, passiert natürlich selten etwas. Also sei du derjenige, der guten Tag sagt und übers Wetter redet – bald wird mehr daraus, und wenn nicht, versuchst du es beim nächsten.

Einsamkeit ist vielleicht das illusionärste Gefühl, das man überhaupt haben kann. Denn kein Ding, kein Wesen auf dieser Welt ist wirklich isoliert von seiner Umwelt. Fühl mal in dich hinein. Du stehst in ständigem Austausch mit allem, was um dich herum ist. Du atmest die Luft, du spürst die Sonnenstrahlen auf deiner Haut, du gehst auf jemanden zu, du weichst ihm aus, du sprichst, du hörst, du empfängst die Gedanken anderer, du sendest Gedanken an andere aus. *Wir alle sind Teil eines kosmischen Ganzen, wir können überhaupt nur in dieser Wechselwirkung existieren.* Du stehst in ganz bestimmten Zusammenhängen in deinem Leben, und wenn du die Beziehungen, die du zu anderen hast, nicht wahrnimmst, dann kannst du auch niemals du selbst werden.

Oft wird der Schmerz der Einsamkeit hinter Kälte und Hochmut versteckt oder zu einem besonderen Gütezeichen hochstilisiert. Vor allem Männer sehen sich gern in der Rolle des einsamen Wolfes, wobei sie in Wahrheit nur Angst vor Nähe haben. Erkenne deine wahre Natur, dann löst sich deine Einsamkeit wie ein Nebel in der Sonne auf. Streck deine Arme nach anderen aus, gerade, weil du weißt, wie weh es tut, nicht beachtet zu werden.

Reiß die Mauer um dich herum ein und hoffe nicht, daß das andere tun. Schlag dir einen Weg durch die Dornenhecke und warte nicht noch hundert Jahre darauf, daß ein Prinz dich wachküßt.

Du kannst auch einsam sein, wenn du oberflächlich keine Kontaktschwierigkeiten hast. Ja, vielleicht bist du sogar der Aufreißertyp, der ständig beweisen muß, was für ein toller Hecht er ist. Dann geh einmal in einer ruhigen Stunde in dich und frag dich, wovor du Angst hast. Ist es vielleicht die Angst, zurückgewiesen zu werden? Wenn man nicht viel einsetzt, riskiert man nicht viel, und wenn oberflächliche Beziehungen zerbrechen, tut das nicht so weh, als wenn man sich wirklich auf jemanden eingelassen hat. Laß, für den Anfang nur vor dir selbst, einmal die Maske des Coolen fallen und geh dem tiefen Schmerz in deinem Inneren nach. Vielleicht hat dich deine Mutter als Kind immer wieder von sich weggeschoben und du hast dir geschworen, daß dir so etwas nie wieder passieren wird? Bist du soweit zu erkennen, daß deine Maske dich selbst zerstören wird, wenn du sie nicht fallen läßt? Die Erkenntnis, daß du in Wahrheit einsam bist, weil du sie gewählt hast, ist der erste Schritt, sie zu überwinden.

Und nun klappe dieses Buch vorübergehend zu und tue etwas ganz Konkretes gegen deine Einsamkeit. Ruf den Menschen an, auf dessen Anruf du wartest. Bring der Nachbarin ein Stück selbstgebackenen Kuchen vorbei. Geh ins nächste Café und fang ein Gespräch mit einem Unbekannten an. Tu irgend etwas, das deinen Sehnsüchten entspricht. Nicht morgen oder bald, sondern jetzt!

Affirmationen: Ich bin in ständiger Kommunikation, im Austausch, von Geben und Nehmen. Ich bin ständig in intensiver Wechselbeziehung mit allem, was geschieht. Ich bejahe diese Tatsache, ich unterstütze sie. Ich sitze auf einer Bank im Sonnenschein und fühle, daß ich eins bin mit allem. Die Landschaft, die Blumen, die Bäume, ich – wir sind gemeinsamen Ursprungs. Ich, alles, ist der »eine« in der Erscheinungsform des Vielfältigen. Alle Menschen, die vorübergehen, tauschen mit mir aus: Blicke, Gedanken, einen Gruß, Worte. Ich lächle, und das Lächeln kehrt vermehrt zu mir zurück. Wenn jemand kein Lächeln hat, leihe ich ihm eins von mir. Ich bin im Gespräch mit allen Erscheinungsformen des Ganzen, mit der Sonne, dem Wind, der Blume dort drüben, dem Vogel vor mir. Gott liebt mich und dich. Ich öffne mich, ich sage ja zum Leben. Ich sage ja zu mir. Alles andere folgt von allein. Gut, daß es uns gibt.

Im Krankenhaus

Kranksein ist Ausdruck von Disharmonie, gleichgültig ob im Körper oder Gemüt. Ursprung körperlicher Krankheit sind fast ohne Ausnahme seelische Spannungen, die nicht abgeleitet wurden. Gefühle, die wir nicht (aus-)leben, addieren sich über Frustration zu Aggressionen, die dann ihre Auswirkungen sowohl im Körperlichen als auch im Seelischen haben (Psychosomatik). Über dieses Gleis entstehen, mit hinzukommenden anderen Komponenten, mehr oder weniger alle nicht erwünschten Ergebnisse im menschlichen Körper.

Wir haben als Kinder sehr oft Kopfschmerzen, Bauchschmerzen und Gott weiß was alles gehabt, weil wir herausgefunden hatten, daß wir dann mehr Zuwendung erhielten. Da tat nichts weh, aber wir merkten, daß wir mit Krankheit etwas erreichten: Schokolade bekommen haben, gestreichelt wurden, Mitgefühl bekommen haben. Wir mußten keine Hausaufgaben machen und nicht in die Schule gehen. Dieses Verhaltensmuster hat sich bei vielen Menschen verselbständigt. Das Kind, das bei allen möglichen und unmöglichen Situationen Krankheit, Unwohlsein vorgaukelt, ist immer noch in uns. Doch wenn wir erwachsen sind, merken wir, daß unsere Familie kaum noch reagiert, wenn wir nur ein bißchen krank sind, und so schalten wir in den nächsthöheren Gang: Wir bekommen eine »beeindruckendere« Krankheit, die uns die erwünschte Aufmerksamkeit gibt.

Wenn du sogar ins Krankenhaus kommst, hast du für ein paar Tage die volle Aufmerksamkeit aller. Deine Freunde sind besorgt, die Ärzte bemühen sich um dich. Ist das nicht ein Genuß für das kleine Kind in dir? Doch mit der Zeit läßt die Aufmerksamkeit nach, deine Freunde haben andere Probleme, die Ärzte andere Patienten. Genau an diesem Punkt, an dem du beginnst, dich im Krankenhaus zu langweilen, genau da setzt, wenn du dich nicht zu sehr »reingesteigert« hast, deine Heilung ein. Du beginnst dich danach zu sehnen, zu Hause zu sein. Du fängst an, dir vorzustellen, wie es ist, zu Hause gepflegt zu werden. Solltest du zu Hause nach acht Tagen gründlicher Pflege langsam weniger Aufmerksamkeit auf dich lenken können, beginnt eventuell das Spiel von vorne...

Dr. Murphy sagte einmal zu mir: »Jede Krankheit ist eine Geisteskrankheit.« Wenn das geistige Prinzip von Gesundheit und Harmonie gestört ist, dann bringt der Körper dies zum Ausdruck. Die Ursache fast aller Krankheiten, Probleme und so weiter ist seelische Disharmonie, und deshalb kann man Krankheit nur vermeiden und überwinden mit Gedanken an Gesundheit, an Harmonie und Frieden. Hier liegt auch offensichtlich das Problem der traditionellen Medizin. Sie beschäftigt sich mit Krankheiten statt mit der Gesundheit, und auf diese Weise schafft und nährt sie Krankheiten. Krankheit ist nichts Eigenständiges, nichts wirklich Existentes. Krankheit ist ein Schatten in deiner Seele. Sie ist ein Mißverständnis. Krankheit ist Kränkung der Schöpferkraft, Krankheit ist mangelndes Bewußtsein, ist Mangel im Geiste. Dein Körper bringt deine Sorgen zum Ausdruck. Er »vergrößert« deine seelischen Probleme, er macht sie über das Sichtbare deutlich, so deutlich, daß es alle sehen können. Von vegetativen Unstimmigkeiten über Neurosen und organische Fehlfunktionen bis hin zu lebensbedrohenden Krankheiten, und manchmal dann auch bis zur Unheilbarkeit ist alles doch nur eine Offenbarung innerer Zwistigkeiten, innerer Spannungspotentiale, die über das Ventil Körper nach Erlösung suchen. Doch auch die Diagnose »unheilbar« ist keineswegs absolut gültig. Dr. Joseph Murphy sagt: »Es gibt keine unheilbaren Krankheiten – es gibt nur unheilbare Menschen, d. h., es sind jene, die glauben, daß sie nicht geheilt werden können; und was sie glauben, geschieht ihnen auch.«

Laß dich nicht symptomatisch behandeln, denn Symptombehandlung führt nur zur Symptomverschiebung. Die beste Möglichkeit, gesund zu bleiben – oder wenn du nun schon im Krankenhaus bist, gesund zu werden –, ist einfach und kostet nichts: täglich ein- bis zweimal in die Stille gehen, meditieren, loslassen, keinen Widerstand bieten, zulassen, geschehen lassen. Sei die weiße Wolke, die nirgendwohin will, wo immer sie ist, dort ist ihr Ziel. Dein Intellekt wird sich dagegen sträuben, mit so einem »Humbug« gegen so etwas Ernstes wie eine schwere Krankheit anzugehen. Doch dein höheres Selbst weiß es besser, laß es deine Führung sein.

Erwarte nicht, daß dein Arzt deine Krankheit heilt. Er ist nur ein Werkzeug, er ist dazu da, deinem inneren Arzt zu helfen. Laß dich nicht von der Schwere der Krankheit beeindrucken, alle Krankheiten werden im Krankenhaus zunächst schlimmer. Ignoriere das bedenkliche Kopfschütteln der Ärzte, denn es drückt nur aus, daß die Schulmedizin ihre Grenzen hat. Du aber weißt, daß dein innerer Arzt weiser ist. Überantworte dich ihm und laß auch ihn sein »Werk« tun!

Wenn du im Krankenhaus liegst, beschäftige dich nicht mit deiner Krankheit, male dir statt dessen deine Gesundheit aus. Sieh dich zu Hause herumspringen, du bist glücklich und fühlst dich wohl. Deine Familie und deine Freunde freuen sich mit dir, sie gratulieren dir zu deiner Gesundheit, sie kochen dein Lieblingsessen, sie reden mit dir, gehen auf dich ein, sie unternehmen etwas mit dir. Oder du siehst dich irgendwo im Urlaub auf einer Wiese sitzen, am Strand spazierengehen, du genießt die Natur, du bist in Harmonie mit der Schöpfung. Denk immer an das Ziel, nicht an mögliche Komplikationen. Geh mit der Lösung zu deinem höheren Selbst. Sobald sich dein subjektiver Geist in angstvollen Visionen von Leid und Schmerz bewegt, rufe ihn zur Ordnung. Brich die negativen Gedankenketten ab, immer wieder. Die Sehnsucht nach dem Endzustand, nach Gesundheit, nach deinem Ziel ist das Hauptelement der Gesundung, jede Beschäftigung mit der Krankheit stärkt nur die Krankheit. »Glaube heilt jede Krankheit«, sagte schon Paracelsus, und du hast nun im Krankenhaus genügend Muße, diesen Glauben zu entwikkeln, ihn auszubauen. Glaube an die Gesundheit, nicht an die Krankheit, und du wirst alsbald gesund sein.

Glaube an das, was noch nicht ist, damit es werde.

Affirmationen: Vollkommene Gesundheit erfüllt mein ganzes Sein. All mein Trachten, all mein Streben ist auf Harmonie von

Körper und Geist gerichtet. Ich beschäftige mich von nun an mit meinen Zielen. Mit dem, von dem ich will, daß es ist. Ich weiß, was Gesundheit ist. Ich meditiere darüber, ich denke daran, ich spreche darüber. Alles, was auf diesen Wunsch ausgerichtet ist, ist mir willkommen. Kosmos heißt Harmonie, und Harmonie drückt sich in der gesamten Schöpfung aus, auch in mir. Ich bin in Harmonie mit mir und dem Schöpfer. Ich lasse geschehen, daß die vollkommene Heilkraft durch mich wirkt, sich in meinem Körper, meinem Geist ausdrückt. Vollkommene Gesundheit vollzieht sich jetzt, sie manifestiert sich als Schönheit, Friede, Schöpferkraft und Harmonie in mir und um mich. Ich weiß, Gott ist da, er selber sagte, daß er bei mir sein werde, wenn ich ihn brauche. Danke Vater, daß es so ist.

Wenn du jemanden haßt

Einer der größten Zen-Meister, Lin-Chi, erzählte gerne folgende Geschichte: Eines Tages fuhr er mit einem kleinen Boot auf einen See hinaus. Er saß mit geschlossenen Augen da und ließ sich treiben, als plötzlich ein anderes Boot an seines stieß. Lin-Chi dachte: Da hat mich jemand angerempelt! Er öffnete die Augen und wollte gerade den Mann im anderen Boot beschimpfen, als er sah, daß dieses Boot leer war. Aber an einem leeren Boot seine Wut auszulassen, erschien ihm unsinnig. Und dann kam ihm eine große Erkenntnis: Jedes Boot, das dich anrempelt, ist leer! Die Wut, die du hast, ist in dir, und nur dort kannst du sie auflösen. Du bist die Quelle von allen Gefühlen, positiven oder negativen, die du anderen entgegenbringst. Bei den liebevollen Empfindungen sind wir eher bereit, das zu akzeptieren, weil es uns schmeichelt. Aber du bist auch der Urheber deiner Aggressionen, deiner Wut, deines Hasses und, du bist nie wütend wegen dem, was du siehst! Oder, noch richtiger, was du siehst, ist die Vergangenheit.

Aggressionen entstehen aus unausgelebten Gefühlen, aus aufgestauten Frustrationen. Um ein so starkes Gefühl wie Haß gegen jemanden zu entwickeln, mußt du lange Zeit deine negativen Gefühle verdrängt haben. Daraus entstehen dann auch die für Außenstehende oft unverständlichen Gewalttaten, die »aufopfernde« Mütter oder brave Ehemänner begehen.

Gib niemals an das Objekt deines Hasses die Verantwortung für dieses Gefühl ab. Wenn du das tust, wirst du dich ohnmächtig fühlen und deshalb noch mehr hassen, zum Beispiel auch dich selbst. Spürst du Haß, so wende dich nicht dem Objekt dieses Hasses zu. Geh dahin, wo der Haß herkommt. Geh zu dem inneren Punkt, an dem der Haß entsteht, geh nach innen zum Zentrum. Haß hat keine eigene Realität, er ist nur ein Schatten in deinem Gemüt. Frag einen anderen, wie er den von dir gehaßten Menschen sieht, und er wird ihm vielleicht vollkommen gleichgültig oder gar sympathisch sein.

Du haßt im anderen deinen eigenen Schatten, deine eigenen abgelehnten Eigenschaften oder die Eigenschaften, von denen du glaubst, daß du sie überwunden hast.

Nur ein unreifer Mensch empfindet Haß, denn Haß symbolisiert Mangel an Bewußtsein. Haß ist nur möglich, wenn es dir an Liebe mangelt. Wir hassen nur, was wir nicht kennen. Haß ist zerstörerisch, ist selbstzerstörerisch. Er zerstört weniger das Ziel, auf das er gerichtet ist, als denjenigen, der haßt. Das negative Gefühl ist in *dir* und schadet *in erster Linie dir.* Das Objekt reflektiert deinen Haß, und du bekommst zurück, was du ausgesandt hast. Wenn du Wind säst, wirst du Sturm ernten. Somit vergrößern sich deine negativen Empfindungen noch, anstatt zu verschwinden. *Wer haßt, sollte sich der Gefahr bewußt sein, in der er schwebt.* Wer zu der Erkenntnis kommt, daß er sich selbst und nicht etwa den anderen mit Hassen zerstört, wird damit aufhören. Moralische Appelle nützen so lange nichts, bis diese Erkenntnis zu dem Hassenden durchgedrungen ist.

Versuche nicht, Aggressionen in dir zu unterdrücken, sie werden dadurch nur größer und vernichten dich. Laß sie zunächst zu, um sie dann bearbeiten (auflösen) zu können, und du brauchst nicht mit blinder Wut auf so vieles zu antworten.

Stell dir vor, jemand hat dich beleidigt. Wut steigt in dir hoch, du könntest ihn »umbringen«. Deine Wut strömt dem Menschen entgegen, der dich beleidigt hat. Doch was hat er eigentlich getan? Er hat dich nur angestochen, er hat einen Knopf bei dir gedrückt, deiner Wut dazu verholfen, aufzusteigen, er hat sie aus dir herausgelockt. Aber Wut ist immer *deine* Wut, weil du sie empfindest. Ginge er zu Jesus, würde der ihm die andere Backe hinhalten. Spuckte er einen Buddha an, so würde er nur ein Lächeln ernten.

Der andere kann nur aus dir herausholen, was schon in dir ist, und wenn du deine Gefühle für noch so »real« und gerechtfertigt hältst. Vielleicht ist der andere tatsächlich ein böswilliger Mensch, aber was kann dir das anhaben, wenn du liebevoll bist? »Kümmere dich nicht um die Dummheit der anderen, kümmere dich um deine eigene«, pflegte Sri Aurobindo zu sagen, wenn sich seine Schüler über andere Menschen beschwerten. *Unwissenheit* ist Ursprung von Haß, Not, Leiden und du bist ein *Wissender,* wenn du dich zu deiner Größe bekennst.

Wenn du dich selbst änderst, werden sich auch die Erfahrungen, die du mit anderen machst, ändern. Wenn du haßt, triffst du auf hassende Menschen, wenn du liebst, triffst du auf liebende Menschen. Wann treffen wir uns?

Affirmationen: Liebe ist ein verzehrendes Feuer, das alles, was nicht seiner gemäß ist, auflöst. Gott ist Freude, deshalb hat er die Sonne vor mein Haus gestellt. In mir sind Freude, Liebe, Güte, Verständnis, guter Wille, Toleranz, Verständigungsbereitschaft die vorherrschenden Charaktereigenschaften. Jede einzelne löst ihr nicht Gemäßes auf. Einen Menschen zu lieben, heißt, ihm zu sagen, daß er unsterblich ist. Ich meditiere über das Zeitlose in mir und erfahre eine Zunahme inneren Bewußtseins. Mein Gott ereignet sich in diesem Werden. Es ist ein unbegrenzter Zustand immer tiefer werdenden Friedens, der alle früheren Schwellen gegenstandslos werden läßt. Ich gestatte dem Guten in mir, daß es geschieht. Ich begegne dem Komplizierten einfach. Was ich verändern will, überwinde ich, indem ich Gutes tue.

Wie du der Negativität anderer begegnest

Wir alle sind als Kinder durch negative Äußerungen kleiner gemacht worden, als wir schon waren. Da hat jemand, dem wir Autorität gaben, gesagt: »Aus dir wird nie etwas. Du wirst jeden Tag dümmer. Das kannst du nicht. Du bist nicht hübsch genug. Du bist nicht artig genug. Du bist ein Versager.« Heute nehmen wir diese Behauptungen scheinbar nicht mehr ernst, doch unsere Selbstsicherheit ist allzuoft nur oberflächlich. Tief innen haben wir oftmals massive Minderwertigkeitsgefühle, fürchten, daß es vielleicht doch wahr sein könnte, was uns so oft und auch so eindringlich gesagt worden ist. Und immer, wenn eine neue Aufgabe auf uns zukommt, flüstert eine Stimme in uns: »Das schaffst du nicht. Du bist nicht attraktiv genug. Das kannst du nicht…« Nur ganz wenige Kinder werden in ihren jungen, entscheidenden Jahren beglaubigt, die meisten werden statt dessen überwiegend bezweifelt.

Nun kannst du für den Rest deines Lebens deine Eltern für deine Mißerfolge verantwortlich machen, doch dadurch löst sich der »negative Bann«, der über dir liegt, nicht auf. Im Gegenteil. Je mehr du deine Eltern anklagst, desto mehr bestätigst du gerade ihre Aussagen über dich. Um dich aus der Negativität zu befreien, ist es richtiger, deine Eltern loszulassen, in Frieden zu entlassen. Sie haben dir all diese negativen Behauptungen um die Ohren gehauen, weil sie *ihre eigene* Negativität auf dich geworfen haben, weil sie nicht wußten, was sie taten und damit anrichteten. Keinesfalls sind ihre Urteile über dich wahr, die düsteren Prophezeiungen über deine Zukunft erfüllen sich nur insoweit, als du ihnen erlaubst, sich zu erfüllen.

Alles hat nur die Macht, die ich ihm verleihe. Jede negative Äußerung eines anderen über mich hat also nur die Macht, die ich ihr verleihe. Oder, wie Dr. Joseph Murphy es ausdrückt: *»Ihr Unterbewußtsein akzeptiert von zwei Ideen jeweils die dominierende.«* Eine wirklich selbstbewußte Frau wird deshalb nur lachen, wenn man sie eine »Emanze« schimpft, oder ein erfolgsgewohnter Geschäftsmann mit unerschütterlichem Vertrauen in sich selbst amüsiert sich nur, wenn man ihn einen Versager nennt.

Stell dir vor, negative Affirmationen werden in einer fremden Sprache gesprochen. Sie erreichen dich einfach nicht, die Botschaft kommt bei dir nicht an. Was nicht zutrifft, trifft nicht, was nicht trifft, trifft nicht zu. Ein Sprichwort sagt: »Nur wem der Schuh paßt, der zieht ihn sich an.«

Sei jemand, der auf negative Schwingungen nicht reagiert, sei kein Resonanzkörper für Negativität. Wenn dich jemand dumm anredet, dann schau um dich und frag: »Mit wem hast du gesprochen? Ich sehe niemanden. Führst du Selbstgespräche?«

Andererseits kannst du an der Art, mit der du auf negative Urteile anderer reagierst, sehr gut deine schwachen Punkte erkennen. Gehst du an die Decke, wenn jemand dir vorwirft, daß du geizig bist? Dann glaubst du im Grunde, daß du geizig *bist*. Wirst du sauer, wenn dir jemand sagt, daß du nicht ganz richtig im Kopf bist? Dann hast du im geheimen genau diese Befürchtung…

Wie kannst du nun erreichen, daß der andere aufhört, seine negativen Gefühle über dich zu ergießen? Indem du ihm mit Freundlichkeit begegnest, indem du liebevoll auf ihn zugehst, bist du ungeeignet als Mülldeponie. Jeder Mensch, auch wenn er boshaft ist, möchte im Grunde Freunde haben. Ein aggressiver Mensch wird sofort besänftigt, wenn man ihm mit *echter* Freundlichkeit begegnet. Manchmal kann man erleben, wie ein älterer Mensch einen Jugendlichen wegen irgendeiner Kleinigkeit anschnauzt. Schnauzt der Jugendliche zurück, ist bald der schönste Streit im Gang. Antwortet er aber nett und sanftmütig, grummelt der »Böse« nur noch kurz vor sich hin und lächelt dann oder entschuldigt sich gar.

Wenn deine Freundlichkeit echt ist, löst sie jede Aggression auf, denn die Liebe löst alles auf, was ihr nicht gemäß ist. Falls das nicht geschieht, war deine Freundlichkeit vielleicht nur ein Trick, war nicht ernst gemeint und somit natürlich auch ziemlich wertlos. Eben nur ein Trick.

Unterwirf dich nicht gedankenlos dem sogenannten Massenbewußtsein. Die Masse ist fast immer destruktiv und von der lüsternen Erwartung des Schlimmsten geprägt. Diese Mentalität verbreitet Angst, Haß und Krankheit. Befreie dich von diesem Sog nach unten, denn eine Meinung wird nicht dadurch richtiger, daß eine Milliarde Menschen sie vertritt. Werde ein originaler Denker, wiederhole nicht die Vorurteile. Denke Gedanken der Liebe und der Freude, des guten Willens und der Friedfertigkeit, auch wenn die Mehrheit noch pessimistisch denkt. Solange du dich nicht aus der negativen Aura der Mehrheit löst, wirst du auch das Schicksal dieser Mehrheit erleiden: Krankheit, Unglück, Einsamkeit, Armut, Wut, und ein vorzeitiges Ende deiner irdischen Existenz.

Sobald du dich aber aus der negativen Aura der Mehrheit löst, wirst du nicht mehr das Schicksal der Masse erleiden, du wirst frei sein und *deinen* Weg gehen!

Du bist der einzige Denker, der einzige Schöpfer in deinem Universum. Gib diesem Universum die Gestalt und die Inhalte, die du ersehnst. Du hast die Macht dazu, nur du allein. Aber: Du hast *nur* die Macht, der du dir bewußt bist *und die du ergreifst*.

Affirmationen: Positives ist nur eine Frage der Perspektive, von der aus ich einen Sachverhalt betrachte. Ich entscheide mich jetzt ein für allemal, nach dem »Pro« in jeder Situation zu suchen. Ich weiß, Gott nannte die Schöpfung gut und sehr gut, und ich schließe mich den Worten meines Vorredners an! Ich messe ihr keine anderen Werte zu, als der Schöpfer selbst es tat. Ich weiß, das Außen ist zu mir zurückkehrendes Innen. Mein Erleben der Persönlichkeit anderer ist nur die Spiegelung meiner eigenen gegenwärtigen oder vergangenen Wesensmerkmale. Ich lächle in den Spiegel vor mir, und er gibt es mir zurück. Mit einem Lächeln sind wir uns nahe. Lächeln verändert meine Gefühle zum Besten. So wie ich in einem Spiegelirrgarten lachend Verzerrungen meines Äußeren betrachte, so lächle ich auch jetzt meine Vergangenheit an.

Wie du anderen helfen kannst

Fast jeder hat schon mal erlebt, wie der Ehepartner, ein Verwandter, ein Freund in einer verzweifelten Situation war. Du hast dich ohnmächtig gefühlt und nichts so sehr ersehnt, als alle Macht der Welt zu haben, um diesem Menschen helfen zu können. Dieses Gefühl der Ohnmacht ist realistisch, ja man kann es sogar noch härter sagen: Es ist anmaßend, zu glauben, man könnte das Leid eines anderen auflösen.

Die einzige Möglichkeit, einem anderen zu helfen, besteht darin, ihn zu lehren, wie er sich selber helfen kann. Wer leidet, ist im wahrsten Sinne des Wortes leidenschaftlich, ist in seiner Mentalität auf das ausgerichtet, was leiden läßt. »Es ist gut, wenn du einem Hungernden einen Fisch gibst, aber besser ist es, wenn du ihn das Fischen lehrst.« Du hilfst anderen, indem du sie mit den geistigen Gesetzen vertraut machst. Sag etwa folgendes: »Du kannst begreifen, daß du selber der Verursacher deiner schwierigen Situation bist. Hör auf, die Umwelt, deine Mitmenschen dafür verantwortlich zu machen und dich als Opfer zu fühlen. Sicher hat die Umwelt einen Anteil an deinen Problemen. Sie ist aber vielmehr wie ein Spiegel, der reflektiert, was von dir ausgegangen ist. Das, was du in diesem Spiegel siehst, ist nur etwas, was zu dir zurückkommt. Was du im Spiegel siehst, bist du, ist von dir Ausgegangenes, zu dir Zurückkehrendes! Also ist nicht der Spiegel der Urheber der Probleme, sondern du selbst bist es, der sich erkennt. Du hast dir diesen Schicksalsschlag gemacht beziehungsweise ausgesucht, um aus Leiden Erkenntnis zu gewinnen. Wenn du die Botschaft verstanden hast, die in einem Geschehen auf dich wartet, so wirst du frei sein. Wenn du aber noch nicht bereit bist, ohne Leiden zu lernen, so mußt du auch durch diese Erfahrung und vielleicht viele andere hindurchgehen. Versuch es einmal philosophisch zu sehen:

»Die Ursache allen Leidens ist das Werden.«

Vielleicht reagiert dein verzweifelter Verwandter oder Freund empört und beleidigt auf deine Erklärungen. Er hat Mitleid, also Mit-Leiden erwartet. Doch gib ihm nicht, was er will, denn es wird ihm nichts nutzen. Das wäre eine falsch verstandene Solidarität. Wenn jemand im Sumpf versinkt, rettest du ihn nicht dadurch, daß du in den Sumpf steigst und mit ihm zusammen untergehst, sondern du mußt festen Boden unter den Füßen behalten, um ihn herausziehen zu können. Norman Vincent Peale berichtet in einem seiner Bücher von einem Mann, der anderen in den verfahrensten Situationen immer wieder Mut machte. Sein Motto war: »Ich habe noch nie ein Problem gesehen, das nicht irgendwo einen schwachen Punkt gehabt hätte!« Ermutige den, dem du helfen willst, den »schwachen Punkt« seines Problems zu sehen, das heißt, den Ansatz, der positiv ist, der die Möglichkeit der befreienden Erkenntnis in sich birgt.

Auf eine besonders harte Probe wird ein »Helfer« gestellt, wenn ein Mensch Selbstmordabsichten äußert. Hier mußt du zuerst überlegen: Reichen meine Fähigkeiten aus, um die unmittelbare Gefahr abzuwenden? Wenn nicht, wende dich an andere – zum Beispiel einen Therapeuten –, die Erfahrung mit dieser Situation haben. Lerne bei wiederholten Selbstmorddrohungen zu unterscheiden, ob dich der andere nur manipulieren und erpressen will. Wenn du erpreßt wirst, sag ihm, daß er damit aufhören kann, weil du dich nicht erpressen läßt. Wenn er sich wirklich umbringen will, wird er es ohnehin tun, denn du kannst nicht vierundzwanzig Stunden auf ihn aufpassen. Die Reaktion auf deine scheinbare Härte wird zunächst vielleicht große Wut sein, denn du hast dem anderen seine beste Waffe aus der Hand genommen – aber dann wird die Wahrscheinlichkeit, daß er sich tatsächlich umbringt, um vieles kleiner sein!

Bring den anderen dazu, daß er dir etwas für deine Hilfe zurückgibt, denn wenn du ewig die Rolle des Helfers und er die Rolle des Bedürftigen spielt, werdet ihr euch bald nicht mehr mögen. Du wirst ausgelaugt und aggressiv und der andere wird dir, auch wenn er das Gegenteil beteuert, keineswegs dankbar sein. Ein Bettler haßt die Hand, die ihm gibt, weil sie ihm sein Bettlersein immer wieder vor Augen führt.

Die Hilfe zur Selbsthilfe – auch in den Entwicklungsländern jetzt als die wahre Hilfe entdeckt – erkennt an, daß jeder Mensch für sich selbst verantwortlich ist. Und das ist auch die einzige Art, ihm seine Würde zu lassen.

Wenn du positive Gedanken zu jemandem schickst, dann tust du sicherlich etwas Gutes – in erster Linie aber für dich selbst. Es sind positive Gedanken, die *in dir* sind, also dich erfüllen und somit in dir ihre »Werke« tun. Dann verläßt dich ein Teil dieser Gedanken, um zum anderen zu gehen. Die positive Energie wird dadurch nicht weniger – was vom anderen angenommen wird, das kannst du nicht beeinflussen, das ist die Entscheidung eines jeden einzelnen. Aber es kehrt zu dir zurück, was nicht ankommt. Deshalb ist immer das Beste, was du machen kannst, für andere beten, denn nichts geht verloren unter Gottes großem Himmelszelt.

Lehre deinen Nächsten zu fischen, auf daß er immer satt werde. Lehre den anderen, positiv zu denken, es wird für euch beide Erlösung sein.

Affirmationen: Ich bin Bewußtsein. Meine Intuition läßt mich den Schlüssel finden zum geheimen Ort des Allerhöchsten. Hier erhalte ich Rat und Weisheit, meinem Mitmenschen so zu helfen, wie es für ihn am besten ist. Ich finde die Worte, die mein Gegenüber erreichen, sein Herz berühren und ihm helfen, sich selbst in Liebe zu erlösen. Ich will zu ihm in einfachen Worten von Gottes Weisheit, seiner Liebe und Güte sprechen. Ich versuche ihm zu vermitteln, auch in dem momentanen Geschehen die Gerechtigkeit und die Klugheit des Schöpfers zu erkennen! »Alles, was mir geschieht, ist optimal und auch individuell auf mich abgestimmt. Wie ich das Ereignis interpretiere, so ist es auch für mich.« Ich weiß, Gott liebt mich, und alles, was mir widerfährt, ist dazu da, mir als Wegweiser zu ihm zu dienen.

Vor Prüfungen

Prüfungen werden von vielen Menschen als extremer Streß empfunden. Nächtelang träumen sie vorher davon, daß sie die Prüfung nicht bestehen, daß sich alle über sie lustig machen und man sie in Schande davonjagt. Prüfungsangst hat nahezu nichts damit zu tun, wie gut man fachlich auf die Prüfung vorbereitet ist. Manchmal gehen schlecht vorbereitete Kandidaten ganz locker und unbelastet in die Prüfung und erzielen gute Ergebnisse, und sehr oft bestehen sehr gut Vorbereitete eine Prüfung nicht, weil sie innerlich blockiert sind und plötzlich scheinbar nichts mehr von dem wissen, was sie gelernt haben.

Prüfungen sind für uns oftmals eine große Belastung, *weil wir uns als Kind ständig Prüfungen ausgesetzt fühlten.* Kennst du das: »Jetzt mach das mal, ich komme dann gleich und gucke mir an, ob du es richtig gemacht hast.« Und fast immer nörgeln die Erwachsenen dann an dem Ergebnis herum. Aus der Kritiksucht der Erwachsenen entwickelt das Kind die Angst, etwas falsch zu machen. In dem Maße, wie wir alle als Kind geängstigt und unser

Vertrauen in eigene Fähigkeiten unterhöhlt wurden, haben wir später als Erwachsene Angst vor Prüfungen und vielem anderen mehr.

Es nützt nichts, Tag und Nacht bis zur Erschöpfung zu lernen, denn deine Angst wird in der Prüfungssituation ja gerade dieses Wissen blockieren. Bereite dich so vor, daß du ein gutes Gewissen hast, mindestens ebenso wichtig aber sind *»vertrauensbildende Maßnahmen«*: Wenn du dir deines Könnens, deiner Fähigkeiten bewußt bist, dann verschwindet deine Angst, und du kannst leicht und mühelos die Informationen wieder abrufen, die du vorher gespeichert hast.

Wenn eine Prüfung bevorsteht, und du weißt dir in deiner Panik absolut nicht mehr zu helfen, komm zu uns, laß dir helfen. Wir haben große Erfolge gerade mit der »Krankheit Prüfungsangst«. In weniger schlimmen Fällen kannst du dir selbst durch Autosuggestion helfen.

Verbanne ab sofort alle selbstquälerischen Phantasien, in denen du stumm vor den Prüfern sitzt. *Ein Entspannungstraining wäre für dich außerordentlich wichtig.* Die halbe Stunde täglich, die du in Entspannung zubringst, ist oft nützlicher als acht Stunden büffeln. Mach dir auch die Erste-Hilfe-Atmung zunutze: Wenn du auf dem Gang vor dem Prüfungsraum stehst, atme ein paarmal ganz tief und bewußt durch.

Imaginiere schon Wochen vor der tatsächlichen Prüfung deine Prüfungssituation, und natürlich dein ersehntes Prüfungsergebnis. *Stell dir das Ergebnis, das du dir wünschst, immer wieder vor.* Sieh dich vor den Prüfern sitzen und jede Frage locker beantworten... dann erfährst du das Prüfungsergebnis und springst vor Freude in die Luft. Es ist noch viel besser, als du erhofft hattest. Feiere in Gedanken das Fest zur bestandenen Prüfung mit deinen Freunden, laß jeden einzelnen dich beglückwünschen und freue dich, was das Zeug hält!

Eine gute Methode ist es auch, Angst in Lust zu verwandeln. Das hört sich merkwürdig an, aber es funktioniert, weil in

Angst oder Leid tatsächlich oft verborgene Lust ist. Male dir also aus, daß die Prüfung eine ganz große Lust für dich ist. *Du bist der Mittelpunkt*, alle müssen sich auf dich einstellen, du hast nun endlich Gelegenheit zu beweisen, was du alles kannst. Hier und jetzt wird offenbar, daß du ein großer Erfolg bist. Sage dir: *Ich bin ein außerordentlicher Erfolg!* Du genießt die Blicke der anderen, du genießt es, dein enormes Wissen vor anderen ausbreiten zu können. Ja, komm dir als etwas sehr Besonderes vor, denn das bist du ja auch. Gott hat sich etwas gedacht, als er dich gemacht hat, du bist eine Handarbeit des Schöpfers und so gewollt wie du bist! Wiederhole viele hundert Mal »*Ich bin ein außerordentlicher Erfolg*«. Durch eine Prüfung erlangst du ja auch einen Status, den du vorher nicht hattest. Mal dir also auch aus, was du tust, wenn du den Führerschein, den Doktortitel, die Lizenz, den Fachschulabschluß, deine Steuerberaterprüfung oder was auch immer hast. Sieh dich das tun, wozu du nach deiner bestandenen Prüfung berechtigt bist. Und sei jetzt einmal so richtig von Herzen stolz auf dich. Und noch einmal: *Sei jetzt so richtig von Herzen stolz auf dich!*

Affirmationen: Endlich kann ich zeigen, daß ich ein außerordentlicher Erfolg bin. Mein Vertrauen ist grenzenlos. Ich lerne gern und kommuniziere gern über alles Erfahrene. Ich entspreche einem vollkommenen Prinzip, es ist perfekt. Es ist wunderbar, daß ich den Reichtum in meinem Inneren zeigen kann. Alle Bausteine meines Seins heißen Vollkommenheit. Ich danke Gott von Herzen, daß er mich nach seinem Ebenbild geschaffen hat. »O Herr, du hast mir deine Liebe geschenkt, indem du die Welt mit deinen Gaben fülltest. Sie werden über mich ausgegossen, und ich erkenne sie, mein Herz ist erwacht, und meine Tage sind hell.« Die Gaben der Schöpfung heißen Weisheit, Liebe, Glück, Wissen. Ich bin ein göttlicher Kanal, in dem alles Empfangene erhalten bleibt. Ich bin vollkommen, wie auch Gott im Himmel vollkommen ist.

Wenn du einen neuen Beruf willst

Du hast das Schicksal, das du *akzeptierst*! Nimmst du es nicht an, dann ändere, was zu ändern ist. Unser Beruf ist kein lästiges Übel, und keinesfalls ein notwendiges Mittel, um Geld zu verdienen. Im Beruf sollen wir uns selbst verwirklichen, unsere Talente zum Ausdruck bringen. Wenn dein Beruf deiner Berufung entspricht, dann bist du eine Offenbarung des göttlichen Prinzips, das in dieser Form nur durch dich in Erscheinung treten kann. Sage dir: Wenn mein Beruf mich zu langweilen beginnt, so ist das ein Signal dafür, daß ich etwas ändern muß und daß er nicht meiner Berufung entspricht. Ich habe gelernt, was ich lernen mußte, und jedes weitere Verharren bei dieser Tätigkeit erzeugt Frustration, Aggression und daraus entstehende Depression. Hör auf, *gegen* das zu sein, was du nicht mehr tun möchtest. Denn damit bleibst du weiterhin an deine ungeliebte Arbeit gebunden und es ist kein Raum in dir für etwas Neues. Fang an zu imaginieren, zu visualisieren, stell dir vor, was du statt dessen möchtest. Wo deine Gedanken weilen, da ist deine Zukunft!

Wenn du als junger Erwachsener einen bestimmten Beruf ergriffen hast, so bedeutet das noch lange nicht, daß du diesen Beruf bis zu deiner Pensionierung ausüben mußt. *Arbeite, um zu lernen, und wenn du ausgelernt hast, tue etwas anderes, um weiterzulernen.* Viele Erfolgsmenschen haben im Laufe ihres Berufslebens das Gleis gewechselt, so manche haben erst im hohen Alter den Gipfel ihrer Karriere erlebt. Es ist nie zu spät, umzulernen, selbst wenn du über 70 bist! Wir lernen immer und das bis zu unserem letzten Atemzug.

Viele Menschen, die mit ihrem Beruf unzufrieden sind, wagen einfach nicht den Absprung. Sie sind in einem Scheinsicherheitsdenken gefangen: »Wenn ich bleibe, wo ich bin, kann nichts geschehen. Wenn ich aber mein zwar enges und unbequemes, doch warmes Nest verlasse, passieren mir vielleicht ganz schreckliche Dinge.« Die Wahrheit aber ist: Die schrecklichen Dinge passieren dir gerade dann, wenn du bleibst, nicht wenn du gehst. Aggressiv, aversiv und erstarrt bleibst du hocken, dabei wäre es so leicht, die Flügel auszubreiten und sich in den blauen Himmel der unendlichen Möglichkeiten zu schwingen! Wer sich *nicht* in Gefahr begibt, kommt darin um, singt der Liedermacher Wolf Biermann. Doch wenn du daran *glaubst*, daß du es schaffst, kannst du es auch schaffen. Das, was der Mensch denkt, das ist er. Wenn du denkst, fühlst und glaubst, daß du erfolgreich bist, dann *bist* du erfolgreich. **Dein Glaube schafft Tatsachen.**

Vielleicht hast du ein Gefühl der Unzufriedenheit mit deiner Tätigkeit, weißt aber nicht, was du besseres tun könntest. Versuche nicht, mit harter Gedankenarbeit das Problem zu lösen, und höre auch nicht zu sehr auf den Rat anderer. Die anderen haben ihre eigenen Gründe, warum sie dich gerne in diesem oder jenem Beruf sehen würden, aber das heißt noch lange nicht, daß dies auch wirklich das richtige für dich ist. Du bist nicht auf der Welt, um so zu sein, wie andere dich haben wollen! Wenn du ratlos bist, in welche Richtung du gehen sollst, laß deine Intuition sprechen. Die beste Methode ist es, sich zuerst durch körperliche Bewegung abzureagieren und dann ganz entspannt in Meditation zu gehen. In meditativer Kontemplation entwickelt sich die Fähigkeit zur Intuition, und sie ist Vermittler von Wundern. Sie ist Kommunikationsmittel zwischen Schöpfer und Geschöpf. Sag dir: *Ich glaube an Wunder, weil ich Realist bin.* Laß aus dir emporsteigen, was du tief im Inneren schon lange weißt. Ja, dein Unterbewußtsein hat schon die Antwort, bevor du noch die Frage gestellt hast. Sie muß nur noch in dein *Bewußtsein* Einlaß finden. Achte auf deine Träume, sie geben wertvolle Hinweise. Wer sagt, er könne sich an seine Träume nicht erinnern, sagt damit, daß er keinen Kontakt zu seinem Inneren hat, bzw. nicht haben will. Wenn du dich an deine Träume erinnern *willst*, dann wirst du es auch können. Vertraue dir selbst, und du wirst eine wundervolle und perfekte Lösung finden. Und dann wirst du sagen: Natürlich, das ist es! Warum bin ich darauf nicht schon eher gekommen! Deine Berufung, also das, wozu du be-rufen wurdest, sollte dein Weg sein. Tue nicht irgend etwas, um damit dein Geld zu verdienen, sondern tue das, **was dir gemäß ist, weswegen du da bist**.

Affirmationen: Ich befinde mich in jenem besonnten Raum, in dem alles auf ewig bekannt ist. Hier finde ich auf meine Frage, wo die ideale Position für mich ist, die Antwort. Sie war schon existent, bevor ich diese Frage zum erstenmal aufwarf. Schon lange wartet der ideale Beruf, meine Berufung auf mich. Jetzt bin ich in Erwartung des Besten offen und bereit, zur rechten Zeit am rechten Ort zu sein. Das Gute ist auf dem Wege zu mir. Ich bin begabt und ziehe entsprechende Aufgaben an. Ich gebe von nun an der Welt mein Bestes und sie wird mir ihr Bestes ge-ben! In froher Erwartung des Guten danke ich für die erwie-sene Gnade. Meine beste Zeit ist jetzt. Das Leben findet heute statt.

Schlechtes Betriebsklima

Hier eine kleine Geschichte von einer jungen Frau (du?), die in einem Büro arbeitete.

Sie beklagte sich über die niederdrückende Atmosphäre an ihrem Arbeitsplatz. Sie sei an sich mit ihren Arbeitsbedingungen zufrieden, aber die Kolleginnen würden das Büro mit Klatsch und privaten Problemen, kurz, mit einer Flut von negativen Gedanken überschwemmen. Ich empfahl ihr, die Namen ihrer Mitarbeiterinnen aufzuschreiben und jeden Abend für sie zu be-ten. Im Laufe der folgenden Wochen änderte sich die Situation im Schreibbüro vollständig: mehrere Mädchen kündigten und wechselten in Stellungen über, die ihnen mehr zusagten. Einige bekamen Arbeit in anderen Abteilungen, andere heirateten. Die junge Frau, die ich beraten hatte, wurde Leiterin des Schreibbüros und es herrscht nun eine harmonische Atmosphäre.

Das Betriebsklima ist ein Ganzes, das von jedem einzelnen mitgeschaffen wird. Wenn viele Mitarbeiter in deiner Abteilung sind, so hast du nicht etwa nur einen Bruchteil an Einfluß darauf, wie das Betriebsklima ist. Wenn offensichtlich vorwiegend schlechte Stimmung herrscht, so kannst du das bewußt ändern. Du kannst zum Katalysator werden, der den Prozeß der Umkehr ins Positive auslöst. Im Grunde wollen doch alle Angestellten das gleiche: in Ruhe und Harmonie ihre Arbeit tun, ein paar nette Worte mit den Kollegen wechseln und abends zufrieden nach Hause gehen. Kein Mensch will tatsächlich dauernd Krach, schlechte Laune, gespanntes Schweigen am Arbeitsplatz. Nur irgendwann hat einmal jemand den negativen Katalysator gespielt, und dann hat sich das Muster der Negativität eingeschliffen. Die Kehrtwendung kann von jedem einzelnen ausgehen, das muß nicht unbedingt der Chef sein. Wir wissen zum Beispiel alle, welche Macht eine unfreundliche oder aber eine nette Sekretärin haben kann.

Wenn an deinem Arbeitsplatz ein schlechtes Betriebsklima herrscht, mache dich zum Kristallisationspunkt für die guten Kräfte. Wenn zwei sich streiten, dann freue dich nicht, schüre nicht noch die Aggressionen, sondern versuche zu schlichten. Frage dein übelgelauntes Gegenüber, ob du ihm/ihr eine Tasse Kaffee mitkochen kannst. Bring mal eine große Tüte Erdbeeren für alle mit. Quetsche im Aufzug nicht mit niedergeschlagenen Augen ein »Mahlzeit!« zwischen den Zähnen hervor, sondern frag den Kollegen von der anderen Abteilung, wie es seinen Kindern geht. Schirme dich nicht von den Kollegen ab nach dem Motto: Wie's drinnen ausschaut, geht niemanden etwas an. Zeig deine freundlichen Gefühle für andere, sei offen. Jeder hört gern, wenn du ihm nach dem Urlaub sagst: Schön, daß du wieder da bist. Jeder freut sich, wenn du ihn wissen läßt, daß er dieses oder jenes hervorragend gemacht hat. Gibt es Konflikte zwischen dir und einem Kollegen, *so trage sie aus*. Halte nicht verbissen den Mund und schimpfe später wütend bei anderen über ihn. Schaufele auch nicht mit bösen Worten einen Graben, über den später niemand mehr springen kann. Übe dich in der Kunst, Kompromisse zu finden. Das Wort Kompromiß wird bei uns gerne mit dem Wörtchen »faul« verbunden, und das klingt nach Niederlage. Nein, mach einen Sieg daraus, aber laß es einen *Sieg für beide sein*. Es braucht bei einem Konflikt nicht immer einen Sieger und einen Verlierer zu geben. Versuche eine Lösung zu finden, die euch beiden das Gefühl gibt, ein Stück weitergekommen zu sein.

Natürlich darfst du keine falsche Freundlichkeit zur Schau stellen. Diese Haltung wird von den meisten Menschen mehr übelgenommen als »ehrliche« Muffigkeit. Glaube ja nicht, niemand würde deine Taktik durchschauen, fast jeder hat ein feines Gespür für falsche Töne.

Falls du diese positive Kraft für einen produktiven Teamgeist (noch) nicht sein kannst, kündige deine Stellung. Du wirst eine neue, bessere finden, denn für jeden gibt es den richtigen Platz, an dem du gedeihen kannst, der dich fordert, aber nicht überfordert. Du wirst immer von dem Ort angezogen, der deinen Schwingungen, deiner Wellenlänge entspricht. Nicht, weil du bestimmte berufliche Qualifikationen hast, sondern weil du ein Mensch bist und das Gesetz der Resonanz allgegenwärtig ist.

Affirmationen: Ich bin ein Magnet für alles Gute. Um mich sammeln sich positive Menschen, weil ich sie anziehe. Gleiches zieht Gleiches an. Alles entspricht seiner Art. Ich bin ein Magnet für Glück, Zufriedenheit, Konstruktivität, fortschrittliches Denken, Lebensfreude und für ein gutes Betriebsklima. Was ich klar vor meinem inneren Auge sehe, wird alsbald wahr. Ich höre harmonische Klänge, freundliche Worte. Meine Arbeit für ein harmonisches Miteinander ist sichtbar gewordene Liebe. Ich liebe meine Mitmenschen, sie sind genau wie ich, fühlende Wesen, auf dem Wege zum Licht.

Pensionierung

Die Zeit der Pensionierung ist die Zeit der geistigen Hochblüte für jeden Menschen. Er steht am Gipfel seiner Entwicklung und hat endlich für all die Dinge Zeit, von denen er früher durch seine Arbeit abgelenkt wurde. *Jetzt bist du frei und kannst deine Persönlichkeit vollkommen zur Entfaltung bringen.* Sei dir bewußt, daß dein wichtigster Lebensabschnitt beginnt. Jetzt kannst du endlich all die Dinge tun, die du jahrzehntelang aufgeschoben hast.

Du *solltest* sie jetzt tatsächlich auch tun, weil sonst die Zeit knapp werden könnte. Wenn du bisher gestreßt, unter Zeitdruck und zu einseitig belastet warst, so ist es jetzt höchste Zeit, den Ausgleich, die Harmonie zu finden. Damit ist nicht nur gemeint, daß du ein paar Hobbys pflegen sollst. Geh einmal in Gedanken dein ganzes bisheriges Leben zurück. Wo hast du etwas angefangen und es aus irgendwelchen Gründen wieder abgebrochen? Wo hast du aus Pflichtgefühl, weil andere Dinge dringlicher erschienen, etwas zurückgestellt? Wann hast du dich den Bedürfnissen deiner Kinder, deines Partners zu sehr angepaßt und verzichtet? Welche Sehnsüchte hattest du mit 15, mit 20, mit 30? Oft hat man im Alter in Fülle, was man sich in der Jugend ersehnte. Du hast davon geträumt, Reisen zu machen, hattest aber nicht das Geld und die Zeit dazu. Jetzt hast du (hoffentlich) beides. Vielleicht wolltest du deine musikalischen Fähigkeiten weiter ausbilden, aber du mußtest einen »anständigen« Beruf erlernen. Du wolltest gern die großen russischen Romane lesen, aber immer gab es Wichtigeres zu tun.

Man kann sagen, in der ersten Hälfte deines Lebens verkörperst du deinen Geist, und in der zweiten vergeistigst du deinen Körper. Es gibt viele Menschen, die erst im Alter den Höhepunkt ihrer Schaffenskraft erreicht haben und gesundheitlich völlig auf der Höhe waren. Konrad Adenauer und Joseph Murphy sind Beispiele dafür, dir fallen sicher noch andere ein. Wenn du täglich vor dem Spiegel stehst und gramgebeugt deine Falten zählst, bei den Nachbarn über die stetige Verschlechterung deiner Gesundheit jammerst, leidet natürlich deine Lebenskraft darunter, und du baust dann auch tatsächlich ab.

Sieh die Freuden der Pensionierung nicht nur darin, daß du ab jetzt ausschlafen und den Rest des Tages auf dem Sofa liegen kannst. Das macht nur ein paar Wochen Spaß, aber dann wird es langweilig.

Der menschliche Körper will gefordert werden, um leistungsfähig zu bleiben. Zuviel Schonung schadet nur. Das bedeutet natürlich wiederum nicht, daß du am Tag nach der Pensionierung mit einem Marathonwaldlauf loslegen mußt, aber du wärst dazu in der Lage, oder? Wenn du Gewohnheiten ändern willst, so stelle deinen Körper behutsam um, mute ihm nicht zuviel, aber auf keinen Fall zuwenig zu.

Laß dir auch nicht einreden, daß man im Alter nichts mehr dazulernen kann. Natürlich wirst du keine Weltkarriere mehr als Wagner-Tenor machen, und wahrscheinlich wird dein Enkel eine Sprache schneller lernen als du. Aber wer sagt denn, daß jetzt alles schnell gehen oder zur absoluten Perfektion gebracht werden muß? Gerade im Arbeitsleben mußtest du dich oft genug dem Rhythmus anderer oder dem Takt von Maschinen anpassen, deshalb: *Laß es jetzt die Zeit sein, deinen eigenen Rhythmus zu finden.*

Beginne nicht einen Tag vor deiner Pensionierung darüber nachzudenken, was du ab morgen tun willst. Man tritt auch keine große Reise an, ohne sich vorher einen Reiseführer zu kaufen und über die Route, die man zurücklegen will, nachzudenken. Plane deine Aktivitäten bereits ein paar Jahre vor der Pensionierung. Ist nicht Vorfreude manchmal die schönste Freude? Viele Menschen haben kein Programm mehr für diesen Lebensabschnitt und fühlen sich deshalb oftmals überflüssig und nutzlos. Du hast noch viele Jahre vor dir, die du so gestalten kannst, *wie du es willst.* Niemand kann dir mehr hineinreden. Nutze diese Zeit zur Vollendung deiner Persönlichkeit, denn es ist deine Zeit, es ist deine »Hoch«-Zeit.

Affirmationen: Gott schuf die Zeit. Ich habe Zeit. Für mich. Meine Selbstverwirklichung. Es ist wundervoll. Die goldenen Jahre meines Lebens liegen vor mir. Alles, was ich bisher nur bedingt leben konnte, entwickle ich nun zur Reife. Ich vollende jetzt alles Begonnene. Tiefe Freude erfüllt mich und mein ganzes Sein. Einst träumte ich von einer anderen, besseren Welt. Jetzt habe ich Zeit, mir eine neue Welt zu gestalten. Ein neuer Himmel ist immer auch eine neue Erde. Der Herr segnet das Erreichte und fördert das Begonnene. Er gibt mir Kraft. Ich weiß: Je mehr in die Zukunft verschoben wird, desto mehr fehlt es im Jetzt. Deshalb: Ich lebe im Hier und Jetzt bis an meiner Tage Ende. Danke Vater, daß es so ist.

Arbeitslosigkeit

Ein Schüler beklagte sich bei Yogananda darüber, daß er keine Arbeit finden könne. Der Guru sagte ihm: »Halte nicht an diesem unheilbringenden Gedanken fest. Du bist ein Teil des Universums und erfüllst eine wesentliche Aufgabe darin. Rüttle – wenn nötig – die ganze Welt auf, um dir Arbeit zu beschaffen, und laß nicht locker, bis du Erfolg hast.«

Wenn du dieses Buch bis hierher gelesen hast, wirst du schon ahnen, daß wir dir nicht die Bequemlichkeit schenken, die Schuld für eine unangenehme Lage bei anderen zu suchen. Viel zu viele Menschen tun eine Arbeit, die sie überflüssig und langweilig finden. Unbewußt versuchen sie, sich ihr zu entziehen, meist durch mittelmäßige Leistung oder durch Krankheit, aber in tieferen Schichten kann auch eine Kündigung willkommen sein, um endlich diese ungeliebte Arbeit nicht mehr tun zu müssen. Diese Aussage wird heftige Abwehrreaktionen hervorrufen, denn es ist ganz und gar nicht angenehm, sich so etwas einzuge-stehen. Viel lieber sieht man sich als Opfer eines Schicksals-schlages. Es ist sehr viel einfacher, einen Schuldigen zu finden, dem ich die Verantwortung für meine mißliche Situation über-tragen kann, als selbst hinzuschauen, warum ich in Not bin! Die Schutzmechanismen, die jeder normale Mensch um sich baut, sind im allgemeinen sehr massiv. Wenn du jetzt am liebsten wü-tend dieses Buch zuklappen möchtest, dann halte noch einen Moment lang inne und frage dich: »Ist nicht doch etwas dran? Habe ich tatsächlich keine Lust zum Arbeiten? War ich ent-täuscht, nicht befördert worden zu sein? Wurde ich nicht genü-gend anerkannt? Will ich jemanden eins auswischen, indem ich kein Geld mehr habe?« Wenn du ganz ehrlich zu dir bist und dei-nen eigenen und auch entscheidenden Anteil am Zustandekom-men deiner Arbeitslosigkeit siehst – *dann hast du den ersten Schritt getan, bald wieder Arbeit zu haben.*

Viele werden jetzt vielleicht einwenden: Meine Firma mußte mich wegen des konjunkturell bedingten Auftragsrückganges entlassen. So ganz ist das nicht richtig, weil du nicht zu erken-nen scheinst, daß du die Firma bist. Wer denn sonst? Es sind doch nicht die Aktionäre, denen es beispielsweise an guten Ideen mangelt, neue Produkte zu entwickeln. Wer könnte sich besser überlegen, wo neue Absatzmärkte zu finden sind? Wer könnte besser als du mitüberlegen, wie es möglich ist zu rationalisieren, ohne daß du selber wegrationalisiert wirst?

Viele entwickeln zwar eine gewisse oberflächliche Willensan-strengung, wieder Arbeit zu finden, weil sie Geld brauchen oder sich vor ihren Nachbarn genieren, aber sie sind viel zu träge, um tatsächlich auch etwas Neues zu beginnen. Sie wollen keine Ver-änderung, weil sie Angst haben, sie trauen sich nicht zu, neu zu beginnen und da ist es dann vielleicht sogar gut, eine Kündigung zu erhalten. Du bist ein Mensch und keine Pflanze, die ihren Ort, an dem sie lebt, nicht verlassen kann. Bewußtsein hat auch mit Beweglichkeit, mit geistiger und körperlicher Mobilität zu tun. Wenn du siehst, daß die Lebensbedingungen für dich an einem Ort nicht ideal sind, dann bereite dich darauf vor, dahin zu gehen, wo die Verhältnisse für dich günstiger sind. Schau dir die Stellenanzeigen in den großen Zeitungen an. Denkst du etwa: O Gott, da müßte ich ja umziehen? Es klingt vielleicht etwas drastisch, aber laß es uns trotzdem sagen: Du mußt schon deinen Hintern vom Stuhl heben, wenn du in ein anderes Zimmer gehen willst.

Überlege einmal, ob deine Arbeitslosigkeit nicht ein selbstgewähltes Leid ist. Keine Macht der Welt verbietet dir zu arbeiten. »Halte niemals an unheilbringenden Gedanken fest. Du bist ein Teil des Universums und erfüllst eine wesentliche Aufgabe darin. *Rüttle – wenn nötig – die ganze Welt auf, um dir Arbeit zu beschaffen, und laß nicht locker, bis du Erfolg hast.«*

Vielleicht bist du nicht genügend motiviert, um die Sache richtig anzugehen. Du entwickelst keine Initiative, weil du Minderwertigkeitsgefühle hast. Du denkst: Ich bin zu alt. Wer will mich denn schon? Ich habe zu wenig gelernt. Doch das sind negative Suggestionen, die du dir selber gibst, vielleicht um nicht wieder eine neue ungeliebte Arbeit tun zu müssen. Und da deine Erfahrungen haargenau dem entsprechen, was du denkst, wird jeder Arbeitgeber sagen: Er/sie ist zu alt. Den wollen wir nicht. Der hat zu wenig gelernt und deinen unbewußten Wunsch, nicht wieder in die Bredouille zu kommen, hast du dir selber erfüllt. *Es ist nie zu spät, etwas dazuzulernen.* Auch wenn du über 40, über 50 oder über 60 bist. Wenn du arbeitslos bist, lerne jetzt zum Beispiel, indem du akzeptierst, was hier über dich steht und wahr ist: *Deine Arbeitslosigkeit ist selbstgewähltes Leid.* Der Bundespräsident Roman Herzog hat diese Zeilen gelesen und er sagte in einem Vortrag: »Die Deutschen haben ein mentales Problem.« Ich schließe mich den Worten meines Vorredners an und präzisiere sie:

»Wenn du keine Arbeit hast, dann hast **du** ein mentales Problem!«

Ein Mensch, der Selbstbewußtsein, Tatkraft, Engagement, Lernwilligkeit hat, strahlt sie auch aus, und dem gibt jeder gern Arbeit, der wird überall gebraucht. Du solltest von dir so überzeugt sein, daß du dem nächsten Taxifahrer sagst: Fahren Sie mich irgendwohin, ich werde überall gebraucht! Wenn jemand zum Vorstellungsgespräch kommt und durchblicken läßt, daß er nur kommt, weil es das Arbeitsamt so will und er eigentlich keine große Lust hat, diesen Job anzunehmen – wer will den schon einstellen? Aber auch wenn du nicht eine derart krasse Negativität ausstrahlst und durchaus willig scheinst – deine Unsicherheit, deine Angst übertragen sich auf den Arbeitgeber, und er wird dir genau das bescheren, was du befürchtet hast, nämlich keine Arbeit. *Wenn du wirklich Lust auf Arbeit hast, dann wird ein guter Arbeitsplatz deinem Werben nicht widerstehen können!*

Affirmationen: Ich bin ein vollwertiger Teil eines gewaltigen Ganzen, dessen Körper die Natur und dessen Seele Gott ist. Ich befinde mich jetzt am Ort meiner wahren Bestimmung. Ich habe die ideale Arbeit gefunden. Hier ist mein wahrer Ort, und es ist die rechte Zeit, es ist die Blütezeit meines Lebens. Die unendliche Weisheit meines Unterbewußtseins führt und lenkt mich und zeigt mir den besten Weg zur Erfüllung meiner Wünsche. Gottes Liebe ist das Licht, das meinen Pfad beleuchtet. Ich bin ein Magnet für gute Ideen und gutes Betriebsklima. Ich bin eine kreative Persönlichkeit und ich unterbreite in meinem Team konstruktive Vorschläge. Ich liebe Verantwortung. Mein Einkommen entspricht meiner Vorstellung und gestattet mir ein angenehmes Leben. Alles ist gut, denn mein Handeln ist im Interesse aller. Ich lächle, weil mein Ziel erreicht ist und weil das Lächeln ein wunderbarer Zauberer ist. Ich ruhe in mir, weil mir alle ersehnte Hilfe zuteil wurde.

Wenn du eine wichtige Entscheidung treffen mußt

Jeder steht im Leben immer wieder vor wichtigen Entscheidungen, die das ganze Leben verändern können. Soll ich heiraten? Soll ich meinen Beruf wechseln? Will ich ein Kind haben? Soll ich mich von jemandem trennen? Soll ich meinen Job kündigen? Da steht man dann wie der Esel vor den zwei Heuhaufen und weiß nicht, was man tun soll. Wie das Beispiel des Esels zeigt, der schließlich verhungert, weil er sich nicht entscheiden kann, ist es natürlich auch eine Entscheidung, keine Entscheidung zu treffen! Also versuche doch gleich, die richtige Möglichkeit zu wählen.

Mache dich zunächst einmal von der Vorstellung frei, du könntest eine falsche Entscheidung treffen. Selbst wenn sich später herausstellt, daß du den falschen Job angenommen, die falsche Person geheiratet hast: Du wirst aus dieser Wahl lernen und darum geht es doch letztlich. Dennoch ist es natürlich angenehmer, nicht über »Versuch und Irrtum« zu lernen. Das ist die Methode des Verstandes. Er prüft, wägt ab, wählt schließlich aus – und wenn der »Irrtum« da ist, fängt er mit demselben Verfahren von vorne an. Deine Entscheidungen werden, wenn du sehr intelligent bist, vielleicht jedesmal ein ganz kleines bißchen klüger ausfallen, aber Irrtümer bleiben weiterhin nicht ausgeschlossen. Warum versuchst du also nicht gleich, ins Schwarze zu treffen?

Laß zunächst alles Hin- und Herüberlegen, alles Grübeln und logische Prüfen. Leg eine *schöpferische Denkpause* ein. Dein Verstand sagt dir zwar sofort, daß, wenn nicht gedacht wird, auch nichts geschieht, aber das ist nur seine begrenzte Sicht der Dinge. Du wirst schon bald feststellen, daß genau das Gegenteil richtig ist. In der schöpferischen Pause stellst du Entscheidungen für einige Zeit zurück. Du sollst dir zuerst über die Motive deines Handelns klarwerden, über gute Gründe, die tief in dir liegen und oft gar nicht einmal »logisch« sind. Stell dir in der schöpferischen Denkpause zum Beispiel die Frage: Aus welchem Grund möchte ich das eine, aus welchem Grund möchte ich das andere machen? Welchen Zweck verfolge ich damit? Ist es notwendig? Brauche ich es, macht es mir Freude? Geht es mir um mein Image, mein Prestige? Habe ich Angst davor, was die Leute denken? Was nehme ich dafür auf mich? Tue ich es nur, weil es ein anderer von mir erwartet? (Sehr wichtige Frage!) Kann ich mir, wie man so schön sagt, nach dieser Entscheidung morgens noch ins Gesicht schauen? Entspricht das, was ich tue, meiner wahren Bestimmung? Fühle in dich hinein, spüre die Antwort. Auf jede Frage erhältst du eine Antwort, auf jedes Anklopfen wird aufgetan. Das Leben antwortet dir in Form, Funktion oder Erleben.

Vielleicht ergibt sich nach dieser schöpferischen Denkpause eine Entscheidung schon von selbst. Wenn nicht, versuche nicht, sie zu erzwingen, sie aus dir herauszupressen. *Dein höheres Selbst, die Weisheit in deinem Inneren, hat die Entscheidung schon getroffen.* Du mußt nur noch darauf warten, daß sie dir zufällt, indem sie dir einfällt. Das kann tatsächlich oft durch einen »Zufall« passieren. Wenn du zum Beispiel überlegst, ob du eine Frau heiraten sollst, und du kannst dir ihre Telefonnummer nicht merken, so ist das vielleicht ein vielsagender »Zufall«. Du kannst auch ganz direkt dein Unterbewußtsein um Hilfe bitten. Der Traum, meinte Sigmund Freud, ist der »Königsweg« zum Unbewußten. Geh diesen Königsweg, wie es schon Menschen aller Zeiten und aller Kulturen getan haben. Vertraue darauf, daß dir deine Träume wichtige Hinweise für deine bevorstehende Entscheidung geben, und du wirst mit Sicherheit diese Hinweise bekommen. Du kannst auch das chinesische Orakel I Ging heranziehen, du kannst meditieren, du kannst in Trance gehen und dein höheres Selbst direkt befragen – die Methode ist nicht wichtig, es kommt nur darauf an, deinen kritischen, wachbewußten Verstand zu umgehen.

Und wenn du schließlich eine Entscheidung getroffen hast,

dann übernimm die volle Verantwortung für sie. Du kannst nichts im Leben ungeschehen machen, du kannst nur weiter nach vorne gehen. Bis zur nächsten Entscheidung.

Affirmationen: Ich habe mich entschieden zu lieben: mich, die Welt und anfallende Entscheidungen. Ich habe mich entschieden, Raum zu schaffen für Neues, für Begegnungen, Erkenntnisse, und geistigen Fortschritt. Ich danke jetzt allen Erfahrungen, die mir geholfen haben, diese Wendezeit in meinem Leben erreicht zu haben. Ich bin jetzt fähig, Entscheidungen von einem hohen spirituellen Standpunkt zu treffen, und ich weiß, sie gereichen allen zum Nutzen. Die höhere Weisheit in meinem Inneren hilft mir, die richtigen Weichen zu stellen, und ich will ihr freudig folgen. Ich habe mich überzeugt von der Richtigkeit meines Lebenslaufes. Danke, daß es so ist.

Tod

Du wirst eines Tages sterben, aber nicht tot sein. Es gibt kein Ende, nur Anfänge! Der Tod ist nichts anderes als ein Schritt in eine neue Dimension. Der Tod hat eine größere Qualität als die Geburt, denn er ist ein Übergang in eine höhere Lebensform. Wir lassen nur unsere körperliche Hülle für ein neues geistiges Leben zurück. Angst vor dem Tod ist ein Signal dafür, daß man Angst vor dem Leben hat. Diese Angst ist besonders stark, wenn man sehr körperlich, sehr materialistisch eingestellt ist. Je weiter du auf dem spirituellen Weg voranschreitest, desto klarer wirst du erkennen, daß du nicht ein Körper bist, sondern ein Geist, der einen Körper hat. Der Geist aber hat keinen Anfang und kein Ende, er unterzieht sich nur Wandlungen. Sterben ist der krönende Abschluß unseres Lebens oder, »wie die Flugbahn des Geschosses im Ziel, so endet das Leben im Tod, der mithin das Ziel des ganzen Lebens ist«.

Tod ist der Übergang in ein anderes Leben, es gibt kein »Nichts«, denn Energie kann nicht verschwinden, sie kann sich nur in eine andere Form verwandeln, sich transformieren, so wie Wasser zu Eis gefrieren oder verdampfen kann.

Oft geschieht im Augenblick des Überganges das, was wir Erleuchtung nennen, das heißt, der Sterbende *erkennt sich und sein Leben im Zusammenhang von allem mit allem.* In der Hypnose ist es möglich, den Moment des Sterbens schon jetzt zu erleben, denn wir haben in unserem inneren Wesen die Erfahrung des Sterbens schon lange in uns. *Zu sterben bedeutet, vorübergehend die Augen zu schließen und sie nach dem Bruchteil einer Sekunde wieder zu öffnen.* Nur Menschen, die sich am Leben festklammern, erleben einen schmerzhaften Tod. Du hast den Tod schon oft erlebt, freue dich auf ihn, geh bewußt in ihn hinein, er ist deine nächste Geburt. Er ist Hoffnung, er ist Verheißung und es ist schon richtig: »Wer nicht zu sterben versteht, versteht nicht zu leben.«

Wenn du einen Menschen, den du geliebt hast, durch den Tod verlierst, dann ist das sicherlich eine schmerzliche Grenzsituation in deinem Leben. Laß deinen Schmerz deine Taufe sein. Auch wenn du es nicht gerne hörst: Dein Schmerz hat viel mit Selbstmitleid zu tun, du hast Angst, du fühlst dich im Stich gelassen und weißt nicht, wie es weitergeht. Wenn du durch das unendliche Leid, durch die tiefste Verzweiflung hindurchgegangen bist, dann weißt du, daß dies vielleicht sogar die wertvollste Erfahrung in deinem Leben gewesen ist.

Du kannst lernen, daß das Leben generell aus Kommen und Gehen, aus Trennung und Abschied besteht, und daß dadurch erst eine neue Begegnung möglich ist.

Die Begegnung mit dem Tod zwingt dich wie kaum etwas anderes, über den Sinn deines Lebens, über den Sinn des Lebens überhaupt nachzudenken. *Du hast dich in diese Situation hineingestellt,* so unglaublich das klingt. Etwas tief in dir hat *eingewilligt,* der Partner des anderen in dieser sehr besonderen Situation zu sein. Wenn du diesen Gedanken zu akzeptieren beginnst, dann wirst du dich nicht länger als Opfer fühlen, das vom Schicksal gestraft worden ist. Etwas in dir war mit dieser Situation einverstanden, weil wenig so zu deiner seelischen Reife beiträgt, wie die Erfahrung des Todes.

Du lernst in deinem Trauerprozeß, daß Abschied genauso ein Teil des Lebens ist wie die Liebe und die damit einhergehende mögliche neue Verbindung. Wir alle müssen von einem Ort abreisen, um am anderen anzukommen, wir müssen etwas loslassen, um für etwas Neues frei zu sein.

Laß den Menschen, den du geliebt hast, los, er wollte weitergehen, und wir können nichts festhalten. Am Ende werden wir alle gehen, werden wir auch alles verlieren (loslassen). Trennung und Abschied richten sich nicht gegen dich, sie sind ein Teil der Evolution, ohne Sterben gäbe es keine Weiterentwicklung. *Segne den »Weitergegangenen«, und gehe du deinen Weg weiter.* Wenn du durch die Trauer in deinem Herzen hindurchgegangen bist, hat der Tod seinen Stachel verloren. Du wirst neu geboren, ja, erst wenn du den Tod erfahren hast, kannst du den Wert des Lebens erkennen. Jeder Augenblick deines Lebens wird kostbar, du wirst nie mehr gleichgültig dem Leben gegenüber sein. Du wirst wissen, daß jede neue Begegnung den Abschied schon in sich trägt, und daß gerade darin die Vollkommenheit liegt.

Vielleicht kannst du es jetzt noch nicht annehmen, aber:

»Der Tod ist ein goldener Schlüssel, der den Palast der Ewigkeit öffnet.«

Affirmationen: Leben und Tod sind nur Worte, die einen unterschiedlichen Aspekt von ein und demselben darstellen. Leben und Tod gehören zusammen, so wie Fluß und Meer eins sind. Der Tod ist der Anfang, die Schwelle zu einem anderen Ausdruck des Lebens, zu einem Neubeginn. Am Ende des körperlichen Lebens ist der Übergang zur unkörperlichen Existenz, an deren Ende sich wiederum der Übergang zum neuem Leben anschließt. Immer ist alles nur Kreislauf, ist alles nur Kommen und Gehen. Nirgends gibt es ein Ende, alles ist ewiger Wandel, der Fortschritt des Guten zum Besseren. Wenn ich hier bin, nenne ich Sterben Gehen und Geborenwerden Kommen. Auf der anderen Seite ist mein Sterben Kommen und mein Geborenwerden Gehen. Was also ist Tod, was ist Leben? Oft schon bin ich gekommen und gegangen, aber niemals bin ich gestorben. Mal stand ich hier, mal stand ich drüben. Indem ich das Leben als Ganzes erfasse, zerfließt das einzelne, wie Sterben und Geborenwerden. Ich sehe das Ganze. Ich erkenne die Gleichheit in beidem. In allem ist Geburt und Tod und es ist eins. Des Menschen Seele gleicht dem Wasser, vom Himmel kommt es, zum Himmel kehrt es zurück.

Reichtum

Wenn du jemand bist, der Reichtum ablehnt und auch schon einmal gesagt hat, daß alle soviel von Geld sprechen, und daß dies doch nicht richtig sei, dann hast du wahrscheinlich keins. In dieser Aussage spiegelt sich ein Unverständnis der Symbolik, vom Wert und der im Geld enthaltenen Arbeitskraft wider. Da sind Affirmationen in dir von Unwissenden, daß Reiche korrupt sind, über Leichen gehen; du denkst an den Bibelspruch, daß eher ein Kamel durch ein Nadelöhr geht, als daß ein Reicher in den Himmel kommt. Da gibt es so viele dümmliche Parolen und Sprüche, die Reichtum verdammen, aber alle stammen sie von verwirrten Wesen, die meinen zu wissen, was gut und was schlecht ist. Wer Minderwertigkeitsgefühle hat, wer also »nicht« glaubt, zu Wohlstand zu gelangen, der ist leicht der Meinung, daß die Trauben, weil sie hoch hängen, wohl sauer sein müssen! Reichtum an sich ist niemals etwas Negatives, nur deine Meinung macht erst Gut oder Böse daraus.

Materieller Wohlstand ist nur *ein* Aspekt von Reichtum. Wer in Harmonie, in Liebe ist, der ist reich. Er kann anderen von seinem Reichtum geben, ohne ärmer zu werden und was wir geben, erhalten wir in reichem Maße zurück.

Dein Wohlbefinden hängt nicht davon ab, wieviel Geld du besitzt. Alles, was du brauchst, um wahrhaftig reich zu sein, ist in dir. Mach dir diese Freiheit bewußt und übe sie aus! Die Freiheit des Seins ist die Freiheit zu sein, was immer du willst. Reich, glücklich, gesund und zufrieden zu sein ist in deine Hand gelegt. Du brauchst nur das in dir freizusetzen, was du sein willst. Hör auf zu suchen, alles ist da, laß dich finden.

Hänge nicht am Geld, wenn du es hast, dann gib es aus. Mach dir selbst und anderen eine Freude. Gib einen Geldschein lächelnd weiter und sag zu ihm: »Geh hin und sag deinen Freunden in Stadt und Land, sie sollen mal bei mir vorbeikommen.« Das ist weiße Magie, sie funktioniert, wenn du an sie glaubst.

Wenn du Geld ausgibst, entsteht eine Leere, und da die Natur bestrebt ist, alles Leere auszufüllen, fließt alsbald Geld nach. Je mehr du ausgibst, desto mehr fließt nach. Aber mach das mal (d)einem neunmalklugen Intellekt klar…

Die meisten Menschen glauben, daß harte Arbeit die beste Methode sei, um an Geld zu kommen. Richtig jedoch ist, je weniger verbissene Konzentration du darauf verwendest, Geld zu verdienen, desto leichter (lieber) kommt das Geld zu dir. Wenn du ein harter Arbeiter bist, der glaubt, jede Mark im Schweiße seines Angesichts verdienen zu müssen, dann hänge dir einen Zettel an die Wand, auf dem steht: *»Arbeit hält mich nur vom Geldverdienen ab.«* Wer nur arbeitet, dem fehlt das Talent zum Glücklichsein. Er erwirbt keinen inneren Reichtum.

Achte darauf, daß du dein Geld mit einer Tätigkeit verdienst, die dir Spaß macht. Sauer verdientes Geld, für das du deine inneren Überzeugungen verleugnen mußt, bringt niemals Glück, diese Zwangsarbeit treibt nur die Krankenstatistik in die Höhe. Viele Jahrzehnte lang etwas zu tun, was deinem Wesen nicht entspricht, weil »man« irgendwie Geld verdienen muß – das mündet allzuoft in schwerer Depression bis hin zu frühzeitigem Tod. Es gibt für jeden Menschen eine Möglichkeit, auf ideale Weise sein Geld zu verdienen. Wenn du Freude hast an deiner Arbeit, wirst du sie gut tun, und gute Arbeit wird immer besser bezahlt als schlechte.

Beschäftige dich nicht mit deinen eventuellen Schulden, sondern mit dem Guthaben, mit dem Kontostand, den du *willst*. Gedanken des Mangels erzeugen Mangelsituationen. Dein Geist ist immer kreativ, wenn du an rote Zahlen denkst, ziehst du rote Zahlen herbei. Was du denkst, das bist du und wirst du auch zukünftig sein.

Die meisten Menschen reagieren mit Neid, wenn sie vom Reichtum anderer hören. Aber das, was du anderen wünscht, wird dir selber zuteil, weil *du* es denkst. *Mach es dir zur Gewohnheit, anderen ihren finanziellen Erfolg von Herzen zu gönnen – und du wirst bald deinem Erfolg näher sein.* Erkenne: Geld ist etwas Gutes, bejahe es, achte es und es wird dir bald nahe sein. Meide jene, die Geld, obwohl sie es dringend brauchen, insgeheim für »schmutzig« halten. Wie soll das, was du ablehnst und mißachtest, zu dir kommen? Anstatt von dir angezogen zu werden, wird es von dir abgestoßen. Nur was wir von Herzen wollen, innerlich bejahen, das erhalten wir auch. Vergöttere Geld nicht, aber schätze es aufrichtig. Geld an sich hat keine Moral, sein Wert liegt in dem, was du mit ihm machst. Mit Geld kann man eine Atombombe bauen, aber auch Kinder vor dem Verhungern retten! Wir haben im Förderverein vom »Rat der Weisen« ein Haus für ein SOS-Kinderdorf gespendet und es ist Gebern wie Empfängern gleichermaßen zu »gute« gekommen!

Affirmationen: Um mich ist Fülle. Wohin ich sehe, ist Reichtum, Wohlstand in jeder Form. Ich bin reich, weil ich das Leben mit Liebe annehme. Ich freue mich, weil ich alles, was ich brauche, aus mir schöpfen kann. Mein innerer Reichtum macht mich zufrieden und selbstsicher. Ich bin »jener«, der da hat. Ich bin der, der ich sein will. Ich besitze alles, was ich besitzen will. Danke Vater, der du die Fülle bist, daß du bei mir bist.

Warnsignale des Körpers

Wenn zuviel seelische Spannung in dir ist, du »geladen« bist, so wird es bald zu einem körperlichen Dyston, zu einem Fehlton kommen müssen. Die Medizin spricht von vegetativer Dystonie, damit ist ein Fehlton im Gleichklang der Organe gemeint, eine Disharmonie im Körperganzen. Wenn wir längere Zeit Frustrationen und Aggressionen unterdrücken, sie also nicht »zum Ausdruck bringen«, dann werden sie sich in unserem Körper als beginnende Krankheit ausdrücken. Körperliche Beschwerden sind ein Signal, das uns warnt und das uns sagen will, daß wir im roten Bereich sind. Leider überhören die meisten Menschen diese warnende Stimme in ihrem Inneren und versuchen, sie zum Schweigen zu bringen. Was ist denn ein Beruhigungsmittel, ein Aufputschmittel, oder Alkohol, Zigaretten oder übermäßiges Essen anderes als der Versuch, etwas zu überspielen? Spannungen lösen sich jedoch nicht einfach auf, wenn man sie unterdrückt oder verdrängt. Energie, die einmal existent ist, kann gewandelt, aber nicht aufgelöst werden. Dadurch, daß psychische Spannungen nicht mehr ins Bewußtsein gelangen und somit nicht abreagiert bzw. nicht umgewandelt werden, *erhöht* sich das Spannungspotential systematisch. Eines Tages kommt es zu massiven Fehlreaktionen der Organe bis hin zum Kollaps des »Systems«. Unser Körper ist außerordentlich geduldig, er »schluckt« jahrelang vieles, doch auf Dauer kann niemand mit seiner Gesundheit Raubbau treiben.

Entschließe dich, den Warnsignalen deines Körpers Gehör zu schenken.

Es war einmal ein Mann, der ging zu einer Hexe, um sie um Rat zu fragen. Die Hexe sagte zu ihm: »Dir kann geholfen werden. Geh in der nächsten Vollmondnacht in den Wald und suche eine Eiche. Laufe zehnmal gegen den Uhrzeigersinn um diese Eiche herum, dann wird dein Problem gelöst sein. Aber du darfst auf gar keinen Fall dabei an weiße Elefanten denken!« Der Mann folgte ihrem Rat, ging in der nächsten Vollmondnacht in den Wald und lief gegen den Uhrzeigersinn zehnmal um die Eiche herum. Doch was dachte er? Zehntausend weiße Elefanten! Je krampfhafter du dich bemühst, *nicht* zu rauchen, *nicht* zu trinken oder *nicht* dick zu sein, desto mehr bleibst du an diesem Symptom haften. *Tu etwas für dich und nicht gegen dich. Alles, was du loswerden willst, mußt du loslassen.* Wenn du zum Beispiel Tag und Nacht an dein Übergewicht denkst und meinst, daß jeder Blick eines anderen nur deinen Leibesumfang mißt, klebst du an deiner Leibesfülle, und wirst deshalb nicht dünner werden. Welches Problem auch immer du hast, versuch seine Botschaft zu entschlüsseln. Und laß es wie einen Luftballon in die Höhe steigen und davontreiben. Du brauchst es nicht mehr. Oder?

Übergewicht

Dicke sind dick, weil sie (sich) sagen, daß sie dick sind. Gegen diesen Satz wirst du laut protestieren, denn angeblich möchtest du ja nichts dringlicher, als endlich schlank sein. Doch *was glaubst du?* Du gehst herum und sagst jedem, der es hören, und jedem, der es nicht hören will: »Ich bin zu dick.« Du schaust in den Spiegel und denkst: Ich bin zu dick. Du sagst: »Ich kann essen, was ich will, ich nehme nicht ab.« Gerade diesen Satz aber – leicht verändert – haben Schlanke schon für sich gepachtet. Sie sagen mit allem Ernst: »Ich kann essen, was ich will, ich nehme nicht zu.«

Du trägst das Bild deines Dickseins unerschütterlich in dir. Wie innen, so außen, wie du denkst, so bist du, nach deinem

Glauben wird dir geschehen. Du baust dir Kalorien oder Joule zu »Feinden« auf, die es zu bekämpfen gilt, du bemühst die Drüsen oder die Vererbungslehre, unbewußt aber unternimmst du alles, um nur ja deinem inneren Leidensbild zu entsprechen. Es ist sehr wohl bekannt, warum Diätkuren nichts nützen. Diäten sind immer nur so gut, solange sie dauern. Ist die Diät vorbei, fällst du wieder in dein altes Verhalten zurück – und nimmst schneller wieder zu, als du abgenommen hast.

Wenn du also schlank sein willst, mußt du das Bild deiner Schlankheit in dir haben. »Sieh« dich schlank. Wenn dir das schwerfällt, laß dir das Foto eines Pin-up-Girls bzw. eines gut gebauten Mannes vergrößern und klebe deinen Kopf drauf. Du kannst natürlich auch jemanden bitten, eine Fotomontage von dir anzufertigen, dann wirkt das Ganze noch realistischer. Meditiere vor diesem Bild. Präge dir deine neuen Körperformen genau ein, identifiziere dich damit.

Du bist dieses schlanke Wesen. Wie sagt man so schön? In jedem Dicken steckt ein Dünner, der herausgelassen werden will. Also, laß ihn heraus!

Zur Unterstützung deiner »Pin-up-Meditation« kannst du auch dein Idealgewicht visualisieren. Stell dir vor, daß diese Gewichtsangabe mit heller Leuchtschrift an eine Hauswand gemalt ist. So, als wenn es eine Leuchtreklame wäre. Laß diese Zahl tief in dein Unterbewußtsein sinken, täglich mehrere Male.

Natürlich hat es auch seine Gründe, daß du dick bist. Jedes Verhalten meint, etwas Gutes zu leisten, und so hast du auch von deinem Dicksein Vorteile. Vielleicht hast du Angst vor Sex und kannst dir jetzt »beruhigt« sagen: »Mich will ja keiner, weil ich so dick bin.« Vielleicht erkaufst du dir mit dem ständigen Reden über deinen Leibesumfang Aufmerksamkeit, oder du verwechselst, wie ein Säugling, Essen mit Liebe und greifst immer dann zu Süßigkeiten, wenn du dich ungeliebt fühlst.

Überflüssiges Fett hat auch etwas mit Unbewußtheit zu tun. Du lagerst alte, längst überholte Gedanken und Gefühle in dei-

nen Fettpolstern ab. Werde dir an einem ruhigen Tag klar darüber, was du alles an Schmerz, Wut, Bitterkeit über Bord werfen
kannst und dein Körper wird sich leichter von *seinem* Ballast
trennen können.

Mach dir auch mal Gedanken über deine geistige Nahrung.
Welche Negativität »frißt« du tagtäglich in dich hinein, was
»schluckst« du alles unbesehen hinunter? Warum Kalorien zählen und sich doch *geistig* falsch ernähren? Gib deiner Seele
Götterspeise und du wirst gesunden an Körper, Seele und Geist.

Affirmationen: Ich bin Adonis (Aphrodite), ähnlich einem
Gott, edel an Gestalt, meinem Ideal entsprechend. Wie ich über
mich denke, so bin ich, wie ich mich sehe, so bin ich. Wie innen
so außen. Ich sehe ideale Maße. Meine Gestalt, mein Gewicht
entsprechen meinem Schönheitsgefühl. Das Bild meines Ideals
ist und bleibt alle Zeit in mir, ich sage danke. In meiner vollkommenen Gestalt liegt tiefes Entzücken, der Friede des angenommenen Seins. In meiner Gestalt findet die Liebe, das Glück,
in Verzauberung ihren Ausdruck. Das Leben versucht in meiner
äußeren Schönheit sich selbst zu entschleiern. Das Ebenmaß
meiner Gestalt spricht jetzt mit klarer Stimme, und von den Bergen hallt das Echo meiner Freude wider. Das Glück, die Freude
des Angekommenen, will ich teilen mit allen, die gleichen Weges
gehen. Ich bin mir jetzt der Macht bewußt, der idealen Form, die
seit Anbeginn der Zeit im Geiste Gottes bestand, nach außen
sichtbar Gestalt zu verleihen. Ich entspreche in Form und Inhalt
der Vorstellung des Göttlichen.

Streß

Streß ist Überforderung. Der Körper kann das eine Zeitlang
hinnehmen, doch dann reagiert er oft dramatisch mit Herzinfarkt, Schlaganfall, Hörsturz. Natürlich gibt es auch Streß, der

gesund ist, der Spaß macht, der herausfordert. Das ist zum Beispiel der Streß eines Schauspielers vor der Premiere oder der Streß eines Sportlers, der gewinnen will. Doch jeder muß seine Grenzen kennen; wenn der Streß permanent die eigene Kapazität übersteigt, wird er destrukiv.

Gestreßte Leute tun immer so, als würden sie ja gerne mal auf der faulen Haut liegen, nur die anderen, die Umwelt, ließe sie leider nicht. Doch die Sache sieht in Wirklichkeit ganz anders aus. Der Gestreßte ist ausgesprochen unbeliebt bei seinen Kollegen, denn er verbreitet eine ungemütliche Atmosphäre von Druck und Unrast um sich. Kaum möchte ein Kollege, ein Freund ein längeres Gespräch mit ihm beginnen, eine Tasse Kaffee in aller Ruhe trinken, bekommt der Gestreßte flackrige Augen und fängt an zu erklären, was er alles noch erledigen muß. Oder eine gestreßte Mutter: Sie gibt an ihre Kinder statt Zuwendung und Geborgenheit Unruhe und Aggression weiter.

Jeder sagt dem Gestreßten: Mach weniger! Doch der läßt derartige Mahnungen zum einen Ohr hinein- und zum anderen wieder hinausgehen. Der Gschaftlhuber ist zu sehr damit beschäftigt, Vater und Mutter, beziehungsweise deren Ersatzpersonen, zu beweisen, wie gut er ist. Er giert nach Lob und Anerkennung für seinen unermüdlichen Einsatz. *Das Tragische daran ist nur, daß er das, was er sich so sehnlichst wünscht, gerade durch sein Verhalten nicht bekommt.* Der Mensch, der sich selber unter Streß setzt, versucht durch Quantität zu beeindrucken, wo doch eigentlich bekannt sein müßte, daß nur Qualität zählt. Ein guter Einfall in der Hängematte oder im Biergarten kann tausendmal mehr wert sein als hundert Stunden Knochenarbeit am Schreibtisch. Wer unter Streß arbeitet, neigt dazu, Fehler zu machen, und dann muß er wieder Zeit aufwenden, um diese Fehler auszubügeln. Warum also nicht gleich in aller Ruhe seines Weges gehen?

Wenn du ein Streßgeplagter bist, hast du wahrscheinlich auch Angst, alleine zu sein. Du deckst dich mit Arbeit ein, um dir selbst aus dem Weg zu gehen. Nimm dir einmal bewußt einen ganzen Abend lang Zeit, an dem du nichts »Dringendes« erledigst, an dem du nur dir selbst begegnest. Frag dich: Wovor habe ich Angst? Was will ich mit meinem Gestreßtsein erreichen? Was kann ich abbauen? Was kann ich an andere delegieren? Gerade für dich ist die Tiefenentspannung besonders wichtig. Lerne schnell und mühelos in Trance zu gehen. Falls du dich zu nervös dazu fühlst, reagiere dich vorher körperlich ab durch dynamische Meditation, Waldlauf, Schwimmen und ähnliches. Das alles nimmt dir keine Zeit weg, sondern spart dir – um es hart zu sagen – die Monate ein, die du sonst im Krankenhaus liegst… Manche, aber nicht alle, wachen erst nach dem Herzinfarkt auf. Es ist klüger, wenn du jetzt aufwachst.

Affirmationen: Harmonie ist in meinem Herzen und in meinem Geist. Unerschütterliches Vertrauen erfüllt mich. Was immer ich beginne, führe ich in Ruhe und Gelassenheit zum Ziel. Ich bin und bleibe in jeder Situation ruhig und gelassen. Ich bin ein außerordentlicher Erfolg. Ich schicke meinem Tun meine Gedanken voraus, sie bereiten meinen Weg für hohe Effektivität und Qualität. Ich arbeite ca. sechs Stunden am Tag intensiv, die übrige Tageszeit lasse ich meiner Kreativität freien Lauf. Sie führt mich auf kürzestem Weg zum Ziel meiner Vorhaben. In der Schmiede meines Unterbewußtseins wird mein Glück gerade bearbeitet. Ich habe Zeit zum Leben, zum Glücklichsein. Zeit haben, gelassen sein, ruhig sein, das alles hat für mich einen hohen Stellenwert. Ich will schon jetzt die Früchte meines Tuns kosten. Ich weiß, das Leben findet täglich statt. Heute ist der Tag. Heute will ich leben. Leben heißt, Zeit haben. Ich habe Zeit.

Schlaflosigkeit

Jeder, der schon mal ein paar Nächte hintereinander nicht richtig schlafen konnte, weiß, wie unwohl er sich dann fühlte. Menschen, die unter chronischer Schlaflosigkeit leiden, möchten denn auch von Herzen bedauert werden. Wir bedauern dich nicht. Denn die Ursache deiner Schlaflosigkeit findest du in dir selbst. *Du liegst nachts wach, weil du Probleme wälzt, die du tagsüber verdrängt hast.* Im Schlaf und in den halbbewußten Stadien davor ist die Trennung zwischen Bewußtsein und Unterbewußtsein nicht mehr so scharf, verschwimmt die Abgrenzung, und so wirken die unbewußten Inhalte intensiver auf dich ein. Du kannst diese Überflutung durch Schlaftabletten abblocken, doch so perfekt diese Lösung erscheint, sie ist die denkbar schlechteste. Denn Schlaftabletten – von den körperlichen Schäden, die sie anrichten, einmal ganz abgesehen – bringen ja nicht die unbewußten Inhalte, das Verdrängte, deine Probleme zum Verschwinden. Sie wirken vielmehr wie eine Staumauer, hinter der sich das Verdrängte aufstaut und einen mächtigen Druck ausübt. Bis die Staumauer schließlich bricht und die Katastrophe ihren Lauf nimmt.

Also bleib lieber bei deiner warmen Milch oder dem Hopfenbad, wenn du ein Abendritual brauchst. Denn die Wahrscheinlichkeit, daß du nachts wach liegst, ist natürlich größer, wenn du Angst vor Schlaflosigkeit hast und dir negative Suggestionen gibst wie etwa: »Heute nacht kann ich sicher wieder nicht schlafen.«

Also halte dich ruhig an etwas Harmloses, wenn es dich *glauben macht*, es bringt dir den ersehnten Schlaf.

Auf die Dauer wirst du deine Schlaflosigkeit allerdings nur dadurch kurieren können, indem du *deine Probleme tagsüber löst*! Tatsächlich eignet sich der Wachzustand auch besser für diese Arbeit, denn dann ist dir dein Intellekt, der ja nachts weitgehend ausgeschaltet ist, dabei behilflich. Die Nacht ist rabenschwarz und macht alle Probleme riesengroß. Weil der ernüchternde Intellekt nicht zugegen ist, nicht eingreift, »wälzt« du zwar deine Probleme, wie dich selbst, aber du bist ohnmächtig, sie auch zu lösen. Im Dunkeln sind alle Wege lang. Auch wenn du wegen körperlicher Beschwerden keine Nachtruhe findest – selbst diese Störungen beruhen so gut wie immer auf seelischer Disharmonie. Und so kommst du niemals darum herum, an den Ursprung der Dinge zu gehen. Stell dich deinen Problemen. Die Lösung ist schon lange existent, du mußt sie nur noch entdecken.

Affirmationen: Ich ruhe im Schoße des Allerhöchsten. In der Gewißheit, daß auf jede Frage eine Antwort da ist, noch bevor die Frage laut wurde, bin ich jetzt ruhig und voll Freude. Die unendliche Weisheit in mir zeigt mir jetzt den idealen Weg zu meinem Ziel. Von nun an denke ich an Lösungen und suche gleichermaßen die (Los-)Lösung von jeglicher Verhaftung. Wenn ich mich zur Ruhe begebe, schlafe ich tief und fest, geborgen bei meinem Vater. Vater, der du wohnst in meiner Mitte, nimm mich bei dir auf in deinen Frieden. Deine Liebe verwandle meine Nächte in einen Born der Stärke, Ruhe und des Erquickens. Ich bitte dich um deine Hilfe, denn du weißt, was für mich gut ist, noch ehe mein Bewußtsein davon erfüllt ist. In Demut neige ich mein Haupt vor dem, der alles lenkt, um von seiner Weisheit zu erhalten.

Depressionen

Depressionen sind nicht gelebte, gegen dich gerichtete Aggressionen. Die Unterscheidung von »endogenen« (von innen kommenden) und »exogenen« (von außen kommenden) Depressionen ist unsinnig. Ob innen oder außen, das ist nur eine Frage der Perspektive, das heißt, es hängt vom Zeitpunkt ab, zu dem ich das Geschehen beobachte. Einmal ist es der Zeitpunkt der Projektion (von innen nach außen), das andere Mal der Zeitpunkt der Reflexion (von außen nach innen).

Depressionen treten dort verstärkt auf, wo Heranwachsenden aberzogen wurde, ihre Gefühle zu leben. Wenn ein Kind immer ja sagen mußte, auch wenn es nein meinte, entstehen Frustrationen, die sich im Laufe der Zeit in Aggressionen verwandeln. Gerade wenn wir ja sagen, obwohl nein richtiger wäre, werden Aggressionen nicht artikuliert (herausgelassen) und es entwickeln sich gegen uns selbst gewandte Aggressionen, die jetzt Depressionen heißen.

Dieser Mechanismus macht auch klar, warum gerade Frauen so häufig unter Depressionen leiden. Speziell dem kleinen Mädchen wird ja immer noch beigebracht, brav und fügsam zu sein, und später dann wird eine aggressive Frau als »unweiblich« empfunden. Und »unweiblich« zu erscheinen, fürchten manche Frauen mehr als alles andere auf der Welt. Also erscheint es klüger, den »Mund« zu halten, die Wut zu unterdrücken und sie früher oder später dann gegen sich selbst gerichtet zu sehen.

Der erste Schritt zur Besserung deiner Depressionen liegt darin zu akzeptieren, daß du unterdrückte Gefühle und Aggressionen hast. Als nächsten Schritt unternimm etwas, um diese aggressiven Energien körperlich zu »verbraten«. Sport treiben, Bergwandern, exzessiv tanzen, was auch immer. Der nächste Punkt ist der schwierigste, und wenn du hier nicht allein zurechtkommst, wäre dir kompetente Hilfe wirklich anzuraten. *Du mußt lernen, nein zu sagen.* Sonst gehst du drauf. Ja, wir drücken das absichtlich so deutlich aus, denn je öfter du ja sagst, obwohl du nein meinst, desto größer werden deine Aggressionen und damit dann letztlich deine Depressionen. Wohin schwere Depressivität führen kann, ist hinlänglich bekannt: von schwersten psychosomatischen Krankheiten bis hin zum Selbstmord.

Ein Depressiver lebt sich nicht selbst, er wird gelebt. Er bestimmt nicht selber wie sein Leben verläuft, er wird fremdbestimmt. Die meisten Menschen sind nicht autonom, sie funktionieren irgendwie und existieren mehr, als daß sie ihr Leben leben.

Ein Depressiver hat Angst vor Konflikten, denn streiten ist

etwas, was »man« nicht tut. So nimmt er statt einer akuten Auseinandersetzung lieber den schleichenden, tödlichen Prozeß der Depression in Kauf. Denn das geht langsam, und man merkt nicht so schnell, welcher Preis dafür zu zahlen ist.

Aber: Wer sagt eigentlich, daß ein »Nein« immer wütend hingeschleudert werden muß? Man kann auch nett und diplomatisch nein sagen, Hauptsache, du machst deutlich, was du nicht willst. Sag also zuerst so freundlich wie möglich nein. Wenn der andere nicht hört, sag es laut und deutlich. Und wenn es der andere immer noch nicht begreifen will, dann hau auf den Tisch, dann laß nun Taten folgen!

Du kannst Neinsagen lernen, wir können es dir gar nicht eindringlich genug sagen. Wenn du Depressionen hast, unternimm etwas, damit das Leben wieder lebenswert wird.

Affirmationen: Ich sage ja zum Leben, dazu gehört manchmal ein Nein zu dem, was mich beengt. Freude ist mein Naturell. Mich zu freuen, liebe ich sehr und so rufe ich es nun in mein Leben. Ich erkenne heute, daß Freude der Stoff heißt, aus dem die Schöpfung ist. In meinem Leben wartet wohlverborgene Freude, die meiner harrt. Ich erkenne, daß in Gott sein heißt, zufrieden zu sein. Ihn zu erkennen, bin ich unterwegs. »Er« ist Liebe, in der sich Freude ausdrückt, deshalb hat er die Sonne vor sein Haus gestellt. Ich will nun eilen zu »ihm«, wo alles seinen Ursprung hat, auf daß ich weile im Hause des Herrn immerdar.

Rauchen

Die Rauchertherapie ist die einzige Therapie, bei der wir leider Verneinungsformen verwenden müssen. Wir negieren das Rauchen, weil es nichts gibt, was das Rauchen automatisch auflösen würde. Der Wunsch des Rauchers, nicht mehr zu rauchen, wird aufgegriffen und durch Affirmationen verstärkt.

Wenn du diese Angewohnheit aufgeben willst, beginne damit, daß du dir ein festes Datum setzt, zwei bis vier Wochen voraus. Jeden Tag suggerierst du dir nun, daß du ab diesem Tag nicht mehr rauchen wirst. Drei bis vier Tage vor dem festgesetzten Datum rauche noch einmal, soviel zu willst. Besorge dir in der Apotheke das (rezeptfreie) Medikament »Robinia«, das ist ein homöopathisches Mittel und ohne Nebenwirkungen. Sollten dir Trinkampullen nicht wirksam genug sein, laß dir »Robinia« mit Eigenblut injizieren. Vorsicht, wenn du ein sehr starker Raucher bist und 80 oder mehr Zigaretten am Tag rauchst. Hier kann ein plötzlicher Entzug gefährlich sein, führe die Entwöhnung dann besser mit ärztlicher Hilfe durch.

In der täglichen Entspannung solltest du in dir den Wunsch suggestiv verstärken, frei von dieser Sucht zu sein. Stell dir vor, wie du eine Zigarette rauchst, und dann nimm einen dicken Pinsel und male ein großes, rotes X über dieses Bild. Das versteht dein Unterbewußtsein. Sieh dich nun lachen, strahlen und die Zigarette in hohem Bogen wegwerfen.

Rauchen, Alkohol, Tablettensucht sind große Klippen auf unserem Weg, weil sie aus Unzufriedenheit geboren sind und uns in weitere Unfreiheit stürzen. *Akzeptiere nie eine Abhängigkeit!* Du hast die Möglichkeit, von diesen Ersatzbefriedigungen, diesen dummen Angewohnheiten wegzukommen, weil du geboren bist, um frei zu sein.

Affirmationen: Rauchen ist mir vollkommen unwichtig. Ich bin frei von dieser Unart. Ich sehe mich strahlend meine letzten Zigaretten im hohen Bogen wegwerfen. Mein inneres Bild als Raucher streiche ich mit roter Farbe durch. Immer, wenn ich Reklame fürs Rauchen sehe, denke ich angewidert: »Pfui Teufel, wie kann man nur. Mit mir nicht!« Ich bin eine starke, positive Persönlichkeit, die frei ist, ich bin eine rauchfreie Zone! Ich beweise mir, daß ich frei bin. Ich weiß, daß ich stark bin. Alles, was ich wirklich will, führe ich erfolgreich zum Ziel.

Alkohol

»Alkohol ist vergiftete Muttermilch« hat einmal ein bekannter Psychologe gesagt. Wer viel trinkt, flüchtet sich aus der »harten« Realität zurück in ein Paradies, in dem es keine Konflikte gibt, wo man einfach versorgt wird. Trinker versuchen, ihre Probleme zu »ersäufen« und geraten dadurch in eine Abhängigkeit, aus der sie sich nur schwer wieder lösen können. Wer »trinkt«, sollte wissen, daß Sorgen schwimmen können. Anders als Haschisch ist Alkohol in unserer Gesellschaft eine legale Droge. Mehrere Millionen Menschen sterben jährlich an den Folgen von übermäßigem Alkoholgenuß, doch das nehmen wir so selbstverständlich hin wie die Verkehrstoten oder mißhandelte Kinder. Alkohol ist aus unserem sozialen Leben fast nicht wegzudenken, und das macht es so schwierig, ihm zu widerstehen. »Trinkfest« zu sein, das gilt noch immer als Gütezeichen harter Männlichkeit, und was eine »emanzipierte« Frau ist, so will die natürlich mithalten.

Trinker versuchen, andere zum Alkohol zu animieren, um ihr eigenes Tun zu rechtfertigen. Achte einmal darauf, wer von deinen Freunden und Kollegen dich zum Trinken drängt. Je penetranter er es tut, desto abhängiger ist er selber davon, und er benutzt dich nur, um seine eigenen Schuldgefühle zu betäuben.

Falls du (noch) kein Alkoholiker bist, der tatsächlich ganz trocken bleiben muß, wollen wir dir hier nicht deinen Schoppen Wein oder deine Maß Bier vermiesen. *Aber achte doch einmal auf deine Trinkgewohnheiten.* Wirst du nervös, wenn um eine bestimmte Uhrzeit kein Alkohol in Sicht ist? Läßt du dich auf Partys immer wieder zu mehr Alkohol überreden, als du eigentlich trinken wolltest? Weißt du immer genau, wieviel du getrunken hast?

Wohin dein »Weg« auch führen mag, Alkoholabhängigkeit ist ein großes Hindernis, denn sie stürzt dich buchstäblich in Höllen, Höllen von Gewalt, Schuldgefühlen, der Auflösung menschlicher Bindungen. Falls Alkohol für dich ein Problem ist, dann solltest du es nicht vertuschen. *Hör auf deine innere Stimme, auch wenn sie dir Unangenehmes sagt.* Bitte andere um Hilfe, wenn du alleine nicht zurechtkommst. Sei dir allerdings bewußt, daß in jedem Fall *du* es bist, der die eigentliche Arbeit machen muß. Aber du wirst es schaffen. Glaube an deinen Erfolg, und er ist dir sicher! Alles hat die Macht, die du ihm verleihst.

Affirmationen: Der Schöpfer hat die Schöpfung gut und sehr gut genannt, es liegt in meiner Hand, wie ich das Geschaffene anwende. Ich gehe jetzt zum Ursprung allen Seins zurück, tief in mir ist jeder Kern aus nicht denkendem, reinem, bewußtem Sein. Um ihn herum baut sich alles auf, was ich »Ich« nenne. Mein Körper, mein Charakter, mein Selbst, meine Vorlieben und Eigenschaften. Vieles davon wurde mir von außen angeboten, ich habe es angenommen. Vieles davon habe ich angezogen, weil es mir diente. Jetzt bedenke ich neu den Wert und die Dienstbarkeit dieser meiner persönlichen Eigenschaften. Ich ordne jetzt meine Verhältnisse neu. Gut und ungut ist oft eine Frage der Dosierung. Wenn ich glaube, daß ein Glas mir guttut und es dabei bleibt, will ich es gutheißen. Trinke ich wie unter Zwang mehr, verliere ich also meine Kontrolle, dann erkläre ich Alkohol als für mich bedeutungslos. Und auf etwas, was für mich keine Bedeutung hat, kann ich verzichten.

Sexuelle Probleme

Falsch gelebte Sexualität ist oft der Ursprung schwerster Neurosen, die häufig nach dem 40. Lebensjahr zum Ausbruch kommen. Wieder wurden Gefühle nicht gelebt, weil Eltern, Gesellschaft und Kirche Sexualität als etwas Schmutziges verteufelt haben, etwas, was höchstens als Mittel zum Zweck der Zeugung ausgeübt werden darf. Naturvölker, bei denen besonders auch die jungen Mädchen ihre Sexualität frei und natürlich ausleben dürfen, kennen keine Neurosen, keine Perversionen, keine sexuelle Gewalt.

Seit Jahrhunderten redet die Kirche den Gläubigen ein, daß Sexualität nur zum Zeugen von Kindern genossen werden darf. Wer aber sündigt, den erwartet Strafe. Wer sonst als Gott (Evolution) hat dir deine Sexualität gegeben, diese einzigartige Quelle der Lust und der inniglichen Gemeinsamkeit? Die Psychologen wissen, daß gerade *nicht* befriedigte sexuelle Wünsche zur »Sünde«, sprich Gewalt, Angst, Aggression, Isolation, führen. Wenn du sexuelle Probleme hast, stell dir folgende Frage: *Verhalte ich mich so, wie es meinen Wünschen entspricht, oder akzeptiere ich ein falsches Programm?* Jeder hat die Sexualität, die er akzeptiert.

Alle Menschen wollen anscheinend potent oder orgasmusfähig sein, doch tief in dir ist vielleicht ein ganz anderes Programm gespeichert. Da kann ein Mann Angst haben, sich »in« einer Frau zu verlieren, und bleibt deshalb lieber »draußen«. Da hat eine Frau die Vorstellung, als Hure zu gelten, wenn sie ihre sexuellen Wünsche offen äußert – und empfindet deshalb lieber »nichts«. Lerne, die Sprache deines Körpers zu verstehen. Was will dir dein Körper sagen mit seiner angeblichen »Fehlfunktion«? Wenn du sexuelle Probleme hast, dann solltest *du* deine Einstellung zur Sexualität ändern. Dein Partner kann dir dabei helfen, aber ändern mußt du dich.

Affirmationen: In meiner Sexualität drückt sich meine Lebensfreude aus. Ich liebe die Lust, die ich mir und meinem Partner bereite. Ich akzeptiere frei und offen meine sexuellen Wünsche. Meine Sexualität öffnet mir das Tor zu einer höheren Dimension, denn sexuelle Befreiung ist auch eine spirituelle Weiterentwicklung. Meine sexuelle Energie ist die reine, machtvolle Kreativität, die mein ganzes Sein durchdringt. Der Körper ist der

Tempel der Seele, und indem ich ihm Lust bereite, strömen auch meiner Seele positive Energien zu. Ich vereinige mich mit dem Höchsten, ich verschmelze mit dem Göttlichen, wenn ich mit meinem Partner »beieinander bin«.

Teil III:

Erfahrungen

KAPITEL I

»MÄRCHENHAFTE« THERAPIEERFOLGE

In einem Vorgespräch für eine Therapie sagte eine junge Frau: »Ich weiß nicht, woran es liegt, aber jedesmal, wenn ich das Gefühl habe, daß ich fliegen, singen oder tanzen könnte, oder daß ich jemand *bin*, also jedesmal, wenn das passiert, werde ich bestraft.« Diese Vorstellung haben die meisten von uns, auch wenn wir es nicht zugeben, weil wir doch angeblich nichts dringender wollen, als glücklich sein.

Die Angst vor dem Glück hängt wieder einmal mit unserer Kindheit zusammen. Jedes Kind lernt früh, den totalen Ausdruck seines Wesens zu unterdrücken. Es begreift schnell, daß es sicherer ist, die Gefühle zu dämpfen, weil es sonst nur Ärger bekommt. Wenn es glücklich ist, möchte es schreien und toben, aber das mögen die Eltern nicht so gern. Viel lieber haben sie ein »braves« Kind, das ruhig und kontrolliert ist. Das Kind verbindet also sehr früh schon, daß sich wohl fühlen und der Freude Ausdruck geben oft mit Ärger verbunden ist.

Wenn du erwachsen bist, ist diese Verbindung in dir noch wirksam, gerade weil sie dir nicht bewußt ist, wirkt sie sozusagen aus dem Verborgenen und hat Herrschaft über dich. Natürlich strebt niemand willentlich nach Unglück, doch es ist auffallend, wie viele Menschen sich die Dinge immer so einrichten, daß sie sie negativ sehen können.

Du suchst zum Beispiel den idealen Partner. Was passiert nun, wenn du eines Tages den idealen Partner tatsächlich findest? Wenn du feststellst, daß du mit diesem Partner zum Mond fliegen könntest? Du gerätst in Panik! Es ist nämlich *eine* Sache, davon zu reden, daß man nichts lieber täte als zum Mond zu fliegen – und eine *andere*, plötzlich tatsächlich zum Mond fliegen zu können. Also richtest du es so ein, daß du an dem anderen herummäkelst, bis er noch nicht einmal mehr zum Abheben geeignet ist! Das treibst du vielleicht sogar so lange, bis du endlich sagen kannst: Ich habe mich getäuscht, er ist doch nicht der Richtige für meinen Mondflug. Dann suchst du wieder, und das Ganze geht von vorne los.

Die Wahrheit ist: Du hast Angst vor dem großen Glück, du möchtest fliegen, aber du hast Angst, auf die Nase zu fallen. Glücklich zu sein, weckt in dir ein dumpfes Gefühl, dafür vielleicht bestraft zu werden. Wenn du aber Angst hast, glücklich zu sein, nützen dir die tollsten Partner, die teuersten Kleider, viel Geld, die klügsten Bücher, und auch der größte Starruhm nichts.

Wir werden oft gefragt, was die Hypnosetherapie und die Seminare eigentlich bewirken. Darauf zu antworten, ist sehr schwierig, weil es kein gemeinsames »Klassenziel« gibt. Jeder lernt das, was er lernen muß, um er selbst zu sein. Doch einen Nenner kann man wohl finden, der entscheidend für den Erfolg ist: *Du lernst, dir zu gestatten, glücklich zu sein.* Denn wenn du das kannst, folgen die Inhalte, die dich glücklich machen, von ganz alleine.

Wir haben drei ehemalige Patienten gebeten, uns ihren Heilungsprozeß in einem Märchen zu schildern. Hinter den Figuren dieser Märchen stehen also individuelle Personen, aber als Märchenfiguren sind sie symbolisch auf jeden Leser übertragbar. Die darin geschilderte Selbstfindung betrifft also auch dich.

Hier nun die drei Märchen:

Der Schatz am Ende des Regenbogens

Es war einmal ein alter Mann. Der lebte ganz allein im Wald in einer kleinen Hütte und war sehr, sehr unglücklich. Jeden Tag saß er auf einer Bank vor seinem Häuschen und starrte vor sich hin. Er hörte nicht, wie die Vögel sangen, er spürte den Wind nicht, der mit den Blättern der Bäume spielte, er fühlte nicht die Sonnenstrahlen auf seiner Haut, er roch den würzigen Tannenduft nicht, und er sah nicht, wie die Tiere des Waldes immer wieder zutraulich zu ihm herüberblickten.

Er hielt den lieben langen Tag den Kopf gesenkt und dachte nach. Seine Gedanken kreisten immer nur um eine Sache. Warum, so fragte er sich wieder und wieder, warum nur war die Prophezeiung der schönen Fee nicht in Erfüllung gegangen? Dabei war der Fall doch ganz klar. Seine Mutter hatte ihm die Geschichte oft erzählt. Damals, als er vor vielen Jahren in dem tausend Jahre alten Wasserschloß in der Mitte des Waldsees geboren wurde, damals, genau eine Stunde nach der Geburt, hatte plötzlich eine Fee an seiner Wiege gestanden.

Sie hatte wunderschöne lange Haare, erinnerte sich seine Mutter. Fein und schimmernd wie Engelhaar, auf das die Sonne scheint. Und sie hatte ein Lächeln auf den Lippen, das jeden, ob Mann oder Frau, dahinschmelzen ließ. Was die Fee dann gesagt hatte, das hatte sich der Mann genau gemerkt, zu oft hatte es ihm seine Mutter, die natürlich längst gestorben war, erzählt. »Am Ende des Regenbogens liegt ein großer Schatz für dich.« Genau diese Worte hatte die Fee zu dem Säugling gesprochen. Dann war sie verschwunden.

Kaum war er alt genug, hatte der Mann auf der ganzen Welt nach diesem Schatz geforscht. Er war von Land zu Land gereist, hatte in den Bergen nach Edelsteinen, in den Flüssen nach Gold gesucht, und er war nach versunkenen Schiffen auf den Meeresgrund getaucht. Es war ein wildes, abenteuerliches Leben gewesen, voller Ungeduld und auch voller Gier. Doch den Schatz, nein, den hatte er nie gefunden. Er war arm wie eine Kirchenmaus geblieben, und sein Erbe, das schöne Wasserschloß, fiel an seinen jüngeren Bruder, weil er sich nie darum gekümmert hatte.

»Am Ende des Regenbogens, so ein Unsinn!« pflegte er regelmäßig am Ende seiner Grübeleien zu sagen und mißmutig in die Hütte zurückzustapfen, um sich schlafen zu legen.

So lebte er dahin, bis eines Tages etwas geschah. Es hatte tagelang geregnet, doch plötzlich war mit Macht die Sonne durchgebrochen, obwohl es noch etwas nieselte. Der alte Mann saß mal wieder mit gesenktem Kopf vor seiner Hütte und zertrat wütend eine kleine Blume. Doch plötzlich veränderte sich das Licht, und der alte Mann schreckte auf. Und da sah er es. Ein riesiger Regenbogen spannte sich über den Wald, hoch über die höchsten Wipfel der Bäume. Ein Regenbogen in den schönsten Farben, so prächtig, wie er es noch nie gesehen hatte. Und das Ende des Regenbogens zeigte genau auf ihn. Ja, der alte Mann saß direkt am Ende des Regenbogens. Da kam ihm die Erleuchtung. Der Schatz am Ende des Regenbogens, das war er selber!

Der alte Mann begann zu weinen. Er ging in seine Hütte und weinte drei Tage und drei Nächte lang.

Dann trat er wieder heraus. Er holte tief Luft und spürte, wie das Leben in ihn zurückströmte. Er fühlte sich um Jahrzehnte jünger. Er sah auf den Boden und bemerkte einen kleinen Käfer, der auf den Rücken gefallen war. Er bückte sich und drehte ihn behutsam herum. Dann blickte er hoch und nahm wahr, daß der Himmel leuchtend blau war.

Da wußte er, daß nun ein langes und glückliches Leben vor ihm lag.

Die dicke Riesin

Es war einmal an einem fernen, eigentlich unbedeutenden Ort eine Riesin. Diese Frau war stark, intelligent und dick. Alle Leute fürchteten sie – und das machte sie traurig. Jahrelang lebte sie so und ertrug die Traurigkeit und den Schmerz mit der ihr so vertrauten Stärke. Doch plötzlich, ihr schien es wie über Nacht, konnte sie es nicht mehr aushalten. Sie bekam unvorstellbare Angst. Aus dieser Angst entstand der Drang, sich auf die Suche zu machen, um irgendwo Hilfe zu finden. So machte sie sich auf die Wanderschaft. Sie ging tagelang, monatelang über Stock und über Stein, bei Regen und Sonne, bei Nacht und am Tage. Ihr Drang war so stark, daß sie keinen Schlaf fand. Immerzu mußte sie suchen.

Eines Tages kam sie an ein Haus im tiefen, dunklen Wald. Sie klopfte, denn sie war vor Hunger und Durst kaum noch lebensfähig. Nach alter Manier versuchte sie die Leute einzuschüchtern, doch o Schreck – die hatten ja gar keine Angst vor ihr. Na ja, dachte sie, so ganz glaub ich euch ja nicht. Ihr seid nur zu feige, um eure Angst einzugestehen, und denkt vielleicht »wer wagt, gewinnt« oder ähnlichen Kram.

Doch dann kam es noch schlimmer: Da sagte doch plötzlich einer zu ihr: »Du, ich hab dich lieb«, und nahm sie auch noch ganz fest in den Arm. Jetzt geriet sie in Panik. Weg, bloß weg! Die spinnen, die sind alle verrückt, schrie es in ihr. Hier bin ich ja meines Lebens nicht mehr sicher. Doch sie stand ganz erstarrt und völlig durcheinander mit geschlossenen Augen da. Mit der Zeit, als sie mutiger wurde, blinzelte sie mal, um die Gesichter der Menschen zu sehen. Und die, die lächelten! Ja, tatsächlich lächelten die Menschen sie an. Da schienen dieser riesigen, starken Frau die Menschen etwas größer zu werden! Oder wurde sie am Ende kleiner? War ja auch egal.

Die Menschen gaben ihr ein Zimmer, und so blieb sie erst mal in diesem Haus. Der Trieb zu suchen war verschwunden, und sie spürte so etwas wie Hoffnung in sich. Für sie war das wie ein Zeichen des Himmels.

In den nächsten Tagen lernte sie auch die anderen Menschen kennen. In dem Haus war vieles, was sie nicht verstehen konnte, aber im Laufe der Zeit gewann sie Vertrauen und spürte, daß die Menschen es gut mit ihr meinten. Sie fühlte sich wohlig warm unter den Menschen, die ihr schon wieder etwas größer schienen. Eines Tages ging sie durchs Haus und fand in einer Ecke einen Hammer und einen Meißel. Interessiert nahm sie die fremden Gegenstände in die Hände und überlegte, wozu die wohl gut waren. Plötzlich spürte sie einen heftigen Schmerz. Sie hatte sich verletzt. Ein Stückchen ihrer rauhen, rissigen, grauen Oberfläche war abgesprungen. Sie bückte sich, um das Stück von sich aufzuheben. Die Unterseite des abgebrochenen Stücks war goldglänzend und ganz glatt, richtig schön anzusehen. Schnell sah sie an ihrem Körper nach und tatsächlich war da jetzt auch so eine schöne Stelle. Da war sie sehr glücklich. Sie steckte das Stückchen von sich ein und nannte es Goldblättchen. Ein paar Tage lang erfreute sie sich an dem Goldblättchen, doch sie war jetzt neugierig, ob da überall unter der unschönen Oberfläche Gold war. Mutig nahm sie den Hammer und den Meißel wieder zur Hand und schlug eine neue kleine Stelle weg. Auf diese Art und Weise fand sie viele Goldblättchen, und ihre Körperoberfläche wurde kleiner, glänzender und klarer. Doch eines Tages, gerade als sie dachte: Jetzt hab ich es geschafft!, bemerkte sie, daß die Stelle, wo sich ihr erstes Goldblättchen befunden hatte, matt, dunkel und trübe geworden war. Sie erschrak, doch sie war jetzt gewohnt, an sich zu arbeiten, und so fing sie eben wieder von vorne an. Und das immer wieder, jeden Tag. Ja, und wenn ich mich nicht täusche, dann hämmert sie immer noch irgendwo auf dieser Welt, denn für immer kann man ja nicht im schwarzen Wald bleiben.

Die goldene Prinzessin

Es war einmal eine kleine Prinzessin. An dieser kleinen Prinzessin war alles golden. Die Haare waren golden, die Augen waren golden, die Haut war golden, und die Kleider, die sie trug, waren golden. Aber auch ihr Vater, der König, war von oben bis unten golden, und genauso ihre Mutter, die Königin. Überhaupt war alles golden in dem ganzen Königreich. Die Berge, die Flüsse, die Wälder, die Seen. Es gab keine andere Farbe.

Die kleine Prinzessin war sehr glücklich. Sie spielte den ganzen Tag mit goldenen Reifen, kleinen goldenen Kanarienvögeln und pflückte goldene Blumen. Wie gesagt, die kleine Prinzessin war sehr glücklich. Allerdings nur, solange es Tag war. Wenn es Abend wurde und die Sonne unterging, wurde die Prinzessin jedesmal von einer großen Traurigkeit befallen. Sie wurde immer trauriger und unglücklicher, je mehr es dunkelte, und jede Nacht lag sie weinend und zitternd vor Angst in ihrem Bett. Ihre Eltern, der goldene König und die goldene Königin, hatten schon alle Ärzte in ihrem Königreich befragt, was ihrer Tochter fehlen könnte, aber keiner wußte eine Antwort.

Eines Tages nun, als die kleine Prinzessin im Sonnenschein im Gras saß und sehr glücklich war, kam eine Schlange angekrochen. Die kleine Prinzessin hatte keine Angst vor Schlangen. Das einzige, was ihre höchste Verwunderung weckte, war, daß die Schlange nicht golden war wie alle anderen Dinge um sie herum, sondern schwarz. »Wie siehst du denn aus!« rief die Prinzessin. »Guten Tag, kleine Prinzessin«, sagte die Schlange. »Es stimmt, ich sehe anders aus als alles andere. Ich komme zu dir, weil ich gehört habe, daß du immer sehr unglücklich bist, wenn es Nacht wird. Ich glaube, ich kann dir helfen. Du mußt aber mit mir kommen. Wir werden eine kleine Reise machen. Du wirst dabei allerlei wunderliche Dinge sehen, aber ich verspreche dir, daß alles gut wird und du am Ziel deiner Reise etwas finden wirst, was dich für immer glücklich macht.« »Auch nachts?« fragte die kleine Prinzessin. »Auch nachts«, sagte die Schlange. »Komm, setz dich auf meinen Rücken.« Die kleine Prinzessin setzte sich auf den Rücken der Schlange, und schon zischte die so schnell davon, daß ihr Hören und Sehen verging.

Die Schlange schoß in einen See, und das ging so geschwind, daß die Prinzessin nicht einmal Zeit hatte zu schreien. Die Schlange sank mit der Prinzessin immer tiefer unter Wasser. Bald hörte das Rauschen in den Ohren auf, und die Prinzessin konnte die Augen aufmachen. Was es da alles zu sehen gab! Wunderschöne Blumen in den leichtesten Farben wiegten sich in der Strömung, und Schwärme von schillernden Fischen zogen an ihnen vorbei. Doch je tiefer die Schlange sank, desto größer wurden die Pflanzen und Fische, jetzt legten sich glitschige Fangarme um den Körper der Prinzessin, und riesige offene Mäuler kamen auf sie zu. »Ich habe Angst!« schrie die Prinzessin. »Wir sind gleich da«, sagte die Schlange, und schon stieß sie wieder an die Wasseroberfläche. Sie schwamm an Land, und plötzlich saß die Prinzessin auf der Erde.

Vorsichtig öffnete sie die Augen und riß sie dann erstaunt auf. Hier sah es ja ganz anders aus als bei ihr zu Hause. Kein bißchen von der leuchtenden goldenen Farbe, die sie kannte. »Was ist denn das?« fragte sie die Schlange angstvoll. »Hier ist eigentlich alles genauso wie in deinem Königreich«, antwortete die Schlange. »Nur daß hier, anstatt golden, alles silbern ist. Es gibt hier auch eine kleine Prinzessin, nur daß sie eben silbern ist.« »Hat sie auch so wie ich im Dunkeln Angst?« fragte die kleine Prinzessin. »Nein, die silberne Prinzessin ist glücklich, wenn es Nacht ist, sie ist traurig und hat Angst, wenn es Tag ist. Aber schau, da kommt sie schon.« Die goldene Prinzessin sah auf – und staunte. Da kam eine kleine Prinzessin auf sie zu, die ganz genauso aussah wie sie selbst. Aber sie war von oben bis unten silbern.

»Ihr müßt immer zusammenbleiben«, sagte die Schlange. Da sahen sich die goldene und die silberne Prinzessin tief in die Augen, und dann umarmten sie sich. Und auf einmal waren nicht mehr zwei Prinzessinnen da, sondern nur noch eine. Und die war golden und silbern zugleich und war am Tag so glücklich wie in der Nacht. Und die Welt um sie herum war plötzlich voller bunter Farben.

KAPITEL 2

Die häufigsten Fragen an den Therapeuten und die Antworten

1. Wohin soll ich auf dem Wege zur Harmonie mit meinen Aggressionen? Ich möchte sie nicht einfach verdrängen.

Stell dir einen Raum vor, in dem vollkommene Dunkelheit herrscht, weil die Maurer die Fenster vergessen haben. Wie bekommst du Licht in diesen Raum? Vielleicht läufst du mit einem Sack in den Raum hinein, fängst die Dunkelheit ein und trägst sie hinaus. Nach tausend Säcken merkst du, daß da etwas nicht stimmt. Jetzt kommst du auf die Idee, es umgekehrt zu machen: Du fängst draußen das Sonnenlicht ein und trägst es in den Raum hinein. Nach ein paar hundert Säcken erkennst du, daß das auch nicht funktioniert. Nun kommt jemand, der ist klüger als du. Der strengt seinen Kopf ganz gewaltig an, und dann schreibt er mit Kreide in dem dunklen Raum das Wort »Licht« an die Wand. Das ist schon ganz gut, das kommt der Sache schon näher. Aber dunkel ist es immer noch. Und da ist schließlich einer, der sagt: »Ihr Trottel« – und knipst das elektrische Licht an. Da ist die Dunkelheit weg. Er hat nicht die Dunkelheit bekämpft, er hat sich gar nicht um die Dunkelheit gekümmert, er hat einfach das Gegenteil der Dunkelheit, nämlich Licht gemacht. Genauso ist es mit Unwissenheit oder, profaner ausgedrückt, mit Dummheit. Auch sie ist erst beendet mit der Erleuchtung. Oder wie es der Volksmund sagt, wenn du ein »heller Kopf« bist, dann kannst du keine dunkle Gestalt mehr sein.

Ebenso ist es mit der Harmonie und der Aggression. Das Schlechteste, was du machen kannst, ist, deine Aggressionen zu bekämpfen. Dem Krieg den Krieg zu erklären ist zwar gängiger Unsinn, erkläre ihm statt dessen den Frieden und er weiß sich keinen Rat mehr. Druck erzeugt Gegendruck. Bekämpfe nicht deine Feinde, liebe sie und sie sind deine Freunde. Wenn du dich durch geeignete Wege bemühst, zu Harmonie zu gelangen, so werden deine Aggressionen von alleine verschwinden, weil Aggression das Gegenteil von Harmonie ist. Wenn man in Harmonie ist, erübrigt sich die Frage: Wohin mit den Aggressionen, so wie sich die Frage erübrigt, was mit der Dunkelheit geschehen soll, sobald man Licht gemacht hat. Wahrscheinlich wirst du nicht so schnell in vollkommene Harmonie versetzt, wie du einen dunklen Raum erleuchtest, aber wenn es hell wird, werden die Schatten kürzer. Kümmere dich um das, was du haben willst. Alles was wichtig ist, ist doch das, was du willst, oder? Wenn du eine positive Suggestion aufnimmst, dann ist sie, durch die ganz normale Anhäufung von »Mist«, den wir in uns haben, zunächst ein Tropfen auf einem heißen Stein. Deshalb sagt der oberflächliche Betrachter, daß das nichts nützen kann. Aber der Tropfen auf dem heißen Stein wird zu einem Tropfen, der den Stein höhlt, wie wir schon einmal gesagt haben. Es ist jetzt nur noch eine Frage der Zeit, oder der geeigneten Wege, die Zeit abzukürzen, um alsbald dein Ziel zu erreichen.

Also, Aggression löst sich von alleine auf durch das Schaffen von Harmonie, weil Harmonie das Gegenteil von Aggression ist. Genauso wie Aggression automatisch Harmonie zerstört. Du solltest dafür sorgen, daß das, **was du möchtest**, in dir 51 Prozent – oder besser mehr – Stimmrecht hat. Ideal wäre natürlich 98 Prozent, bei 51 Prozent dauert es lange, bis etwas daraus wird, aber immerhin, es ist die Mehrheit und somit ein guter Anfang.

2. Was, wer, wie ist Gott?

Der Versuch einer intellektuellen Definition ist müßig, niemand ist in der Lage, diese Größenordnung, die jenseits unseres Begriffsvermögens ist, zu erfassen. Alles, was wir über ihn wissen, trennt uns von ihm, und eine Definition wäre im Grunde nichts anderes, als auf Wissen zurückzugreifen. Wenn wir Gott benennen, können wir ihn nicht finden. Und der, der Gott gefunden hat, kann ihn nicht benennen. Er wird glänzende Augen haben, er wird strahlen, er wird erleuchtet sein, er wird dich umarmen, er wird Wunder vollbringen können. Aber das in unseren Augen Einfachste von der Welt wird er nicht tun können, nämlich sagen, was Gott ist. Wenn du niemals etwas Süßes gegessen hast, wird dir niemand erklären können, was oder wie das ist. Wenn du dich niemals in den Finger geschnitten hast, kann dir niemand erklären, wie sich das anfühlt. Jemand kann dir nur ein Messer in die Hand geben und dir viel Glück wünschen. Die Erfahrung mußt du selber machen, es geht nicht anders. Es gibt Bereiche, wo der Intellekt seine Grenzen erreicht, und bei »Gott« ist diese Grenze absolut, und sie wird es wohl noch bleiben.

Keine Definition, aber eine schöne Umschreibung ist: Gott ist kreative Intelligenz. Gott ist nicht denkendes, reines, bewußtes Sein. Wenn du wirklich mehr über Gott wissen willst, dann such ihn. Aber such ihn nicht zu lange an falschen Plätzen. Suche ihn in dir, er ist in dir, er ist auch in deinem Nachbarn, er ist auch in einer Blume, in einem Flugzeug. Er ist dein eigenes höheres Selbst.

In dem Selbsterfahrungsbuch *Zen und die Kunst, ein Motorrad zu warten* schreibt Robert M. Pirsig ganz richtig: »Flucht vor der Technik, der Haß auf sie, ist selbstzerstörerisch. Die Gottheit wohnt in den Schaltungen eines Digitalrechners oder dem Zahnrad eines Motorradgetriebes ebenso bequem wie auf einem Berggipfel oder im Kelch einer Blüte.«

Gott selbst sagt im Thomas-Evangelium: »Ich bin das Licht, das über allem leuchtet, ich bin das All, das All entstand aus mir und das All gelangte zu mir. Erhebe den Stein und daselbst wirst du mich finden, spalte das Holz und ich bin dort.«

Gott ist auf der prinzipiellen, universellen Ebene aktiv. Wir auf der speziellen, individuellen Ebene sind identisch mit dieser Intelligenz, sind eins mit ihr. Es gibt außer Gott nichts. Auch nicht das Böse. Aus der Perspektive der Raum- und Zeitlosigkeit verschmelzen die Gegensätze zu einer *Ein*sicht. Es gibt in der

Schöpfung nichts, was sich gegen die Schöpfung richtet. Gott ist die Schöpfung, er hat sich in der Schöpfung ausgedrückt. Er ist Eins ohne ein Zweites.*

3. Auf der einen Seite soll man loslassen, geschehen lassen, auf der anderen klare Ziele setzen. Ist das nicht ein Widerspruch?

Nein. Du sollst ein klar definiertes Ziel haben und dann sagen: Der Vater in mir tut die Werke. Ich habe dieses Ziel, ich habe diesen Wunsch, und ich weiß, daß der, der mir diesen Wunsch gegeben hat, mir auch die Kraft gab, ihn zu verwirklichen. Und ich weiß, daß Gott zu mir spricht durch meine Wünsche. Du sollst viele Wünsche haben, auch im materiellen Bereich, und du sollst viel investieren in die Verwirklichung dieser Wünsche. Damit du erkennen kannst, was ihre wahre Natur ist, nämlich *Maya,* das heißt Illusion – daß es nur deine Vorstellung ist, du wärst nach der Verwirklichung eines Wunsches glücklich und am Ziel. Doch die Erfahrung der Menschheit lehrt, daß ein Mensch, der sich seine Wünsche erfüllt hat, nach neuen Ufern Ausschau hält, und dieses Spiel wiederholt sich immer wieder. Die Evolution vollzieht sich nicht unter Umgehung der Materie, sondern durch die Materie. Also wünsche dir alles, was du haben willst, Häuser, Autos, Schmuck. Du wirst schon sehen, was geschieht, wenn alle Wünsche erfüllt sind. Versteh dieses »du wirst schon sehen« aber nicht als Drohung, nur weil dieser Satz in deiner Kindheit so oft als bedrohlich von dir empfunden wurde. Versuch nicht deine Wünsche zu unterdrücken, sonst wirst du immer das Gefühl haben, etwas Wichtiges versäumt zu haben. Du wirst frustriert sein und andere beneiden, die sich ihre Wünsche erfüllen, und daraus wird Aggression. Deine Wünsche sind dann nur verdrängt, aber nicht überwunden.

---

* Mehr zu diesem Thema siehe Erhard F. Freitag, *Diesseits der Wirklichkeit*, Bergisch Gladbach: Bastei Lübbe, 1997.

Die östliche Philosophie, nach der es besser ist, keine Wünsche zu haben, wird dann sinnvoll, wenn du dir so viele Wünsche wie möglich erfüllt hast. Denn dann erst durchschaust du das Spiel, und erkennst, daß es eine Illusion ist, durch Wünsche alleine zur Erfüllung zu gelangen und zu einem glücklichen Menschen zu werden. Erst dann bist du reif für den Frieden, der in der Wunschlosigkeit zu finden ist.

Noch etwas zum »Loslassen«. Deine Ziele erreichst du nicht durch alle möglichen Transaktionen, sondern indem du auf sie verzichtest. Loszulassen, geschehen zu lassen, oder wie es die Volksweisheit sagt: »Geduld bringt Rosen«, ist der bessere Weg zum Ziel. Wenn du verstehst, was gemeint ist mit der Aussage »ES« geschehen zu lassen, dann geschieht »ES« auch. Du kannst haben, was du willst, und das ganz besonders dann, wenn du es nicht mehr willst! Zwischen dir und der Verwirklichung deines Wunsches steht nur deine Meinung von der Diskrepanz zwischen dir und deinem Wunsch. Deine Meinung über die Strecke, die zurückzulegen ist, ist von größerer Bedeutung als die Strecke selber. Laß los, laß Gott deine Wünsche verwirklichen – und durchschau das Spiel. Aus der großen Energie, die du eventuell einsetzt, um erfolgreich zu sein, ist zu erkennen, welchen Widerstand du erwartest. Ein imaginäres Hindernis aber wird manchmal schnell zum realen Hindernis. Dein immer kreativer Geist führt von deiner Imagination zur Realisation. Oder das, was du befürchtest, wird über dich kommen. Deshalb, laß los, fürchte und sorge dich nicht, ein anderer hat das für dich bereits getan.

4. Braucht man nicht sehr viel Energie, um das Gute durchzusetzen?

Energie ist bestimmt nicht nötig. Energie ist nötig, einen Kubikmeter Sand von links nach rechts zu schaufeln. Auf der physikalischen Ebene braucht es Energie, um etwas zu bewirken. Aber im seelischen Bereich kommen metaphysische Gesetze zum Tragen, die intellektuell schwerer faßbar sind als das kleine »Einmaleins«. Wenn du einen Würfel teilst, so wird jeder Teil kleiner sein als der Würfel. Die Gesamtmenge dieser Teile ergibt wieder den ganzen Würfel. Wenn du aber etwas teilst, was im physikalischen Universum nicht existiert, wie Freude und Liebe, Glück, so wird es mehr. Geteilte Freude ist doppelte Freude – das ist nicht nur ein Spruch, der irgendwo einmal niedergeschrieben wurde, weil noch Platz auf dem Papier war. Das ist eine fundamentale Wahrheit, deren Aussagekraft für dich von großer Bedeutung sein kann. Durch Teilen vergrößerst du Freude, möchtest du? Wenn du einem anderen deine Freude mitteilst, sind es schon zwei Personen, die an einem freudigen Ereignis teilhaben. Es ist also mehr Freude im Kosmos vorhanden und nicht nur für jeden ein Teil davon. Wir können selbst dann nicht den Weltfrieden erreichen, wenn wir mit übermenschlicher Anstrengung, mit »Energie« den Krieg bekämpfen.

Dem Krieg den Krieg zu erklären, das ist Unsinn, der sogar manchen Politikern bewußt wird. Mit Bomben den Frieden erzwingen zu wollen, ist nicht möglich, denn eine Bombe zieht eine andere Bombe an. Alles gedeiht nach seiner Art. Deshalb können wir den Krieg nur überwinden, indem wir ihm den Frieden erklären. Teile Gefühle und Gedanken des Friedens mit anderen, dann wird es mehr Frieden in der Welt geben – das ist das »Energiegesetz« des Kosmos. Lassen wir den Krieg in Frieden, dann wird er sich selber bekriegen und wir den ersehnten Frieden kriegen.

5. Kann durch Positives Denken Karma aufgelöst werden?

Das Wort »Karma« wird oft strapaziert, um die Schuld für die Probleme, in denen man gerade steckt, auf ein mutmaßliches Vorleben zu projizieren. Wenn eine Theorie sagt, daß du irgendwann einmal einen Planeten zerstört hast, gefällt dir das vielleicht, weil du dann nicht hier und jetzt hinzuschauen brauchst. Da einigen sich »Weggucker« auf: Das habe ich nicht gemacht, das ist altes Karma. Im Grunde heißt das: Damit habe ich nichts zu tun. Wenn du oft oder gar ständig große Probleme hast, so hat das mit Sicherheit nichts mit einem Vorleben zu tun. Ursache und Wirkung spielen sich innerhalb deines gegenwärtigen Dramas ab, nicht in Zusammenhang mit Vorstellungen, die du angeblich irgendwann einmal gegeben hast. Deine Probleme, das ist deine »Tragödie« inmitten einer Komödie hier und heute. Wem es aber an Humor mangelt, der verwechselt leicht eine Komödie mit einer Tragödie. Nimm einfach das, was ist, als etwas, was du in diesem Leben angezogen, erschaffen, erzeugt hast. Versuche, die Urheberschaft der Ereignisse nicht zu reduzieren, indem du die Anfänge in ein mutmaßliches anderes Leben abschiebst. Das ist Verantwortungslosigkeit und der Versuch eines kindlichen Gemütes, sich aus der Realität (Verantwortung) zu schleichen. Es gibt nichts anderes als Ursache und Wirkung. Wir sind Alpha und Omega, Anfang und Ende zugleich, und wir sind Schöpfer und Geschöpf. Kümmere dich um das Jetzt und Hier, dann ist alles, was du Karma nennst, miteingeschlossen und du mußt nicht unausgegorene Theorien strapazieren und einfache Zusammenhänge nicht kompliziert erklären.*

6. Was ist der Sinn des Lebens?

Eine gute und für uns alle wichtige Frage, deren Beantwortung für die Qualität unseres Lebens von entscheidender Bedeutung ist. Die philosophische, aber intellektuelle Antwort ist: Der Sinn des Lebens ist der, den du ihm gibst. Der Sinn des Lebens ist, Erkenntnis zu gewinnen.

Ein kluger Mann sagte einmal: »Das Leben ist ein Erkenntnis schaffender Prozeß.« Niemand verläßt diese Welt so wie er sie betreten hat. Wenn du dich der »Erkenntnis« des Lebens bisher erfolgreich verweigert hast, dann bietet sich spätestens im Mo-

---

* Mehr zum Thema siehe *Diesseits der Wirklichkeit*, Erhard F. Freitag, Bergisch Gladbach: Bastei Lübbe 1997

ment des Übergangs (des Sterbens) Erleuchtung an. Wir wissen, daß in diesem Moment der berühmte Lebensfilm abläuft. Spätestens jetzt überblickst du noch einmal, oder zum erstenmal dein Leben, ziehst Bilanz und erkennst den Sinn des (deines) Lebens. Du erkennst Zusammenhänge und gewinnst spätestens jetzt aus deinem Leben die (über-)fällige Erkenntnis. Wir sehen oft bei einem Verstorbenen ein verklärtes, lächelndes Gesicht wie das eines Engels. Das ist oftmals das letzte, was ein sozusagen »Weitergegangener« als Botschaft für uns zurückläßt, ein verklärtes, lächelndes, weiches Gesicht, das uns sagen will: Er hat verstanden, er hat das Paradies erreicht, er ist im Himmel.

7. Stabilisiert man mit Positivem Denken nicht nur wieder die bestehenden politischen Machtverhältnisse, indem man sich in sein eigenes Inneres zurückzieht?

Wer jetzt arm ist, kann wohlhabend werden, indem er sich seinen inneren Reichtum erschließt. Wer jetzt rechtlos ist, erlangt die ihm zustehenden Rechte, wenn er innerlich aufhört, in seine Rechtlosigkeit einzuwilligen. Man könnte sogar sagen, daß keine Methode so sehr wie das Positive Denken gesellschaftliche Machtverhältnisse ändern kann, weil jeder, unabhängig von Religion, Hautfarbe, Geschlecht, politischer Einstellung zu schöpferischen Gedanken fähig ist, die alles verändern können. Wer lächelnd seiner eigenen Kraft vertraut, der ist weniger oder gar nicht anfällig für politische Manipulation. Jeder kann zu der Erkenntnis gelangen, daß der Geist die einzig wirkliche Macht im Universum ist. Wenn alle wissen, wo der Schlüssel zum Tresor ist, können auch alle an den Tresor gehen. Früher galt dieses Wissen als Geheimwissen, und es wurde dem Volk vorenthalten, damit es nicht zu der Erkenntnis kommt, daß es selbst etwas tun kann, um seine Lage zu ändern. Bis in die jüngere Vergangenheit war die Selbstverwirklichung das Privileg einiger weniger Glücklicher. Noch Anfang des Jahrhunderts war esoterisches Wissen und der Weg der Selbsterkenntnis fast ausschließlich geheimen Orden wie Freimaurern, Rosenkreuzern, der weißen Bruderschaft und anderen vorbehalten. Indem aber all das Wissen, das die Welt zu befreien vermag, jetzt allen zur Verfügung steht, ist die »Neue Zeit« angebrochen und du hast deinen »Platz« in ihr.

Es gab – und es gibt – genug Institutionen, die ein Interesse daran haben, die Menschen in »Fesseln« zu halten. Heute kann sich jeder das Wissen beschaffen, das er braucht, um zu dem zu werden, der er sein möchte.

Wenn jemand zu Unrecht Macht ausübt, so wird ihm diese Macht eines Tages genommen werden. Hat er viele Waffen, kann einige Zeit vergehen, bis gerechte Verhältnisse hergestellt sind. Es gibt immer wieder Perioden, in denen eine Minderheit eine Mehrheit unterdrückt und umgekehrt, doch überall ist der Prozeß der Befreiung (Evolution) im Gange, und wird sich auch so lange fortsetzen, bis wir alle in die große Freiheit Einlaß gefunden haben. Natürlich hat die Geschichte des Lebens andere zeitliche Dimensionen als ein Individuum, deshalb dauert so eine Veränderung nicht Tage oder Monate, sondern Jahre, Jahrzehnte oder Jahrhunderte, manchmal Äonen. Doch im erwachenden Bewußtsein der Schöpfung liegt der Schlüssel zur Freiheit und sie ist deine wahre Natur.

8. Muß man sich auf den Wortlaut von Affirmationen sehr konzentrieren oder erreichen sie das Unterbewußtsein eher, wenn ich sie »nebenbei« sage oder höre?

Wenn das »Nebenbei« ein gedankenloses Vor-sich-Hinmurmeln ist, haben Affirmationen wenig Wirkung. Es heißt: »Das Gebet sei kein sinnlos Gestammel«; andererseits ist krampfhafte Konzentration, die etwas »einbleuen« will, mit Sicherheit nicht der richtige Weg. Du solltest mögen, anstatt zu wollen. Versuche die Worte, die du sprichst, bildhaft umzusetzen, sie zu verinnerlichen. Wenn du also zum Beispiel die Suggestion »Ich bin Harmonie« verwendest, so übersetze das Wort »Harmonie« in eine bildliche Form. Spüre ihr nach, finde heraus, was Harmonie für dich persönlich bedeutet. Laß dich in die Bilder, die bei deiner Suggestion aufsteigen, hineinfallen, korrigiere dich aber, wenn deine Gedanken abschweifen. Das ist die beste Methode und die Sprache deines Unterbewußtseins.

9. Es wird immer wieder darauf hingewiesen, wie schädlich es für Kinder ist, wenn sie bezweifelt statt bestätigt werden. Aber sind Menschen, die von klein auf immer alles bekommen haben, was sie wollten, oft nicht egoistisch und oberflächlich?

Affenliebe ist genauso schädlich wie Vernachlässigung. Ein Kind, das verwöhnt wurde, ist nicht auf die Natur der Dinge hingewiesen worden. Es hat ein falsches Verständnis der Welt und wird es schwer haben. Es denkt, es sei selbstverständlich, daß es alles hat und die anderen nicht. Ein verwöhntes Kind wird nicht angehalten, sich selbst etwas zu erarbeiten, und deshalb wird es auch später dazu nur schwer in der Lage sein. Oberflächliche und egoistische Menschen sind unbewußt, sie denken nicht über die Realität nach, warum auch? Deshalb bringt ihnen das, was sie haben, anstatt Freude oftmals Leid. Ihr Vorteil wendet sich gegen sie, wenn sie nicht das richtige Verhältnis zu sich und der Welt haben. Reiche Erben verlieren leicht ihr Vermögen, arrogante Angeber haben keine Freunde, Egoisten sind nicht glücklich in der Liebe. Eltern sollten ihrem Kind helfen, seine eigene Schöpferkraft zu erkennen, dann wird es auch mit dem Leben zurechtkommen und aus sich heraus, ohne viel äußere Hilfe, sein Leben gestalten. Ein Kind, dem zu viele Wünsche erfüllt wurden, wird nicht lernen, sich seine Wünsche aus eigener Kraft zu erfüllen. »Selbst ist der Mann/Frau« ist die wichtigste Voraussetzung, um glücklich zu werden, und »wohl denen, die sich selber genügen«.

10. Kann ich mit Affirmationen und Imagination Macht über andere gewinnen, und was passiert, wenn ich das tue?

Ein Schwarzmagier kann eine Nadel in eine Wachspuppe stechen und mit der Magie seiner Gedanken der Person schaden, die durch diese Puppe symbolisiert wird. Aber nur ein kleiner Teil seiner Energie verläßt ihn und geht zu dem anderen, der größte Teil der destruktiven Kraft bleibt in ihm und zerstört ihn selbst. Die Mystiker sagen, daß die Magier der Teufel holt. Wenn du Negatives für andere imaginierst, so schadest du also vor allem dir selbst. Du begibst dich in die große Gefahr, dein Ziel zu verfehlen.

Der Wunsch, Macht über andere ausüben zu können, ist ein zwar beliebter, aber ganz und gar falscher Standpunkt. Wir können andere nur ändern, indem wir uns selbst ändern. Der andere reagiert automatisch in der Art und Weise, in der ich mich ihm gegenüber verhalte. Ändere ich mein Verhalten, so verändert sich die Welt. Wenn du aber glaubst, es sei zum Besten eines anderen, wenn du Macht über ihn erlangst, hast du eine falsche Einstellung vom Sinn des Lebens und wirst bald feststellen, daß der Mächtige allzuoft der Ohnmächtige ist. Überlasse es dem anderen, herauszufinden, was für ihn das Beste ist. Du kannst niemandem mit deiner Erfahrung helfen, jeder will und muß seine eigenen Wege gehen. Es ist unmöglich, deinem Kind Liebeskummer zu ersparen, nur weil du selber darunter gelitten hast und weißt, »Liebeskummer lohnt sich nicht«. Jeder braucht seine Erfahrung für seine persönliche Reife, und das ist gut so.

Wenn du das Gefühl hast, daß jemand auf dem falschen Weg ist, so kannst du ihm erklären, was du davon hältst – aber dann laß ihn in Ruhe. Selbst wenn er sich tatsächlich ein blaues Auge holt und hinterher sagt: »Du hattest recht«, so hat er doch die Erfahrung erst einmal machen müssen, um zu erkennen, daß du recht hattest. Vermeide jedes Missionieren, es gibt nur eine Möglichkeit, jemanden von der Richtigkeit deiner Lebenseinstellung zu überzeugen: Lebe sie ihm vor. Wenn er deinen Weg gut findet, wird er schon kommen und du kannst ihm Vorbild sein.

11. Ich will nicht alle Menschen lieben. Ist es nicht auch wichtig, sich von Menschen klar zu trennen, die man nicht um sich haben mag?

Oft erkennst du bei Menschen, die du nicht magst, Charaktereigenschaften, die auch bei dir aktiv sind. Diese Einsicht – die übrigens sehr schwer ist – bedeutet aber nicht, daß du dich von diesem Menschen nicht trennen darfst. Trennungen sind in unserem Leben genauso wichtig wie Verbindungen. Wenn du an einen Weg kommst, den du einmal gegangen bist, den du aber nicht wieder gehen willst, so hast du natürlich das Recht, eine andere Richtung zu wählen. Das kann zu einer seelisch-geistigen und auch äußerlichen Trennung führen. Beachte, daß jeder Mensch das Recht hat, seinen Weg zu gehen, weil jeder die Erkenntnis, die am Ende dieses Weges auf ihn wartet, braucht. Es gibt viele Wege zum Ziel, jeder Mensch ist ein Weg und somit trägt er in sich auch sein Ziel. Jeder ist Alpha und Omega. Wenn Wege ähnlich sind, üben sie eine Anziehungskraft aufeinander aus; wo sie wenig miteinander zu tun haben, laufen sie ohne Berührungspunkte auseinander. Wenn dich der Weg eines anderen nicht bereichert, entlasse ihn aus deinem Leben oder bitte ihn im Geiste um Entlassung. Du wirst andere finden, mit denen du Gemeinsamkeiten hast, denn gleich und gleich gesellt sich gern.

Oft verbinden wir Loslösung mit Aggression. Solange wir es noch nicht besser wissen, ist sie sogar hilfreich, denn sie beschleunigt die notwendige Trennung. Bei Jugendlichen, die ihr Elternhaus verlassen, können wir diese Aggression oftmals beobachten und natürlich auch bei Scheidungen. Die destruktive Energie ist das Mittel deiner Wahl, solange du noch keine andere Einsicht hast. Lebe deine Aggressionen aus, solange du sie noch brauchst. Besser wäre es allerdings, den anderen in Liebe zu entlassen, anstatt ihn mit Wut aus dem eigenen Ich zu verbannen.

Such dir Menschen, die dir helfen, die dich unterstützen, die dich erfreuen und für die du Balsam auf die Wunden der Seele bist. Jeder möchte gern Gleichgesinnte um sich haben, die seine Lebensphilosophie teilen. Das heißt natürlich nicht, daß nur *ihr* im Besitz der Wahrheit seid und die anderen unrecht haben. Das einzusehen, fällt den meisten Menschen allerdings sehr schwer. Aber du bist nicht die meisten Menschen.

12. Nach anfänglichen Erfolgen erlebe ich immer wieder Rückschläge mit dem Positiven Denken. Was kann ich dagegen tun?

Die Rückschläge sind vollkommen normal, weil du zwar willst, aber zugleich auch zweifelst, ob es wohl auch gelingen wird, was du möchtest. Das bedeutet nicht, daß du nicht schaffst, was du dir vorgenommen hast. Wenn du aufhörst zu zweifeln und die Erkenntnis gewonnen hast, daß du in der »Tat« der Schöpfer deiner Welt und deiner Erfahrungen bist, kannst du nie mehr in die Verantwortungslosigkeit zurück. Das gelegentliche Zurückfallen in alte Verhaltensweisen ist natürlich. Wir sind oft phlegmatisch, es ist noch vieles von früheren Evolutionsstufen in uns, in denen wir es uns meist bequem machten und dösend herumlagen. Lange haben wir nur etwas getan, wenn es uns zu heiß oder zu kalt war, wenn wir Hunger hatten oder Gefahr drohte. Unsere geistige Beweglichkeit ist einfach noch nicht so groß, daß wir nicht manchmal in alte Formen von »Leidenschaftlichkeit« zurückfallen – um aus diesem Leiden dann erneut die anfällige Erkenntnis zu gewinnen, um freiwillig aktiv zu werden.

Manchmal verschlechtern sich die Dinge sogar dramatisch, nachdem du mit dem Positiven Denken begonnen hast! Man nennt diesen Vorgang »*Chemikalisation*«, das heißt, eine chemische Umstellung bewirkt zunächst eine gewisse Irritation. Vielleicht hast du schon selber erlebt, wie sich eine Krankheit zunächst noch verstärkt hat, wenn eigentlich die Gesundung einsetzen sollte? Das gleiche passiert, wenn du heilende, das heißt positive Gedanken in dich einläßt. Denn nicht nur Medikamente, mehr noch Gedanken verursachen (chemische) Veränderungen. Doch warum nun die anfängliche Wendung zum Schlechteren? Mach dir folgendes bewußt: Wenn du mit dem Positiven Denken beginnst, hast du dein bisheriges Leben – das können mehrere Jahrzehnte sein – in anderen, manchmal nicht ganz konstruktiven Gedanken gelebt. Diese Denkweise hat sich eingraviert in deinen Körper, deinen Geist, hat deine Umstände geprägt. Wenn du nun nach Harmonie, Frieden, Liebe, Vergebung strebst, so bedeutet das einen neuen Kurs für dein »System«. Die neue Denkweise konkurriert jetzt mit der alten, muß ihrer Natur gemäß das Alte auflösen und das bewirkt ein Aufwallen in Körper und Geist, was du dann als vorübergehende Verschlechterung empfindest.

Sei dir bewußt und vertraue darauf: Die alte Denkweise ist auf jeden Fall zum Rückzug gezwungen, egal, wieviel Lärm sie dabei macht. Wenn du diese Zeit des Aufruhrs in deinem Leben durchstehst, wird bald deine Heilung auf wunderbare Weise offenbar werden. Alles geht bald schon ganz leicht. Was du brauchst, fällt dir zu. Was du von Herzen ersehnt hast, tritt bald schon in Erscheinung.

Laß dich nicht ins Bockshorn jagen, wenn du Rückschläge erlebst. Bleib ruhig und gelassen, warte einfach ab, und mach dir immer wieder klar, daß diese Rückfälle ein Teil des Heilungsprozesses sind. Wenn du einen alten Fehler wiederholst, lach darüber und verstehe, daß du scheinbar beim erstenmal noch nicht ganz verstanden hast und deshalb einen Teil der Lektion wiederholen mußt. Dein Unterbewußtsein probiert nur den früheren Weg, und der hat eben eine solche Anziehungskraft, weil er so lange von dir begangen wurde und gut eingefahren ist. Er bietet sich so lange an, wie dein neues Bewußtsein noch nicht genügend Standfestigkeit hat. Daran ist nichts Falsches. Kämpfe nicht gegen deine Schwächen an, nimm von einem übergeordneten Standpunkt lächelnd davon Kenntnis, was geschehen ist. Du weißt: Jeder Schritt zurück ist nur ein neuer Anlauf für den

Sprung nach vorn. Der »Mist«, den du bisher gemacht hast, ist der Dünger für deine zukünftigen großen Taten! Lächle über beide Programme, aber lächle über das neue ein kleines bißchen mehr. Mehr ist nicht nötig und nun laß es genug sein!

13. Ich schlafe leicht ein, wenn ich in Trance gehen möchte. Was mache ich falsch?

Nichts. Einzuschlafen, wenn man in einer bequemen Position liegt und die Augen schließt, ist natürlich. Nur manchmal und nur im übertragenen Sinne ist es beim autogenen Training Flucht vor sich selbst. Das einfachste Mittel dagegen ist, sich eben nicht in diese bequeme Position, zum Beispiel die Rückenlage, zu begeben. Probiere einmal den unbequemeren Lotossitz aus, laß den Raum eher kühl, gestalte die Situation so, daß das Einschlafen erschwert oder verhindert wird. Trance bedeutet, daß man sich in einem überwachen, selektiven Bewußtseinszustand befindet, von Schlaf kann keine Rede sein. Du nimmst dann zwar den Raum, in dem du sitzt, nicht mehr besonders zur Kenntnis und hast ein verändertes Gefühl für die Zeit, aber dennoch wäre Schlafen ein Verlust von Bewußtsein. Trance hingegen ist eine höhere Bewußtseinsstufe. Wenn du trotz deiner kleinen Tricks, das Einschlafen zu erschweren, doch immer wieder einschläfst, solltest du deine Widerstände gegen die Trance aufarbeiten. Vielleicht bist du zu verspannt und mußt dich vor der Trance erst durch körperliche Bewegung abreagieren. Das ist der Grund, warum in unseren Seminaren getanzt wird. Freier Tanz, Jogging, dynamische Meditation bauen Spannungen ab. Entspanne dich, geh, wenn du alleine nicht zurechtkommst, in ein Seminarzentrum oder wende dich an uns.*

* Kontaktadresse siehe Nachwort

14. Kann man mit Affirmationen, die man sich selber gibt, den gleichen Erfolg erzielen wie mit einer Hypnosetherapie?

Jein. Theoretisch ja, aber praktisch nein. Der Hypnosetherapeut legt in einem optimalen Trancezustand die Affirmationen direkt in dein Unterbewußtsein. Selbst eine mittlere Trance ist ein Zustand, in dem du nicht mehr in der Lage bist, Affirmationen selber zu formulieren. Tonbänder sind eine Hilfe, wenn du alleine arbeiten willst, in meiner Praxis sind beispielsweise über viele Jahre hinweg fünfundzwanzig verschiedene Suggestionskassetten entstanden, die schon sehr vielen eine wertvolle Hilfe waren. Ein Tonband ist immer eine gute Alternative, aber kein wirklicher Ersatz für einen *spirituellen* Hypnosetherapeuten.

In meinem Buch »Kraftzentrale Unterbewußtsein« schreibe ich ausführlich zum Thema Hypnose und über die Qualifikation eines Therapeuten. Es gibt Hypnosetherapeuten, deren ganze Ausbildung lediglich im Besuch eines Wochenendseminars besteht, oder sie arbeiten eindeutig nach veralteten Modellen indem sie beispielsweise nur körperliche Symptome ansprechen, und statt mit Medikamenten eben mit Worten zu kurieren versuchen. Aber Symptombehandlung führt lediglich zur Symptomverschiebung. Nicht jeder, der diesen Titel trägt, der sich Therapeut nennt, ist es auch.*

Wenn du im wesentlichen mit dem, was in diesem Buch geschrieben steht, und mit den beiden vorhergehenden Büchern *Kraftzentrale Unterbewußtsein* und *Hilfe aus dem Unbewußten* einverstanden bist, such dir einen Hypnosetherapeuten, über den du möglichst viel weißt. Du solltest über die Einstellung eines Hypnosetherapeuten so viel in Erfahrung bringen können, daß du vertrauen kannst, denn wie du nun schon oft gelesen hast, ist die innere vertrauensvolle Beziehung von allergrößter Bedeutung.

---

* Interessierte können eine Namensliste mit Therapeuten und näheren Informationen zu diesen beziehen über die Kontaktadresse am Ende des Buches.

Vertraue der Gerechtigkeit

Gerechtigkeit für alle, heißt es allerorts. Aber wo ist sie? Wann wird die Zeit kommen, da Himmel und Erde vereint sind? Oder könnte es sein, daß wir auch hier wieder einmal den Wald vor lauter Bäumen nicht sehen? Wir haben es schon einmal in diesem Buch geschrieben: »Jeder bekommt, was er verdient, aber nur der Erfolgreiche gibt es auch zu.« In dieser Aussage liegt enorm viel Information über den Ist-Zustand unserer Welt.

Neulich kam ein junger Mann in die Praxis, um über einige für ihn wichtige Dinge zu sprechen. Eine seiner Fragen war: »Wenn wir alle Gottes Kinder sind, warum verteilt er dann die Alimente so ungleichmäßig?« Hatte der junge Mann recht mit seiner Frage? Wir glauben nicht! Das Wesen, jene Bewußtheit, die Urheber der Schöpfung ist, bedarf keinerlei Ergänzung, keines Rates, keiner Verbesserungsvorschläge. Das Prinzip, wie das Füllhorn über uns ausgegossen wird, ist perfekt. Denn was wäre gerechter, als daß jeder das bekommt, was er verdient? Verdient im Sinne von: Jeder bekommt das, was er erschafft. Jeder ist seines Glückes Schmied. Jeder lebt in dem Universum, das er aus sich heraus erschaffen, also selber kreiert hat. Stell dir vor, jeder auf der Welt erhielte absolut das gleiche an Wert und Menge von den Gütern dieser Welt. Welche Ungerechtigkeit! Arbeiten wir doch alle in einem unterschiedlichen Tempo, mit unterschiedlichem Wirkungsgrad, an unterschiedlichen Projekten. Der Anreiz, durch ein intelligentes, besseres Verfahren schneller zu Erfolg zu kommen, ist für viele z. B. ein Lebensziel. Wer mehr tut, wer fleißig ist, sollte im selben Verhältnis dafür belohnt werden. Der Faule zum Beispiel, der nur fleißig ist, wenn er eine bestimmte Menge Geld braucht, würde nach diesem Verteilerschlüssel sicher sofort auf halbe Kraft zurückschalten und andere die Arbeit tun lassen.

Oder wäre es gerecht, wenn Gesundheit, Glück, Liebe, und materielle Werte nach Hautfarbe verteilt werden würden? Sollte unser Wohlergehen, unser Glück, Liebe, materieller Überfluß nach der religiösen Zugehörigkeit verteilt werden? Selbstverständlich nicht. Die sozialistischen Volksgemeinschaften, welche die Säule der Evolution »jedem das *seine*« durch die Parole »alle sind gleich« außer Kraft zu setzen suchen, erleben ziemlich drastisch, was der einzelne noch zum Gesamtwohl beizutragen bereit ist, wenn nicht durch seine besondere Leistung auch seine materielle Basis profitiert.

Versuch dir zum Spaß einfach einmal ein Gesellschaftsmodell auszudenken, das völlig befriedigend wäre. Wir sind der Meinung, daß das vorhandene einfach und gerecht ist. Jeder kann an der Börse des Lebens das erhalten, wonach er verlangt, vorausgesetzt, er hat den geistigen Gegenwert dabei. Noch einmal einfacher: Alles hat seinen Ursprung im Geiste. Wenn du erfüllt bist mit großem Gefühls- und Ideenreichtum, dann wird dieser innere Reichtum Anziehung auf seinesgleichen in der äußeren Welt ausüben. Durch das Gesetz der Resonanz wird es außen bald so sein wie innen. Wenn du voller Ärger bist, wird das Gesetz alles dem Ärger Entsprechende anziehen, bis zwischen innen und außen Ausgeglichenheit besteht.

Bist du erfüllt von materiellen Vorstellungen, so wirst du von den geistigen Gesetzen gezwungen werden, in deiner äußeren Welt genau das deinem Inneren Entsprechende zu materialisieren. Im Denken und Glauben liegt dein Schlüssel zum Glück dieser Welt. Es ist gerecht und wird von allen auch bewußt oder unbewußt praktiziert. Hier liegt die höchstmögliche Gerechtigkeit, nur so kann es sein. Alles andere wäre nicht funktionsfähig. Doch sollten wir die zeitliche Spanne, aus der heraus wir Recht und Unrecht bemessen, etwas größer ansetzen. Wenn ich heute krank werde, liegt der Grund dafür nicht unbedingt im vorangegangenen Tag.

Meist ist hier eine Vorlaufszeit von Monaten bis Jahren anzu-
setzen. Ich selber hatte Krebs im letzten Stadium und erkannte
rechtzeitig, daß ich zwanzig Jahre Müllschlucker war, und daß
mir jetzt die Krankheit etwas Wichtiges mitzuteilen versuchte,
und wurde gesund!*

Wir sehen mit unserer Vogel-Strauß-Politik oft nicht die na-
heliegenden Gründe und sind daher allzu leicht bereit zu behaupten, es gäbe sie nicht. Wir sagen oft: Diese Krankheit ist ein
Unglück, das ist Ungerechtigkeit, da muß ein Regiefehler der
Schöpfung vorliegen. Doch wir wissen heute sehr genau, daß
alles allzeit »im Lot« ist, daß eine vollkommene Gerechtigkeit
existiert und daß wir bekommen, was wir verdient haben. Wir
leben in einer sich selbst erhaltenden, sich selbst erneuernden
Ordnung. Es ist ein erfolgreiches Konzept, das durch uns und
im gesamten Kosmos seinen Ausdruck findet.

Was du in diesem Buch gelesen hast, ist nicht zufällig in deine
Hände gekommen. Es ist dir zu-ge-fallen um dir zu helfen, den
Sinn des Seins von einem anderen Standpunkt als dem gewöhnlichen zu betrachten. Jetzt liegt es an dir, was du daraus machst.
Denk daran, niemals wirst du jemandem begegnen, der Theorie
und Praxis schon vollständig miteinander vereint hätte. Alle sind
wir gleichermaßen noch auf dem Wege. Du bist jetzt gemeinsam
mit uns ein Stück deines Lebensweges gegangen, wir waren Rei-
segefährten. Vielleicht begegnen wir uns auch einmal persönlich.
Unsere geistige Verbundenheit läßt uns an einem gemeinsamen
Ziel arbeiten. Wir wünschen dir zum Abschied, daß du eines
Tages diese Worte von Sri Aurobindo aus vollem Herzen, mit
deiner ganzen inneren Überzeugung auf dich beziehen kannst:

---

* Mehr dazu siehe Gudrun u. Erhard F. Freitag, *»Sag ja zu deinem
Leben«*, München: Goldmann, 1994.

Dein goldenes Licht kam herab in mein Gehirn,
Da wurden die grauen Kammern des Denkens sonnenhell.
Dein goldenes Licht fiel herab in meine Kehle,
Und all mein Reden wurde göttlicher Gesang.
Dein goldenes Licht fiel herab in mein Herz,
Überwältigte mein Leben mit deiner Ewigkeit.
Dein goldenes Licht fiel herab in meine Füße,
Meine Erde wurde dein Spielfeld und dein Sitz.

Mit liebevollen Grüßen, die von Herzen kommen

Carna und Erhard

Anschrift:
Erhard F. Freitag
Sekretariat
Postfach 200 816
80008 München
Tel. 089/7 90 15 25

BUCHEMPFEHLUNGEN

Freitag, Erhard F.: *Kraftzentrale Unterbewußtsein. Hilfe aus dem Unbewußten. Sag ja zu deinem Leben – Erkenne deine geistige Kraft – Der Rat der Weisen – Diesseits der Wirklichkeit* Allan, Arthur: *Ich hypnotisierte Tausende.* – Sri Aurobindo: *Alles Leben ist Yoga.* – Bach, Richard: *Die Möwe Jonathan. Illusionen.* – Backster, C.: *Das geheime Seelenleben der Pflanzen.* – Bhagavadgita: *Bewußte Sterblichkeit.* – Buscaglia, Leo: *Leben, lieben, lernen.* – Le Cron, Leslie: *Selbsthypnose.* – Davis, Roy Eugene: *Die Technik der schöpferischen Imaginationen.* – Dethlefsen, Thorwald: *Krankheit als Weg.* – Fromm, Erich: *Die Kunst des Liebens.* – Gawain, Shakti: *Stell dir vor.* – Gibran, Kahlil: *Der Prophet.* – Golas, Thaddeus: *Der Erleuchtung ist es egal, wie du sie erlangst.* – Holmes, Ernest: *Die Vollkommenheitslehre. Der Schlüssel zu deinem wahren Wesen.* – Haich, Elisabeth: *Einweihung.* – Kirchner, Josef: *Die Kunst, ein Egoist zu sein.* – Körner, Heinz C. (Hrsg.): *Die Farben der Wirklichkeit.* – Leon, Chertok: *Hypnose.* – Marcuse, Ludwig: *Philosophie des Glücks.* – Mulford, Prentice: *Unfug des Lebens und des Sterbens.* – Murphy, Joseph: *Die Macht Ihres Unterbewußtseins. Das Superbewußtsein.* – Pirsig, Robert M.: *Zen und die Kunst, ein Motorrad zu warten.* – Schmidt, K. O.: *Meister Eckeharts Weg zu kosmischem Bewußtsein. Seneca – der Lebensmeister. Der Geist der Lebensmacht. Richtig denken – richtig leben. Gedanken sind wirkende Kräfte.* – Stearn, Jess: *Der schlafende Prophet.* – Stone, Irvin: *Der Seele dunkle Pfade.* – Taniguchi: *Leben aus dem Geiste. Die geistige Heilkraft in uns.* – Yogananda, Paramahansa: *Autobiographie eines Yogi. Religion als Wissenschaft. Worte des Meisters. Flüstern aus der Ewigkeit.* – Sri Yukteswar: *Die heilige Wissenschaft.*

Stichwortverzeichnis

216

ERHARD F. FREITAG

Kraftzentrale Unterbewußtsein

Der Weg zum Positiven Denken

Mit einem Vorwort
von Dr. Joseph Murphy

INHALT

3. Die Macht der Suggestion

4. Die Hypnose als Suggestionsverstärker

5. Der ungehobene Schatz der Seelenbilder

6. Die Kunst, vollkommener zu werden

7. Wir überwinden Weltfeind Nr. 1 – die Angst

8. Ist Denken Glückssache?
Der Gedanke als Ursache psychischer Krankheit

9. Die Überwindung von Krankheiten –
Der Gedanke als Ursache physischer Krankheit

VORWORT
ZUR NEUEN ÜBERARBEITETEN AUFLAGE

Liebe Leserin, lieber Leser,

während ich dieses Buch überarbeite, erkenne ich wieder einmal, daß sich alles im Fluß befindet. Ich habe mittlerweile sieben Bücher zu geistigen Themen verfaßt und sehe an ihnen, was sich bei mir selber getan hat!

Alle meine Bücher sind ein Stück von mir, das ich Ihnen zum Geschenk mache. Nach dem siebten Buch zum ersten zurückzukehren, um es zu überarbeiten, empfinde ich wie eine Reise in der Zeitmaschine. Wissen aus der Zukunft wird genutzt, in der Vergangenheit positive Signale neu zu gestalten.

Im Laufe der Jahre, nachdem dieses Buch auf dem Markt erschienen ist, hat sich bei mir eine tiefer werdende Religiosität eingestellt, und meine Übereinstimmung mit den theologischen Grundzügen meines verehrten Lehrers Dr. Joseph Murphy treten deutlicher hervor.

Dieses Buch ist mein erstes, und es soll Ihnen bei Ihrer Suche nach dem Sinn des Lebens auf eine einfache und auch einleuchtende Weise behilflich sein. Vielleicht interessiert es Sie ja auch über das Lesen hinaus, einen Autor zu begleiten, indem Sie seine Entwicklung beobachten.

Um Ihnen zu helfen, besser die Theorie des Gelesenen in die Praxis umsetzen zu können, führe ich nun schon seit zwanzig Jahren »Besondere Seminare« durch. Seminare sind so etwas wie eine Schnittstelle zwischen Theorie und Praxis. Sie helfen uns, das Leben von der praktischen Seite in Freude zu gestalten.

Ich wünsche Ihnen viele Erkenntnisse und bin im Geiste und als Person für Sie da, wenn Sie mich brauchen.

Mit sehr lieben Grüßen
Ihr Erhard F. Freitag
Heilpraktiker
Postfach 200 816,
80008 München
Tel.: (0 89) 7 90 15 25
Fax: (0 89) 7 90 13 56
www.efreitag.com
sekretariat.freitag@t-online.de

München 1998

Mit herzlichem Dank meinen Kolleginnen und Kollegen,
die meine Therapieerfolge erst ermöglichten:

Dunja Habusch
Ina Hammerl-Püschner
Beate Halliday
Birgit Kiermaier
Axel Landwehr
Udo Röthke
Birgit Weber
Rainer Weber
Zarah Flaschberger

REV. JOSEPH MURPHY
D.D., D.R.S., Ph.D., LL.D.

3242-2H San Amadeo
Laguna Hills, California 92653
Phone: (714) 768-7471

FOREWORD

Erhard Freitag is an outstanding spiritual
psychologist who gives a forceful and
inspiring message on the Laws of Life, and
has shown thousands of people how to live
life triumphantly and gloriously. He has
studied all of my books and lectures fre-
quently on "The Power of Your Subconscious
Mind", "Psychic Perception", and many of
my other books.

Erhard Freitag is an outstanding teacher.
He shows you how to lead a finer, happier,
and richer life. I recommend this new book
of him, which will bless you in countless
ways.

Dr. Joseph Murphy
Laguna Hills, California
14 March 1981

Erhard F. Freitag ist ein hervorragender Psychologe, der durch seine Inspiration und seine
geistige Kraft die Gesetze des Lebens vertritt.
Er hat bereits Tausenden von Menschen den
Weg zu einem erfüllten und glücklichen Leben
zeigen können. Er hat die von mir vermittelten ewigen
Wahrheiten studiert, kennt alle meine Bücher und
hält immer wieder Vorträge über
»Die Macht des Unterbewußtseins«
und über meine anderen Bücher.

Erhard F. Freitag ist ein hervorragender Lehrer.
Er kann jedem den Weg zu einem besseren,
glücklicheren und ausgefüllteren Leben zeigen.
Ich empfehle Ihnen sein neues Buch, das Ihnen
in vielfältiger Weise Segen bringen wird.

Dr. Joseph Murphy
Laguna Hills, California
14. März 1981

Vorwort des Autors

Wir leben in einer Zeit geistiger Umbrüche und des Wertewandels, der alle gesellschaftlichen Bereiche zu verändern beginnt. Der Weg zum umfassenderen Bewußtsein unserer selbst nimmt für uns alle in dieser besonderen Zeit eine immer größer werdende Dimension an. Besonders unsere Heilkunde sieht einer umfassenden Erneuerung entgegen. Behandlungsmethoden, die unserem westlichen Denksystem bisher fremd waren, finden Einlaß in eine bisher eher orthodoxe medizinische Welt. Fernöstliche philosophische Ansätze haben uns gezeigt: Wenn wir etwas aus einem anderen Bewußtseinswinkel betrachten, kann Neues und zur Not-wende Nötiges entwickelt werden.

Auch wenn die Schulpsychologie den hohen Wert geistiger Therapiemethoden erst jetzt wieder zu entdecken beginnt, war es mir mit der ältesten/neuzeitlichsten Heilmethode in vielen, vielen Situationen möglich, meinen Patienten zu helfen, wieder gesund in ihr Leben zurückzukehren. Mein Lehrer Dr. Murphy arbeitete schon über Jahrzehnte mit Hypnose und berichtet davon in seinen zahlreichen Büchern. Mir hat das *Positive Denken*, wie ich es von ihm gelernt habe, klare geistige Positionen beschert, von denen aus ich sehr plausible Erklärungen dafür gefunden habe, weshalb die Psychoanalytiker den Durchbruch zu wirklichen Erfolgen bis heute nicht geschafft haben. Unsere vollen Nervenheilanstalten und Gefängnisse zeugen vom Zustand der Heilkunde unserer Gesellschaft. Wer dieses vorliegende Buch aufmerksam liest, wird die Erklärung dafür finden, besonders in den Passagen, in denen ich die Arbeitsweise des Intellekts beleuchtet habe.

Mit diesem Buch möchte ich der geistigen Kraft, die jeder von uns in sich birgt, den Weg ebnen und versuchen, Ihnen zu helfen, sich selbst zu helfen. Jeder Mensch bekam das Recht mit auf die Welt, sich eigenständig mit den höchsten Kräften des Seins zu verbinden. Dieses Recht nehmen immer mehr bewußte Menschen in Anspruch. Jetzt, an der Schwelle zu einem neuen Jahrtausend, beginnt ein »Neues Bewußtsein«, unser aller Leben hoffnungsvoller zu gestalten. Immer mehr wissen: Jeder, der Hilfe braucht, jeder, der sich in seinen Lebenssituationen verfangen hat und nach Befreiung sucht, kann den Weg zur Lösung von Problemen und Krankheiten in sich selbst entdecken und im wörtlichen Sinne sein eigener Erlöser sein.

Ich bin glücklich und sehr dankbar dafür, Dr. Murphy begegnet zu sein, der mir den Weg zu meinem höheren Selbst gezeigt hat. Meine gesamte therapeutische Arbeit habe ich auf der Lehre von der ewigen Philosophie aufgebaut. Ihr alleine verdanke ich es, in meiner Praxis weit von der Norm abweichende Erfolge zu haben und selber eine schwere Krebserkrankung heil überstanden zu haben.

Dieses Buch ist bereits über 1 000 000mal in zwölf Sprachen verkauft worden. Mehr als 40 Auflagen in wenigen Jahren ist für einen Ratgeber ein solch außerordentlicher Erfolg, daß ich mich bei Ihnen und allen Förderern herzlich bedanken möchte. Das allgemeine Interesse an angewandter Lebensphilosophie ist in den letzten Jahren sehr gestiegen, und so habe ich mich daran gemacht, dem erwachenden Bedürfnis zu entsprechen. Meine weiteren sechs Bücher sind für Sie da, wenn Sie Sorgen und Nöte haben.

Bei der nun folgenden Lektüre wünsche ich Ihnen viel Freude. Sollten Sie irgendwelche Fragen haben, schreiben Sie mir. Ich werde für Sie da sein.

In geistiger Verbundenheit
Ihr
Erhard F. Freitag, 1998

1. Kraftzentrale Unterbewusstsein

Wer ist blind?
Der eine andere Welt nicht sehen
kann!
Wer ist stumm?
Der zur rechten Zeit nichts Liebes
sagen kann!
Wer ist arm?
Der von heftigem Verlangen nicht
lassen kann!
Wer ist reich?
Der von Herzen zufrieden sein
kann!

Indische Weisheit

Die Manipulation unseres Verstandes

Glauben Sie an den Zufall? Es gibt ihn nicht! Unser eingeengtes Tagesbewußtsein läßt uns einfache Gesetzmäßigkeiten, die unser aller Schicksal bestimmen, allzuleicht übersehen. Nur selten erfassen wir die großen Zusammenhänge und haben oftmals im wahrsten Sinne des Wortes den Überblick verloren, wenn es darum geht, die Regie in und hinter den »Dingen« zu erkennen. So steuern wir beispielsweise in Geschehnisse, die gerade in diesem Augenblick, an diesem Punkt unseres Schicksalsweges, große Bedeutung für uns haben – und nennen dann das, was auf uns zukommt, Zufall. Lassen wir uns mit diesem Buch gemeinsam den Weg der Erkenntnis gehen, beginnen wir zu verstehen, daß »*Zufall ist, wenn zusammenkommt, was zusammengehört*«.

Uns fehlt in vielen Fällen die Übersicht, die feinabgestimmte und sensible Arbeitsweise des Unterbewußtseins zu durchschauen. Wer das Puzzlespiel seines eigenen Lebens nicht mit Aufmerksamkeit beobachtet, dem erscheint das überraschend Passende als Zufall oder einfach wie ein unerwartetes Geschenk.

Dieses Buch ist natürlich auch kein Zufall im üblichen Sinne des Wortes. Es ist etwas, das Ihnen zu-gefallen ist, gerade in dem Augenblick Ihres Lebens, in dem Sie offen für diese Ideen sind, oder es eilt Ihnen zu Hilfe, weil Sie gerufen haben, und es wird Ihnen jetzt in einer Krise eine »Wende« zeigen.

Über Jahrtausende hinweg haben wir uns angewöhnt, unsere Aufmerksamkeit hauptsächlich den sichtbaren Dingen unserer Welt zuzuwenden. Die Abenteuer der realen Welt, des sinnlich Greifbaren, scheinen uns oftmals interessanter als die Versenkung in tiefe verinnerlichte Bewußtseinszustände. Das heißt, daß wir uns dem unaufhörlichen Gedankenstrom zuwenden, der uns vom frühen Morgen bis zum Schlafengehen durchströmt.

Erkennen Sie, daß fast alles, was wir unsere Probleme nennen, darauf zurückzuführen ist, daß wir die Kraft unseres Unterbewußtseins nicht folgerichtig einsetzen? Wir haben in der Tat meist noch nicht damit begonnen, unsere »Kraftzentrale Unterbewußtsein« für unsere Erfolge zu nutzen.

Wenn Sie glücklich das Erlebnis genießen, eine besondere, berufliche Anerkennung bekommen zu haben, dann verdanken Sie das nicht einem *Zufall* oder einer plötzlichen Aufmerksamkeit Ihres Vorgesetzten, sondern Ihr eigener, persönlicher Einsatz ist die Ursache dafür. Sie identifizieren sich sowohl bewußt als auch unbewußt mit Ihrer Aufgabe so vollständig, daß sich Ihre Kräfte zu einem durchschlagenden, unaufhaltsamen Erfolg entwickelt haben.

Auf ganz natürliche und einfache Weise können Sie lernen, die Quelle in Ihnen für Ihre zukünftigen großen Ziele *folgerichtig einzusetzen.* Wenn Ihnen der Begriff Zu-Fall noch nicht als ein inneres, im verborgen wirkendes Geschehen verständlich ist, dann nur, weil Sie Ihre bisherigen Unternehmungen meist wohl mit harter und methodischer Willenskraft angingen. Wir sollten verstehen lernen, daß »*die Energie, die wir einsetzen, um ein Ziel zu erreichen, das Hindernis auf dem Weg zum Ziel ist*«.

Das Paradoxe an dieser Aussage ist für einen westlichen Menschen schnell geklärt. Die Intuition ist dem vom Willen gelenkten Verstand von jeher haushoch überlegen. Keine Planung eines Intellektuellen mit allen geistigen »Klimmzügen« seines vielseitig gebildeten Verstandes kann einen einzigen, intuitiven Geistesblitz ersetzen. Das beweist der Lebenserfolg aller großen Forscher und Dichter. Intuitives Erkennen ist immer größer als bloßes rationales Wissen. Der Intellekt kann noch nicht einmal erfassen, was Intuition wirklich ist, noch kann er irgend etwas tun, sie hervorzurufen.

Wer kein Vertrauen zu seiner unendlichen Weisheit in sich hat und wer den Sinn der Welt nur mit dem Verstand erfassen will, der wird noch lange bleiben, was er ist: ein grobstoffliches Wesen in einem Ozean der Unwissenheit. Er wird ein Mensch sein, der sich ständig über die Schwierigkeiten und Ungerechtigkeiten des Lebens beschwert und sich als Opfer vieler Umstände sieht. Wenn Sie das für sich ändern wollen, dann ist dieses Buch wirklich kein Zufall. Jetzt ist für Sie die rechte Zeit gekommen – zu ändern, was zu ändern ist, und zu erkennen, was nicht zu ändern ist, und beides voneinander zu unterscheiden.

Was uns oft zweifeln läßt, ist unsere falsche Einstellung zu uns selbst und dem Sinn des Lebens. Es ist eine Krankheit unserer Zeit, wenn der moderne Mensch meint, nichts glauben und zulassen zu dürfen, was sein Verstand nicht erklären kann. Bewußtsein ist für die meisten der schmale, weltliche Ausschnitt, den er mit den fünf Sinnen zu erfassen vermag. Themen wie »Das Leben nach dem Leben« oder »Wiedergeburt« umgeht er ängstlich, weil er sich fürchtet, vor anderen lächerlich zu erscheinen. Aber der sechste Sinn beginnt sich zu entwickeln, und das Gefühl für die feinstoffliche, geistige Welt, die viel bedeutsamer für uns ist, als wir oft zuzugeben bereit sind, wartet darauf, jetzt zum Leben zu erwachen. Sie sind mit dem Lesen in diesem Buch gerade dabei, zum Ursprung allen Seins, zur wahren Heimat zurückzukehren.

Die unkontrollierte Machtfülle der Gedanken

Unser Bewußtsein hat seltsam wechselnde Schattierungen. Wenn wir traurig sind, dann erscheint uns die ganze Welt in Grau, selbst wenn uns der herrlichste Sonnentag umgibt. Keimt in uns dagegen der Übermut, dann kann uns auch der ärgste Regenschauer nicht aus unserer fröhlichen Stimmung bringen. Was verschiebt unsere Bewußtseinsskala ständig zwischen positiv und negativ?

Welche Gedanken gehen Ihnen zum Beispiel morgens beim Frühstück durch den Kopf? Überdenken Sie alles mögliche, was Sie am Vormittag erledigen wollen? Vielleicht kommt eine kleine Freude auf über eine Einladung am heutigen Abend, oder Ärger durchfährt Sie wegen eines Sachschadens am Auto.

Dann haben Sie einen Lichtblick. Sie werden heute die geliebte Person treffen oder den lang ersehnten Vertrag unterschreiben, und gute Stimmung ist angesagt.

Ganz anders ist es, wenn Sie eine schwierige Aufgabe vor sich haben, die Sie nach Ihrer Einschätzung überfordern könnte. Wenn Sie dann dem Chef vielleicht auch noch einen Fehler eingestehen müssen, ist das zuviel für Ihre Magennerven. Sie lassen das zweite Brötchen liegen und gehen mit umwölkter Stirn aus dem Haus, und der Tag scheint vorbestimmt.

Nichts ist geschehen bis morgens um acht. Und doch haben Sie die Weichen gestellt und Ihr Bewußtsein mit wenigen Gedanken polarisiert. Überlegen Sie einmal: *Sie haben durch Ihre eigenen Gedanken Ihre Stimmung festgelegt!* Subjektiv gesehen werden Sie vielleicht entgegnen: »Aber das alles entspricht doch den Tatsachen, meine Gedanken haben mich nur mit ihnen konfrontiert.« Objektiv dagegen haben Sie selbst die Gefühlswerte für die kommende Zeit in sich festgelegt und sich ausgemalt, was Sie in den nächsten Stunden erwarten wird. Ihr Unterbewußtsein muß getreulich seiner Aufgabe damit beginnen, den Tag Ihrer Erwartungshaltung entsprechend zu gestalten.

Entspricht die Außenwelt Ihren persönlichen Wünschen, dann sind Sie zufrieden. Paßt einiges nicht zu Ihren Vorstellungen, dann sind Sie verstimmt – ja, Sie entwickeln unter Umständen ein gewaltiges Potential an Unlustgefühlen in sich und opponieren gegen alles mögliche. Ihre Gedanken bestimmen, und das Unterbewußtsein führt aus! Mächtige Aggressionen können in Ihnen entstehen und Sie zu unkontrollierten Handlungen hinreißen. Sie können die Ursache für Krankheit und vielerlei psychische Störungen sein, genauso aber auch kann von nun an vieles oder sogar alles sich zum Besseren wenden.

Es ist sicherlich eine weitreichende Behauptung, die Gedanken für das Wohl und Weh des Körpers und der Seele verantwortlich zu machen. Die orthodoxe Medizin gesteht der Psyche nur sehr begrenzt diese Reichweite zu. Die Wissenschaft von den seelisch-körperlichen Zusammenhängen führt aber bereits achtzig Prozent aller Krankheiten auf psychosomatische Ursachen zurück.

Was hat es mit dem Bewußtsein auf sich, das unser Leben auszumachen scheint und von dem östliche Weise sagen, es erfasse doch nur einen ganz geringen »Ausschnitt« unseres Daseins? Ist es mit seiner rein intellektuellen Betrachtungsweise die Begrenzung schlechthin? Die weltliche Wissenschaft hat es uns mit ihrer Indoktrination schwergemacht, uns außerhalb des rational Erfaßbaren eine Bewußtseinserweiterung vorzustellen.

Zur Vereinfachung können wir sagen, daß unser Gehirn ähnlich wie eine Datenbank zu verstehen ist. Für jedes Geschehen soll es eine Erklärung, für jedes Problem eine Lösung finden. Was machen wir, wenn wir uns krank fühlen? Wir gehen zum Arzt und lassen uns helfen. Das ist so selbstverständlich, daß niemand ein Wort darüber verlieren würde. Dahinter liegt jedoch das Zugeständnis des Verstandes, im Körper nur sehr wenig selber ordnen zu können. Wir alle, aus welchem Beruf und welcher Bildungsstufe auch immer, verlassen uns einhellig allzusehr auf den Verstand als den »Hauptumschlagplatz« unserer Informationen und Handlungsweisen. Auch die Wissenschaft baut ausschließlich auf diesen einmaligen, gottgeschaffenen »Computer«, der uns das Leben in einer wilden, gefahrvollen Welt lebenswert gemacht und gesichert hat.

Wie kommt es aber, daß wir uns immer wieder in Irrtümer verstricken und uns der Blick auf viele Geheimnisse des Lebens verstellt scheint? Haben wir unseren Verstand verloren oder haben wir ihn zu ernst genommen, so daß er sich selbst zum Herrscher ernannt hat? Nimmt uns unsere egoistische, oberflächliche Art die Freiheit, läßt sie uns nicht mehr spüren, was eine Krankheit uns mitteilen will? Uns interessiert scheinbar nicht, welche Kraft uns bewegt, sondern nur, was wir damit anfangen können. Den Raubbau, den wir heute auf der Erde an ihren Schätzen erleben, haben wir an unserem Körper, an unserer Seele und unserem Geist schon lange begangen. Das Gros unserer Mitmenschen hat noch nicht erkannt, daß der Zugang zu unseren, meist noch völlig unbewußten inneren »Schätzen« zu einer Lebensfrage wird und daß wir sehr wohl in der Lage sind, zu bestimmen, was in unserem Leben Schicksal ist.

▶ Logik ist allenfalls der Anfang aller Weisheit. Nicht aber das Ziel.

Der Geist: Quelle der schöpferischen Kräfte

Ihr Leben wird sich dann zum Guten wenden – ganz gleich, ob Sie psychische oder körperliche Probleme haben –, wenn Sie Ihre ureigenste Kraftzentrale inmitten Ihrer selbst entdecken und aus ihr zu leben beginnen.

Wenn die moderne Hirnforschung festgestellt hat, daß wir nur etwa zehn Prozent unserer Gehirnkapazität wirklich nutzen, dann sind wir leicht zu der Annahme verleitet, jede Verbesserung der Lebensqualität nur über einen Zuwachs an Wissen erreichen zu können. Wir glauben, ein größeres Lernpensum und geschicktere Trainingsmethoden würden mit einigen Prozenten mehr Hirnkapazität unser Leben nachhaltig verbessern.

Mit dem Verstand unser Bewußtsein erweitern zu wollen ist ein Griff zum völlig unsachgemäßen Werkzeug. Nicht einmal unsere größten Genies, etwa Goethe oder Einstein, kamen über diese Zehn-Prozent-Klausel. Wenn sie es trotzdem schafften, ihr Bewußtsein in höhere Regionen auszudehnen, dann geschah das nicht über den Intellekt. Höhere Bewußtseinsebenen, die in jedem von uns latent vorhanden sind, versorgen uns, wenn wir sie zu nutzen beginnen, über den Kanal der Intuition mit großer schöpferischen Intelligenz.

Sie brauchen sich nicht hinter der Feststellung zu verbergen, »das waren ja Genies!« Unser psychologisch-philosophischer Streifzug durch das Bewußtsein führt zu der Tatsache, daß in jedem von uns höhere geistige Kräfte vorhanden sind. Jeder Mensch ist in der Lage, seine reinen Verstandesanlagen weit zu übertreffen, wenn er nur endlich aufhörte, sich von ihnen beherrschen zu lassen.

Einstein beschrieb selbst, wie manche bahnbrechende wissenschaftliche Erkenntnis in ihm nicht durch eine besonders sorgfältige Kombination verschiedenster Überlegungen entstand. Er pflegte eine Fragestellung so eng wie möglich mit seinen Gedanken einzukreisen, um dann das Ganze seinem Unterbewußtsein, oder nennen Sie es seinem schöpferischen Geist, zu überlassen. Tage oder Wochen später, manchmal dauerte es sogar Jahre, schoß dann plötzlich die große Idee in ihm hoch. Die unendliche Weisheit seines höheren Selbst hatte ihm über den Kanal der Intuition die Lösung zukommen lassen.

Jeder von uns verfügt über diese schöpferische Intelligenz, die für besondere Leistungen verantwortlich ist. Theologen und Psychologen haben erkannt, daß in uns etwas seiner Offenbarung entgegensieht, *daß wir in »Entwicklung« begriffen sind.* Alles Magische, alles Okkulte, die Parapsychologie und die außersinnlichen Wahrnehmungen (ASW) finden ihre Erklärung in diesen Ebenen im Menschen. Nach unserer weltlichen Vorstellung haben jedoch übersinnliche Geschehnisse im Bewußtsein der meisten Menschen, einschließlich der Wissenschaftler, immer noch keinen seriösen Platz gefunden.

Es gibt so eindeutige paranormale Phänomene, daß man sie ganz offensichtlich nicht leugnen kann.

Ein ganz persönlicher Beweis wurde für mich ein Schulbub, dessen Eltern ihn mir wegen einer psychischen Schwäche in die Praxis brachten. Wir machten mit ihm während der Hypnosetherapie eine hochinteressante Erfahrung. Manchmal konnte er uns genau sagen, wo sich ein Mitarbeiter von uns außerhalb der Praxis befand oder was seine Mutter zu Hause gerade tat. Des öfteren überzeugten wir uns durch sofortige Telefonanrufe von der Richtigkeit seiner Visionen. Einmal beschrieb er sogar mein eigenes Wohnzimmer außerhalb Münchens, das er nie kennengelernt hatte, bis in Einzelheiten. Im Trancezustand durchstieß er die Barrieren des rationalen Bewußtseins und tauchte in die unbewußten Tiefen seines höheren, hellsichtigen Selbst.

Wenn ich von der Erschließung noch unbewußter Regionen im Menschen spreche, dann meine ich vorrangig die innere Stimme, die wir bei unseren meist rationalen Betrachtungen weitgehend unbeachtet lassen. Es sind Schildbürgerstreiche unseres Verstandes, geistige Regungen, intuitives Ahnen oder plötzliche Erkenntnisse aus unserem seelischen Urgrund als Aberglaube abzutun und alles Übersinnliche als Hokuspokus zu erklären. Was mit unseren fünf Sinnen nicht erfaßbar ist, wird meist negiert und oft auch noch bekämpft. Viele der neuen religiösen Gemeinschaften, Meditations- und Yogagruppen erleben das heute ständig. Ohne Beachtung ihres möglichen wertvollen geistigen Gehaltes werden sie von den etablierten Religionen bekämpft, und das nur, weil sie sich aus ihrer Vorstellungswelt herausbewegen. Auf der anderen Seite zeigen die Wissenschaftler mit unübersehbaren Beweisen die Gefahr auf, die Phantasten mit gefährlichen Drogenexperimenten zur Bewußtseinserweiterung heraufbeschworen haben oder die andere durch magische Praktiken verursachten. Es heißt wohl mit Recht: »*Den Magier holt der Teufel.*« Bevor es jemand mit Drogen zum Meister der Imagination gebracht hat, landet er meistens in der psychiatrischen Abteilung einer Klinik.

Eine Frau ist mir in guter Erinnerung, die ich während meiner Anstaltspraxis in der größten psychiatrischen Klinik Europas, in München-Haar, traf. Sie hatte versucht, durch Einatmen von Kräuterdämpfen, wie sie als Hexenbrauch beschrieben werden, besondere Ebenen des Bewußtseins zu erlangen. Ihr verwirrter Geist fand aus den Trancezuständen, in die sie die Pflanzenextrakte geführt hatten, nicht mehr zurück. Sie litt noch lange unter Verfolgungswahn, und nur sehr langsam konnte ich ihr helfen und sie zurück in diese Welt begleiten.

Es gibt gefährliche Wege zur Bewußtseinserweiterung. Die Praxen der Psychiater und Psychotherapeuten sind voll von Beispielen. Ich möchte davor warnen, Bewußtseinserweiterung mit Drogen wie Heroin oder anderen eindeutig schädigenden Chemikalien anzustreben. Sie führen oft noch schneller vom echten Menschsein fort, als es böse Gedanken vermögen.

Wenn die Basis unserer Gesundheit, unsere Harmonie von Körper, Seele und Geist, erst gründlich ruiniert wurde, muß auch die Hilfe zumindest orthodoxer Therapiemethoden lange bloß Stückwerk bleiben.

Die Liebe ist eine der Grundvoraussetzungen unserer Lebensbedürfnisse, über die ich in diesem Buch immer wieder sprechen werde. Sie sollte vor allem zu uns selbst vorhanden sein, wenn wir unser Schicksal meistern wollen. Bewußtsein ist in allem, und es ist in jedem Grad weiter in Entwicklung begriffen. Wir können es mehren, ohne uns in Gefahr zu begeben. Wir können daraus eine erste wichtige Erkenntnis entnehmen: Gesteuert von unseren Instinkten, Gefühlen, Worten und Handlungen erschaffen unsere Gedanken unsere Welt. *Sie erleben, was Sie denken!* Diese fundamentale Aussage stellt Dr. Murphy an den Beginn seiner Lehre vom Positiven Denken, und ich habe diese voll in meine Praxis und in mein persönliches Leben integriert.

Wie kommt es, daß so viele neue Denkanstöße auf dem weitgefächerten Feld moderner Psychologie hauptsächlich aus den Vereinigten Staaten kommen? Die amerikanischen Psychologen haben den europäischen Methodikern und Empirikern seit jeher die pragmatischere Note voraus. Sie fragen nicht lange, was da eigentlich passiert. Dagegen kümmern sie sich um die Beantwortung der Frage: Wie helfe ich am besten und gleich?

Während wir im Abendland die Lösung des Mysteriums Seele in analytischer Grundlagenforschung suchen, in hochkomplizierten Denkmodellen und spitzfindigen Erklärungen, steht bei den Kollegen in den USA das Wiedereingliedern des Patienten in den Aufgabenkreis der Gesellschaft im Vordergrund. Im gesellschaftlichen Sinne ein nützliches Mitglied zu sein ist ein wichtiger erster Schritt, zur seelischen Harmonie und Ausgeglichenheit zurückzukehren. Es ist nicht erstaunlich, daß die modernsten psychotherapeutischen Praktiken wie Psychosynthese,

Gestalttherapie, Körpertherapie und Bioenergetik sowie die Transpersonale Psychotherapie weitgehend aus amerikanischen Forschungszentren zu uns gekommen sind.

Wie in der indischen Ganzheitsphilosophie, der Einheit von Körper, Seele und Geist, schimmert darin die Erkenntnis auf, hier und jetzt wieder den harmonischen Gleichklang zwischen geistigen Ebenen und körperlichen Lebenskräften zu erreichen und den Menschen in seine gottgewollte Vollkommenheit zurückzuführen.

▶ Die höchste Realität finden wir im Glauben.

Du bist, was du denkst

Diese Erkenntnis erscheint mir so faszinierend grundlegend und entspricht so völlig meinem östlich orientierten eigenen Denken, daß ich einen Patienten nicht einfach zum Neurochirurgen schicke oder – noch einfacher – ihn nur pharmazeutisch ruhigstellen lasse. Ich sage ihm vielmehr: »*Sie sind, was Sie denken und glauben! Denken Sie, Ihre größte Sehnsucht ist es, gesund und lebensfroh zu sein, und nach Ihrem Denken und Glauben wird Ihnen geschehen.*«

Wenn Sie wirklich in Harmonie und innerem Frieden mit sich und Ihrer Umwelt leben wollen, dann wird Ihr Unterbewußtsein diese Gedanken in die Realität umsetzen. Was immer Sie in Ihrer eigenen Welt als Form, Funktion oder Erleben wahrnehmen, ist ausschließlich das Resultat Ihrer eigenen Gedanken. Gedanken sind am besten als lebendige Wesen zu verstehen, die nach Verwirklichung streben.

Wenn Ihnen in Ihrem Alltag etwas nicht gefällt, dann sollten Sie Ihr Denken ändern! Was immer Ihnen auch begegnet, es ist von Ihnen hervorgegangen und kehrt jetzt zu Ihnen zurück.

Es kann sehr einfach sein, glücklich zu sein. Wenn Sie nur einige wenige Gesetze des Geistes zu praktizieren beginnen, dann wird sich auch für Sie vieles ändern.

Wenn Sie wollen, helfe ich Ihnen bei der Umsetzung und der Verwirklichung dieser einfachen geistigen Gesetze. Das hier Beschriebene ist nicht etwa bloß ein Wunschtraum oder eine Illusion, sondern es ist sehr real, es ist die Auswirkung der Ihnen innewohnenden geistigen Kraft. Ist ein Gedanke erst einmal formuliert, dann drängt es ihn nach außen. Sie *formulieren*, er formt. Sie gaben Ihrer Vorstellung die gewünschte Form, und die Vorstellung *formt* aus dem Unterbewußten heraus Ihre Welt.

Machen Sie sofort einen Versuch! Suchen Sie sich einen ruhigen Platz, an dem Sie es sich bequem machen. Schließen Sie die Augen und empfinden Sie folgende Sätze nach:

»Ich entlasse alle meine Gedanken! Sie ziehen am Himmel wie kleine weiße Wolken, nicht wissend wohin, aber voller Vertrauen. Ich bin ruhig und gelassen. Vollkommener Frieden herrscht in meinem Herzen und in meinem Geist. Ich bin in Harmonie mit der Welt. Harmonie durchströmt mein ganzes Sein. Gut, daß es so ist.«

Versuchen Sie, diese Harmonie tatsächlich in sich zu empfinden, sich ihr hinzugeben. Die *Präsenz und die Tiefe dieses Gefühls* sind maßgeblich für den gewünschten Erfolg. Sie werden bald schon ein wunderbares Gefühl innerer Freiheit erleben und offen sein für das Gute, das in Ihnen schlummert und auf sein Erwachen wartet. Von nun an werden Sie erfolgreich an der Verwirklichung Ihrer Sehnsüchte arbeiten und bald schon ein neues, glückliches Leben leben.

Ihre zukünftigen Erfolge sind abhängig von der *Sehnsucht,* mit der Sie sich Ihr Ziel herbei*sehnen.* Sokrates brachte das einem seiner Schüler während eines Spaziergangs an einem Fluß auf eine etwas drastische Weise bei. Der Schüler fragte ihn: *»Meister, wie kann ich werden wie du?«* Sokrates bedeutete ihm, mit ins Wasser zu kommen. Dort tauchte er ihn unter, immer wieder, bis sein Schüler in Lebensangst nach Luft rang. Da ließ er ihn wieder los und fragte ihn: »Was ersehntest du soeben am meisten?« – »Luft, Meister, Luft, nichts als Luft!« Da sagte Sokrates: *»Wenn du dich so nach Wissen sehnen wirst, wie soeben nach Luft, dann wirst du sein wie ich!«*

Erkennen Sie den Weg zur Erfüllung Ihrer Sehnsüchte? Ihr erster Lernschritt ist für die nahe Zukunft, die Richtung eines gewünschten Erfolges klar und bildhaft vor Ihrem geistigen Auge zu *sehen und zu fühlen.* Und dann als nächstes schon jetzt mit großer Freude zu empfinden, welch unbändiges Glück in Ihnen herrscht, wenn Ihr Ziel erreicht ist.

Solange Sie noch der Meinung sind, mit Ihren Gedanken die Realität, die scheinbare Wirklichkeit, richtig erfassen und angehen zu können, übersehen Sie die Tatsache, daß Sie mit Ihren Gedanken Ihr Erleben überhaupt erst schaffen. So wie wir denken, wird unser Bewußtsein die Umwelt gestalten.

Das bedeutet für den Verstand, »Federn zu lassen«, von seinem Dominanzverhalten abzulassen und schleunigst von seiner eingebildeten Position frei zu werden, die höchste Instanz in unserem Leben zu sein. Wenn es heißt, *»Ich bin, was ich denke«*, dann ist damit die Abhängigkeit des Denkers von dem, was er gedacht hat, gemeint. Denken Sie beständig an Harmonie, Erfolg und Glück, so werden Sie herbeiholen, was Sie denken. Freuen Sie sich auf jeden neuen Tag, so werden Sie auch täglich Er-freuliches, Angenehmes und Schönes erleben. Probleme verringern sich allein durch die Tatsache, daß Sie ihnen durch eine harmonische Grundeinstellung das »Gewicht« nehmen. Außenwelt und vermeintliches Schicksal sind immer nur Spiegelbilder unseres Denkens – und Sie haben sich dafür entschieden, positiv zu denken, oder?

Ihr Körper und Ihre Seele danken es Ihnen mit Gesundheit, Friede und Harmonie oder was immer Sie wollen.

An der 18jährigen Petra B. erlebte ich, wie negative Gedanken und unkontrollierte Gefühlsausbrüche einem jungen Mädchen die Entwicklung zur eigenständigen Persönlichkeit verstellen können. Die Eltern brachten sie mir als »total lebensunfähig«. Keinen Faden könne sie einfädeln, nicht einmal Geschirr abwaschen. Alles ginge ihr daneben.

Ein eingeschüchtertes Menschenkind saß vor mir, das sich schon zweimal entschuldigt hatte, weil es hereingestolpert und weil ihr die Tasche vom Stuhl gerutscht war. Mit Nachdruck mußte ich den Wortschwall der Mutter unterbrechen, um von dem Mädchen selbst etwas zu hören. Das Bild anerzogener Unfertigkeit und Minderwertigkeitskomplexe hätte nicht vollkommener sein können. Man müßte oftmals Kinder von ihren Eltern befreien können, um sie, im wirklichen Sinne des Wortes, lebensfähig zu machen. Hier waren zuerst einmal die Eltern zu bremsen, die über ihre Tochter mit Schimpfworten und unablässigen Maßregelungen eine Art Herrschaft ausübten. Ich hatte das Glück, dem Mädchen während der Behandlungszeit eine Berufsausbildungsstätte hundert Kilometer vom Wohnsitz ihrer Eltern vermitteln zu können, und die Eltern waren einverstanden.

Die Beseitigung der Komplexe bei diesem jungen Mädchen, minderwertig zu sein, gelang verhältnismäßig einfach. Seit ihrer Kindheit war Petra »zu allem zu dumm«, »zu blöd zum Essen« und »ein Trampeltier«. Nach wenigen Behandlungen und mit den ersten Grundsätzen des Positiven Denkens vertraut gemacht, wandelte sie sich schnell. Das »Mauerblümchen« wagte sich im ersten Aufkeimen eines neuen Selbstbewußtseins zum Friseur – immer ein erstes Zeichen eines seelischen Auftriebs bei Patientinnen – und kehrte als sympathische junge Dame zurück. Für den mehrmaligen, täglichen »Hausgebrauch« gab ich ihr die Suggestionsformel mit:

»Ich bin gesund, voll Harmonie und Liebe. Die unendliche

Weisheit meines Unterbewußtseins macht mich sicher und erfolgreich bei allen meinen Unternehmungen. Ich bin geschickt und löse meine Aufgaben mit Liebe. Frei und glücklich fühle ich mich und sende meine Liebe meinen Eltern und meinen Arbeitskollegen, mit denen ich froh und harmonisch zusammenarbeite.«

Einige Trennungsjahre von den Eltern werden ihr Selbstbewußtsein weiter stärken und sie immun machen gegen den abwertenden elterlichen Einfluß.

Eigentlich gehörten in vielen Fällen die Eltern in die Therapie, aber es ist wohl einfacher, die Kinder zur »Reparatur« zu bringen, als vor der eigenen Türe zu kehren. Ihre negativen Vorstellungen und eine durch Herrschsucht und Nörgelei geprägte Lebensführung setzten ihnen am meisten zu. Sie stellten ihre Tochter als »geistig minderbemittelt« hin, ohne den katastrophalen Einfluß, den sie auf das junge, erwachende Bewußtsein mit ständiger Kritik und Ungeduld ausübten, auch nur annähernd zu bemerken. Petra konnte von Glück reden, daß sie die Möglichkeit hatte, die befreiende Kraft einer positiven Lebenseinstellung kennenzulernen und endlich zu einer jungen liebenswerten Frau heranzureifen.

Auch Sie erfahren auf diesen Seiten Anregungen zur positiven Veränderung Ihrer Lebensqualität. Lernen Sie von nun an, Ihre ureigensten Probleme selbst zu lösen.

▶ »Auch mein Weg wird, wie der eines jeden anderen, zu immer höheren Bewußtseinsstufen führen.«

Wir sind der Ausdruck unserer Vorstellungen

Beobachten Sie einmal, was in Ihnen vorgeht, wenn Sie einem überraschenden Ereignis gegenüberstehen. Nehmen wir an, Sie hätten gerade den weltbekannten Zauberkünstler David Copperfield im Fernsehen gesehen. Ihr erster Gedanke wird sein: Wo steckt da der Trick? Ihrem logisch funktionierenden Verstand kann niemand weismachen, daß es in unserer physikalisch rundum erkundeten Welt noch unbekannte Kräfte gibt. Schnelligkeit oder raffiniert versteckte Anwendung von Gesetzen der Mechanik können Sie kurzfristig täuschen; Ihr Verstand aber ist sich sicher: Es gibt keine Zauberei.

Das logische Denken ist eine wichtige Voraussetzung, um in Ihrer äußeren Welt zurechtzukommen; hat es aber jemals die Gesetze Ihres Seelenlebens erfaßt? Wir sprechen nicht umsonst von unserem *Unter*-Bewußtsein, wenn wir damit beginnen, unser Inneres zu erkunden. Wenn wir uns in positiver Weise uns selbst zuwenden, empfinden wir recht schnell ein sich veränderndes positives Verhältnis zu unserem innersten Wesen. Die Weisheit in uns erschließt sich uns durch eine positive Ausrichtung unserer Gedankenströme. Wir sind als vollkommene Wesen auf diese Erde gesandt worden, die sich nur ihrer inneren Führung anzuvertrauen brauchen, um wieder ganz, heil und sie selbst zu sein.

In unserem Denken und Handeln wohnt jener Geist, der alles geschaffen hat, und der nicht nach einer Lebensspanne einfach verschwindet. Unser Körper ist der Tempel des Heiligen Geistes, heißt es schon in der Bibel. Wir müssen ihn als Wohnstatt verstehen, als Mittel zum Zweck, als Symbiose von Geist und Materie für die Zeit unseres irdischen Daseins. Die östliche Lehre von der Inkarnation macht dem gläubigen Christen und den rein wissenschaftlichen Denkern zu schaffen, obwohl auch Christus in der Bibel im Zusammenhang mit unserer Entwicklung davon spricht.

Das Zwischenreich Erde dient unserer geistigen Entwicklung, die vom Verstand alleine niemals auch nur annähernd in ihrer Größe erfaßt werden kann. Der Verstand ist wie ein Schlüsselloch, durch das wir nur einen kleinen Teil des Plans der Schöpfung überschauen können. Der Sprung über den Zaun der Logik gelingt nur dem, der lernt, sich seiner inneren Führung anzuvertrauen. *Logik ist allenfalls der Anfang aller Weisheit. Nicht aber das Ziel.*

Seit über 8000 Jahren berichten unsere Avatare und Weisen von unserem geistigen Innenreich. Die vielen Anhänger von Yoga- und Meditationsschulen sind keine schwärmerischen Aussteiger, sondern sie spüren den verschollenen Kräften ihrer eigenen Wesenstiefe nach. Aus dieser Tiefe aber keimen alle wundersamen Dinge scheinbar wie aus dem Nichts.

Sagen Sie nicht auch manchmal: »Das ist aber ein sympathischer Mensch, dem würde ich sofort vertrauen«? Die besten Eingebungen in der Beurteilung Ihrer Umwelt erhalten Sie aus diesen unbewußten Tiefen Ihrer Seele. Mit positiven Gedanken beginnen Sie, sich wieder näherzukommen, und mit positiven Worten und Taten gestalten Sie von heute an Ihre Welt.

Die Bibelworte »ein neuer Himmel, eine neue Erde« sagen uns: Wenn wir neue und positive Gedanken haben (Himmel), dann erschaffen wir mit ihnen eine neue Wirklichkeit (Erde).

Vervollkommnen Sie täglich Ihre Fähigkeit, einen Gesprächspartner mit nur einem Blick zu erfassen. Der erste Eindruck ist der wichtigste.

Es bedeutet einen großen Schritt vorwärts, wenn Sie sich Ihren Mitmenschen von nun an mit offenem Herzen zuwenden, sie ohne Vorbehalte als Ihnen ebenbürtig anerkennen und ihnen Ihre Zuwendung geben. Ganz gleich, wie verschlissen oder herausgeputzt ein Anzug auch sein mag, Ihr Gegenüber ist wie Sie, nur Äußeres unterscheidet Sie. Sehen Sie seine göttliche Wesenheit und handeln Sie aus diesem Wissen heraus liebevoll und klug.

Der Lernprozeß zu Ihrem erfolgreichen Leben beginnt damit, nach innen zu horchen. Unsere oft nur leise, innere Stimme, wird allzuleicht von unserem unablässigen Gedankenstrom verdeckt. Ich bezeichne es als den größten Verlust, wenn ein Mensch seine Verbindung nach innen verloren hat, und seine Oberflächlichkeit alles zu sein scheint, was ihn bewegt. Wer davon betroffen ist, hört sich die Möglichkeiten von einem glücklicheren, gesünderen Leben seelenruhig und verständnisvoll an, ändert jedoch nichts. Die bestimmenden Elemente in seinem weltlichen Ich lassen nicht einmal der Liebe zu sich selbst, zu seinem Körper und seinem Wohlergehen ihren freien Lauf, und der Status quo bleibt erhalten.

Es gibt Menschen, die kein Gespräch mehr führen können, wenn sie nicht eine Zigarette in der Hand haben. Andere erzeugen mit ihren negativen Gedanken Ängste und steigern sie bis zu Wahnideen oder unterliegen der Kritiksucht, die ihnen ständigen Ärger mit den Mitmenschen beschert. Geben Sie sich jetzt selbst ein Versprechen, sagen Sie sich: *»Ich denke und handle von nun an positiv.«* Ich selbst bitte meine innere Stimme, mich zu warnen, wenn mich der Anschein eines negativen Gedankens befällt. Danach fühle ich mich ruhiger und sicherer.

Lesen Sie einmal eine Zeitung unter dem Aspekt, was die Menschen mit sich und der Welt alles veranstalten. Betrachten Sie die Fülle der Gegebenheiten, mit denen sie sich rund um den Erdball plagen. Alles, was wir zur Zeit oft drastisch an Katastrophenszenarien erleben, ist »Homemade«. Wenn Sie eine heile Welt möchten, dann müßten Sie die Zeitung eigentlich sofort und für immer weglegen und mit dem Positiven Denken beginnen. Oder wollen Sie tatsächlich glauben, Gott habe seinen Geschöpfen alle diese Lasten unabänderlich mit auf den Weg gegeben?

Wir selbst bringen uns mit unseren negativen Gedanken in viele unerwünschte Situationen. Zeitungsleser vergeuden Kraft und Zeit, indem sie viele, nun ganz und gar nicht liebenswerte Ereignisse in sich aufnehmen und in ihren Herzen nachvollziehen.

Ein Gedanke, ein Wort, ist eine geistige Kraft, die zur Verwirklichung strebt. Jeder Gedanke ist schöpferisch, ob in guter oder in böser Weise! Haben Sie also den gebührenden Respekt und beachten Sie von nun an »*Die Macht Ihrer Gedanken*« (der Titel eines meiner Bücher, ebenfalls im Goldmann Verlag erschienen). Lernen Sie, positive Resultate aus positiven Gedanken zu erwarten. Jetzt und hier! Das Unterbewußtsein in jedem von uns ist die Zentrale, die jedes Wort, das wir sprechen, jeden Gedanken, den wir formen, als Auftrag versteht und zur Realität werden läßt.

Vor ein paar Jahren traf ich in den Isaranlagen von München einen armen Zeitgenossen. Eine Reihe von Schicksalsschlägen hatte ihn umgeworfen: seine Frau war gestorben, die Kinder hatten ihn finanziell überstrapaziert und waren verschwunden, ein Berufsunfall hatte ihm seine rechte Hand verkrüppelt und ihn um seine Arbeit gebracht. Das alles zusammen hatte ihm den Lebensmut genommen, und er war zum Tippelbruder geworden.

Wir trafen uns gelegentlich, weil ich in dieser ruhigen Gegend meinen Mittagsspaziergang machte. Ich empfahl ihm, dem Leben und den Mitmenschen wieder Liebe entgegenzubringen, sich zu achten und sich nicht weiter verwahrlosen zu lassen. Seine Vorstellung, gegen seine Armut nichts tun zu können, erklärte ich ihm als seine Einbildung, mit der er die unendlichen Kräfte seines Unterbewußtseins nicht nur falsch, sondern auch gegen sich eingesetzt hatte. In seinem Schmerz war er abgestumpft und hatte sich nicht einmal darum gekümmert, für seinen Arbeitsunfall eine Rente oder Abfindung zu erhalten.

Ich gab ihm die Affirmation:

»*Ich bin gesund und kräftig. Mit Liebe wende ich mich dem Leben und meinen Mitmenschen zu. Jeden Tag vollbringe ich jetzt eine kleine, gute Tat und helfe einem anderen. Wir sind alle Kinder Gottes. Von allen Seiten strömen mir gute Kräfte zu, die mir helfen, mein Leben erfolgreich zu meistern.*«

Nach mehr als einem Jahr traf ich ihn vor meiner Haustür (zufällig?) wieder. Freudestrahlend erzählte er mir, noch immer meine Suggestionen zu verwenden. Inzwischen arbeitete er bei einer Altpapierverwertung und hatte eine eigene Wohnung, die ihm eine Witwe in Ordnung hielt. Das Positive Denken hatte ihm bewiesen, daß die unterste Stufe der Existenz keine unentrinnbare Zwangslage für einen Menschen sein muß. Sein Leben hatte sich *durch seine veränderte Sicht* vollkommen gewandelt. Er hatte gelernt, die Kräfte seiner Seele für sich nutzbar zu machen, und war nun wieder zum Meister seines Lebens geworden, anstatt dessen Opfer zu sein.

▶ »Wenn Sie ein Problem nicht lösen können, dann lösen Sie sich von dem Problem.«

Die schöpferische Denkpause

Sie haben nun genügend Zeichen erhalten und könnten, wenn Sie wollen, umschalten!

Spüren Sie Ihren intuitiven Eingebungen nach – *bevor* Sie etwas Neues, Entscheidendes angehen. Gewöhnen Sie sich täglich eine Denkpause an. In einer ruhigen Minute, die Sie gerade vor einem Entschluß besonders nötig haben, ziehen Sie sich zu einer inneren Lagebesprechung zurück. Die Volksweisheit kennt das und rät deshalb, große Entscheidungen erst einmal zu überschlafen. Prüfen Sie Ihre tiefsten Regungen und Gefühle zu einem Vorhaben nach folgendem Muster:

- Aus welchem Grund möchte ich das gerne machen?
- Ist es zweckgebunden?
- Erleichtert es mein Leben?
- Ist es lebensnotwendig?
- Ist es nur eine äußerliche Wunscherfüllung?

- Welche Gefühle treiben mich zu dem Vorhaben?
- Sehe ich darin einen Teil meines Lebensglücks?
- Will ich damit lediglich mein Image aufbessern?
- Will ich damit mehr scheinen als sein?
- Ist es mir ein lebenswichtiges Bedürfnis?
- Treibt mich die Eitelkeit dazu?
- Ist meine innere Stimme dafür?
- Was nehme ich dafür auf mich?
- Wird mir die Durchführung leicht und unbeschwerlich gelingen?
- Muß ich dafür viel Zeit und Kraft einsetzen?
- Ist mir der Aufwand die Sache wert?

Bei Ehrlichkeit sich selbst gegenüber gewinnen Sie in diesen Denkpausen von Mal zu Mal mehr Zugang zu Ihren intuitiven Ebenen, die sonst allzuleicht bei manchen übereilten Entscheidungen übergangen werden. Sie sollten wissen, daß Ihr höheres Selbst immer zu Ihrem Besten entscheidet. Deshalb verbünden Sie sich mit dem Geist in Ihnen, und Ihr Leben wird von Freude erfüllt sein.

Positives Denken geschieht wie von alleine, wenn Sie das höhere Selbst zu Rate ziehen.

Mit dem Erfassen Ihrer bisher noch verborgenen Gefühle und der nun beginnenden vertrauensvollen Zusammenarbeit mit Ihrem Unterbewußtsein verfügen Sie über die Macht des Schicksals. Sie wissen mehr als andere, die ihre Entscheidungen »blind«, das heißt rational treffen. Sie können sehr wohl wissen, was auf Sie zukommt, und können, wenn Sie sich dafür entschieden haben, die ganze Kraft Ihrer unendlichen Intelligenz in Ihrem Geist zu nutzen beginnen. Wie, werde ich Ihnen im Lauf der weiteren Lektüre ausführlich erklären.

▶ Vom Ich über das Du zum Wir heißt auch meine Bestimmung.

Die Kunst des positiven Lebens

Frei werden von scheinbar unausweichlichen Zwängen, Abstand halten von Aberglauben und veralteten orthodoxen Denkgebäuden und die Fähigkeit, die Harmonie Ihres Wesens in jedem Augenblick Ihres Lebens aufrechtzuerhalten – das alles ermöglicht Ihnen Positives Denken. Sie sollten nur von jetzt an mehr darauf achten, *Ihr eigenes* Leben zu leben, *Ihre eigenen* Sehnsüchte verwirklichen zu wollen. Damit rede ich nicht einem maßlosen Egoismus das Wort, höchstens dem »gesunden Egoismus«, wie ihn Josef Kirchner in seinen erfolgreichen Büchern beschreibt. Er sagt, daß es keinen Grund gibt, das eigene Leben dem Egoismus der anderen zu opfern.

Sie tragen die Kraft zur Befreiung und Selbstverwirklichung seit Ihrer Geburt in sich. Es gehört nicht nur zu den tiefen Weisheiten des Fernen Ostens, lediglich jenem Menschen zu helfen, der nach Hilfe verlangt. Wer seine Lebensvorstellungen positiv verändert, meistert sein Schicksal. Er hat seine Höherentwicklung selbst in die Hand genommen. Erst seine Einsicht, für seinen Weg auch höheres Wissen von anderen zu benötigen, schafft die Voraussetzung, ihm zu helfen. Fehlt diese Einsicht, wird Hilfe immer zurückgewiesen, und alles bleibt beim alten.

Das entspricht nicht ganz dem christlichen Bild von der Samariterhilfe, die jeder in jedem Fall zu leisten hat. Wie oft erlebt der Christ, besonders der christliche Missionar, daß seine Hilfe gar nicht erwünscht ist? Auch Jesus hilft laut Bibelwort denjenigen nicht, die einfach aus Egoismus etwas von seiner Kraft haben wollen. Aber jedem, der sich demütig vor der höheren Macht beugt und sein Schicksal göttlicher Fügung anvertraut, hilft er mit seinem Segen und den Worten: *»Gehe hin in Frieden, dein Glaube hat dir geholfen.«*

Die unterste Stufe menschlicher Existenz findet ihren Gegenpol nicht in materiellem Reichtum. Armut ist niemals gottgegeben, sondern basiert auf einer falschen Vorstellung von Gott und seiner Welt. Die Fülle, die das irdische Leben bieten kann, ist für alle da. Andererseits ist die Lebensqualität eines reich Begüterten keineswegs mit Lebensglück gleichzusetzen. Wenn die Harmonie eines Menschen zu seiner Seelenwelt gestört ist, dann hilft ihm aller Reichtum nichts mehr.

»Was nützt dem Menschen aller Reichtum der Welt, wenn er an seiner Seele Schaden nähme?« (Bibelwort).

Sich alles Materielle leisten zu können, heißt noch nicht, sich alles leisten zu sollen. Fehlender Ethos und geistige Leere kehren die besten Anlagen eines Menschen oft in ihr Gegenteil.

Letztes Jahr bat mich der Leiter eines großen Werkes zu einer Privatsitzung in seine Räume. Er wollte nicht in meine Praxis kommen, um nicht auf dem Weg zu einem Psychotherapeuten gesehen zu werden. Es ging um seinen Sohn und um seine Frau. Der Sohn war drogenabhängig, seine Frau ein ständiger Krankheitsfall. Sie erpreßte ihren Mann zu Besuchen in dem Sanatorium, in dem sie sich wieder einmal aufhielt. Plötzlich – und zu beliebigen Nacht- oder Tageszeiten – rief sie ihn an und verlangte sein sofortiges Kommen. Sein geschäftiges Berufs- und Reiseleben verfolgte sie mit Eifersucht und Haß.

Ich begann, ihn selbst zu befragen, und erkannte schnell die typischen Zeichen eines »Workaholiks«, der sich in Arbeit flüchtet, um nicht hinsehen zu müssen. Die Beziehungen zu seiner Familie waren, vereinfacht ausgedrückt, auf das Ausfüllen der monatlichen Schecks beschränkt. Einseitiges reines Erfolgsdenken hatte ihn zum Sklaven seines Berufs gemacht, und sein Familienglück blieb auf der Strecke.

Nach einem ausführlichen Gespräch bat er schließlich um eine Behandlung. Ich versuchte Geist, Körper und Seele in ihm wieder zu harmonischem Dreiklang zu vereinen. In vielen Sitzungen konnte ich ihm helfen, seinem Sohn und seiner Frau liebevolle, kraftspendende Gedanken zu senden und ihrer aller Lebensweg für wichtiger zu halten, als sich im Geldverdienen zu verlieren. Die Ruhe und Harmonie, die ich ihm mit Hilfe von positiven Affirmationen vermitteln konnte, brachten für ihn überwältigende neue Erfahrungen. Seine streßbedingte ständige Anspannung verlor alsbald ihre Macht über sein Verhalten. Mit leichter Hand gelangen ihm nun Entscheidungen, die er sich früher fast immer zeitraubend erarbeiten mußte.

Vor kurzem erhielt ich von diesem Direktor eine Urlaubskarte. Es war ein froher Gruß, auch von seiner Frau, deren psychosomatische Krankheitszustände seit der Wandlung ihres Mannes verschwunden waren.

Wenn ich Ihnen einige Fälle ausführlich schildere, dann tue ich dies, damit Sie hinter den Details die tieferen Vorgänge erkennen, die auch auf Ihr Leben Einfluß haben, und die durch das Positive Denken ihre Problematik verlieren können. Sie werden von jetzt an verstehen lernen, wie Sie Ihr Unterbewußtsein, Ihre innere Kraftzentrale, für positive Suggestionen zugänglich machen können.

▶ Unsere Augen zeigen uns nur die Oberfläche der Wirklichkeit.

Verwirklichen Sie sich selbst

Unser Bewußtsein verarbeitet eine riesige Menge an Sinneseindrücken, die es nach angenehm und unangenehm sortiert. Unser Verstand bevorzugt immer jene Eindrücke und Vorstellungen, die seinen Bezug zur Umwelt direkt sichern und verbessern.

Redensarten wie »Das geht mir nicht ein« oder »Das kann ich nicht fassen« zeigen, mit welchem richtigen Gespür die Volksseele Bewußtseinsgrenzen erkennt, die sich ein Mensch durch seine gedanklichen Vorstellungen selber setzt. Machen Sie in sich diese Fähigkeit, zu *er-fühlen*, was Sie denken, wieder lebendig. Betrachten Sie jede Handlung, die Sie planen, unter dem positiven Aspekt, ob Sie sie auch mit Ihrer inneren Harmonie verwirklichen können. Wenn Sie mit Ihren Aktivitäten etwas in Bewegung setzen, was nicht Ihren ethischen Vorstellungen entspricht und was auch für andere unzumutbar ist, dann tun Sie es einfach nicht. Dr. Murphy sagte dazu: »Wenn eine Gurke bitter ist, dann essen Sie sie nicht.« Wenn Sie also in eine Arbeit eingespannt sind, die Ihrem Charakter und Ihrer Persönlichkeit konträr gegenübersteht, dann befreien Sie sich davon. Es ist viel leichter, seinen Arbeitsplatz zu wechseln, als ein Leben lang mißgelaunt, erfolglos, krank und disharmonisch eine ungeliebte Arbeit zu tun.

Erinnern Sie sich an die Worte: »*Wenn Sie ein Problem nicht lösen können, dann lösen Sie sich von dem Problem.*«

Zu mir kam eines Tages ein Metzgermeister, der zunehmend unter Depressionen litt. Er erzählte, daß ihn keinerlei familiäre oder finanzielle Schwierigkeiten drückten. Es sei sein Beruf, der ihm zusetzte. Er brachte es nicht länger fertig, Tiere zu töten. Sein Vater hatte es ihm von früher Jugend an abverlangt, und er wußte nicht, wie er aus der mißlichen Lage herauskommen konnte. Zwölf Jahre waren es nun, seitdem er die väterliche Metzgerei übernommen hatte. Seine unterdrückten Gefühle ließen ihn immer depressiver werden. Abends saß er wie leergebrannt zu Hause und hatte für seine Familie kaum noch ein gutes Wort.

Bei ihm waren zwei unterschwellige Gefühle zu beachten. Zum einen war es sein Widerwillen gegen seinen Beruf und zweitens eine zunehmende Existenzangst, was wohl werden würde, wenn…

Im Gespräch erfuhr ich von ihm, daß er drei Fremdsprachen beherrschte und sich privat gerne mit Literatur und Übersetzungen beschäftigte. Ich gab ihm im Laufe seiner Therapiezeit die folgende positive Suggestion:

»In mir sind tiefe Ruhe und Harmonie. Die unendliche Weisheit meines Unterbewußtseins zeigt mir jetzt den richtigen Weg, meine Berufung frei zu wählen. Mein sehnlicher Wunsch, mich mit Fremdsprachen zu beschäftigen, ist erfüllt. Ich sehe mich bei Übersetzungen. Die Möglichkeit ist jetzt da, meinen Beruf zu wechseln. Ich sehe, wie meine Familie sich über die Verwirklichung meines Berufstraumes freut. In aller Ruhe kann ich mich jetzt auf diesen Arbeitswechsel vorbereiten. Ich bin die einzige Autorität in meinem Leben, ich bestimme selbst, wie ich mein Leben führe. In mir ist vollkommene Harmonie. Ich fühle, wie diese Harmonie jetzt auch meine Familie umfaßt. Ich habe mich für ein erfolgreiches Leben in Harmonie entschieden. Ich habe mich für das Glück entschieden.«

Ein Vierteljahr später saß er als Gasthörer in der Universität, Studienfach Philologie. Seine Frau führte die Metzgerei weiter, bis er einmal neu Fuß gefaßt haben würde und sie das Geschäft verkaufen konnten.

Mir kommt es bei meiner therapeutischen Tätigkeit darauf an, Talenten und guten Veranlagungen ihre freie Entwicklung zu sichern und die Menschen dadurch innerlich zu befreien und zu befrieden. Positives Denken bringt auch Ihnen innere Ausgewogenheit in Ihren Alltag, in Ihr *Jetzt*, wenn Sie jetzt damit beginnen. Denn nur das Jetzt zählt wirklich. Es bringt Sie auf die Sonnenseite des Lebens, Sie brauchen nur damit zu beginnen, in diesem Augenblick!

Sie erleben ständig, was Sie denken. Wo Sie auch immer hinkommen, Sie werden dort Ihre eigenen Gedanken antreffen. Ihre Vorstellungen sind es, die die äußeren Gegebenheiten liebevoll oder kritisch formen. Nehmen Sie die Dinge, wie sie sind, und Sie nehmen sich und die Welt, wie sie ist!

Wechselt der Chef oder die Regierung, dann äußert sich die

Störung der gewohnten Gleichförmigkeit bei Ihnen vielleicht zuerst einmal als Unbehagen. Weshalb eigentlich? *Sie* bleiben der gleiche Mensch mit gleichen Fähigkeiten. Ihre Sehnsucht, Ihr Leben optimal weiterführen zu können, bezieht ihre Kraft aus der Ebene Ihres höheren Selbst. Strahlen Sie mit Seelenruhe Ihre positive Einstellung zum Leben auf Ihre Umgebung aus. Das ist Ihr größtes und wichtigstes Potential, mit dem Sie jeden anderen Menschen, auch Ihre Vorgesetzten und sogar Ihre politischen Interessenvertreter, überzeugend veranlassen können, auf Sie, auf Ihr Leben, auf Ihre Persönlichkeit, Rücksicht zu nehmen. Nur Ihr eigenes Bewußtsein bestimmt darüber, wie Sie die anderen Menschen erleben.

Bewahren Sie in jeder Lebenssituation Ihre Ruhe und vertrauen Sie der Macht, die Sie geschaffen hat. Ihr Vertrauen wird Ihnen zur überlegenen Stärke, was auch immer kommen mag. Sie werden bald schon erkennen, warum Ihnen gerade dies oder jenes widerfahren mußte. Ihre neue, veränderte Einstellung verschafft Ihnen eine neue Einsicht, und alles, was Sie vielleicht bisher als Verlust gebucht haben, sehen Sie in einem neuen Licht.

Ihre positive Einstellung aktiviert Ihre guten Lebenskräfte. Oder nennen Sie es: *»Es kommen Ihnen die guten Kräfte des Himmels zu Hilfe.«* Sie sind überlegen und sicher in allen Ihren Angelegenheiten. Jegliche Kraft, die Sie im Alltag benötigen, schöpfen Sie aus Ihrem harmonischen Wesenskern. Ruhen Sie, was auch immer geschehen mag, in sich selbst. Ihr neues Selbstbewußtsein ist für die Zeit vor Ihnen, Ihr »Stecken und Ihr Stab«.

Schon die positiv veränderte Weltsicht führt zur Befreiung von ängstigenden Vorstellungen, befreit Sie von abwertenden Gedanken und bringt eine wunderbare Wandlung in Ihnen zustande. Wählen Sie einige Passagen in diesem Buch zu Ihrer täglichen Lektüre, und alles wird bald anders sein. Schreiben Sie die Suggestionen in eine Sie allein betreffende Form um und lesen

Sie sie drei-, viermal am Tag. Immer wenn Sie einen Kontakt zu Ihrem höheren Selbst suchen, wenn Sie sich der unendlichen Weisheit Ihres Unterbewußtseins bewußt werden wollen, dann wird Ihnen auch geholfen, die innere Ruhe zu finden und aus ihr in ein Leben voller Glück aufzubrechen.

Ich beginne jeden Tag mit einem Dankgebet an die geistige Welt. Nach dem Erwachen meditiere ich einige Minuten mit der Vorstellung:

»Ein neuer, schöner Tag liegt vor mir. Alle guten Kräfte werde ich aus meiner Umgebung aufnehmen. Ich freue mich auf meine Aufgaben, mit denen ich helfe und Licht verbreite. Alles gelingt mir aus der vollkommenen Harmonie, in der ich ruhe und in der ich mein Sein habe.«

Es wäre schlimm, Sie würden sich, wenn Sie dieses Buch gelesen haben, noch immer beim Frühstück durch die Schlagzeilen der Tageszeitung aus Ihrer harmonischen Stimmung bringen lassen. Die Auseinandersetzung mit der Welt beginnt früh genug, wenn Sie sich Ihrer Tagesarbeit zuwenden. Bleiben Sie der ruhende Fels in der Brandung der täglich neuen Erfordernisse und eventuell stressigen Situationen.

Leben ist mehr als Denken, Fühlen und Pflichterfüllung. Die Macht Ihrer Gedanken ist keine bloße Theorie; sie ist ausgesprochene, geformte geistige Energie, die zur Verwirklichung drängt und die sich materialisieren will. Gehen Sie aus diesem Grunde in Zukunft sehr bewußt bei Ihrem Denken vor. Prüfen Sie in jedem Fall den positiven Gehalt Ihrer Vorstellungen, bevor Sie sie kompakt, als abgeschlossenes Ganzes, in die Welt hinauslassen. Der Volksmund sagt dazu:

»Bevor wir den Mund aufmachen, sollten wir das Hirn einschalten!«

Benutzen Sie die empfohlene Denkpause, und in kurzer Zeit wird sie zu einer Kontrollstation werden, so daß Ihnen ein Schimpfwort gar nicht mehr über die Lippen kommt – es wird auf dem Weg vom Gehirn zur »Sprachausgabe« schon als nicht-positiv abgefangen.

Zweifel, Kritik und Streßsituationen werden Sie bald nur noch bei anderen erleben, denn Sie haben Ihre Kraftzentrale Unterbewußtsein zur Bewältigung Ihrer äußeren Probleme eingeschaltet.

▶ Vielleicht gibt es keine mögliche Antwort zu definieren, was ist. Den Intellekt und den Geist, wie sie beschaffen sind, begreifen wir nicht.

Kraft aus der unbewußten Tiefe

Solange Sie nicht mit Ihrem Unterbewußtsein im positiven Sinne »bewußt zusammenarbeiten«, sind Sie wie ein Nichtschwimmer, der aus einem Boot fällt. Mit allen möglichen Tricks versucht er sich über Wasser zu halten, ohne die einfache Möglichkeit zu kennen, das Wasser zum tragenden Element für sich zu machen.

Unwissenheit um die geistigen Gesetze ist die Ursache aller negativen Erlebnisse, einschließlich körperlicher oder psychischer Krankheiten, wie wir später noch an vielen Beispielen sehen werden.

Jeder Arzt in einer Nervenheilanstalt kann von Patienten berichten, die sich für Napoleon halten. Hunderte von Kranken in aller Welt sind diesem Wahn verfallen. In ihren Hirnen hat sich diese Vorstellung fest eingegraben; und sie beweisen, zu welcher Einbildungskraft der Mensch fähig ist. So wie man sich manchmal ohne »Rückfahrkarte«, also irreparabel, damit aus der Realität entfernen kann, kann man die höchsten Lebenskräfte des Geistes in sich auch zu größerem Erfolg und seiner positiven Entwicklung einsetzen. Anstatt mit falschem Gedankengut Neurosen oder Ängste zu schüren, erreichen wir mit Vertrauen und bewußtem Einsatz unserer geistigen Energien Gesundheit und höchste Vollkommenheit.

Werden Sie, *im positiven Sinne,* Meister der Imaginationsfähigkeit. Sie selbst sind der Hüter dieses Schatzes. Der Schlüssel zu diesem Sesam-Öffne-Dich liegt im Wissen, daß Sie sind, was Sie denken! Die geistigen Gesetze richtig anzuwenden ist die große Herausforderung und führt zu Ihrem Lebensglück. Wie viele positive Impulse aus Ihrem Unterbewußtsein haben Sie in Ihrem Leben durch Willensakte Ihres kleinen weltlichen Ichs schon überspielt?

Ein Mitarbeiter erzählte mir einmal von seiner intuitiv begnadeten Frau. »Zwei Drittel meiner größten Erfolge in meinem Leben verdanke ich ihrer Intuition«, erzählte er fröhlich. »Vom letzten Drittel wäre vielleicht auch noch manches dazugekommen – wenn ich besser auf sie gehört hätte!« Inzwischen, bekannte er, hätte sich auch bei ihm diese Fähigkeit durch das ständige Beschäftigen mit übergeordneten Bewußtseinsebenen enorm gesteigert.

Intuition läßt sich in der Tat fördern. Große kreative Kräfte, unendliche Weisheit und höhere Intelligenz sind in jedem Menschen zumindest latent vorhanden. Sie brauchen die Weisheit des Unterbewußten durch Positives Denken und durch Zuwendung zu Ihren inneren heilenden Kräften nur wieder *bewußter* fließen zu lassen. Den Intellekt sollten Sie »überreden«, sich wieder seinen Aufgaben zuzuwenden und sich in die Geist-Körper-Seele-Einheit harmonisch einzuordnen. Denken Sie daran, Sie sind der *Herr im Haus.* Sie verteilen das Stimmrecht, das Sie den einzelnen Ebenen, aus denen sich Ihre Persönlichkeit zusammensetzt, zugestehen.

Ein Intellektueller kann es meist nicht recht glauben, durch einfaches Umpolen der Gedanken von negativem Grübeln auf positive Vorstellungen sein Leben wirklich verändern zu können. Dem gebildeten Denker erscheint es zu einfach, das Leben durch neue Gedanken wandeln zu können, und so läßt er auch meist die Finger davon.

Versuchen wir das Positive Denken auf einen kurzen, verständlichen Nenner zu bringen. Positives Denken bedeutet, keine Gedankenenergie mehr *gegen* die eigene Lebenskraft zu richten. Es bedeutet, nie mehr zu sagen, *»ich kann nicht«*, und abzulassen von Selbstmitleid oder Haß und neiderfüllten Gedanken. Es bedeutet weiterhin, jede Handlung in jedem Augenblick von jetzt an in Harmonie mit der inneren Stimme, mit dem Gewissen vorzunehmen. *Das Ergebnis ist ein friedliches, freudvolles und schönes Leben.*

Wenn Sie Positives Denken zu praktizieren beginnen, dann reagiert darauf sehr schnell auch Ihr Körper. Streß und Verspannungen lösen sich im wahrsten Sinne des Wortes in Wohlgefallen auf. Die einzelnen Organe arbeiten wieder harmonisch zusammen, werden mit positiver Energie versorgt und sind im Gleichklang der Seele gesund und munter. Wie schwer es ist, diese klaren, einfachen Gedankengänge, die ein Siebenjähriger begreift, vollständig in die Realität umzusetzen, beweist unsere Vergangenheit. Lesen Sie die Geschichte Buddhas. Seine Lehre wurde im Lauf vieler Jahrhunderte aus Indien immer weiter nach Osten, Norden und Süden ausgedehnt. In Indien aber ist es wie überall: Der Prophet gilt nichts im eigenen Land.

Prüfen Sie Ihre Abneigung zum Beispiel gegen Bibelworte. »Höre mir doch auf mit Jesus und dem lieben Gott«, sagt mancher, dem ein anderer mit geistlichen Weisheiten Hilfe bringen wollte.

Wir sind es, die der Wahrheit so ungern Einlaß gewähren in unsere Burg festgefügter Vorstellungen von der »Welt« und ihrer Funktionsweisen. Dabei erhalten wir vielerlei Hinweise, die uns Auskunft geben über unsere Fehler. An vielen Auswirkungen im seelischen wie im körperlichen Bereich erkennen wir leicht, daß wir viel zu oft alles andere als in Harmonie sind.

Wir sollten nicht allzu stolz auf die wissenschaftlichen Kenntnisse über unsere Psyche sein. Bis jetzt haben wir es noch nicht fertiggebracht, unser Bewußtsein seinen Möglichkeiten entsprechend einzusetzen. Wir können uns selbst erlösen und zu vollkommeneren Menschen werden, wenn wir es denn auch wirklich wollen. Unser Schöpfer hat alle Anlagen dazu in uns hineingelegt; nutzen wir sie zu unserem und zum Wohle aller. Wir sollten anfangen, das geistige Feld in uns zu erschließen. Wir können den Garten in uns mit fruchtbaren Samen zu einem Paradies werden lassen. Die Erlösung ist bereits da – sie wartet in uns auf den Tag, an dem wir ja sagen zu uns, zu Gott und der Welt und zu unserem Leben! Werden wir uns der Tatsache bewußt, daß das ganze Leben ein bewußtseinsschaffender Prozeß, ein einziges Be-wußt-werden unserer selbst ist!

Gehen Sie morgens fröhlich zum Arbeitsplatz, in Erwartung guter Dinge, die an diesem Tag auf Sie zukommen, dann ist das der beste Schutz für Ihre positive Grundeinstellung. Selbst wenn Ihnen ein schlechtgelaunter Chef entgegentritt, bleiben Sie ruhig und übertragen Sie auf ihn Ihre positive Stimmung.

Menschen, die in ihrem harmonischen Wesen ruhen, sind oft der Trost ganzer Arbeitsgruppen. Mit ihrem sonnigen Gemüt bestimmen sie die Atmosphäre im Betrieb. Sichern Sie sich ein unbefangenes, fröhliches Erleben jedes neuen Tages, indem Sie eigene positive Gedanken wählen. Seit jeher ist die Sehnsucht dazu in Ihnen. Wenn Sie es wollen, dann ist es sehr einfach, sich jetzt einen klaren, blauen Seelenhimmel zu verschaffen.

Füllen Sie Ihr Bewußtsein mit guten und positiven Gedanken, denn sie bestimmen Ihre Zukunft.

Wenn eine Szene, ein Vorkommnis des Tages, Sie überhaupt nicht zur Ruhe kommen lassen will, wenn Sie von seelischen Turbulenzen geplagt sind, die Ihnen Appetit und Schlaf zu rauben drohen, dann versuchen Sie mit folgender Übung wieder in das seelische Gleichgewicht zu kommen. Setzen Sie sich in eine ruhige Ecke und überdenken Sie den Tag nach drei Gesichtspunkten:

1. Wie kam es dazu? Wer und was verursachte die Situation?
2. Warum trifft mich der Vorfall so hart? Hat mein Ego zuviel gewollt?
3. Erkenne ich die Möglichkeit, durch Wahrheit, Ehrlichkeit und offengelegte Gefühle den Vorfall zu bereinigen?

Wenn Sie die dritte Frage mit einem Ja beantworten, dann haben Sie Ihr Problem schon bewältigt. Legen Sie sich schlafen, schieben Sie in Ihrer Vorstellung alle Gedanken auf eine kleine weiße Wolke und lassen Sie sie zum morgigen Tag davonsegeln, zu dem Augenblick, *in dem Sie zu Ihrem Jawort stehen wollen.*

▶ Wir glauben, daß das, was unsere physischen Augen nicht sehen, deshalb auch nicht existiert. Hier liegt ein Grund für die Verleumdung der geistigen Sicht.

Leben im Hier und Jetzt

Leben Sie im Jetzt, wie es die Buddhisten ausdrücken. Haben Sie schon einmal dem Sinn der Worte nachgespürt: Hier und jetzt zu leben? Der Körper mag anwesend sein, die Gedanken aber sind meistens weit in der Vergangenheit oder in der Zukunft; auf jeden Fall weit weg. Bei den Überlegungen, die ich über Gedankenenergie anstellte, erhält dieses »weit weg« eine besondere, ja sogar lebenswichtige Bedeutung.

»Ganz entspannt im Hier und Jetzt«, dieser Buchtitel von Jörg Andrees Elten gewinnt geradezu suggestive Kraft, wenn Sie ihn als meditative Vorstellung wählen. *»Ganz entspannt im Hier und Jetzt«!*

Versuchen Sie, diesen Satz nachzuempfinden. Eine wunderbare Ruhe wird Sie durchströmen, vielleicht wird Ihnen sogar warm im ganzen Körper. Sie spüren in diesem Moment, daß Sie »da« sind. Nur Ihre Gedanken können Sie aus diesem Zustand wieder entführen. Und das tun sie denn auch – den größten Teil des Tages. Wer mit seinen Gedanken unablässig in Vergangenheit oder Zukunft verfangen ist, lebt auf Sparflamme. Er ist, wie es der Volksmund sehr richtig nennt, *nicht ganz da.* Er entzieht sich der Realität des Da-seins. Am gegenwärtigen Erleben schwebt er vorbei, denn das besteht nur aus den Augenblicken des Jetzt. Alles andere ist Illusion, sind Phantasieprodukte ohne ernsthaften Wirklichkeitsgehalt.

Damit Sie es nicht falsch verstehen: Ich will damit nicht sagen, Sie sollen auf alle Ihre Erfahrungen aus der Vergangenheit verzichten und in die Zukunft hineinleben wie der Spatz auf dem Dach. Tibetanische Bettelmönche mögen das als Ideal ansehen. In unserer westlichen Kultur sind wir sehr wohl darauf angewiesen, unseren Intellekt zu verwenden, aus der Vergangenheit zu lernen und für uns oder unsere Familie auch in die Zukunft hinein zu sorgen.

Ich meine mit jenen in anderen »Gefilden« schwebenden Gesprächspartnern diejenigen, die in jeder Minute geradezu aus der Gegenwart flüchten. Sie sprechen beständig von ihren Plänen und Vorhaben oder, wie oft alte Damen oder Pensionäre, von ihren Erlebnissen und Heldentaten vergangener Zeiten oder – noch schlimmer – von ihren Krankheiten.

Leben in der Vergangenheit macht alt und schnürt uns vom Jetzt ab, in dem wir doch einzig lebendig sind. Leben in der Zukunft bringt uns um jedes Erfolgserlebnis und um die Ruhe, am wirklichen Leben teilzuhaben. Menschen, die ständig von ihren Vorhaben erzählen, brauchen Sie nicht zu glauben, daß sie auch nur einen Teil davon je verwirklichen. Projizieren wir unsere Wünsche und Träume mit unserer Vorstellungskraft auf den heutigen Tag, dann – und nur dann – werden wir unsere Erfüllung finden.

Die unendliche Weisheit des Schöpfers legte in jeden die Kraft zu vollkommener Entfaltung und eigenständiger Entwicklung. Wir müssen sie nur selbst in Gang bringen, indem wir aus der Quelle unserer Existenz zu schöpfen lernen. Dazu gehört Vertrauen zu uns selbst und zu dem, der uns gemacht hat.

▶ Unsere Suche nach dem Wissen ist immer auch die Suche nach dem Schöpfer.

Mein Weg in die geistige Freiheit

Ich weiß, wovon ich spreche, denn auch ich habe einen steinigen Lebensweg hinter mich gebracht, bevor mir das Buch von Dr. Murphy »Die Macht Ihres Unterbewußtseins« in die Hände fiel. Auf den ersten Seiten schrieb er dort: »... dieses Buch wird Ihr Leben verändern, wenn Sie tun, was ich Ihnen sage.«

Ich habe getan, was er sagte – weil mir gar nichts anderes übrigblieb. Bis zu diesem Zeitpunkt bin ich jahrelang krank, erfolglos, mißmutig und depressiv gewesen. Die negativen Programmierungen meiner Kindheit waren noch wirksam und schufen ihrem Wesen entsprechend meine leidvolle Realität. Anders gesagt: Erfolgreich war ich schon immer, wenn auch anfangs ganz im negativen Sinne. Vieles hatte ich vorher versucht, um mich aus dem düsteren Leben zu retten, in das mich mein »Schicksal« verschlagen hatte. Ich war und blieb, was ich war. Übergewichtig, mit dem Gefühl von Minderwertigkeit und immer bankrott, begann ich damals die Arbeit an mir selbst.

Ich erkannte, daß mein buchstäbliches Pech nur aus den negativen Programmen meines Unterbewußtseins stammte. Der destruktive und abwertende Tenor meiner Gedanken war durch viele, viele negative Suggestionen seit meiner frühen Kindheit erhärtet. Mein Vater brachte sie durch ständig wiederholte Beschimpfungen zustande. Aus Gründen des Selbstschutzes will ich die Kanonaden von Schimpfworten nicht wiederholen (wörtlich »wieder-holen«).

Vielleicht kommt Ihnen das mehr oder weniger bekannt vor? Abwertende Worte, die jahrelang auf einen jungen Menschen niederprasseln, können ihre Wirkung gar nicht verfehlen. Das Resultat ist ein heranwachsender, in seiner Persönlichkeit beschränkter, destruktiver, minderwertigkeitsgeplagter, aber sogenannter ganz normaler Mensch.

Auch bei mir waren alle Leistungen im positiven Sinne allenfalls mittelmäßig, im Negativen aber geradezu erfolgreich. Das zeigte sich besonders deutlich in meiner endlosen Reihe von Krankenhausaufenthalten. Ich »absolvierte« vielerlei Krankheiten so oft und so intensiv, wie ich es nur ermöglichen konnte. zusammengefaßt lag ich in meiner Jugend mehr als zweieinhalb Jahre in Krankenhäusern.

Dann kam der Moment, an dem mir bewußt wurde, daß es mir wie dem leichtfertigen Zauberlehrling ging. Die Geister, die ich rief, wurde ich nun nicht mehr los. Negative Gedanken können sich genauso verselbständigen wie positive. Das habe ich damals sehr deutlich verstanden. Meine Wandlung begann in dem Augenblick, in dem ich mich entschieden hatte, mich zu ändern und mir vornahm, positiv zu denken.

Meine Übersäuerung des Magens, mein Sodbrennen, verschwanden in wenigen Tagen, nachdem ich mit beruhigenden Affirmationen mein Unterbewußtsein richtig zu motivieren begann.

Vor einem Spiegel sagte ich zu mir selbst, daß alle Aussagen, alle Behauptungen der Vergangenheit, nicht meine Aussagen gewesen seien, und ich ihnen jetzt ihre Macht entziehe. Von nun an sollte nur noch *meine Meinung* über mich gelten. Ich entschloß mich, mein Leben von jetzt an als erfolgreich im positiven Sinne zu betrachten. Ich wollte den Weg des Positiven Denkens gehen und an mich glauben, mir vertrauen, wie auch der Vater im Himmel mir vertraut.

Mein Unterbewußtsein verwirklichte meine positiven Gedanken wie ein getreuer Freund. In Jahresfrist hatte ich zweiunddreißig Kilo meines Übergewichts verloren und sah nun auch aus wie ein neuer Mensch.

▶ Alles Lebende ist ein unvollendeter Prozeß, der seine eigene Zukunft nicht kennt.

Die Tarnkappe des falschen Denkens

Spüren Sie, wie wir alle schließlich zu Sklaven der Vorstellungen geworden sind, die uns seit Kindheitstagen eingeprägt wurden. Wer wußte schon, welche Macht aus unserem Unterbewußtsein wirkte, wenn über lange Zeiträume hinweg Negativitäten auf uns niederprasselten? Wie viele spürten die hohe geistige Substanz, wenn Jesus etwa sagt: *»Das Reich Gottes ist in euch!«* oder wenn Laotse die geheimnisvolle Wirkung des Unterbewußten in die Worte faßt: *»Aus dem Sein sind die zehntausend Wesen geboren; das Sein aber ist aus dem Nichtsein geboren.«*

Im Positiven Denken wird jeder nächstliegende Gedanke beim Schopf gepackt und zurechtgerückt, wenn er sich als falsch gepolt erweisen sollte. Was Sie jetzt denken, entscheidet über Ihr nächstes Erleben. Der jüngste und unverbildetste Mensch begreift die Wichtigkeit *dieses* Augenblicks als Vorbereitung für den nächsten. Wenn überhaupt etwas zu ändern ist, dann in diesem Augenblick, nur in ihm sind wir zur Handlung befähigt.

Zu den ersten praktischen Schritten gehört, daß wir uns bewußt werden, wann wir von abwertenden Gedanken und Worten Gebrauch machen. Es ist gar nicht immer einfach zu entdecken, was uns so viele Jahre geschädigt haben könnte. Wer denkt, er könne nicht…, er fürchte…, er bezweifle…, der suggeriert seinem Unterbewußtsein Ängstlichkeit, Unsicherheit und Unfähigkeit.

Setzen Sie in Ihren Äußerungen in Zukunft immer das direkte Erleben in den Vordergrund: Sagen Sie: »Ich bin…, ich habe…, ich kann…, es ist jetzt in diesem Augenblick, so wie ich es erleben will.« Jesus sagte: *»Tue, als habest du empfangen, und du wirst empfangen.«*

Zu mir in die Praxis kam ein Büroangestellter, der durch den Konkurs seiner Firma nach dreißigjähriger Zugehörigkeit entweder in die Portiersloge der Auffangfirma oder auf die Straße gesetzt werden sollte. Der Mann war außerordentlich verängstigt über seine Situation und wollte sich lieber umbringen, als in dieser Schande zu leben. Nach seiner Lehrzeit war er in einem technischen Überwachungsbüro dieser Firma eingesetzt worden und hatte dort seitdem getreulich über die Jahrzehnte die ihm zugewiesene Aufgabe erfüllt. Nie war er aufgefallen, nie war er jemandem zu nahe getreten. Niemand sah sich aber auch je veranlaßt, seine durchaus vorhandenen technischen Qualitäten etwa durch eine Beförderung zu belohnen. Und nun der Verstoß aus der Sicherheit in die Unsicherheit! Nur seiner energischen Frau hatte er es zu verdanken, daß er den Weg zu mir gefunden hatte.

Selten sah ich einen derartig angepaßten, unterwürfigen Menschen. Er war völlig geknickt; seit seiner Kindheit stand er im Schatten seines jüngeren Bruders, der alles besser machte als er, der immer bevorzugt und gelobt wurde, selbst wenn der »Große« das gleiche vollbracht hatte. Fast möchte man sagen, daß er offensichtlich froh war, überhaupt am Leben bleiben zu dürfen. So blieb seine Persönlichkeit ein Schatten, der geduldet wurde; in der Familie, dann in der Lehre, dann im Beruf. Sein

Leben lang hatte er sich unauffällig im Hintergrund gehalten, bis seine Firma ihn jetzt nicht mehr »dulden« *konnte*.

Einem Mittfünfziger die Augen für die Vielfalt des Lebens und die unerschöpfliche Kraft seines Unterbewußtseins zu öffnen, kann schon Geduld vom Therapeuten verlangen. Es bedurfte schon erheblicher Anstrengungen, um ihn erst einmal dazu zu bewegen, die Scheuklappen abzulegen und das Leben nicht nur mit seinem Büroblick zu betrachten. Bei einem meiner Seminare erfuhr er wohl zum ersten Mal in seinem Leben, daß man Gefühle anderer Menschen offen mitteilen kann. Ich machte ihm klar, daß nur eine Umprogrammierung seines Unterbewußtseins ihm den Weg zu Sicherheit, Selbstbewußtsein und Erfolg öffnen könne. Die alten destruktiven und beschränkenden subjektiven Erfahrungen waren die Ursache seiner Probleme. Er bekam am Ende seiner dreiwöchigen Hypnosetherapie folgende Suggestionsformel mit nach Hause:

»In mir ist vollkommene Harmonie. Ich weiß mich geborgen in der Mitte meines Wesens. Aus der unerschöpflichen Weisheit meines Unterbewußtseins erwächst mir die Kraft, alles Lebensnotwendige zum Besten für meine Frau und mich gelingen zu lassen. Ich bin frei und sicher, ich bin klar und erfolgreich. Die Liebe, die ich meinen Mitmenschen entgegenbringe, kehrt zu mir zurück durch ihr Entgegenkommen, ihre Hilfsbereitschaft und ihr Interesse an meiner Person.

Ich sehe mich erfolgreich in einer neuen Tätigkeit und weiß, daß meine innere Kraft diese Vision jetzt verwirklicht. Mit Zuversicht und Ruhe beginne ich jeden neuen Tag. Alles ist zu meinem Besten vorbereitet. Meine innere Stimme weist mir sicher meinen Weg.«

Diese zielgerichteten Gedanken, auf die ich im dritten Kapitel noch ausführlicher zu sprechen komme, sollten von ihm täglich mehrmals in einer meditativen Stimmung gelesen oder auswendig vorgesagt werden. Mit dem sinngemäßen Inhalt dieser

Worte sollten tiefe Gefühle der Freude und eine Vision von »Wirklichkeit« mitgegeben werden. Versetzen wir uns selber durch autogenes Training in einen Zustand leichter Trance, dringen Autosuggestionen tief in die zu prägenden Schichten unseres Geistes ein.

Über mehrere Wochen lief, einschließlich der Unterstützung mit den Suggestionsformeln, die Behandlung dieses verängstigten Menschen. Nach den ersten zwei Wochen spürten wir alle die ersten positiven Veränderungen in seinem Selbstbewußtsein, er begann aufzublühen und wieder an sich und seine Welt zu glauben.

Acht Wochen nach der Behandlung rief seine Frau an. Ihr Mann hatte durch das Ausscheiden eines Freundes in einer anderen Firma eine ähnliche Stellung bekommen. »Ohne Ihre Schulung«, meinte sie, »hätte er sich diese Selbständigkeit nie zugetraut!«

▶ Das Beste, das Sie für viele tun können, ist immer noch das, was Sie für sich selber tun.

Die vier großen Sehnsüchte

Haben Sie die Wirkungsweise von Suggestivformeln verstanden? Dann beginnen Sie jetzt also sofort damit, Ihren unablässigen Gedankenstrom zu beobachten. Denken Sie, daß möglich ist, was immer Sie wirklich wollen. Verbannen Sie jede negative Überlegung und jeden Zweifel, weil Sie jetzt wissen, daß Ihr Denken Ihr Leben bestimmt.

Es ist Unsinn zu glauben, wenn Sie eine Katze von rechts nach links über den Weg laufen sehen, würde Ihnen das Unglück bringen. Halten Sie sich frei von Aberglauben und einer eventuellen Abhängigkeit vom täglichen Horoskop.

Die Sterne sind nur Spiegel Ihrer eigenen geistigen Konstellation. Ihr Geist steht Ihnen näher als alle kosmischen Spiegelbilder. Sie erfahren also in sich viel besser, was andere aus den Horoskopen zu lesen versuchen. Astrologie vergleiche ich gerne mit einer Segelpartie. Einem guten Segler ist es gleich, woher der Wind weht, er weiß sein (Lebens-)Schiff zu beherrschen und wird sein Ziel erreichen. Schon in der Bibel heißt es: »*Gottes Winde wehen überall, du mußt nur die Segel setzen*«, und woanders hören wir: »*Die Sterne zwingen nicht, sie machen nur geneigt*«.

Die Wünsche eines jeden Individuums lassen sich in einfache Grundformen zusammenfassen:

1. Wir sind glücklich, wenn wir vollkommen gesund sind. Damit ist die Gesundheit von Körper, Geist und Seele gemeint.
2. Wir sehnen uns nach innerer und äußerer Harmonie.
3. Die dritte wichtige Sehnsucht menschlichen Strebens ist Erfolg.
4. Positives Denken führt uns auf den Weg zur Erfüllung dieser Sehnsucht.

Wir wollen anerkannt werden und sehnen uns nach Selbstverwirklichung. Es gehört zu unseren mächtigsten Wünschen, gute Bedingungen für unser Leben zu erreichen. Damit ist nicht nur die rein materielle Ebene gemeint, die leider von der westlichen Welt über die ganze Erde als Synonym für Erfolg gesetzt worden ist. Natürlich spiegelt sich menschlicher Erfolg auch auf dem Bankkonto wider. Wer aus seiner geistigen Mitte lebt, dem fällt auch von den Gütern dieser Erde mehr zu, als er benötigt. Öffnen wir unseren Geist, so werden wir nie Mangel leiden. Wer eine positive Einstellung zum Leben hat, dem erschließt sich damit die unerschöpfliche Fülle des Seins. Reichtum steht uns allen offen, und er läßt uns an der Fülle des Lebens teilhaben.

Das wohl wichtigste menschliche Glück liegt in der Liebe. Die körperliche Liebe ist nur ein kleiner Teil jener Liebe, die alle Wesen umfaßt. In jeder Situation seines Lebens sehnt sich der Mensch nach dieser verbindenden, beschützenden Liebe, die ihm Erfüllung, höchstmögliches Glück und größte Freude bedeutet.

Wer sich nach Liebe sehnt, sollte selber verschwenderisch mit ihr umgehen. Denn es heißt in vielen Weisheitsbüchern: *Geben und Nehmen sind eins, und was wir geben, das empfangen wir, und gib, und dir wird gegeben werden!* So ist es das wichtigste, wie es Erich Fromm in seinem Buch »Die Kunst des Liebens« ausführlich schildert, in uns selber die Liebe erblühen zu lassen. Uns selbst zu lieben ist die Voraussetzung, einen andern lieben zu können.

Sehnen Sie sich aus ganzem Herzen nach bedingungsloser Liebe und helfen Sie sich mit folgender Affirmation:

»In mir sind tiefe Ruhe und Harmonie. Ich liebe mich, so wie ich bin. Die unerschöpfliche Kraft meines Unterbewußtseins erfüllt jetzt meinen Körper bis in jede Zelle, reinigt und stärkt mich. Aus der Harmonie, die mich erfüllt, strahlt meine Liebe zu allen Wesen dieser Welt. Ich fühle die Verbundenheit aller Seelen in Gott, und ich bin ein gleichwertiges Mitglied in der Kette dieser Gemeinschaft. Ich bin in Harmonie und voller Liebe, ich bin gesund und glücklich. Danke, daß es so ist.«

Die Liebe zu sich selbst zeigt sich deutlich im Umgang mit unserem Körper, unserer Kleidung, in unserem gesamten sozialen Umfeld. Vernachlässigen wir diese Bereiche oder erhalten wir unseren »Tempel des lebendigen Gottes« klar und rein, um unserer Freude am Leben Ausdruck zu verleihen? Liebe zu sich selbst heißt auch, alle unedlen Wünsche zu überwinden und durch Positives Denken zu vollkommenem Gleichklang mit unserer Bestimmung zu gelangen. Die Liebe zu sich selbst bedeutet letzten Endes, die Harmonie zwischen Geist, Körper und

Seele zu erhalten. Sie ist der Weg zur Selbstverwirklichung. Erkennen Sie: »*Unser höchstes Selbst ist identisch mit der Weltenseele.*«

▶ Höflichkeit ist eine Münze, die den bereichert, der sie ausgibt.

Ihr Intellekt – größtes Hindernis auf dem Weg zum Selbst

Das Positive Denken kann für Sie das Märchen vom Baron von Münchhausen, der sich am eigenen Schopf aus dem Sumpf zog, zur Wahrheit werden lassen. Wie in jedem Lebewesen auf dieser Erde, schlummert auch in Ihnen die Kraft des höheren Bewußtseins. Werden Sie empfänglich für diese Energie, um bald schon Ihren Alltag glücklicher, vollkommener und sorgenfreier zu gestalten. Überwinden Sie als erstes das größte Hindernis auf diesem Weg, nämlich das Dominanzverhalten Ihres Intellekts.

Überwinden Sie Ihr kleines weltliches Ich, das Sie ständig in die Sphäre des Wünschens und Begehrens stürzen will. Überwinden Sie es, indem Sie Großes denken – damit Großes geschieht. In unserer konsumorientierten Gesellschaft ist das Vergnügen wichtiger geworden als Sinnfindung, Harmonie und seelischer Friede. Haben Sie schon bemerkt, wie dieser Trend auch Sie in immer höhere Ansprüche an Ihre Leistungsfähigkeit und in immer neue Probleme verstrickt? Die Medien sind voller Berichte, wieviel und was wir uns zum Wechsel des Jahrtausends alle zumuten.

Machen Sie Schluß damit, sich daran zu beteiligen. Stoppen Sie Ihre Bereitschaft, das Anwachsen der sich selbsterfüllenden negativen Prophezeiung mitzumachen. Leben Sie jetzt und genießen Sie diesen Augenblick. Düstere Ausblicke auf die Zukunft haben sich bisher fast immer selbst widerlegt, denn wir leben auch jetzt trotz allem besser als vor zwanzig, fünfzig oder hundert Jahren. Denken Sie daran, wie oft Jehovas Zeugen schon den Weltuntergang vorausgesagt haben. Glauben Sie an das Jetzt, an den Lebenswillen in sich und in allen anderen Menschen und nehmen Sie sich selbst in die Verantwortung, nur das Gute, Positive und das Gottgleiche in Ihrem Leben zu verwirklichen. Mit jeder kleinsten Handlung, mit jedem Gedanken formen Sie Ihre Welt.

Sie sollten sich der Tragweite und der Macht Ihrer negativen Gedanken bewußt geworden sein und sie deshalb meiden. Übernehmen Sie für jede Ihrer Handlungen die Verantwortung. Handeln Sie aus innerer Überzeugung, aus innerer Eingebung zu Ihrem und zum Wohle des Ganzen.

Wenn Sie bei der Arbeit etwas vergessen haben, dann sollten Sie keinem anderen die Schuld geben. Wenn Sie beim Autofahren unachtsam einen anderen Wagen beschädigt haben, stecken Sie einen Zettel an die Windschutzscheibe. Übernehmen Sie Verantwortung – und Sie werden erleben, wie Ihr Selbstwertgefühl steigt. Sie hören nicht mehr nur auf Ihren rationalen Verstand, der Sie mit seinem Unvermögen um Ihre Wahrhaftigkeit bringen wird, wenn Sie sich ausschließlich auf ihn verlassen. Ihre Persönlichkeit wächst nun von Tag zu Tag, und sie ist gerade jetzt dabei, die vielen kleinen Ängste zu überwinden, die der Intellekt mit seinem eher engen Horizont erst entstehen ließ. Sie tragen die Verantwortung für sich selbst. Lassen Sie sie von nun an eine leichte Last sein!

Mit einer noblen Haltung aktivieren Sie Ihr unerschöpfliches Kraftpotential, für das es keine Probleme mehr gibt und das Sie unabhängig und frei sein läßt. Ängstlichkeit und Sicherheitsstreben verschwinden wie von selbst, wenn Sie an sich zu glauben beginnen. *Die Sicherheit im Leben erwächst aus Ihnen selbst.* Sehr schnell fühlen Sie die Macht Ihres Unterbewußtseins. Sie erkennen: *Die größte Lebensversicherung liegt in Ihnen selbst.*

Ihre geistige Energie ist Ihr eigenes Vermögen, und dies ist die unzerstörbare Urkraft des Lebens.

▶ Wenn Haß hungernde Liebe ist, dann kann dieser Hunger nur durch Liebe gestillt werden.

Harmonie und Liebe

Von nun an sollte in Ihrem Dasein die innere Harmonie vor allen Gedankenspielen Ihres Verstandes Vorrang haben. Wie ein Wunder wird es Ihnen erscheinen, auf diese Weise alles zu gewinnen, ohne etwas zu riskieren. Worum sich der Intellekt mit aller Willensanstrengung meistens vergeblich bemühte, kommt wie von selbst in Ihre Welt. Gesundheit und Erfolg, ein gesundes Selbstvertrauen und ein gerüttelt Maß vom Glück der Welt klopfen an die Tür Ihres geistigen Hauses. Bald schon werden Sie sagen, daß Sie die Hilfe, die fast alle ständig von außen erwarten, jetzt überreichlich in sich selbst gefunden haben.

Manche fürchten, durch das Positive Denken in Schwierigkeiten mit ihren Mitmenschen zu geraten. Sie glauben, als lebensfremd bezeichnet zu werden, wenn sie sich der sogenannten Innenseite der Dinge zuwenden. Unsere Zivilisation ist technisch ein kompliziertes Gebilde geworden, in der Informationsaustausch geradezu lebensnotwendig geworden ist, und in der wir auf gegenseitige Unterstützung angewiesen sind. In unserer materiellen Welt funktioniert Kommunikation im allgemeinen perfekt. Der Intellekt hat die richtigen Methoden im Griff.

Was nützt aber den Büroangestellten oder den Arbeitern die ausgefeilteste Technik zur Arbeitserleichterung, wenn durch immer neue Belastungen am Arbeitsplatz das Leben zur Qual wird? Die ärgsten psychosomatischen Infektionsherde in unserer Wirtschaft sind unsere Großraumbüros und Fabriken mit ihrem allgegenwärtigen und zunehmenden Streß. Neid und Mißgunst zerstören die Menschen und lassen sie zum Feind werden.

Erkennen Sie Ihre egoistischen Motive und lernen Sie sie zu kontrollieren. Beobachten Sie, wie Ihre Gedankenenergie sich vergeudet und sich um Dinge kümmert, die für Sie gar nicht wichtig sind, Sie sogar behindern und schwächen. Unangenehme Erlebnisse haben eine besondere Langzeitwirkung. Es mag nur eine unbefriedigende Abendunterhaltung zwischen Eheleuten gewesen sein; das Nachdenken darüber hält manchmal lange wach.

Ihr Schlaf ist zur Regeneration da, und Ihr gutes Gewissen sollte Ihnen ein Ruhekissen sein. Sie brauchen erholsamen Schlaf so notwendig wie die Luft zum Atmen. Machen Sie es sich deshalb zur Regel, Vergangenes, Unabänderliches dort zu lassen, wo es hingehört. Sagen Sie: »Vergangenes ist vergangen!« Neue Gedanken über Altes zu verschwenden bringt nur unnötig erneut Ihr Gemüt in Wallung. Danken Sie Ihrem Unterbewußtsein, Ihnen die Lösung des mißlichen Problems gezeigt zu haben, das Sie höchstwahrscheinlich nur selbst durch fehlende Liebe verursacht haben. Schlafen Sie in dem Bewußtsein ein, das fehlende Verständnis, die fehlende liebevolle Zuwendung zu Ihrem Partner, gleich bei der ersten Gelegenheit – noch vor dem Einschlafen – auszugleichen. Ihr Gewissen ist damit erleichtert und dankt Ihnen Ihre Einsicht durch größere persönliche Überzeugungskraft, mit der Sie wieder alle friedvoll stimmen.

Die innere Ruhe und Ausgeglichenheit, die Sie durch Positives Denken erfahren, beschenkt Sie reichlich durch wirkliche Lebensqualität! Der ruhende Pol des Lebens, die innere Freiheit, glücklich und lebensfroh unsere herrliche Welt zu genießen, liegt in Ihnen selbst. *Lassen Sie den Verstand die äußeren, notwendigen Dinge erledigen. Dazu ist er da.* Er sollte nicht auch noch Ihre Gefühle, Sehnsüchte und Wünsche verwalten. Dafür schöpfen Sie aus der überlegeneren, höheren Instanz Ihres bewußten Seins, aus der unendlichen Weisheit Ihres göttlichen Selbst.

Machen Sie sofort eine Probe aufs Exempel. Packen Sie das nächstliegende Problem beim Schopf und zerlegen Sie es in seine Einzelheiten. Warum haben Sie Ihrer Frau vorhin an den Kopf geworfen, kein Verständnis für Sie zu haben? Warum haben Sie vorhin Ihrem Mann vorgehalten, nie Zeit für Ihre Sorgen zu haben? Gehen Sie zu Ihrem Ehepartner, wenden Sie ihm Ihre ganze Liebe zu und sagen Sie zu ihm: »Ich war vorhin ungeduldig. Ich habe Dinge, die mich gerade bewegten, viel zu ernst genommen. Es ist überhaupt nicht wert, darüber ein lautes Wort zu verlieren. Entschuldige bitte!«

Wenn Sie sich auf eine wichtige Aufgabe vorzubereiten haben, gehen Sie konsequent immer nach dem gleichen Muster vor:

Langfristig kümmern Sie sich ausführlich um vollständige Informationen über die Gebiete, über die Sie Bescheid wissen müssen. Seien Sie sehr gründlich dabei. Sie wollen Erfolg haben, stellen Sie also an sich selbst die höchsten Ansprüche. Wie Sie bei dieser Arbeit auf die Hilfe aus Ihrem Unterbewußtsein zurückgreifen können, erfahren Sie im dritten Kapitel.

Kurzfristig kümmern Sie sich nur noch um Ihre seelische Ausgeglichenheit. Versetzen Sie sich in Ihrem seelisch-körperlichen Haushalt in vollkommene Harmonie. Überantworten Sie den Ablauf des Tages der unendlichen Weisheit Ihrer höheren Intelligenz. Fühlen Sie sich von einer höheren »Macht« geleitet und Ihres Erfolges sicher. Sagen Sie sich: »Einer mit Gott ist immer die Mehrheit.«

Wenn Sie intensiv nach diesem Muster vorgehen, lösen Sie Ihre Probleme schon, bevor sie in Ihr Bewußtsein kommen. Welche Aufgabe auch immer gerade vor Ihnen liegt, ob sie Ihnen leicht oder schwer erscheinen mag, lehnen Sie sich in Ihrem Stuhl zurück und sagen Sie still in sich hinein:

»Ich bin vollwertig; ich lebe richtig, und ich habe die Kraft, alle meine Vorhaben in Übereinstimmung mit göttlicher Vorsehung zu verwirklichen. Ich lebe, ich verwirkliche und ich bewältige alles, was ich mir vornehme. Die unerschöpfliche Lebenskraft in mir hat mich bis zu diesem Lebenstag erhalten, gestärkt und belebt, sie führt mich auch jetzt zum Ziel meines Lebens. Ich bin dankbar! Ich bin lebensfroh und guten Mutes, und ich freue mich aus ganzem Herzen über meinen Erfolg. Ich bin in Harmonie mit meinem geistigen Zentrum. Ich freue mich auf das, was kommt. Es wird erfüllt sein von Freude und Vergnügen!«

Tiefe Ruhe breitet sich nach solchen Gedanken in Ihnen aus. Sie sind gerade dabei, sich Ihrer selbst bewußt zu werden und errichten in sich Ihre eigene Autorität. Die einzige, die Sie anerkennen sollten. Aus eigener Kraft meistern Sie Ihr Schicksal, gelenkt und geleitet von einer unendlichen Weisheit, die seit Ihrer Geburt in Ihnen lebt und Ihnen eine Hilfe ist, wenn Sie ihrer bedürfen.

Schreiben Sie mir, wie es Ihnen am nächsten Tag ergangen ist. Ich möchte gern wissen, ob ich Ihnen im richtigen Augenblick den richtigen Impuls gegeben habe.

Die meisten Entscheidungen in unserem Alltag treffen wir anstatt mit Herz *und* Seele mit unserem Intellekt. Zum überwiegenden Teil sind unsere Handlungen nach dem Nützlichkeitswert ausgerichtet. Wer aber ohne Herz und Verstand Urteile fällt, der wird bald erfahren, daß auch seine zwischenmenschlichen Beziehungen kopflastig sind. Die Liebe und die Harmonie bleiben zu oft auf der Strecke, wenn wir anstatt mit dem Herzen nur mit dem Kopf einseitig denken und handeln.

Es gibt mehrere Wege, die Kraftzentrale in uns zu erreichen. Das Einschränken der häufig unkoordinierten Gedankenflut kann durch Konzentration, ein inniges Gebet oder durch Meditation erreicht werden. Sie alle führen zu unserer geistigen Kraft und Mitte, wenn wir uns ihrer bedienen. Jeder kann und sollte sich seinen eigenen Weg zur Selbstverwirklichung suchen, denn jeder ist seines Glückes Schmied.

Für mich ist das Positive Denken der erste und schnellste Schritt, sich von negativen Gedankenenergien zu trennen. Erich Fromm zieht in seinem Buch »Haben oder Sein« eine ähnliche Trennungslinie zwischen positivem und negativem Leben. Er unterscheidet Haben- und Sein-Menschen. Diejenigen, die nur *haben* wollen – von der Umwelt und den Mitmenschen –, sind in der Überzahl. Nur einer kleineren Zahl genügt das einfache Sein, das Da-Sein. Sie sind die Natur- und Gottverbundenen; sie sind Vorboten einer neuen Gesellschaft in einer jetzt beginnenden, neuen Zeit.

Nur wer in Harmonie mit seiner geistigen Kraft, in seiner Mitte lebt, lebt wirklich. Aktivieren Sie dieses Zentrum in sich und beginnen Sie, Ihr Tagesdenken für die neuen Qualitäten Ihrer Gedanken empfänglich zu machen.

Befreien Sie sich von altem Ballast, anstatt sich täglich neuen aufzubürden. Befreien Sie sich von falschen Vorstellungen orthodoxer, veralteter religiöser Philosophie. In Harmonie mit Ihrem Unbewußten stehen Sie in höchstem Schutz. Denn Einssein mit sich bedeutet gleichermaßen Einssein mit dem Schöpfer . Das ist alles, was es zu erreichen gilt. Wenn Sie mit Gott sind, wer könnte dann gegen Sie sein? Die große Kraft, die jetzt noch in Ihrem Unterbewußtsein auf ihr Erwachen wartet, ist jedem egoistischen Streben unendlich überlegen. Sie allein kann Sie in jene beglückenden Bereiche des Lebens erheben, in denen Sie sich geborgen fühlen gegen Sorgen, Krankheit und Not. Vielleicht ist es noch ein längerer Weg dorthin, die Reichweite dieser Aussage ganz zu verstehen. Die Fallbeispiele aus meiner Praxis werden Ihnen jedoch weiterhelfen.

Eine Sekretärin mittleren Alters richtete einmal die Frage an mich, ob ich ihr aus ihrer schlimmen Lebenslage helfen könne. Sie sei der Sündenbock der Firma, in der sie arbeitete. Jeder mache sie verantwortlich, wenn irgendwo etwas schiefginge. Daraus hatte sich im Lauf der Zeit die Sorge entwickelt, daß ihr Chef eines Tages die falschen Anschuldigungen ernst nehmen und sie entlassen könnte.

Ich konnte ihr nicht gut erklären, daß sie mit ihrer Stellung als »Fehlerdepot« in ihrer Firma in sozialpsychologischer Sicht eine hochwichtige Gemeinschaftsfunktion erfülle. Das schwarze Schaf einer Arbeitsgruppe wird sehr selten gefeuert. Jeder, auch der Chef braucht es, um seine Schuldgefühle und Aggressionen abzuladen, die er nicht selbst zu tragen bereit ist.

Der Sekretärin hätte diese Überlegung wenig geholfen. Ich mußte ihr vielmehr dabei helfen, ihr Verhalten zu ändern, das sie zum Sündenbock werden ließ. In ihrer Hilflosigkeit gegenüber ungerechten Beschuldigungen hatte sie sich eine halb jammernde, halb keifende Art der Entgegnung angewöhnt, die ihrer Glaubwürdigkeit nicht gerade zuträglich war.

Vor allem mußte sie vorrangig ihr Selbstwertgefühl entwickeln. Ihre Gedanken an ihre guten Fähigkeiten wurden mit folgenden Meditationstexten aufgebaut:

»Ich bin gesund und voller Harmonie. Tiefe Ruhe und Zuversicht erfüllen mich. Ich bin sicher und erfolgreich bei meiner Arbeit. Ich bin geborgen in der unendlichen Kraft meines Unterbewußtseins, die mein Leben bestimmt und mich glücklich und zufrieden macht. Mit Liebe und Zuneigung denke ich an meine Kollegen und alle anderen Mitmenschen, mit denen ich harmonisch zusammenarbeite. Ich danke dem Schöpfer für die Fülle und den Reichtum an Erleben, an innerem und äußerem Glück, an denen ich teilhaben kann.«

Diese Affirmationen sollte sie mehrmals am Tag laut wiederholen. Wenn nötig, genügte das Lesen in stiller Hingabe. Ich erklärte ihr, je tiefer sie den Sinn dieser Worte in ihr Gemüt aufnehmen werde, je plastischer und je bildhafter sie sich die Auswirkung ihrer »Vision« ausmale, um so schneller würde sie an sich grundlegende Veränderungen bemerken.

Drei Wochen später erzählte sie mir beim Abschiedsgespräch, ihre Kollegen würden sie jetzt schon fragen, was mit ihr geschehen ist. Ob sie wohl einen Liebhaber habe, man könne sich gar nicht mehr richtig mit ihr herumstreiten. Sie war sich in der Tat schnell ihres Eigenwertes bewußt geworden. Die aufblühende Harmonie in ihr strahlte auf ihre Umwelt aus und verhinderte nun schon im Vorfeld weitere Konfrontationen.

Ein halbes Jahr brauchte sie insgesamt, um ihre Aschenputtel-Position zu verlassen. Ihre Ruhe und Ausgeglichenheit zog nun andere Ratsuchende an. Die ehemals hänselnden Kollegen suchten nun Hilfe bei ihr.

Jene Kollegen, die in ihr bisher den Sündenbock und Blitzableiter suchten, mußten nun beginnen, bei sich selber hinzusehen. Schuldgefühle sind nicht einfach weg, weil sich äußerlich etwas ändert.

Diese negative Art des Delegierens von Verantwortung, wenn etwas Unangenehmes geschehen ist, zerrüttet den Beschuldigenden oftmals mehr als den Beschuldigten. Ein bekannter englischer Philosoph, bei dem eingebrochen worden war, sagte in einem Fernsehinterview zu diesem Vorfall: *»Man hat mir all mein Geld gestohlen, wenn es auch nicht viel war, aber ich bin doch froh, daß ich der Bestohlene bin und nicht der Dieb.«*

Besonderer Art war der psychische Hintergrund eines Abteilungsleiters eines internationalen Computerwerks, der zu mir kam und um Hilfe bat. Aus seinen Schilderungen ging hervor, daß er ein sogenannter »Schuldverdränger« war. Er glaubte, seine Mitarbeiter ließen ihn überall hängen und würden durch ihre Nachlässigkeiten seine kontinuierliche Aufbauarbeit vernichten. Durch Arbeitsüberlastung und falsche Lebensführung hatte er seine Leistungsfähigkeit weit überfordert und schob nun seine zunehmende Fehlerquote den anderen in die Schuhe.

Was erwartete er von mir? Ein hypnotisch verpaßtes Kraftkorsett für seine lädierte Gesundheit? Ich zog ihn vor einen Spiegel und fragte ihn, ob er darin einen Mann im besten Mannesalter und im Vollbesitz seiner Schaffenskraft sehe. Nach einem schrägen Blick auf mein Gesicht fragte er ärgerlich, ob ich ihn auf den Arm nehmen wolle. Er konnte seinen eigenen Anblick nicht mehr ertragen. Genau das war es, was ich ihm begreiflich machen wollte: Er war zu seinem eigenen Feind geworden. In kurzer Zeit könne er wieder in den Spiegel schauen, erklärte ich ihm – wenn er selbst die Kraft aufbrachte, seine falschen Vorstellungen und seine selbstzerstörerischen Vorwürfe abzulegen. Ich könne ihm nur den Weg weisen, er selber aber müsse ihn gehen.

Es ist wohl nichts schwerer, als einem Kopfmenschen verständlich zu machen, daß seine eingesetzte Willenskraft zum Erreichen eines Ziels das Hindernis auf dem Weg dahin ist. Mein hilfesuchender Betriebswirt war zu abgekämpft, um gegen dieses paradox klingende, geistige Gesetz in intellektueller Weise aufzubegehren. Er benötigte zuerst einmal, damit sein Herz die Aufregungen seiner rigorosen Lebensführung gut überstehen würde, eine Behandlung, die Körper, Geist und Seele mit einschloß. Aufregungen würden weiter seine Begleiter sein, solange er sich besserer Einsicht widersetzen würde.

Ich riet ihm zuerst zu einer fleischarmen Diät, zur Reduzierung seines großen Alkohol- und Kaffeekonsums und zum Einhalten präziser Nachtruhezeiten, ohne sich vorher durch stundenlanges Zappen beim Fernsehen noch unnötig weiter belastet zu haben. Auch bat ich ihn, das Rauchen, soweit er sich überwinden konnte, vorläufig einzustellen.

Besonders schwer war es, das durch Unmengen von Genußmitteln und durch seine starre Geisteshaltung verhärtete Bewußtsein in der Hypnosetherapie zum Loslassen zu bewegen. Das kostete in diesem Fall fünfzehn Behandlungsstunden mehr, als es sonst üblich ist. Die Affirmationen, die er vorerst erhielt, lauteten:

»In mir ist tiefe Ruhe. Die unerschöpfliche Weisheit meines Unterbewußtseins durchströmt mein ganzes Sein und gibt mir neue Lebenskraft. Sie dringt in jede Zelle und erfüllt mein ganzes Wesen mit Harmonie und Liebe. Alle Kraft ist in mir. Ich strahle Liebe und Zuversicht auf meine Familie, meine Kollegen und Vorgesetzten aus, und ich bin erfolgreich in meiner Arbeit. Ich bin gesund, ich lebe harmonisch mit dem höchsten Lebensgesetz, der Liebe zu allen Wesen. Geborgen ruhe ich in meiner Mitte. Sie stärkt mich und schützt mich und läßt mich alle Lebenssituationen sicher und leicht bewältigen.«

Nach vier Wochen war der Mann nicht wiederzuerkennen. Elastisch und ausgeschlafen kam er in die Praxis; allerdings gab er unumwunden zu, die abendlichen Schnäpse und die unzähligen Tassen Kaffee, die er bisher täglich konsumiert hatte, doch zu vermissen. Seine Zurückhaltung in allem tat ihm so gut, daß er von Tag zu Tag mehr Kraft gewann und regelrecht aufblühte.

Als er nach seinem vierwöchigen Aufenthalt bei uns in München nach Hause zurückkehrte, erlebte er die größte Überraschung durch die Reaktion seiner Kollegen. Während seine Familie ihn wegen seines prächtigen Aussehens und seiner ruhigen Stimmung bewundert und beglückwünscht hatte, blieben die Kollegen stumm. Sie wußten natürlich nichts von seiner seelischen Kur und brachten es gerade zu den üblichen freundlichen Begrüßungsworten für einen, der lange im Urlaub war.

Das wirkte äußerst ernüchternd auf ihn, wie er mir später berichtete. Doch die Theorie von der großen Kraft wiederholter Suggestionen hielt der Praxis stand. Er erkannte, wie seine alte Eitelkeit und Arroganz wieder auftauchten, und er hatte die erste Probe im Alltag zu bestehen. Er mußte Zeugnis ablegen von seiner Wandlung und bei seinen Kollegen erst langsam den Glauben an seine veränderte Persönlichkeit durch praktisches Vorleben reifen lassen.

Es dauerte schon einige Monate, in denen das Entgegenkommen, das er seinen Mitarbeitern schenkte, unverhohlen bestaunt wurde und langsam eine kameradschaftliche Atmosphäre möglich wurde. Erst jetzt hatte er sein altes Ich erlöst, und seine neue Einsicht bescherte ihm eine neue Weltsicht. Wir trafen uns auf einer Ausstellung wieder, und er bestätigte, das für ihn damals noch paradox klingende geistige Gesetz – daß die eingesetzte Willenskraft zum Erreichen eines Ziels den stärksten Widerstand auf dem Weg zum Ziel darstellt – mittlerweile verstanden zu haben. Was er früher nicht mit höchster Willenskraft durchsetzen konnte, gelingt ihm heute fast spielerisch aus der Harmonie mit seinem göttlichen Inneren.

Es mag hinzugefügt werden, daß dazu sicherlich viele verschiedene Veränderungen in seiner Persönlichkeit beigetragen haben. Ein harmonischer Mensch verkrampft sich nicht so hartnäckig in fixierten Wunschvorstellungen, aber wer ist schon von allein so, wie er sein soll?

Was wichtig ist: Er steht jetzt allen Entwicklungen gelassener gegenüber. Widerstände reizen ihn weniger denn je, und er überwindet sie heute leichter, als es früher der Fall war. Dazu kommen sein erweitertes Bewußtsein und die Wahrnehmung seiner inneren Stimme, die ihn feinfühliger und zielgerichteter handeln lassen, als die reine Verstandesebene allein dies möglich machen würde. Bereits aus den Anfängen einer beginnenden Bewußtseinserweiterung ergibt sich also schon eine ganze Kausalkette von Lebensverbesserungen.

Eine der schönsten Veränderungen berichtete mir der ehemalige Patient aus seiner Ehe. Damals war sie fast am Ende, und die beiden Partner dachten bereits an Trennung. Jetzt, nach einer erfolgreichen Arbeit an ihm selbst, erstrahlte auch die Ehe in neuem Glanz, meinte er schmunzelnd. Jetzt war er nicht nur erfolgreich, sondern auch glücklich, und er sagte: »Was könnte ich mir noch mehr wünschen?«

Wer kann sich im Durcheinanderwirbeln der Schicksalsmächte schon vorstellen, durch Harmonie und Liebe alle Probleme lösen zu können? *Das Himmelreich ist in euch*«, sagte Jesus. Manchmal habe ich den Eindruck, als ob wir es uns gar nicht vorstellen wollen, wie einfach es sein kann, zu Ausgeglichenheit und innerem Frieden zu gelangen. Vielleicht sollte man diese Aussage erweitern, indem es heißen könnte: »Wisset ihr nicht, daß Himmel *und* Hölle in euch sind?«

Lassen Sie sich nicht von einer fixen Idee, einer einseitigen Wunschvorstellung Ihres Egos außer Atem bringen. Nur ein Narr meint, wegen einem unerfüllten Wunsch gleich sterben zu müssen. Schwierigkeiten, die vor uns wie Abgründe auftauchen, erscheinen uns so, weil wir sie aus einem bestimmten Blickwinkel betrachten. Sie können sich schnell in günstige Gelegenheiten verwandeln, wenn wir sie im Licht des Positiven Denkens betrachten. Eine Lebenssituation wird dann zur Konfliktsituation, wenn wir mit falschen Erwartungen negative Geschehnisse erst provozieren.

Sie können dieses Gesetz sofort auf Ihr Leben übertragen. Von einem Vorhaben, zu dem Sie in Ihrem Denken Zweifel über das Gelingen einfließen lassen, können Sie sofort ablassen. Denn erstens ist Zweifel Kraftverschleiß und hat zweitens, weil er im verborgenen wirkt, meistens auch die Macht, sich durchzusetzen.

Wozu geben Sie ihm erst diese Macht, indem Sie zweifeln? Programmieren Sie sich neu. Sie haben die Wahl, deshalb wählen Sie weise, was werden soll.

Überdenken Sie Ihre Pläne. Planen Sie Ihre Kräfte exakt ein, entscheiden Sie, ob das Vorhaben richtig und wichtig für Sie ist. Hören Sie ein lautes »Ja« in sich, dann liegt Ihre Handlungsweise damit fest. Entscheiden Sie, ob Sie vertrauen oder ängstlich sein wollen oder ob Sie sich gar mit Zweifeln plagen.

Prägen Sie sich die folgenden Worte ein:

»Mein Plan ist vollkommen. Ich setze mich jetzt voll dafür ein. Ich bin erfolgreich mit meinen Vorhaben und erhalte alle Hilfe aus dem unerschöpflichen Kraftreservoir meines Unterbewußtseins. Ich bewältige meine Aufgabe in kurzer Zeit. Die Arbeit tut mir gut! Gottes Liebe erfüllt meine Seele und steht mir bei.«

▶ Das Schönste für den erwachenden Menschen ist, an die Grenzen des Bewußtseins zu gehen – um auch dort Türen zu finden, sie zu öffnen und einzutreten in die Freiheit des absoluten Seins.

Sie haben sich für das Glück entschieden

Sie werden erleben, was Sie denken! Es ist so einfach, negativ hemmende Gedankenenergie aufzulösen und sich vollständig auf positives Erleben umzustellen. Daß Sie leichtsinnig handelten oder in blindem Optimismus, können Ihnen nur hauptberufliche Schwarzmaler vorwerfen, die nichts von Ihren Möglichkeiten wissen. Sie haben sich für das Glück entschieden, Sie halten Ihre Entscheidung für richtig, und Sie wissen, daß Sie alle Kraft zur Verwirklichung Ihrer Gedanken seit jeher in sich haben. Sie sind die einzige Autorität, die Sie anerkennen. Benutzen Sie grundsätzlich die Affirmationen mit den größten Sehnsüchten, die jedes Menschenherz bewegen, sagen Sie sich täglich:

»Ich bin gesund.
Ich lebe in Harmonie mit meiner geistigen Kraft.
Ich bin erfolgreich.
Ich liebe mich und mein Leben.
Ich fühle mich in Liebe mit allen Menschen verbunden.
Ich bin erfolgreich in allen meinen Unternehmungen.«

Variieren Sie diese positiven gedanklichen Werte so, daß sie auf Ihre speziellen Anliegen angewendet werden können, und sie werden Licht und Freude in Ihr Dasein bringen. Verwenden Sie nicht die negativen Wörter *kein* oder *nicht* in einem Ihrer Leitsätze. Suggestionen werden im englischen Sprachraum mit dem richtigeren Begriff Affirmationen bezeichnet und dieses Wort meint Bejahung. Eine Affirmation ist also eine Be-ja-ung oder Bestätigung. Nennen Sie das beim Namen, was Sie wollen. Verneinen Sie nicht, was Sie nicht wollen, wenn Sie mit Ihrem Unterbewußtsein arbeiten!

Wenn Sie Schwierigkeiten in der Kommunikation und im Umgang mit anderen hatten, werden Sie ein überraschtes Aufatmen feststellen. Sie erfahren plötzlich angenehme Reaktionen aus Ihrer Umwelt, und es sind die Antworten Ihrer eigenen positiven Ausstrahlung. Es kehrt zu Ihnen zurück, was von Ihnen ausgegangen ist.

Über eine leidvolle Vergangenheit nachzugrübeln ist negative Gedankenarbeit in Hochpotenz. Probleme wälzen, Fragen nach Schuld und Verantwortung zu stellen, um dann nur wieder alles auf andere abschieben zu können, schafft immer wieder jene Gemütsaufwallungen, von denen Sie sich gerade befreien wollen. Das gehört alles zu dem alten, herkömmlichen Denkschema, das so viele Menschen leiden läßt und unnötig zermürbt. Für Sie kann das alles jetzt vorbei sein, wenn Sie wollen.

Wollen Sie?

Die medizinische Forschung hat durch Messungen von Blutdruck und Hormonausschüttung und anhand von Organbelastungen feststellen können, wie stark Schockerlebnisse und Streßsituationen immer wieder den Körper aufs neue in die gleiche Notstandssituation bringen. Der Münchner Biologe Dr. Frederic Vester beschreibt das eingehend in seinem Buch »Phänomen Streß«.

Sie beginnen zu ahnen, wie nötig es ist, von dieser wilden, allzuoft auch destruktiven Gedankenflut nicht ungehemmt Ihr Unterbewußtsein überfluten zu lassen.

Halten wir damit eine weitere, wichtige Erkenntnis fest und durchschauen damit einen schwerwiegenden Fehler, den Sie nie mehr selber machen werden.

Grübeln über Vergangenes ist immer ein hochwirksames Gift für Ihr gegenwärtiges und zukünftiges Wohlbefinden. Sie leben jetzt. Lassen Sie sich nicht von Gedanken in die Vergangenheit verschleppen. Es wäre, als ob Sie freiwillig auf ein Leben in Freiheit verzichten und lieber ins Exil gehen würden.

Hier können Sie mit einer Übung beginnen, die Sie, je häufiger Sie sie anwenden, zu ganz neuem Selbstverständnis bringen wird! Meditieren Sie mehrmals über die Worte:

»Ich steige im Geist in die Höhe, bis Vergangenheit, Gegenwart und Zukunft zu einem großen Blick verschmelzen und mir eine neue Einsicht der Dinge zuteil wird.«

Mit dieser Meditation erreichen Sie gleich zwei Ziele. Während der Versenkung sind Sie von allen anderen Gedanken, die Sie bestürmen könnten, geschützt. Und während Sie meditieren, sind Sie auf eine neue, höhere Erfahrung ausgerichtet. Darüber hinaus bringt Ihnen der schnell erkennbare Erfolg dieser Meditation eine höhere Perspektive, von der aus Sie bald ein sicheres Gefühl für alle Ihre Handlungen haben werden.

Sie werden bald schon Herr über sich selbst sein, wenn Sie die einfachen Gesetze des Denkens und des Geistes anzuwenden beginnen. Die ersten kleinen Tests und Übungen haben Sie aufmerksam werden lassen; das Positive Denken trifft Ihre Sehnsucht nach Harmonie, Liebe, Erfolg und Gesundheit; gemeinsam werden sie Ihre Erfüllung sein.

In langsamem, weiteren Vortasten zu Ihrem ureigensten Wesen wählen Sie deshalb passende Suggestionsformeln aus, die Ihrem Lebensniveau und Ihren Veranlagungen entsprechen. Zum Schluß sollten Sie sich dann Ihre eigene, ganz persönliche

Suggestionsformel zusammenstellen. Ihr Ziel steht fest: Gesundheit, Erfolg, Liebe, Harmonie sind Ihre Vision, mit weniger wäre es auch nicht genug.

Im folgenden Kapitel bringe ich Ihnen mehr Beispiele aus meiner Praxis, um Sie in der Vielfalt jener Schicksale das Verbindende entdecken zu lassen.

2. Positive Gedanken – eine Bastion gegen die Welt der Probleme

Das Lächeln, das du aussendest,
kehrt zu dir zurück.

Indische Weisheit

Das Gemüt steht über dem Willen

Es ist schon eine erstaunliche Entdeckung für jeden einzelnen, wenn er den Einfluß seiner Vorstellungen und Phantasien bis in jedes Detail der Lebens- und Umweltbeziehungen verfolgen kann. Ganz gleich, woran wir denken, unser Gemüt formt die Dinge, so wie es unserer mentalen Gewohnheit entspricht. Positive Vorstellungen vom Leben können tatsächlich eine mächtige Transformation bewirken, wenn wir das wirklich verstanden haben. Alles hängt für uns davon ab, von der körperlichen und geistigen Gesundheit bis zum harmonischen Umgang mit unseren Mitmenschen alsbald den richtigen Umgang mit den »Mächten« in uns zu lernen.

Seine persönlichen Vorstellungen zu leben heißt, ein individuelles Lebensbild zu haben und ihm zu folgen. Alle unsere Probleme sind daraus entstanden, daß wir nicht wissen, daß wir frei sind und unsere persönliche »Realität« tausendfältig in ihren Details variieren können.

»Es ist das Ergebnis zu vieler unterschiedlicher Interessenkonflikte in der Politik«, sagte ich zum Bundespräsidenten eines Nachbarlandes, wenn wir unsere »Mitte« verlieren und in zunehmendem Maße zu polemischen Anfällen neigen. Einer seiner

Parlamentarier hatte nach einer besonders hitzigen Debatte einen Nervenzusammenbruch erlitten. Der gebeutelte Mann gestand mir, daß er schon längere Zeit unter Augenflimmern und Migräncanfällen gelitten habe, weil er nicht mehr in der Lage war, ruhig zu bleiben.

Ein Politiker steht an der Front gedanklicher, verbaler kriegerischer Auseinandersetzung. Er hantiert in seinem Beruf manchmal mit geistigen Energien, als ob sie Obst und Gemüse wären. Seine tiefsten menschlichen Bedürfnisse verlieren sich vollkommen hinter den »Interessen«, die er zu vertreten hat. Macht ihm seine seelische Disharmonie zu viel zu schaffen und lernt er, wie in diesem geschilderten Fall, auf der Suche nach Hilfe das Positive Denken kennen, dann kann sich für ihn sehr schnell vieles zum Besseren wenden. Ich erklärte ihm in langen Gesprächen, daß das Gesetz des Karma jedem zurückgibt, was von ihm ausgegangen ist. Es heißt mit Recht: *»Du bist verantwortlich für dein Leben. Deine Vorstellungen regieren dein Unterbewußtsein! Und dein Unbewußtes regiert dich (wenn du nicht aufpaßt).«*

Wer begreift, daß er mit seinem Willen sein Leben regieren will – und dabei sich selbst manipuliert –, läßt davon ab, wenn er klug ist. Er wird nach neuen Wegen suchen, mit friedfertigen Mitteln zum Zuge zu kommen! Wenn man Bundestagsdebatten verfolgt, dann ist es kein Wunder, daß deutsche Politiker bei einer Umfrage ihre Arbeit als mörderisch bezeichneten. Sie verbrauchen sich schonungslos im Karussell der Verstandeskräfte und der parteipolitischen Schachzüge.

Mein Politiker bekam ein breitgefächertes Aufgabengebiet für die lohnendste Arbeit dieser Welt, für die Arbeit an sich selbst. Eine vernünftige Tageseinteilung grenzte das übergroße Arbeitspensum ein, und während regelmäßiger Entspannungspausen sollte er für sich selber einen »Haushaltsplan« erstellen *und ihn einhalten!* Wir erarbeiteten einen Plan für die nächsten zwei, drei Monate, und er bereitete sich innerlich auf die Hypnosetherapie beziehungsweise seine neue Mentalität vor. Er begann damit, sich selbst, anstatt der gegnerischen Partei zu suggerieren:

»In mir sind tiefe Ruhe und Ausgeglichenheit. Die unendliche Weisheit meines Unterbewußtseins steuert intuitiv mein Denken und Handeln. Ich verlasse mich auf meine höhere Weisheit und lebe in Harmonie mit meiner geistigen Kraft.

Mit Liebe und Mitgefühl wende ich mich meinen Mitmenschen zu und verbreite Harmonie und Zufriedenheit. Ich liebe das Leben, ich liebe mich, ich liebe die Menschen, und ich bin erfolgreich aus den unerschöpflichen, weisen Kräften aus der Tiefe meines Selbst. Mein Eid, meinem Volk nach bestem Wissen und Gewissen zu dienen, ist mir heilig. Ich stelle von nun an das Wohl des Ganzen über das der Partei.«

Zur täglichen Anwendung für hitzige Debatten, wenn er sich nur zu kurzen Entspannungsmomenten zurückziehen konnte, ließ ich ihn aufschreiben:

»Ich bin vollkommen ruhig. Ich bin geborgen in der Weisheit meines höheren Selbst, das mich in jedem Augenblick meines Daseins führt und lenkt. Wenn ich jetzt aufstehe und vor das Plenum trete, dann vertrete ich überzeugend das Gesetz der Harmonie und der Liebe. Alle meine Worte sind verbindende Elemente und sollen zu mehr Miteinander führen. Ganz einfach, weil wir gemeinsam stark sind.«

Diese autosuggestiven Affirmationen wirkten bei ihm wie ein Wunder. Viele Wochen nach seiner Behandlungszeit berichtete er mir am Telefon – und eine heitere Ruhe lag in seiner Stimme –, er habe einen ihn mit aggressivem Gesicht angreifenden Gegner nur ein strahlendes, herzliches Lächeln entgegengesetzt. Dem anderen habe es die Sprache verschlagen, und er sei mit offenem Mund stehengeblieben, als er nur verständnisvolle, ausgleichende Argumente zu hören bekam. Die Einstellung zum Leben hatte diesen Politiker aufgrund der positiven Prägungen in seinem Unterbewußtsein grundsätzlich geändert.

»Woran ich früher Tage saß, das erledige ich jetzt in Stunden«, meinte er fröhlich. »Ich bin nicht nur gesund, meine Arbeit macht mir jetzt erst richtig Freude, und ich bin auch viel überzeugender als früher.« In seiner größten Lebenskrise hatte er im rechten Augenblick den Unterschied zwischen Schein und Sein erfahren.

▶ Erinnern Sie sich an Ihren freien Willen; doch die Grenze des freien Willens ist die Erkenntnisfähigkeit selbst. Aber immer gewinnen Sie aus Ihrem Handeln: Erkenntnis!

Neugewonnenes Selbstvertrauen

Eine anfangs ähnliche Streßsituation erlebte ich bei einem bekannten Fußballstar. Einige Oberligaspiele mit Mißerfolgen und abwertender Einschätzung seines persönlichen Einsatzes in der Presse hatten zwar seinem Ruf noch nicht geschadet, doch ihn mächtig an seiner Eitelkeit gepackt. Sein Vater hatte ihn seit Kindheitstagen nicht gerade gefördert, und sogar er selber glaubte manchmal, ein Versager zu sein. Sein eher labiles Selbstwertgefühl reagierte äußerst empfindlich auf die geringste Veränderung seines Ansehens in der Öffentlichkeit. Eine lieblose Kindheit und seine eigene Meinung von sich ließen Minderwertigkeitskomplexe und in seinem Fall dann einen übertriebenen Ehrgeiz entstehen. Wenn er nicht der Größte war, fühlte er sich als totaler Versager, wie er mir nur halb lächelnd gestand. Soweit kann seelischer Druck und überzogene Egozentrik für alle, die in der Öffentlichkeit stehen, führen. Die Spannung, unter der dieser Fußballer stand, wurde noch durch eine Knieverletzung erhöht – aus psychologischer Sicht kaum ein »Zufall«. Vier Wochen Schonzeit glaubte er nicht überstehen zu können, und doch zeigte sich schon beim ersten Training, daß er vielleicht noch viel länger würde pausieren müssen.

In dieser Situation rief er mich an und bat um eine Behandlung bei sich zu Hause, um seiner Nervosität und inneren Hochspannung wieder Herr werden zu können. Niemand durfte natürlich etwas davon erfahren, weil eine offen gezeigte menschliche Schwäche in seinem Metier tödlich sein konnte. Zumindest würde sein Marktwert sinken.

Ein Mensch mit so vielen einengenden Vorstellungen ist fast schwieriger zu behandeln als ein Psychopath. Sein Ich beherrscht absolut alle Pässe und Übergangswege zum Unterbewußtsein und im »Tor« hat er ein Schild aufgestellt: »Vorübergehend geschlossen«. Er kann nicht loslassen von seiner Unrast, aus Angst, irgend etwas Wichtiges zu versäumen oder seine Fitneß zu schmälern.

Ganz gemächlich mußte ich den Mann durch autogenes Training an Ruhe gewöhnen. Drei Wochen brauchte er, bis die Behandlung an Tiefgang zunehmen konnte. Neben anderen Suggestionen, die ihn aus seiner egozentrischen Lebenseinstellung lösen sollten, bekam er für seinen speziellen berufsbedingten Kummer die Formel:

»Ich bin ganz ruhig. In mir sind Harmonie und Wohlbefinden. Mein Blick ist stark und gesund, und mein Reaktionsvermögen ist schnell und sicher. Jede Zelle meines Körpers ist erfrischt und durchpulst von der unendlichen Lebenskraft in mir. Ich bin vollkommen gesund und leistungsstark. Ich kann mich jederzeit auf mich verlassen! Ich fühle mich sicher und geborgen in der Gemeinschaft meiner Vereinskameraden. Wir sind eine erfolgreiche Mannschaft, und ich bin darin ein wertvolles und wichtiges Mitglied nach ganz oben zum Erfolg.«

In weiteren Übungen – mit katathymen Bilderleben, auf das ich im fünften Kapitel eingehender zurückkomme – kam er selbst zu der Einsicht, seine egoistischen Wünsche hinsichtlich äußerem Glanz und Ruhm zu Lasten seiner wahren körperlichen Bedürfnisse zu weit getrieben zu haben. Darin lag letztlich auch der Grund für seine Verletzung. Der Körper hatte dem Mißbrauch seiner Kräfte eine deutliche Grenze gesetzt. Die Psyche dieses Fußballspielers bestätigte das Gesetz der Harmonie zwischen Geist, Körper und Seele, gegen das der Wille eines Menschen niemals längere Zeit verstoßen kann.

Mein Klient wurde einsichtig, das heißt, er verstand, was er ändern konnte und was nicht. Er erkannte in dieser für ihn relativ harmlosen Abwärtsphase seine wirklichen Lebensbedürfnisse. Ganz besonders stark hatte ihn eine Szene aus der Therapie beeindruckt, in der er immer wieder vergeblich versuchte, einen Holzkarren aufzurichten, auf den er Äpfel liebevoll aufgeschichtet hatte. Stets kam ein Elefant dazwischen, der den Karren immer von neuem umwarf. Als er abschließend in dem großen Tier seinen Vater erkannte, der seine mühselige Aufbauarbeit immer wieder zunichte machte, kam er unter Tränen wieder zu sich und war unendlich wütend über sein Verhältnis zu seinem Vater.

Viele Wochen später traf ich bei einer Sportveranstaltung seinen Trainer. Ungefragt erzählte er mir, daß sein Star sehr verändert sei. Er sei viel umgänglicher geworden und weniger rechthaberisch. Seine Leistungen auf dem Spielfeld wären neuerdings weniger hektisch, dafür aber intuitiv und angepaßt an die Leistung der Mannschaft. Es sei jetzt eine Freude, mit ihm zusammenzuarbeiten.

Ein Mensch hatte sich von einem Teil seiner negativen Vorstellungen und Hemmungen befreit. In der Folgezeit machte er wieder Schlagzeilen als anerkannter Sportler, Könner und Star.

▶ Von Geburt bis Tod findet immer Entwicklung statt, und dagegen können wir uns nicht entscheiden.

Alte Ehe in neuer Liebe

Eines Tages saß eine 45jährige, geplagte Ehefrau vor mir. Eingefallen und abgearbeitet war sie in den Sessel gesunken. Sie konnte nicht mehr, sie konnte nichts mehr; nicht mehr denken, nichts mehr tun, nicht mehr leben. Ihre größte Angst war im Augenblick noch der Gedanke, ihr Mann könne etwas von ihrem Besuch bei mir erfahren.

Ihr Mann, ein höherer Bundesbeamter, hatte sie aus ärmlichen Verhältnissen heraus geheiratet und sie schon damals, in seiner jungen, aber aussichtsreichen Beamtenwürde, wie eine bessere Putzfrau behandelt. Eine moderne Raumpflegerin hätte ihm sicher schon in den ersten Wochen im eigenen Heim den Stuhl vor die Tür gesetzt. Die Zeitung, Abfälle oder Zigarrenasche ließ er im Zimmer dort fallen, wo er gerade stand oder saß. Frau Ina mußte ihm das Salz auf die Eier streuen und die Milch in den Kaffee gießen. Innerhalb der Wohnung übernahm er nicht den geringsten Handgriff.

Seine Frau war von jeder Abwechslung und jedem Vergnügen ausgeschlossen. Wenn ihn Bekannte nach ihr fragten, hieß es immer, sie habe zu Hause soviel zu tun. Er reiste nach Paris und Istanbul; sie hatte das Haus zu hüten und durfte allenfalls zwischendurch ein paar Tage zu ihren Eltern fahren. Ihr Alltag war nun so gar nicht, was wir uns alle wünschen würden. Ein Knick im gebügelten Hemdkragen veranlaßte ihn, darauf herumzutreten. Für einen angebrannten Braten schlug er ihr ins Gesicht. Sie zeigte mir am Halsausschnitt eine Brandstelle, an der ihr Mann in einem Wutanfall seine Zigarre hingedrückt hatte.

Ich kam mir bei ihrem Bericht vor, als ob ich von einer ausgestorbenen Spezies hörte. Diese Frau lebte in diesem Anachronismus seit fünfundzwanzig Jahren. Sie litt mittlerweile an

Magen- und Darmkrankheiten, hatte Schilddrüsen- und Nieren-beschwerden und unangenehme Gesichtszuckungen.

Es konnte kein besseres Beispiel dafür geben, wie ein Ehe-partner die Gesundheit des anderen durch psychischen Druck und Gemeinheiten zerstört hatte. Nach so langer Zeit ist es schwer, schnelle und durchgreifende Besserung zu erreichen. Schritt für Schritt mußte der armen Dulderin eine neue, feste eigene Persönlichkeitsstruktur gegeben werden. Die folgenden Suggestionen sollte sie auch zu Hause verwenden:

»In mir sind tiefe Ruhe und Ausgeglichenheit. Ich erfülle meine Aufgaben mit Freude und Hingebung. Gottes Liebe er-füllt meine Seele. Die unendliche Kraft meines Unterbewußt-seins durchströmt meinen Körper und macht ihn gesund und le-bensstark. Ich liebe mich. Ich liebe mich als ganzes Wesen in meiner Verbundenheit mit meinem göttlichen Kern. Ich bin behütet und geborgen in der Tiefe meines Wesens, das mich schützt und mir Kraft verleiht, selbständig, gesund und glücklich mein Leben zu führen. Meine Liebe strömt auch zu meinem Mann, der viel Kraft zur inneren Lösung benötigt, und um seinen guten Kern zu befreien.

Ich bin eine gefestigte Persönlichkeit. Alles gelingt mir, was ich zur positiven Besserung meines Lebens unternehme und was ich in voller Harmonie mit meiner geistigen Kraft anstrebe. Vor mei-nem geistigen Auge sehe ich meinen Mann, wie er mir freundlich und hilfsbereit entgegenkommt. Ich bin klar, frisch, gesund und voller Frieden.«

Nach vier Wochen war aus ihr bereits ein anderer Mensch geworden. Die wachsende Harmonie in ihrem Inneren prägte bereits ihre Gesichtszüge. Eines Tages kam sie mit einer neuen Frisur in meine Praxis, und ich mußte zweimal hinschauen, um sie wiederzuerkennen.

Da kam ihr Mann von einem Gebirgsurlaub zurück und stand plötzlich morgens wutschnaubend in der Praxis. Barsch und laut wollte er wissen, was ich mit seiner Frau angestellt habe. Ich sagte zu ihm: »Sie waren vier Wochen in Urlaub und machen trotzdem einen sehr nervösen Eindruck. Ihre Frau kam zu uns zur Behandlung und ist, glaube ich, äußerst ausgeruht, harmonisch und aufgeblüht. Ist das nicht eine freudige Überraschung für Sie? Sie hat in dieser Zeit erkannt, welcher gute Kern in Ihnen liegt, an den sie nun glauben wird, um mit Ihnen glücklich zu sein.«

Selten habe ich ein so verblüfftes, aber auch einfältiges Gesicht gesehen. Rein gar nichts fiel ihm ein, was er darauf hätte sagen können! Beim Verabschieden murmelte er nur noch zusammenhanglose Worte, wie »hätte fragen müssen«, »schließlich meine Frau«…, und dokumentierte damit augenfällig, auf welchen tönernen Füßen sein tyrannisches Selbstbewußtsein ruhte. Das Eis war für die Ehefrau gebrochen, sie mußte jetzt nur stark bleiben und nicht mehr an ihrer neuen, festen seelischen Basis rütteln lassen. In sich hatte ich ihr so etwas wie einen »Eisbrecher« mit auf den Weg gegeben, um vielleicht auch ihren Mann aus seinem Zwangsverhalten zu befreien.

▶ All meine Leiden waren meine Wegweiser, die ich für meine Orientierung brauchte, und sie führten mich zum rechten Glauben.

Erst sich selber lieben lernen

Einen anderen Fall psychischen Leids bot die 24jährige Elvira B., die einen zweiten Selbstmordversuch hinter sich hatte, als sie zu mir kam. Sie wollte sich diesmal aus Liebeskummer umbringen, weil ihr Freund sich von ihr getrennt hatte. Nach Ende des Krankenhausaufenthaltes kam sie, noch geschwächt und tief deprimiert, zu mir in die Praxis.

Ihr Grundproblem war Eifersucht. In der Zeit des Zusammenseins mit ihrem Verlobten durfte er außer ihr kein anderes weibliches Wesen mehr beachten. Schon ein freundliches Wort zu einer Kellnerin brachte sie außer Fassung. Nachts testete sie durch eine Reihe von Anrufen, ob er auch tatsächlich zu Hause war. Jede Minute forschte sie tagsüber nach, die er nicht in seinem Büro verbrachte. Dem jungen Mann mußte wohl angst und bange geworden sein, wenn er an eine Zukunft an der Seite dieses Mädchens dachte. Er tröstete sich mit einer Bürokollegin, die sich ihrer Persönlichkeit sicherer war.

Eifersucht gehört, zusammen mit Haß, Neid und Mißgunst, zu den vier stärksten und destruktivsten mentalen Giften, die wir entwickeln können. Es ist ein so totales Bekenntnis fehlender Selbstsicherheit und maßlosen Besitzstrebens, daß der oder die damit Verfolgte die absolute Gewißheit erhält, sich an einen höchst unzulänglichen Menschen gebunden zu haben. Eifersüchtige mobilisieren alle ihre Kräfte, um andere an sich zu binden. Dadurch erreichen sie meist aber genau das Gegenteil. Elvira mußte wohl einiges in ihrer Jugend die Entwicklung zur echten Liebesfähigkeit genommen haben. Eifersucht ist nur eine Idee von der Liebe, wie Krishnamurti sagt, nicht die wahre, tiefe Zuneigung, von der die Rede ist. So war auch ihr Selbstvertrauen verkümmert, einem anderen reine Liebe schenken zu können. Sie wollte wohl, konnte es aber nicht. Sie suchte nur den Liebesbeweis des anderen, um sich gut zu fühlen. Haben wollen, ohne zu geben ist aber immer eine Sackgasse. Wir müssen umkehren, wenn wir weiterwollen!

Elvira suggerierte sich tagsüber mehrmals:

»Ich bin offen für die unendliche Kraft meines Unterbewußtseins, die mich aus der Mitte meines Wesens durchstrahlt. Ich fühle, wie mich neue Lebenskraft durchströmt und kräftigt. Alle meine Vorhaben gelingen mir leicht und sicher. Ich höre nur auf meine innere Stimme, die mir die Gewißheit gibt, richtig und gut zu handeln.

Ich liebe mich selbst. Ich bin voller Harmonie. Alle meine Gefühle sind klar und rein und liebevoll auf meine Mitmenschen ausgerichtet. Ich weiß, daß jeder Mensch einen göttlichen Kern besitzt, und fühle die Verbundenheit zu den anderen Seelen. In mir sind tiefe Ruhe und Harmonie. Ich unterscheide eigensüchtige Gefühle und echte seelische Verbundenheit zu anderen Menschen. Geborgen ruhe ich in meiner Mitte. Diese innere Sicherheit begleitet mich zu einem positiven, glücklichen und erfolgreichen Leben.«

Nach der Behandlung hatte Elvira Fuß gefaßt in ihrem neuen Leben. Sie bedankte sich dafür, endlich einen Halt in sich selbst entdeckt zu haben. Die Zeit wird zeigen, was sie aus sich machen wird. Rückfälle gehören zum Leben, doch sollten wir unermüdlich immer wieder von vorne beginnen, wenn es nötig ist.

Überwindung von Aggressionen

Immer wieder sind ungelebte Gefühle bei Jugendlichen die Ursache explosiver und oft auch lebensgefährdender Handlungen. Fehlende Liebe und Zuwendung in den ersten entscheidenden Kindesjahren haben sich in erschreckend zunehmendem Maße als Ursache für viele Mißerfolge in der Erziehung gezeigt. Scheinbar rauhbeinige, gefühlskalte Jugendliche stehen egoistischen Erwachsenen gegenüber, die sich ungern die eigene Schwäche eingestehen, heute weniger denn je Liebe geben zu können. Der eigene Nachwuchs muß darunter leiden, und wir alle erleben zunehmend eskalierende Aggressivität.

Das führte denn auch zu der unkontrollierten Roheit, mit der der 23jährige Metallschlosser Hans B. seinem Meister einfach einen Hammer nachwarf, als der ihn für eine schlechte Arbeit verantwortlich gemacht hatte. Ein Glück, daß der Meister gerade einen Seitenschritt machte und damit seinen Kopf rettete.

Doch Hans wurde wegen seiner Gemeingefährlichkeit nicht mehr länger im Betrieb geduldet. Er hatte sich schon zuviel erlaubt. Als Schläger bekannt, galt er als unberechenbar und wurde entlassen.

Er kam aus eigenem Antrieb zu uns, weil er mit der Welt nicht mehr fertig wurde und den ständigen Anstoß, den er erregte, nicht mehr seelisch verdauen konnte. Das verwies immerhin auf eine weiche Seite seines Wesens. Er machte sich Gedanken, wohin seine Entwicklung führen mochte. Er wußte mit Sicherheit, daß er allein seiner Wutanfälle nicht mehr Herr werden konnte, und so fragte er um Rat.

Jegliche aggressive Haltung zur Umwelt und zu unseren Mitmenschen bedeutet meistens fehlende Liebe zu sich selbst und hat, wie eigentlich immer, ihren Anfang in fehlender Zuwendung aus dem Familienkreis genommen. Hans hatte, wie man sagt, eine harte Jugend hinter sich. Der Vater war Alkoholiker und schlug entweder ihn oder die Mutter windelweich, wenn er sich zu Hause sehen ließ. In der Schule begann der junge Hans dann bald, das zu Hause Erduldete auf seine Klassenkameraden abzuwälzen. Er wurde zum Klassenschreck. Jeder Mensch, der ihm gegenübertrat, war für ihn nur ein potentieller Feind.

Ihn in Behandlung zu nehmen bedeutete, ein versteinertes Ich aufweichen zu müssen. In einem meiner Seminare erfuhr er erstmals echte Begegnung mit anderen Menschen. Es geschah, was wir alle nicht so schnell für möglich gehalten hatten. Die intensive, gegenseitige Zuwendung bei den gruppendynamischen Übungen trieb Hans die Tränen in die Augen. Er hatte noch nie in seinem Leben erlebt, von fremden Menschen so rückhaltlos aufgenommen zu werden und wirkliche, echte Zuwendung zu erfahren. Zunächst schämte er sich nachträglich ein wenig »wegen seiner Gefühlsduselei«. Doch dann erklärte er mit befreiendem Lachen, noch nie so offen zu anderen gewesen zu sein.

In den Suggestionen für ihn waren wir zunächst bestrebt, sein

Inneres der Umwelt zu öffnen. Wer sich Hans als typischen Rocker-Typ vorstellt, kann sich ausmalen, welche Geduld und Vorsicht anzuwenden war, um den Keim des neuen Selbstbewußtseins nicht durch eine plötzliche Gegenreaktion seiner rauhen Schale wieder zunichte zu machen. Mindestens für die Krisenzeit in der Hypnosebehandlung machten wir uns auf allerlei gefaßt. Hans blieb aber eisern, wenn er einmal bei der Sache war. Er ahnte, daß es darauf ankam, die Chance wahrzunehmen, anders und freier werden zu können.

Seine Suggestionsformel für die Arbeit zu Hause lautete:

»Ich bin ein harmonisches, friedvolles Wesen wie alle Menschen in meiner Umgebung. Meine innere Kraft macht mich klar und einsichtig. Ich trage meinen Teil dazu bei, das Zusammenleben mit anderen harmonisch und zum Besten aller zu gestalten.

Ich liebe meine Eltern und verzeihe mir und den anderen alles. Ich mag meine Kollegen und Freunde, die alle wie ich ein schönes, glückliches und erfolgreiches Leben führen wollen. Ich fühle mich wohl und geborgen in der Gemeinschaft. Ich fühle mich wohl und geborgen in meinem eigenen Wesen, das mir alle Kraft gibt, mein Leben gut und erfolgreich zu führen. Ich bin ruhig und klar und höre auf meine innere Stimme, die mich zum Guten und Richtigen leitet. In mir sind tiefe Ruhe und Harmonie. Ich bin stark, selbstbewußt und eine starke positive Persönlichkeit.«

Hans hatte einen Kassettenrecorder. Er sprach sich diesen Text auf Band und spielte ihn sich während des Schlafens vor. Er infiltrierte sozusagen sein Unterbewußtsein mit diesen lebensspendenden Gedankenmustern. Er lernte bei uns, sich autosuggestiv in einen tiefen Ruhezustand zu versetzen, in dem dann diese Leitsätze auch zu Hause in sein Unterbewußtsein einsinken konnten.

Er war lange eine harte Nuß für uns. Seine rauhe Schale, die verhärtet und scheinbar undurchlässig für jede Liebesregung geworden war, begann jedoch nach einem Vierteljahr aufzuweichen. Die positiven Gedanken erreichten langsam sein Unterbewußtsein, ersetzten dort allmählich falsche Vorstellungen vom Leben und halfen ihm, seine Milieuschäden zu überwinden. Es gelang ihm, in der Selbsthypnose mehr und mehr loszulassen und immer tiefer in sich einzutauchen. Als er sich bei mir verabschiedete, hatten wir alle das gute Gefühl, einen jungen Menschen in eine helle Zukunft zu entlassen.

Vor kurzem hörte ich wieder von ihm. Freudig erzählte er mir, daß er seine Meisterprüfung abgelegt habe und sogar in seinem alten Betrieb wieder aufgenommen worden sei. Die innere Wandlung hatte ihre positive Ausstrahlung also folgerichtig auf die äußere Welt übertragen, so daß er jetzt in dem Bewußtsein seiner eigenen Kraft seinem wahren Wesen entsprach.

Sich selbst erheben aus der Unselbständigkeit

Wie der Schlosser Hans B. Lieblosigkeit als Aggressionen nach außen umgesetzt hatte, so wendete sich der 17jährige Bertram S. auf die Schimpfkanonaden seiner Eltern hin immer mehr nach innen. Er zog sich zurück von einer Welt, in der er offensichtlich unbeliebt war. Seine Eltern ließen kaum einen Zweifel daran, daß er in ihren Augen nicht gut genug war.

»Der schlampige Kerl macht nie Schularbeiten, sitzt immer nur verträumt am Fenster und glotzt Löcher in die Luft. Daß wir ihm die Oberschule ermöglichen, dankt er mit keinem Wort«, wetterte der Vater. »Er stellt sich absichtlich dumm an, um uns im Garten nicht helfen zu müssen. Man kann ihn nicht einmal zum Einkaufen schicken, denn er vergißt von einem Moment auf den anderen, was ihm aufgetragen wurde. Und dann dieses Augenzucken! Unentwegt zuckt es in seinem Gesicht, wenn man mit ihm spricht. Wir wissen nicht, wovon der Junge so nervös ist! Es ist uns peinlich, wenn wir daran denken, was die Nachbarn wohl über uns sagen.«

Bertram war wirklich ein verträumter Bub; was blieb ihm auch übrig, seine Eltern hatten ihm jedes Erfolgserlebnis genommen. Beim Skifahren brach er sich ein Bein, weil der Vater ihn einen steilen Hang abfahren sehen wollte. Er sollte endlich beweisen, daß er ein ganzer Kerl sei. Die Mutter jammerte unablässig darüber, wie unselbständig und tolpatschig ihr Sohn sei. Nicht einmal eine Tasse Kaffee könne er aus der Küche holen, ohne seine Hose zu bekleckern.

Ich reichte ihm in der Erstkonsultation einen Block mit der Bitte, seinen Namen, Adresse und Geburtstag zu notieren. Prompt reagierte die Mutter wie erwartet und sagte zu mir: »Geben Sie das besser mir, sonst können Sie es doch nicht lesen.«

Die ständige Bevormundung hatte Bertram taub gegenüber Worten werden lassen. Als ich ihn etwas fragte, bekam er das gar nicht mit. Er hatte abgeschaltet. Seine wohl beschaulichere Innenwelt, in die er sich zurückzog, war ihm zum sicheren Zufluchtsort geworden und viel wichtiger als alles andere. Es kam jetzt darauf an, ihn aus dieser selbstgewählten Isolation, die ihn von allem äußeren Geschehen abhielt und ihn zum Klassenschlußlicht werden ließ, wieder herauszuholen.

Aber auch die Eltern mußten lernen, ihre fast schon krankhafte Bevormundung aufzugeben, wenn je eine anhaltende Besserung eintreten sollte. Ein Mensch, der nur beschimpft und gemaßregelt wird, dem nicht die geringste Freiheit, dem nicht einmal ein Fehler oder ein Irrtum zugestanden wird, der muß in irgendeiner Richtung nach einem Ausweg sinnen. Bertram fand ihn in seinem Innenleben und zog sich in autistischer Weise in sich zurück.

Ihn zu öffnen dauerte zwar lange, war aber letztlich in der Sache verhältnismäßig einfach. Er sehnte sich nach verständnisvoller Zuwendung und faßte auch bald schon Zutrauen, nachdem ich ihm in einem Gespräch unter vier Augen verständlich machte, daß ich seinem Verhalten volles Verständnis entgegenbringe und ihn akzeptiere, so wie er ist!

Das bedeutendste für eine Hypnosetherapie ist die Bereitschaft loszulassen und im Vertrauen zum Therapeuten sein »Exil« Schritt für Schritt freiwillig zu verlassen.

Bertram bekam die folgenden Suggestionen:

»In mir sind Ruhe und tiefer Frieden. Mein Unterbewußtsein ist unendlich stark und gibt mir Kraft und Sicherheit, alles, was im Leben auf mich zukommt, zu verstehen.

Mit Freude kümmere ich mich um meine Schularbeit. In der Schule bin ich aufmerksam und konzentriert. Das wachsende Wissen macht mich stark und erfolgreich und bereitet mich auf das Leben vor. Ich fühle mich wohl in der Gemeinschaft meiner Lehrer und Schulkameraden. Aus der Geborgenheit in meinem inneren Kraftzentrum lerne ich, mich den anderen zu öffnen. Meine neuen Freunde werden mir genauso freundlich und hilfsbereit gegenübertreten, wie ich es von nun an tun werde. Zwischen meinem Inneren und der Außenwelt herrscht Harmonie. Aus dieser Harmonie heraus bin ich ganz klar und frei, und alle Aufgaben, die mir gestellt werden, löse ich dadurch ganz leicht und sicher. Ich spüre die tiefe Liebe in mir, die von mir auf meine Eltern und Freunde übergeht. Ich weiß nun: Was von mir ausgeht, kehrt wieder zu mir zurück. Zu Hause fühle ich mich froh und geborgen.«

Auch mit Bertram unternahmen wir geistige Reisen in der Hypnose. Es war besonders interessant, daß er sich anfangs in einem dichten, dunklen Tannenwald befand, einer Landschaft, die mit emotionalem Dickicht gleichzusetzen ist. Zum Schluß der Behandlung war dieser Wald verschwunden, und Bertram sah sich inmitten einer wunderschönen Blumenwiese.

Die vier Wochen bei uns wurden für ihn zur großen Befreiung. Sein Gesichtszucken war verschwunden, als er uns verließ.

Offen und ohne Hemmungen konnte er jetzt über seine Gefühle und Wünsche sprechen. Als ich später seine Eltern auf einem meiner Seminare begrüßen konnte, zu denen ich regelmäßig alle ehemaligen Patienten und Angehörigen einlade, erfuhr ich *mein* Erfolgserlebnis im Fall Bertram. Sie erzählten mir, er habe gerade im Vergleich zu früher ein hochbefriedigendes Zeugnis heimgebracht, und alle Schulkameraden empfänden ihn wie verwandelt. Zum ersten Mal in seiner Schulzeit habe er sich einem Freundeskreis angeschlossen. Er war eindeutig auf dem Wege zu sich selbst, zu einem Leben, wie wir es uns alle wünschen.

▶ Das größte Hindernis ist oft der Aufschub, deshalb besinne dich auf ein liebevolles Miteinander in deinem Alltag und beginne jetzt!

Die Frau mit dem Waschzwang

Jeder von uns fühlt sich manchmal schuldig, jeder glaubt schon einmal, eine unrechte Tat begangen zu haben, oder muß sich mit dem Gefühl plagen, sich wohl nicht immer ganz richtig verhalten zu haben. Es ist schon eine äußerst verzwickte Angelegenheit, zu wissen, ob unsere Gefühle dabei aus berechtigten äußeren Anlässen entstanden oder ob wir bereits neurotisch, also ungerechtfertigt stark und unverhältnismäßig übertrieben reagieren. Eine Neurose ist, vereinfacht gesagt, eine Überreaktion auf Signale beziehungsweise auf Gegebenheiten. Ein neurotischer Mensch verliert die objektive Einsicht zu seiner Welt. Er reagiert aus verdrängten Schuld- oder Angstgefühlen heraus überempfindlich und für Außenstehende unlogisch. Die Folge ist manchmal, daß es zu Zwangshandlungen kommen kann und daß das Leben eines solchen Patienten eklatant erschwert wird.

Eine fünfzigjährige Frau kam zu mir, die sich unzählige Male am Tage die Hände waschen mußte. Sie duschte sich mindestens fünfmal täglich und an Sonntagen noch öfter. Als Angestellte in einem technischen Betrieb nahm sie jede mögliche freie Minute wahr, um schnell zum Händewaschen zu gehen. Mindestens fünf Minuten brauchte sie dann allein dafür, die Hände richtig einzuseifen.

Nach Jahrzehnten hatte sie auf einmal trotz ihrer Reinlichkeit einen häßlichen Hautausschlag bekommen. Nicht Unsauberkeit war schuld, sondern die Reizstoffe der Seifen hatten im Lauf der Zeit die Schutzfunktion der Haut restlos zerstört. Kein Arzt konnte sich die Ekzeme erklären und sie therapieren, weil sie die eigentlichen Gründe nicht zur Sprache brachte. Die Patientin war verzweifelt. Sie reagierte immer hysterischer, bekam starke Migräneanfälle und war viele Wochen im Jahr arbeitsunfähig.

Was war die Ursache dieser Manie? Es sind fast immer unbewußte Schuldgefühle, die meistens von sexuellen Tabus herrühren und von denen sich »Dauerwascher« reinwaschen wollen. Bei dieser Frau, die unverheiratet war und nur zwei-, dreimal Geschlechtsverkehr im Leben gehabt hat – und dazu noch unter unangenehmen, lieblosen Umständen –, war falsch verstandene Sexualität der Ursprung ihrer Probleme. Schon als Schulmädchen wurde sie von der Mutter davor gewarnt, mit den Händen an ihrem Körper herumzuspielen. Als sie es auf ihrer kindlichen »Entdeckungsreise« trotzdem tat, begann die Furcht vor den angedrohten, aber nicht vorstellbaren Folgen. Mit vierzehn Jahren erfaßte sie der Zwang, ihre vermeintliche Schuld waschend wieder loszuwerden.

Eine so heftige Prägung des Unterbewußtseins zu einer Reflexhandlung über fast vier Jahrzehnte hinweg verlangt schon eine gewaltige Eigenbereitschaft vom Patienten zu einer Selbstbefreiung. Es erfordert vor allem Einsicht in die Zusammenhänge und die auslösenden Momente, die Neurotiker in vielen Fällen nicht aufbringen. Erst zusätzliche gravierende Schwierigkeiten, wie in diesem Fall die unangenehmen Ekzeme, können sie dazu bringen, endlich aktiv zu werden und zu beenden, was sonst das Leben zur Qual werden läßt. Ein aufmerksamer Arzt hatte meiner Patientin den Rat gegeben, doch einmal nach psychischen Ursachen für ihre ununterbrochenen Leiden zu suchen, und sie zu mir überwiesen. Dem Psychotherapeuten steht im katathymen Bilderleben, wie ich es schon erwähnte, eine wundersame Quelle zur Verfügung, die verborgensten Geschehnisse zwar symbolhaft verwoben, aber doch wiederauftauchen zu lassen (siehe auch Kapitel 5).

So unglaublich es für den Laien klingen mag, unser Gedächtnis verliert keine Szene und keinen Vorgang, den wir einmal durchlebt haben. Uns erscheint es nur oft so, als ob wir beispielsweise ungute Ereignisse vergessen hätten. In Wirklichkeit haben wir nur durch Verdrängungsmechanismen den Zugang zu unserer »Lebensbibliothek« verloren, weil wir Unangenehmes in der »Versenkung« verschwinden lassen wollen.

In der Selbsthypnose oder in Hypnose lassen sich Details der Vergangenheit, also scheinbar »Vergessenes«, fast immer wieder in Erinnerung rufen. Auch bei dieser Patientin brachte das Seelenbilderleben die auslösenden Kindheitserlebnisse wieder zum Vorschein. Mit viel Geduld arbeiteten wir uns in zahlreichen Einzelsitzungen Schritt für Schritt an ihre verdrängten Gefühlssphären heran, die sie tief in sich verschlossen hatte. Sie erhielt folgende Suggestionen:

»In mir sind tiefe Ruhe und Harmonie. Ich bin völlig entspannt. Ich bin geborgen in der Mitte meines Wesens, dem Zentrum meiner Lebenskraft. Alle meine positiven Gedanken, Gefühle und Wünsche sind in Harmonie mit meiner geistigen Kraft und gestalten mein Leben glücklich und erfolgreich. Ich fühle die tiefe Wahrheit meiner inneren Stimme, die mich das Gute und Richtige machen läßt. Ich liebe mich, ich liebe meinen Körper, ich bin eins mit meiner geistigen Kraft. Sie gibt mir die Stärke, natürlich und frei zu leben. Die unendliche Weisheit meines Unterbe-

wußtseins durchströmt mein ganzes Sein und macht mich gesund und glücklich. Ich ruhe vertrauend in meinem göttlichen Wesenskern. Meine Sexualität ist natürlich und gottgewollt, und ich freue mich, mit einem geliebten Menschen inniglich vereint zu sein. Sexualität und Liebe gehören zu mir, und sie sind eins.«

Wiederholte oder ähnliche Sätze und Redewendungen haben bei einer Suggestionstherapie den Sinn, das Unterbewußtsein durch ständiges Erneuern von gleichen Gedanken zu prägen, zu beeindrucken. Die geistige Energie dieser Ideen soll sozusagen in den Speicher des Unterbewußtseins eingeschmolzen werden. Erst wenn die Suggestionen wie Reflexe die unterbewußte »Werkstatt des Geistes« für sich einsetzen, ist das Ziel erreicht, alte und ungute Inhalte werden aufgelöst.

Nach einer Woche setzten wir bei der Patientin eine weitere Nuance in der suggestiven Behandlung hinzu. Wir begannen damit, mehr auf ihre direkten Probleme einzuwirken.

»Ich bin in tiefer Ruhe und Harmonie. Meine ganze Körperoberfläche, meine Haut, vermittelt mir ein angenehm wohliges Gefühl, sie ist glatt, schön und vollkommen gesund. Meine unerschöpfliche geistige Kraft durchströmt sie fühlbar und macht sie stark und gesund. Eine wohlige Woge der Harmonie durchströmt mich. Ich liebe meinen Körper, und ich danke dem Schöpfer, mich für dieses Leben in Fülle und Schönheit entschieden zu haben. Ich bin gesund und fühle die tiefe Verbundenheit und die Liebe zu allem Lebendigen.«

Es dauerte lange, bis wir diese Frau aus ihrer seelischen Sackgasse gezogen hatten. Nach sechzig Therapiestunden in der Praxis nahm sie noch an mehreren Seminaren über Positives Denken teil. Ihre Haut hatte sich bereits in den drei Monaten der Hypnosebehandlung erheblich gebessert. Was Spritzkuren und Sanatorienaufenthalte nicht geschafft hatten, das bewältigte sie jetzt aus eigener Kraft mit der Macht ihrer Gedanken. Ihr innerer Arzt und Heiler hatte damit begonnen, seine Werke zu tun.

Vier Monate nach der Behandlung waren die Ekzeme ganz verschwunden. Das war der äußere Beweis für ihre innere Wandlung. Nach dem dritten Seminar erzählte sie mir, bei jedem Gang ins Badezimmer oder in den Waschraum der Firma, wo sie sich früher sofort zu waschen begonnen hatte, die Gedanken zu spüren: »*Ich bin rein und gut. Meine Haut ist zart und sauber, wie glücklich und zufrieden ich doch jetzt bin!*«

Ihr Leben war freier, entspannter, klarer und ausgeglichener geworden. Alle, die sie kannten, beglückwünschten sie, da es ihr jetzt soviel besserginge. Auch die Männer in der Firma sahen sie nun als Frau, nicht mehr als Mauerblümchen wie früher. Ihre Ausstrahlung war erotischer geworden und so nahmen die Dinge denn wohl ihren Lauf.

▶ Grenzen sind unsere Lehrmeister. Sie sind das Produkt der relativen Wahrnehmung, deshalb sei immer bemüht, den Radius deines Bewußtseins zu vergrößern.

Das Mädchen ohne Handschrift

Eine verheiratete, 27jährige Studentin mit zwei Kindern kam mit einem eher seltenen Problem zu mir zum Gespräch. Sie war sehr sensitiv, hatte telepathische und hellseherische Erlebnisse und bewies das auch in der Hypnose, in der sie beispielsweise Handlungsabläufe sah, die sie Tage später in der Universität dann real erlebte. Ihr Problem, das sie zu mir brachte, legte zur Zeit ihr Studium lahm: Sie konnte nicht mehr schreiben. Jedesmal, wenn sie Notizen machen wollte oder etwas schriftlich festzuhalten hatte, bekam sie eine Schreibhemmung, ihre Hand war wie blokkiert.

Ich vermutete während des Gesprächs ein Schockerlebnis in der letzten Zeit, auf das wir auch sehr bald in der Hypnose stießen. Die junge Frau hatte starke Hemmungen, eingeimpfte Minderwertigkeitskomplexe und Unterlegenheitsgefühle seit ihrer Pubertät. Alle schulischen Leistungen wurden von ihrer Mutter als gut oder schlecht eingestuft. Ständig wurde ihre Schrift moniert. Nach der Schulzeit unternahm sie aus Überdruß am Leben und an ihrer vermeintlichen Unzulänglichkeit einen ersten Selbstmordversuch.

Sex hatte in ihrem Leben immer ein besonders verschämtes Schattendasein geführt. Die Mutter hatte alles Sexuelle stets als Verkörperung des Bösen dargestellt, auch ihre Geburt sei etwas sehr Ungutes gewesen. Mit ihrem Mann spielte sich das eheliche Zusammensein nur im abgedunkelten Schlafzimmer ab – und nun hatte ein Kommilitone auf einem Ausflug sie inmitten der freien Natur und pudelnackt »genommen«, und sie hatte nicht die geringsten Hemmungen gezeigt. Diese kamen erst hinterher in Form jener Nervenstörung, die ihr das Schreiben jetzt unmöglich machte.

Ihr Trauma gingen wir unter anderem mit den folgenden Suggestionen an:

»Ich bin innerlich ganz frei und ruhig. Die unerschöpfliche Weisheit meines Unterbewußtseins macht mich selbstbewußt und gibt mir die Kraft, alle Lebenssituationen positiv und gut zu bewältigen. In mir sind Harmonie und Liebe. Ich liebe meinen Körper und mein Leben. Ich bin voller Dankbarkeit, alle Kraft aus mir selbst schöpfen zu können; ich ruhe in ihr in vollkommener Harmonie mit meinem Wesen und mit meinem ganzen Sein.

Mein Körper ist gesund und leistungsbereit, und durch mein positives Wesen bin ich erfolgreich und klar in meinem Denken und Handeln. Die göttliche Weisheit lenkt und führt mich alle Zeit, und sie wird mir den Weg zur Erfüllung meiner Wünsche weisen.«

Innere Ruhe und Harmonie verhalfen dieser Frau bald wieder zu Ausgeglichenheit und Frieden. Das damit einhergehende, wachsende Selbstbewußtsein ließ auch ihre sexuellen Blockaden langsam weniger werden. Das Positive Denken brachte sie zu Natürlichkeit und gelöster Anwendung ihrer Gaben und Fähigkeiten. Nach sechs Wochen Hypnosetherapie und zwei Seminaren war die Schreibhemmung Vergangenheit.

Mit ihrem Ehemann hatte sie eine offene Aussprache, die ihr helfen sollte, ihre Schuldgefühle zu überwinden. Sicherlich war nun ein neues Problem zwischen den Eheleuten zu überwinden, und der Mann kam ebenfalls deswegen zu einem Gespräch. Leider wird die Tragweite eines Seitensprungs vorher eher selten bedacht. Ein sexuelles Abenteuer mag im Sinne des Wortes reizvoll sein, läßt sich jedoch im Grunde nicht damit begründen. Die Ehefrau hatte ein Trauma wegen ihres Ausrutschers, der Ehemann aber auch und jetzt war in der Tat guter Rat teuer.

Heraus aus der Antriebsschwäche

Das große Getöse, das Terroristen und Gewaltwellen auslösen, wird fast immer nur aus der Perspektive der Gesellschaft gesehen. Es ist meistens der Egoismus und die zunehmende Lieblosigkeit der Gesellschaft, die junge Leute oftmals zu extremen Handlungen verleiten. Die Jugend antwortet immer härter beziehungsweise unkontrollierter auf die oberflächliche Lebensauffassung der Erwachsenengesellschaft, bei der es allzuoft hauptsächlich um Hab und Gut geht. Oft treibt auch das Empfinden der anerzogenen Unzulänglichkeit manchen Jugendlichen in die extreme Außenseiterposition. Überforderte sehen manchmal keinen anderen Ausweg, als gegen den Leistungsdruck der Gesellschaft mit Gewalt zu opponieren.

Ein junger Kaufmann, Hans D., den die Eltern in einem traditionellen Eliteinternat am Bodensee erziehen ließen, gehörte zu diesen Anpassungsunwilligen. Seine hohe Intelligenz ließ ihn alles Erlernbare schnell und spielerisch aufnehmen. Er sah nur keinen Sinn darin, sich, ohne viel vom Leben zu wissen, in ein Erwerbsstreben zu steigern, das ihn für die nächsten 30 bis 40 Jahre hauptsächlich an äußerliche Werte fesseln würde. Der ständige Druck der Schule und der Eltern, doch endlich vernünftig zu sein und zu einem normalen, nützlichen Menschen zu werden, nahm ihm den letzten Einsatzwillen und führte ihn nur immer weiter in die Opposition. Alkohol und Drogen sollten ihm helfen, vor dieser Gesellschaft Ruhe zu haben. Er stand eines Tages vor mir und fragte mich, ob ich schlauer sei als er, und ob ich denn wohl wisse, wo die Ursachen seiner Wut liegen. Ganz erstaunt hörte er sich die einfache Wahrheit an, daß er nur sich selbst und sein Leben annehmen müsse, um in dieser Gesellschaft weitestgehend frei sein zu können. Seine Oppositionshaltung war mit ihm durchgegangen, und er übertrug seinen Frust nun auf fast alles, was dafür in Frage kam oder ihm nicht gefiel. »Die Welt« war zu seiner Projektionsfläche geworden. Er sah nun von außen, was innen unerledigt, ungereimt auf sein erwachendes Verständnis wartete.

Zunächst widerwillig, dann mit zunehmendem Interesse studierte er die Philosophie des Positiven Denkens und ihre uralten, sehr fundierten psychologischen Hintergründe. Besonders fand die Theorie von den Möglichkeiten der Suggestionen seine Aufmerksamkeit, und er war begeistert davon, was mit Hypnose alles möglich sein sollte. Schließlich, nach einigen Tagen, meldete er sich zur Therapie an, und wir behandelten ihn mit den folgenden suggestiven Visionen seines zukünftigen Lebens:

»In mir ist vollkommene Harmonie. Ich versenke mich in mein Unterbewußtsein und lasse seine unendliche Weisheit mein Dasein lenken und bestimmen. In vollem Vertrauen auf meine unerschöpfliche, geistige Stärke lausche ich meiner inneren Stimme, die mir hilft, alle äußeren Probleme anzunehmen und zu lösen. Ich meistere mein Schicksal mit positiver, psychischer

Kraft und Liebe. Mit Liebe erkenne ich die Quelle meiner Lebenskraft in meinem Unbewußten, mit Liebe behandle ich meinen Körper, den Tempel meines Lebens; mit Liebe wende ich mich meiner Umwelt zu, denn alle Wesen besitzen die gleiche Lebensenergie wie ich. Wir bestehen aus gleicher, göttlicher Kraft.«

Diese Arbeit an sich selbst nahm er für ein paar Wochen unter meiner Obhut vor. Sein alter Beruf – Kaufmann – konnte ihn nicht mehr reizen, und so folgte er seiner inneren Stimme, die ihn in eine künstlerische Laufbahn zog, in der er jetzt – verheiratet mit Kind – seiner Berufung folgen konnte. Seine halb antisozialen, halb anarchistischen Ambitionen alter Zeit belächelt er nur noch. Seine innere Stimme ließ ihn rechtzeitig wach werden und seinen wahren Lebenswert entdecken.

3. Die Macht der Suggestion

> Der Verstand ist wie der Mond. Er
> erhält das Licht des Bewußtseins
> vom Selbst, das der Sonne ähnlich
> ist. Wenn das Selbst zu leuchten
> beginnt, wenn die Sonne aufgegan-
> gen ist, wird der Verstand nutzlos!
>
> *Maharishi*

Durchschauen der Umwelteinflüsse

Bei den einzelnen Fallbeispielen in den vorherigen Kapiteln werden Ihnen die Suggestionsformeln aufgefallen sein. Vielleicht
haben Sie sich Gedanken darüber gemacht, ob und wie eine der
beschriebenen Suggestionen auf Sie selbst wirken würde? Eine
Affirmation soll Ihre seelische Einstellung umformen können?
Ich möchte Ihnen auf den folgenden Seiten vermitteln, daß Sug-
gestionen/Affirmationen uns sehr wohl den Zugang zu unserer
unbewußten Kraftzentrale eröffnen können.

Ganz vordergründig weiß jeder in unserer konsumorientierten Gesellschaft, daß die gesamte Werbung auf Suggestion aufgebaut ist.

Was ich einem anderen begreiflich machen oder verkaufen
möchte, muß ich in eine suggestive, also eindringliche Form ver-
packen. Fast überall im Alltag sind wir Suggestionen ausgesetzt,
und wir akzeptieren sie, weil wir in der Regel noch nicht einmal
bemerken, daß sie da sind.

Überlegen Sie einmal: Suggestionen sollen Sie zu etwas bewegen, sie wollen etwas Bestimmtes von Ihnen. Die eine möchte Sie dazu bewegen, eine bestimmte Zahnpasta zu benutzen, eine andere will Sie überreden, eine viel, viel bessere Automarke zu kaufen. Selbstverständlich sollen Sie nur die einzig richtige Partei wählen, wenn Sie glücklich sein wollen. Sie werden jedoch keine Suggestion entdecken, die Ihnen hilft, Ihre eigenen, tiefsten persönlichen Probleme zu lösen. Ihr Leid zu mindern ist nicht auch nur annähernd so gewinnbringend, wie Ihnen etwas zu verkaufen. Wer leidet, konsumiert als Ersatz eher mehr, als jemand, dem es gutgeht. In der Wirtschaft ist Geldverdienen die Devise. Bei einem Antikaries-Mittel und bei Schmerztabletten geht es nicht um Ihre Gesundheit, sondern um Ihr Bestes: um Ihr Geld. Was empfiehlt man Ihnen für Ihren inneren Frieden? Kommerzielle Werbung will verkaufen und bedient sich dazu aller nur erdenklichen Hilfsmittel, derer sie habhaft werden kann. Konsum ist gut, doch nur in einem notwendigen, sinnvollen Rahmen.

Suggestionen sind gelenkte Vorstellungen, denen Sie folgen sollen. Sie sind Wegweiser von Ihrem Portemonnaie über den Konsumartikel zum Portemonnaie des »Veranstalters«.

Wenn Sie wollen, daß sich in Ihrem Leben etwas zum Guten ändert, dann sollten Sie erkennen, daß Sie bisher Ihre Gedankenenergie noch nicht wirklich zu Ihrem Wohl eingesetzt haben und daß die Wirtschaft es wohl niemals tun wird.

Wenn Sie besser leben wollen, dann polen Sie Ihre Orientierung um und wenden Sie sich direkt, im wahrsten Sinne des Wortes, Ihrer Lebensqualität zu.

Nutzen Sie Suggestionen, anstatt negativ, von nun an positiv und sagen Sie sich wie der berühmte Arzt C. W. Hufeland bereits vor hundert Jahren: »*Wenn es eingebildete Kranke gibt, dann muß es auch eingebildete Gesunde geben!*« Nehmen Sie diesen Ausspruch wörtlich. Unsere psychische Kraft, die wir mittels Suggestionen aktivieren, beeinflußt Geist, Körper und

Seele genauso wie das Öffnen des Geldbeutels. Hier in diesem weiten Feld sollten Affirmationen genutzt werden, um eine Verbesserung innerer und äußerer Lebensumstände zu bewirken.

Beginnen Sie, sich selbst zu verwirklichen. Machen Sie mit »reinigenden« Suggestionen reinen Tisch im Haushalt Ihres Unterbewußtseins. Es ist ganz einfach. Wenn Sie sich Ihre psychische Energie bewußter machen, ist es, als ob Sie Heinzelmännchen bestellt hätten, die ihre »Werke« tun, während Sie schlafen.

Sie sollten wissen, es gibt nur zwei Gründe, nicht erfolgreich zu sein. Erstens gar nicht erst anzufangen oder zweitens, zu früh aufzuhören. Bleiben Sie deshalb in zweierlei Hinsicht konsequent:

1. Ihr Wunsch, sich auf die Sonnenseite des Lebens stellen zu wollen, ist mächtig und unumstößlich. Sie haben sich entschieden und bleiben dabei!
2. Sie sollten darauf gefaßt sein, in sich eine weitreichende Skala von unterdrückten Gefühlen zu entdecken. Ändern Sie das, damit Sie Ihrem Glück nicht länger im Wege stehen. Entlassen Sie liebevoll, aber bestimmt alle unliebsamen Gedanken und Vorstellungen aus Ihrem Geist.

Was steckt nun hinter dem Begriff Suggestion? Nach dem Lexikon ist es eine Eingebung, eine willkürliche Beeinflussung der Gefühle, Vorstellungen und des Willens. Die Autosuggestion dagegen ist eine Beeinflussung, die wir an uns selbst vornehmen.

Das ist im Grunde nichts Besonderes oder gar etwas Geheimnisvolles. Auf unsere Gefühle, Vorstellungen und unseren Willen wird jeden Tag Einfluß zu nehmen versucht. Mit jedem Plakat, jeder Werbesendung, jeder Anzeige versuchen geschickte Werbepsychologen, uns suggestiv zu dirigieren. Eine Idee kann aber nur dann eine suggestive Wirkung entfalten, wenn sie im Unterbewußtsein eine Phantasie und Gefühlsveränderung anzuregen vermag.

Wenn Werbefachleute Ihre Gefühlswelt für ihre Zwecke nutzen, dann sollten Sie diesen hohen Wert in sich selbst in Zukunft auch für Ihre Lebensfreude einsetzen. Werden Sie sich des Kleinods in Ihrer eigenen Mitte jetzt völlig bewußt und gestalten Sie mit positiven Gedankenbildern Ihre neue Welt.

Lassen Sie sich nicht mehr vom Willen anderer zum Kaufen überreden, sondern bestimmen Sie selbst mit positiven Suggestionen die Vorgänge in Ihrer Welt. Widmen Sie sich der Pflege Ihrer psychischen Kräfte. Kein Psychologe konnte Ihnen das bisher erklären, denn sie alle arbeiten fast ausschließlich mit dem rationalen Verstand, der dem Unterbewußtsein noch zu wenig Bedeutung beimißt.

▶ Willst du einen Menschen gewinnen, so gib dein Herz als Pfand.

Unsere willkürlichen Wunschsetzungen

Zwischen einer Vorstellung, unserer unablässigen Gedankenflut und einer Suggestion besteht nur ein kleiner Unterschied: die willkürliche Zielsetzung. Wenn einer Frau in einem Schaufenster ein Mantel ins Auge fällt oder ein technikbegeisterter Mann vor einer neuen Hi-Fi-Anlage träumt, dann wirkt die Vorstellung dieses Wunschbildes suggestiv und veranlaßt das Unterbewußtsein, seine Möglichkeiten zur Verwirklichung des Wunsches einzusetzen.

Besonders wirksam ist die bildliche Vorstellung eines Wunsches, die unser Unbewußtes viel direkter aktiviert als abstrakte Worte es allein könnten. Wer sich »Gesundheit« programmiert, hat mit Sicherheit größere Erfolge, wenn er sich sein Ziel konkret, also visuell vorstellt.

Einer Frau, die nach einem Unfall durch Schockeinwirkung eine psychisch bedingte Genickstarre zurückbehalten hatte, riet ich deshalb, sie solle sich im täglichen Mentaltraining vorstellen, wie sie wieder Tennis spielt, sich nach allen Seiten dreht und wie sie ihren Freunden erklärt, daß sie wieder gesund sei.

Einem Diabetiker empfahl ich zusätzlich zur Hypnosetherapie, sich das perfekte Zusammenspiel seiner Organe vorzustellen. Alle Organe bedanken sich in seiner Imagination bei der Bauchspeicheldrüse, und ein tiefes, entspannendes Gefühl der Harmonie durchströmt den Körper.

Positive Suggestionen vermögen unser Leben besonders dann aufzuhellen, wenn wir meinen, in irgendeiner Weise den Anschluß an unsere Welt verloren zu haben. Frau Eleonore S., die mit einer depressiven Verstimmung zu einem Gespräch kam, hielt das anfangs nicht für möglich. Skeptisch wie sie war, ließ ich sie noch einmal vor die Tür gehen und die verneinende Einstellung für die Fortsetzung des Gespräches diesmal draußen zu lassen. »Kommen Sie erneut und aufgeschlossen zu mir herein«, bat ich sie, »damit wir ohne negative Belastungen unser Gespräch beginnen können.«

Mit einem leichten Lächeln kam sie wieder herein, und wir hatten einen positiven Ansatzpunkt für unsere Unterhaltung.

Lächeln ist bereits eine wunderbare, verzaubernde göttliche Kraft. Machen Sie zu Hause einmal die Probe. Setzen Sie sich, wenn Sie einmal richtig grantig sind, vor einen Spiegel und lächeln Sie sich selber an. Ich garantiere Ihnen, daß Sie sich schon nach zwei Minuten wohler fühlen werden; unsinnig werden Sie das finden, was noch vorher Ihre Stirn krauste. Frau Eleonore S. erhielt auch als erste Aufgabe tägliche »Sitzungen« vor einem Spiegel. Mit 38 Jahren hatte sie ihren Mann verloren und hatte seit fünfzehn Jahren vereinsamt und depressiv ohne gesellschaftlichen Anschluß dahingelebt. Sie hatte sich in der Trauer um ihren Mann mit begraben.

Nach Beendigung der Therapie arbeitete sie weiter mit folgenden Autosuggestionen:

»Ich ruhe in vollkommener Harmonie. Ich vertraue meinem göttlichen Kern. Gottes Liebe durchströmt und erfüllt mich. Sie macht mich stark und gesund. Ich liebe mich und mein Leben und fühle die Verbundenheit zur unerschöpflichen Quelle meiner Existenz. In Harmonie und Liebe wende ich mich allem Leben und Erleben zu. Alle meine Wünsche erfüllen sich. Ich bitte meine höhere Intelligenz, mir einen liebevollen Partner zu zeigen, der mich versteht, der die gleichen geistigen Schwingungen hat und mit dem ich in eine positive, gemeinsame Zukunft schreiten kann. In allem ergebe ich mich der unendlichen Weisheit meines höheren Selbst, das mich jederzeit führt und lenkt. Frei und klar blicke ich in die Zukunft voller Harmonie und Selbstvertrauen.«

Schon während der Behandlungszeit wandelte sich das Leben dieser Patientin. Sie widmete sich einer sozialen Arbeit im von mir gegründeten Förderverein »Rat der Weisen« und kam dadurch täglich wieder unter die Leute. Ihr wiederaufkeimendes, »anziehendes« Temperament wird sicher in kurzer Zeit auch einen neuen Lebenspartner an ihre Seite ziehen.

Wenn es Ihr Vorstellungsvermögen übersteigt, daß eine alternde Frau, die fünfzehn lange Jahre ihres Lebens die Erlebnisse ihrer Vergangenheit und das Andenken an ihren Mann gepflegt hat, durch Suggestionen wieder zu einem fröhlichen, lebensnahen Menschen werden kann, dann lassen Sie sich im folgenden einige wichtige Zusammenhänge erklären.

▶ Hör diese Worte nicht, lies diese Worte nicht, lebe sie!

Reflexe und Imagination

Ich sagte bereits, wie naiv und direkt unser Unterbewußtsein alles von uns Gedachte aufnimmt, auch wenn es sich um die seltsamsten Aufträge handelt. Denken Sie nur daran, wie manche

Frauen auf Stühle springen, wenn eine Maus auftaucht, oder andere abends unter das Bett schauen, ob sich dort auch wirklich kein Mann versteckt hat.

Eine kleine Anstrengung ist zum Reflex geworden, der spontan zu einer bestimmten Zeit aus dem Unterbewußten auftaucht und beispielsweise unter das Bett schauen läßt. Beobachten Sie einmal an sich selbst, was alles an Reflexen in Ihnen schlummert, die Sie in einer entsprechenden Situation ohne zu denken sofort zum Handeln bringen.

Wie reagieren Sie, wenn Ihnen jemand von hinten an den Kopf faßt? Drehen Sie sich um, um zu erkennen, was los ist? – Brüllen Sie als erstes: »He, was soll das?« – Oder haben Sie schon zugeschlagen? Jedes Verhaltensmuster, das heißt jede gefühlsgeprägte Haltung, kann durch positive Suggestionen neu gestaltet werden. Möchten Sie sich wieder innerlich aufrichten und alle Kraft in das Jetzt, das direkte, wahre Leben stecken, dann ist jetzt auch der beste Augenblick dazu gekommen.

Mit Suggestionen zu arbeiten bedeutet, mit seinem Unterbewußtsein zu kooperieren. Ständig wiederholte Glaubenssätze haben einen allmählichen, aber gravierenden Bewußtseinswandel zur Folge. Das ist so einfach, daß ein siebenjähriges Kind sich diese Wahrheit zunutze machen kann.

Genau diese Erfahrung machte ich mit dem kleinen Sascha. Seine Mutter hatte sich bei mir mit Positivem Denken in kurzer Zeit von langjährigen Migräneanfällen befreit. Sascha hatte das alles miterlebt und übernahm von seiner Mutter das Schema der positiven Suggestion, mit dem sie bei mir behandelt worden war.

Er hatte zwei unschöne große Warzen an der rechten Hand und mehrere am Fuß. Tagelang hörte ihn seine Mutter ständig vor sich hin murmeln: »*Die Warzen sollen weggehen. Die Warzen verschwinden. Ich will sie nicht mehr haben. Die Warzen werden immer kleiner und verschwinden ganz.*« Nach zwei Wochen schrumpften die Warzen tatsächlich zu kleinen schwarzen Knöpfen zusammen. Bald waren sie vollständig und narben-los verschwunden. Sascha hatte sich seine eigene Suggestivkraft bewiesen und ganz sicher mit dieser Erfahrung ein wichtiges eigenes Instrument gewonnen, zukünftig mit seinem Unterbe-wußtsein große Erfolge zu erzielen.

Was kindlicher Vorstellungskraft im unverbildeten, jugend-lichen Gemüt noch ohne weiteres gelingen kann, das bedarf allerdings bei Erwachsenen oftmals einiger zusätzlicher Hilfs-mittel. Wir Erwachsenen blockieren den Zugang zu unserer Kraftzentrale meistens durch unseren Verstand und unseren Willen, mit dem wir unsere tägliche Routine zu steuern ver-suchen. Hier zeigt sich wieder das paradox erscheinende Gesetz, nach dem der Wille, den wir einsetzen, das Hindernis auf dem Weg zum Ziel ist.

▶ Ich will dich nichts lehren, sondern dich zu den Quellen deiner Weisheit führen.

Tiefe Entspannung durch autogenes Training

Nicht das Suggerieren-Wollen, sondern es vom Verstand unbe-obachtet geschehen lassen führt zu den Erfolgen unseres Lebens. Das geschieht am leichtesten in einer Form von Trance oder so-genannter selbstinduzierter Entspannung. Alle Anspannungen, ob nun seelisch oder im Körper, müssen zuerst gelöst werden, wenn wir mit Autosuggestion in unser inneres Geschehen ein-greifen möchten. In einer erholsamen Ruheposition, in der wir unsere Sinne einmal aus ihrer ununterbrochenen Beobachtung entlassen und uns ganz nach innen wenden, schaffen wir die idealen Voraussetzungen, unseren bisher verborgenen unbe-wußten Tiefen näherzukommen.

Diese besondere Form der Entspannung läßt sich am besten

als ein sich Nach-innen-Wenden beschreiben. Bis zu einem Zustand nahe dem Einschlafen, bis zu tranceartigem Absinken kann man sich entspannen, um dann durch das Tor des Unterbewußtseins in unser geistiges Haus einzutreten. Suggestionen, die in dieser Ruhestellung von einem Therapeuten gegeben oder selbst gesprochen oder auch nur gedacht werden, haben eine weit überlegenere Wirkung, als dies die gleiche Suggestion bei vollem Tagesbewußtsein erreichen könnte.

Richtige Entspannung können wir üben, wenn wir uns die Zeit nehmen, und wenn wir »dranbleiben«. Eine gutbekannte und leicht erlernbare Methode zur Entspannung ist das autogene Training. In mannigfacher Abwandlung dient es heute vielen psychotherapeutischen und gesundheitlichen Zwecken. Sollten Sie nicht bereits eigene Entspannungsmethoden beherrschen, dann wäre Ihnen die Teilnahme an einem Seminar für autogenes Training, wie es an allen Volkshochschulen und zahlreichen Ausbildungsstellen in jeder Stadt angeboten wird, zu empfehlen. Das autogene Training ist in der Suggestionstherapie zu einer unentbehrlichen Voraussetzung für einen Erfolg geworden.

Noch im ersten Viertel dieses Jahrhunderts waren unsere westlichen Ärzte überzeugt, unser unbewußtes (autonomes) Organgeschehen nicht willkürlich beeinflussen zu können. Heute wissen wir, daß Sie mit dem autogenen Training manchmal alleine durch Entspannung viele Schmerzzustände und Störungen ohne weitere Hilfsmittel positiv beeinflussen können. Sie haben es selbst in der Hand, durch Autosuggestion Migräneanfälle, Gallenkoliken (wenn nicht gerade große Steine vorliegen), Magenschmerzen, sogar Geschwüre, Muskelkrämpfe, Asthmaanfälle und vieles andere aufzulösen. Prüfungsangst, Erröten, Streß, oft auch hoher Blutdruck und Herzneurosen lassen sich damit lindern oder sogar heilen.

Wer sich selbst helfen möchte, für den kann autogenes Training zum besten Helfer und Freund werden. Wichtig ist die Erkenntnis: Je besser die Entspannung und das innere Loslassen, um so leichter ist das Unterbewußtsein aufnahmefähig für fällige Kurskorrekturen.

Da ich das Erlernen der Entspannungstechnik für sehr wichtig halte, bringe ich hier eine Kurzfassung jener ersten, unumgänglichen Übungen, die für einen Erfolg einer Suggestionstherapie nach den Mustern des Positiven Denkens Voraussetzung sind.

Entspannung bedeutet in diesem Zusammenhang, von allen äußeren Reizen unbehelligt zu bleiben. Nichts stört Sie, alles Äußere ist unwichtig geworden. Sie sollten sich, um wirklich Ruhe zu haben, einen angenehmen ruhigen Raum für Ihre Übungen aussuchen. Helles Licht, besonders aus Neonröhren, ist nicht förderlich. Wenn irgend möglich, entziehen Sie sich in jedem Fall am Arbeitsplatz und in Ihren Wohnräumen den nervösmachenden Nebenstrahlen von veralteten Leuchtröhren. Für die Zeit der Entspannung ist Kerzenlicht am besten geeignet. Die Kerzenflamme ist eine beruhigende, erleuchtende Kraft, und sie wirkt direkt auf Ihre Seele ein.

Legen Sie sich flach hin und lassen Sie bei leicht gespreizten Beinen die Arme lose neben dem Körper liegen. Nichts an Ihrem Körper soll mehr verspannt oder eingeengt sein. Die Augen sollten geschlossen sein. Atmen Sie tief ein und spüren Sie im Ausatmen nach, wie sich alle Muskeln lockern.

Die erste Übung besteht darin, sich in den rechten Arm hineinzufühlen und zu spüren, wie er leichter und leichter (also immer entspannter) wird. Die Suggestion lautet: »Der rechte Arm ist ganz leicht.«

Sie werden wahrscheinlich ein paar Stunden dazu benötigen, bis Sie diese Vorstellung auch klar realisieren können. Wenn Sie trainiert sind, brauchen Sie die Formel dann nur einige wenige Male zu wiederholen, um den gewünschten Zustand erneut zu erreichen. Meistens dehnt sich dieses Gefühl der Leichtigkeit nach einigen Übungen automatisch auch auf den linken Arm und dann auch auf die Beine aus. Sind Sie sich dessen nicht ganz sicher, nehmen Sie sich nach dem rechten Arm den linken, dann das rechte und das linke Bein mit der gleichen Formel vor. Nach einiger Zeit genügt die Vorstellung: *»Die Arme sind leicht«*, *»Die Beine sind leicht«*.

Jede Formel wiederholen Sie so lange, bis Sie deutlich spüren, daß der gewünschte Zustand eingetreten ist. Ist das Gefühl der Leichtigkeit tatsächlich und vollkommen realisiert, ergänzen Sie Ihre Konzentration mit dem Satz: *»Ich bin ganz ruhig!«* Jetzt folgt die zweite Übung mit der Formel: »Mein rechter Arm ist strömend warm«.

Denken Sie: »Die Arme *sind* leicht«, »die Arme *sind* warm«. Verwenden Sie nie die Worte: *»wird* warm« oder *»wird* leicht«. Sie würden damit das, was Sie wollen, in die Zukunft verlegen. *»Ist warm«* suggeriert jetzt und hier – und nicht irgendwann und irgendwo.

Das Übungsziel ist erreicht, wenn Sie im ganzen Arm bis zu den Händen deutlich Wärme empfinden. Ein angenehmer Nebeneffekt ist, sich im Winter leicht von kalten Händen oder Füßen dabei befreien zu können.

Bei täglich ein- bis dreimaliger Anwendung dieser Übung werden Sie in etwa zwei Wochen zum vollen Erfolg kommen. Das autogene Training zu beherrschen heißt, in zehn bis zwanzig Sekunden im Zustand der vollkommenen Entspannung zu sein. Geht es noch schneller, freuen Sie sich über Ihre Fähigkeit, perfekt loslassen und sich tief entspannen zu können. Dauert es länger, werden Sie nicht ungeduldig. Sie haben es dann viel nötiger als andere, sich konsequent Ihren Entspannungsübungen zu widmen. Schaffen werden Sie es sicherlich, es geht nur um die Dauer des Trainings, bis sich Ihr autonomes (vegetatives) Nervensystem *Ihren* Vorstellungen entsprechend führen läßt. Wer bei den Formeln anfangs Schwierigkeiten hat, kann die positive

Vorstellung strömender Wärme in den Armen durch die Vorstellung unterstützen, einen angenehm warmen Heizkörper zu berühren. Diese Verbildlichung kann die Übung sehr erleichtern. Haben Sie das Wärmegefühl in allen Gliedern erreicht, wird das Training fortgesetzt. Im vollen Wärmegefühl suggerieren Sie sich jetzt: »*Ich bin ganz ruhig!*« Jetzt wenden Sie sich Ihrem Atem zu: »*Der Atem fließt ruhig und gleichmäßig, im körpereigenen Rhythmus.*«

Lassen Sie Ihren Atem frei fließen. Sie werden merken, daß wirkliches Loslassen des Atems diesen bis in den Bauch strömen läßt. Wenn Sie Ihre bisherige, meistens flache Lungenatmung – sie ist besonders bei Frauen zu beobachten – freilassen, dann beginnt sich die Bauchdecke zu heben und zu senken. Erst tiefe und ruhige Bauchatmung ist wirklich »entlassener Atem«. Suggerieren Sie sich: »*Es atmet mich!*«

Die sechsmalige Wiederholung jeder Formel sollte auch hier zum Erfolg beitragen. Nun folgt wieder: »*Ich bin ganz ruhig*«, und Sie setzen dieses Mal hinzu: »*Mein Herz schlägt ruhig und gleichmäßig im körpereigenen Rhythmus.*«

Herzübungen sollte man aus Vorsichtsgründen nur unter versierter Anleitung mit einem Therapeuten erlernen; ich lasse sie deshalb hier weg und gehe gleich über zur letzten wichtigen Entspannungsvorbereitung.

Sie konzentrieren sich auf die Stelle oberhalb Ihres Bauchnabels. Zwischen der Wirbelsäule und der Bauchdecke liegt unser größtes Nervengeflecht, der Solarplexus oder auch Sonnengeflecht genannt. Wenn Sie mit dieser Übung beginnen, legen Sie zur besseren Orientierung eine Hand auf die Bauchstelle und verwirklichen das Gefühl: »*Strömende Wärme im ganzen Sonnengeflecht!*«

Das Übungsziel ist erreicht, wenn Sie diese Wärme in Ihrer Mitte deutlich empfinden. Viele spüren dabei ein kräftiges Pulsieren des Blutes im Oberbauch. Wenn Sie sich sicher und schnell in diesen Zustand begeben können – dem einigermaßen Geübten gelingt das innerhalb von zwanzig bis dreißig Sekunden –, sind Sie in der Lage, eine Reihe von Unstimmigkeiten (Dystonien) in Ihrem Körper vorübergehend (symptomatisch) zu beheben. Eine Gallenkolik verschwindet zum Beispiel, wenn Sie die Wärme von der Mitte aus nach rechts auf Galle und Leber ausdehnen. Sie entkrampfen damit den Gallengang.

Magenschmerzen, auch Geschwüre, verschwinden auf die gleiche Weise. Die Wärme wird in den linken Oberbauchteil geschickt. Die ganze Bauchhöhle mit Wärme zu füllen bedeutet, den gesamten Darmbereich zu entkrampfen. Viele Symptome und auch Beschwerden können auf diese sehr einfache Weise verschwinden. Beginnen Sie, sich selbst kennenzulernen und aktivieren Sie Ihren inneren Heiler.

Nun sollte ein sanftes Zurückkehren in den normalen Zustand eingeleitet werden. Den Körper sollte man dabei langsam aktivieren. Halten Sie, um sich liebevoll zu wecken, am besten die folgenden vier Etappen ein:

1. Erst werden die Hände geballt und die Arme gestreckt,
2. dann die Beine angespannt und gestreckt.
3. Die Arme über den Kopf strecken und den ganzen Körper einmal nach rechts und dann nach links drehen.
4. Tief Atem holen und die Augen öffnen.

Gewöhnen Sie sich an eine langsame Rückkehr in den Normalzustand, sonst könnte Ihnen bei zu schnellem Aufstehen kurz schwindelig werden, denn das Herz kann das Blut aus den entspannten Körperregionen nicht so schnell in den Kreislauf zurückführen.

▶ Immer gestalten wir unsere Welt. Durch unsere Freude bestimmen wir, wieviel Glück und Zufriedenheit unsere Tage erfüllen.

Suggestionstraining

Diese behutsam erscheinenden ersten Schritte Ihres autogenen Trainings sind für Ihr weiteres Vorgehen die ideale Vorbereitung. Für die Verwirklichung Ihrer Wünsche ist die vollkommene Entspannung die erste Etappe, und Sie kommen jetzt zu Ihrem Hauptwunsch und beginnen mit der suggestiven Beeinflussung Ihres Unterbewußtseins. Mit entspannten Muskeln, mit dem Gefühl, den Körper von allen Spannungen gelöst zu haben, entlassen Sie alle nervlichen Reflexe.

Ich gehe davon aus, Sie haben bereits das Ziel der vierten Übung erreicht, und Ihr Sonnengeflecht ist *»strömend warm«*. Belassen Sie Ihren Körper in diesem angenehm harmonischen Zustand und beginnen Sie, sich auf eine beabsichtigte positive Suggestion vorzubereiten:

»Ich bin vollständig ruhig. Vollkommene Harmonie durchströmt meinen Körper und mein ganzes Sein. Alle Geräusche sind unwichtig, sie vertiefen allenfalls den Zustand meiner Entspannung. Ich entlasse alle meine Gedanken und überlasse mich dem angenehmen Gefühl, immer tiefer und tiefer in meinem Selbst bis zu meinem innersten Kern zu versinken. Ich ruhe in tiefem Frieden mit mir selbst.«

Mit diesen Vorbereitungen haben Sie Ihre Entspannung zu einem gewissen Höhepunkt gebracht. Erst im Lauf der Zeit werden Sie graduelle Unterschiede, die auch von Ihrem körperlichen Tagesbefinden abhängig sind, bemerken. In diesem losgelösten Zustand können Sie beginnen, die geplanten Suggestionen einfließen zu lassen. Am besten wäre es, sich vorher Gedanken zurechtgelegt zu haben, die Sie sich jetzt bildlich vorstellen und dann damit beginnen, sie Ihrem Unterbewußtsein einzuprägen. Merken Sie sich für den richtigen Umgang mit Ihrem Unterbewußtsein die folgenden Regeln:

1. Je besser Sie sich entspannen, desto leichter können Suggestionen in Ihr Unterbewußtsein eingehen.
2. Ihr Unterbewußtsein reagiert auf Worte sehr genau. Suggerieren Sie in der direkten, gegenwärtig erlebten Vorstellung *»Ich bin«*, auch wenn es sich um noch zu erreichende Ziele handelt (etwa gesund werden, Erfolg haben, Lieben lernen).
3. Suggerieren Sie sich weniger Details, sondern überlassen Sie es der Intelligenz in Ihnen, den besten Weg und die beste Lösung für Ihr großes Ziel zu finden.
4. Setzen Sie Ihre Suggestionen möglichst in bildhafte Vorstellungen um. Sie stellen sich damit auf das Verständnis des Unterbewußtseins ein, dem ein Bild mehr »sagt« als tausend Worte.
5. Eine einmalige Suggestion hat nur eine sehr geringe Wirkung und nur das Wiederholen Ihrer Suggestionen, zwei- bis dreimal am Tag zehn bis zwanzig Minuten lang, führt Sie zum Ziel. Besonders vor dem Einschlafen, wenn sich das Tor zu Ihrem Unterbewußtsein gerade zu öffnen beginnt, ist die beste Zeit für Ihre Arbeit. Bleiben Sie über Tage und Wochen bei Ihrer Arbeit an sich selbst. Geduld ist von großer Wichtigkeit, damit sie alle alten Vorstellungen überwindet.
6. Unterlassen Sie in der Zeit Ihrer Übungen jede Form von Selbstkritik und beobachten Sie auch nicht zu sehr Ihre Fortschritte. Stellen Sie sich auf die positiven Vorstellungen ein, nehmen Sie sie als Realität für Ihr Leben und lassen Sie sich nicht irritieren. Haben Sie Vertrauen in die unendliche Macht in Ihnen. Jeder Zweifel untergräbt Ihre eigene Autorität und stellt Ihnen Hindernisse in den Weg.
7. Sprechen Sie nicht über Ihre Arbeit an sich selbst. Niemand zeigt im allgemeinen Verständnis dafür, wenn Sie sich aus Ihrer allseits gewohnten Situation befreien wollen. Jeder haftet an seinen Gewohnheiten und wird Ihnen allenfalls mit seiner Kritik Ihre Arbeit erschweren.

Diese Leitlinien entstammen der Erfahrung aus unzähligen Einzelschicksalen.

Zehn Prozent der Menschen, die sich gerne ihre Sehnsüchte mit Suggestionen verwirklichen möchten, können nicht so leicht loslassen, wie es erforderlich für eine wirkungsvolle Therapie wäre. Sie gehören zu denjenigen, die sich erst langsam entspannen können, aber auch hier heißt es: »*Geduld bringt Rosen*«. Solange das Tagesbewußtsein bei der Suggestionstherapie noch zu sehr präsent ist, verstellt es den Zugang zum Unterbewußtsein. Die Suggestionen erreichen nur in einem geringen Umfang ihr Ziel, und sie bleiben zu schwach für eine nachhaltige Veränderung. Legen Sie also bei Ihren eigenen Vorbereitungen großen Wert auf die Entspannungsübungen.

Ein streßgeplagter Manager mit Herzneurose, Magengeschwüren und zu hohem Blutdruck, der in den ersten zwei Behandlungswochen bei mir durch seine Ungeduld und Nervosität in eine ausgesprochene Krise geriet, erlebte erst am Ende der dritten Woche den befreienden Zustand der vollkommenen Entspannung. Glückstrahlend umarmte er meine hübscheste Therapeutin Zarah Flaschberger nach dieser Sitzung, in der er zum ersten Mal in seinem Leben von seiner rationalen Beobachterposition loslassen konnte.

Der richtigen Wortwahl kommt eine besondere Bedeutung zu. Im normalen Umgangston hantieren wir oft unachtsam und leichtfertig mit Worten und entwickeln wenig Gefühl dafür, wie unsensibel wir oft von unserem Werkzeug, unserer Sprache, Gebrauch machen. Mit passiver Geduld nimmt unser Unterbewußtsein Worte auf, die uns in unserem Alltag völlig harmlos erscheinen, die aber oft die Ursache für viele Mißverständnisse und Probleme sind.

Der weitere Leitsatz für Suggestionen ist die Einhaltung einer großen, umfassenden Linie. Denken Sie Großes, damit Großes geschieht! Geben Sie sich nicht mit Kleinigkeiten ab, wenn es um Ihr vollkommenes Glück geht. Wer sich ein neues Kaffeeservice als Wunschtraum suggeriert, wird seinen Horizont nicht weit über den berühmten »Tellerrand« ausdehnen. Erkennen Sie: Alles, was Sie zu Ihrem Glück benötigen, werden Sie im rechten Augenblick auch haben. Streben Sie die höchste, vollkommenste Erfüllung Ihrer Sehnsüchte an, die Sie sich vorstellen können – oder überlassen Sie es der Weisheit Ihres Unterbewußtseins, diese höchstmögliche Form des Lebenserfolges für Sie zu kreieren. Bald werden Sie herausfinden, daß die schönsten Erfolge auf den vier einfachsten Begriffen basieren: Gesundheit, Harmonie, Liebe und Erfolg. Alles Gute und Positive des Lebens werden Sie mit diesen wenigen Begriffen umfassen können.

Legen Sie sich mit Ihren Wünschen nicht auf ein bestimmtes Detail fest. Das Leben ist so vielseitig und Ihre wahre Bestimmung Ihnen meistens noch so unbekannt, daß Sie Ihrem Erleben damit vielleicht nur weitere Fesseln auferlegen.

Ein Bekannter hatte sich in den Kopf gesetzt, in seinem Beruf baldigst den Platz des Filialleiters einzunehmen. Fleißig arbeitete er darauf zu, das Zimmer seines Chefs zu besetzen. Gesunder Ehrgeiz ist gut, doch er übersah, daß ihm das Schicksal zweimal ein Angebot der Zentrale zukommen ließ, andere Filialen als Direktor zu übernehmen. Er wollte im Hause bleiben; eine störrische Verblendung, mit der er sich auf eine bestimmte Position eingestellt hatte, ließ ihn seine Chance nicht sehen. Sein höheres Selbst hatte längst zu seinen Gunsten gehandelt, doch er überhörte seine innere Stimme. Erst nach mehrmaligen Träumen, in denen er wegzog, um vorwärtszukommen, wurde er hellhörig. Seine einseitige Vorstellung und das »Festhalten« hatten ihn viel Zeit gekostet.

Das bildhafte Umsetzen einer Suggestion wirkt wie das neueste Waschmittel in der Werbung; es reinigt porentief und ist unwiderstehlich für alte, »verschmutzte« Wertvorstellungen in

Ihrem Gemüt. Das Unterbewußtsein versteht besser, was Sie wollen, wenn Sie bereits wohlbekannte Wortgebilde wie »porentief« etc. nutzen, um Ihren Auftrag zu erteilen. Aus dem Begriff »Arbeit« wird vielleicht ein holzhackender Mann und aus »Freiheit« ein Vogel im Flug. Schaffen Sie deshalb gleich selbst eine bildhafte Vorstellung Ihrer Sehnsucht, dann braucht Ihr Unterbewußtsein keinen Dolmetscher (Therapeuten) mehr, um Sie zu verstehen.

Eine gute Lösung fand bei mir ein fünfzehnjähriger Schüler, dessen Versetzung nach der Hälfte des Schuljahres zweifelhaft war. Nach einem Entspannungstraining und aufbauenden Suggestionen für sein Selbstbewußtsein, begann seine Lernfähigkeit wieder stark zuzunehmen. Er gewann wieder Freude am Lernen und bekam für die tägliche, häusliche Arbeit folgende Suggestion mit auf den Weg:

»Harmonie und Kraft sind in mir. Ich freue mich auf die Schule, weil mir Lernen Spaß macht. Mir fällt es leicht, Wissen aufzunehmen und auf Wunsch zurückzugeben. Meine Aufmerksamkeit ist klar, und mich interessiert, was um mich herum vor sich geht. Ich wende meine volle Konzentration den Themen der Schule zu und bin bald Erster unter Gleichen. Alles einmal Erlernte bleibt für immer in meinem Gedächtnis und hilft mir, mein Leben erfolgreich zu gestalten.«

Während einiger Therapiestunden malte er sich vor seinem geistigen Auge sein nächstes Zeugnis aus, er sah, wie der Lehrer ihn beglückwünschte, so schnell und so gut das ganze Pensum aufgeholt zu haben. Diese bildhafte Vorstellung des *erreichten* Ziels ist die stärkste Anregung für das Unterbewußtsein und eine deutliche Anweisung, was zu tun ist!

Es wird, wie es auch bei diesem Schüler geschah, alle Kräfte daransetzen und die Voraussetzungen schaffen, dieses Bild in die Realität umzusetzen.

Durch Ihre Träume kennen Sie das symbolisch-bildhafte Erleben aus Ihren unbewußten seelischen Bereichen. Es gibt Augenblicke, in denen aus unserem Unterbewußtsein auch in einem Tagtraum längst vergessene Bilder wieder hochkommen. Vielleicht erinnern Sie sich an Begebenheiten, bei denen Sie plötzlich durch eine Bewegung, eine Melodie in völlig andere Dimensionen zu entgleiten schienen. Eine Erinnerung an Ihre Kindheit, ein besonders schönes Erlebnis in der Vergangenheit wurde durch einen kleinen äußeren Anlaß wachgerufen. Auf die gleiche Weise können Sie Ihrem Unterbewußtsein mit Suggestionen neue Inhalte einprägen. Bestimmen Sie von nun an, hinter welche Ihrer Visionen Ihr Unterbewußtsein seine ganze Kraft zu stellen hat.

Beobachten Sie erfolgreiche Menschen, denen alles leicht zu gelingen scheint. Sie besitzen dieses Talent, ihre Energien positiv zu lenken und jedes Ziel auch als erreichbar anzusehen.

Das Wort *unmöglich* können Sie aus Ihrem Wortschatz streichen, wenn Sie Ihre Kräfte positiv einzusetzen lernen. Wünsche gehen in Erfüllung, wenn Sie lernen, sie Ihrem Unterbewußtsein in seine Bildersprache zu übersetzen.

Dieses Leben ist einmalig, und Sie leben es nur einmal. Setzen Sie deshalb auf höchste Vollkommenheit, auf alles Glück der Welt. Verzicht auf geistige Entwicklung sei Dummheit, Verzicht auf Gesundheit sei Narrheit und arm zu sein sei wie eine Geisteskrankheit, sagte einmal Dr. Murphy zu mir. Die Fülle des Lebens steht Ihnen offen wie jedem anderen Menschen auch, also nutzen Sie die Macht Ihres Unterbewußtseins, um zu dem zu werden, als der Sie gedacht sind! Entwerfen Sie nur Bilder als Suggestivaufträge vor Ihrem geistigen Auge, zu denen Sie aus vollem Herzen stehen können, die sozusagen Ihr Innerstes selber »gemacht« hat.

Einer meiner älteren Freunde bestätigte mir einmal, schon immer in seinem Leben mit positiven Suggestionen gearbeitet zu haben. Seit der Jugendzeit träumte er von großen Reisen. Schon als Schüler wurden ihm die häuslichen Wände zu eng, und seine sehnsüchtigen Gedanken zogen ihn nach Südamerika und in die Südsee. Dann gehörte er zu den ersten, die in den frühen Fünfzigern in Südeuropa herumreisten. Heute kennt er die ganze Welt – und das nicht etwa als müßiger Tourist. Bei den meisten seiner Reisen, bekennt er fröhlich, hat er Hobby und Beruf verbinden können.

Er kann sich nicht vorstellen, von der verwirklichenden Kraft seines unerschöpflichen Unterbewußtseins je enttäuscht zu werden. Und nach seinem Glauben ist ihm geschehen!

▶ Das Glück im Außen ist eine Illusion. Wie jede Illusion muß es zeitlich begrenzt sein.

Wie lerne ich, mit Suggestionen richtig umzugehen?

Was wir auch immer in unserem Unterbewußtsein einspeichern wollen – Verhaltensweisen, Lebensanschauungen, Gemütsregungen –, das entscheidende Wort darüber sprechen unsere Gefühle. Sie bestimmen, was uns begegnen wird. Die Fachwelt sagt, wir sollen unsere Wünsche emotional »besetzen«, damit sie mit der Begeisterung unseres ganzen Wesens zu unserer Wirklichkeit werden können!

Sie stehen vor einer bedeutsamen Wende Ihres Lebens, wenn Sie sich so richtig freuen können, wenn Sie begeistert sein können, wenn Ihnen etwas von Herzen gefällt.

Sind Sie bisher eher zurückhaltend im Umgang mit dem anderen Geschlecht gewesen? Waren Ihre Hemmungen grundsätzlicher Natur oder sexuell bedingt? Sie können mit positiver Einstellung zu sich selbst, mit der Liebe zum Leben und Ihren Mitmenschen, ein positiveres Bild von den Menschen um sich herum aufbauen.

Sie sollten von nun an keine Zurücksetzung oder Verein-samung mehr erleben wie jene berufstätige, unverheiratete Frau, die zu mir kam, weil sie sich aus der Gemeinschaft ihrer Kolle-gen und Kolleginnen ausgeschlossen fühlte und auch privat ein-sam ihr Leben fristete. Sie erzählte mir bei unserem ersten Ge-spräch ihren Kummer: »Alle halten mich für egoistisch und prüde. Dabei wollen sie ständig etwas von mir. Zweimal in den letzten Jahren sind mir schon Kollegen im Büro zu nahe getre-ten und wundern sich, wenn ich sie nicht mehr ansehe. Die Men-schen sind mir alle so widerlich. Mir fällt es schwer, mit ihnen auszukommen.«

Leben ist ständiger Rhythmus und fließende Energie. Das gei-stige Gesetz der Resonanz läßt uns das erleben, was unserer Ei-genart entspricht. Was wir denken, das sind wir; denken wir ab-lehnende Gedanken, dann erfahren wir selber Ablehnung. Zu uns kommt zurück, was von uns ausgegangen ist. Meine wohl etwas frustrierte Gesprächspartnerin hatte sich durch ihre nega-tive Einstellung zu sich selbst vom Leben abgeschnitten. Alles, was sie sich als unangenehm vorstellte, geschah ihr. Die positi-ven Suggestionen, die ich ihr gab, wirkten auf sie wie eine Erlö-sung. Als ob sich eine Blume über Nacht öffnete und ihre Blü-tenpracht entfaltete, so wirkte das Positive Denken auf diese Frau. Sie bekam von mir folgende Suggestionen:

»Ich bin in Harmonie mit mir und meiner Welt. In mir sind tiefe Ruhe und Ausgeglichenheit. Voller Liebe fühle ich die un-endliche Weisheit, die der Schöpfer in meinen Wesenskern legte. Die unerschöpfliche Kraft meiner Mitte stärkt mich und lenkt mich. In Liebe und Harmonie wende ich mich dem Leben zu. Mit ihrer Weisheit erkenne ich meine geistige Verbundenheit mit allen Menschen. Liebe ist die stärkste Lebenskraft, und ich liebe mich und meine Mitmenschen.

Ich schenke Liebe an meine Umwelt, ich handle in Liebe bei jeder Aufgabe, die mir gestellt wird. Mein Herz ist weit geöffnet

*für alles, was in gutem Willen geschieht. Ich fühle mich geborgen
in der Fülle des Lebens. Alle Menschen wissen um die Harmonie
meines Wesens, und ich erlebe harmonische Zuwendung. Alles
Gute kommt auf mich zu. Ich bin jetzt glücklich und erfolgreich
und genieße es, ich selbst zu sein.«*

Ich ließ die junge Frau an einem meiner Seminare teilnehmen
und gab ihr dann die bildhafte Suggestion zur Aufgabe, sich
selbst als Mittelpunkt in ihrem Büro vorzustellen. Sie sollte sich
vorstellen, daß jeder zu ihr hinstrebt, der Rat braucht und der an
ihrer positiven Ausstrahlung teilhaben möchte. Die Männer, so
sollte sie sich vorstellen, suchten nach Unterhaltung mit ihr und
wollten ihre gefühlvolle Nähe erleben.

▶ Wir alle, die wir unsere Spiritualität zu offenbaren beginnen, sollten eigentlich das Neue, auf uns Zukommende, als die Ablösung
des Alten willkommen heißen. Nur der begrenzte, nicht entwickelte geistige Horizont sieht Chaos und Apokalypse.

Auftrag an das höhere Selbst

Lassen Sie Ihre Tage von Liebe und Harmonie beflügelt sein.
Wer sich vor anderen Menschen nur sicher fühlt, wenn er sich
abkapselt, der gerät bald schon in Einsamkeit, Frust und damit
in leidvolle Situationen. Er verschließt sich dem Strom des Göttlichen in ihm und alle Lebenskräfte, die negativen wie auch die
positiven, versiegen. Bleiben Sie in den Lebensrhythmen, die
einen ständigen Kräfteaustausch verlangen, um im kosmischen
Lebensstrom auf natürliche Art eingebettet zu sein und am
Leben teilzuhaben.

Hier folgt für Sie eine praktische Übung, die Sie ganz nach
Ihren individuellen Bedürfnissen abstimmen und umformulie-
ren können:

1. Wählen Sie sich eine positive Vorstellung, die Ihren größten Problemen direkt entgegengesetzt ist. Verwenden Sie beispielsweise die Formel: *»Ich öffne mich weit allen guten Kräften aus meiner Umwelt. Harmonie und Liebe strömen von mir zu meinen Mitmenschen und kehren vermehrt zu mir zurück.«*

2. Ich erlebe vor meinem geistigen Auge eine Situation, wie ich sie mir am meisten ersehne (Zuwendung, Danksagung, Ratsuche, Glückwunsch, Liebe, Sex). Durch ständige Übung entsteht dieses Bild plastisch bis in alle Einzelheiten vor meinem geistigen Auge, bis es auch farblich deutlich vor mir steht.

3. Dieses einmal geschaffene Bild, auf das ich mich einstimme, behalte ich in meiner täglichen Übung über mehrere Wochen bei und empfinde währenddessen, wie sich meine Suggestion zu verwirklichen beginnt (siehe Punkt 1).

4. Von Tag zu Tag fühle ich die wachsende Kraft, die mich zur Erfüllung meiner Wünsche führt. Von mir geht Güte, Verständnis, Trost und Hilfe aus, und ich sehe die Qualität meiner Mitmenschen und erkenne mehr und mehr ihren göttlichen Wesenskern.

5. Gegen Ende meiner täglichen Übungszeit ziehe ich mich allmählich aus meiner geistigen Vorstellung zurück, versenke mich ganz in meine Tiefe und beauftrage mein höheres Selbst, mir die »Eingebung« zur Verwirklichung meiner Vorstellung zukommen zu lassen. *»Ich vertraue meinem höheren Selbst. Alle Kraft ist in mir. Ich bin beliebt und angesehen in meinem Freundeskreis, und jedermann wendet sich vertrauensvoll an mich.«*

6. Zur Beendigung meiner Übung kehre ich wieder voll ins Tagesbewußtsein zurück, indem ich bis zehn zähle und mich mit den Worten wecke: *Meine Arme und Beine sind frei und leicht. Ich strecke meinen ganzen Körper und bin frei und leicht. Mein Kopf ist frei und leicht. Ich öffne meine Augen und bin ganz wach und erfrischt.*

Auf alle erdenklichen Lebenssituationen und Probleme läßt sich diese Übung abwandeln. Denken Sie daran: Ihre bildliche Imagination sollte positiv für alle Beteiligten sein und sie in eine vollendete Gegenwart stellen. Zukunftsvorstellungen oder Worte wie »ich werde« lassen das Unterbewußtsein unberührt. Es wartet dann mit Ihnen zusammen auf das Werden. Zukunft und Vergangenheit sind für unser Unterbewußtsein nicht existent, dort gibt es nur das ewige Jetzt. Also sollten Sie es *jetzt und hier* zur Verwirklichung Ihrer Vorstellung veranlassen und das Gewünschte bereits jetzt voll erleben. Gehen Sie nicht mit einem Problem zu Ihrem höheren Selbst, sondern lassen Sie es statt dessen die Lösung finden. Sehen Sie sich also im Zustand des erreichten Zieles, glücklich und zufrieden.

Positives Denken sagt: Es gibt immer einen Weg. Wenn Sie ein Problem nicht lösen können, dann können Sie sich immer noch von dem Problem lösen!

Suggestionen der Harmonie und Liebe bringen Sie schneller wieder in den Fluß des Lebens, und ich täusche mich nicht, wenn Sie dabei schon bald in Ihrem körperlichen Haushalt ein Aufblühen erleben. Stauungen verlieren sich, Unterfunktionen werden normal, und eine blasse Gesichtsfarbe weicht lebendigem Rot. Herz und Kreislauf arbeiten frei und beschwingt, weil Sie sich für die bessere Seite des Lebens entschieden haben.

▶ Wenn etwas zu Ende geht, dann darf das doch nicht heißen, daß damit alles zu Ende ist. Wenn ein Jahr vorüber ist, dann hat doch ein neues seinen Anfang genommen.

Katalog der Suggestionen zur individuellen Auswahl

So kompliziert das Leben uns allen manchmal auch erscheinen mag, im seelischen Bereich läßt sich vieles auf einige wenige Gesetzmäßigkeiten zurückführen. Die häufigsten Probleme und Sorgen lassen sich wahrscheinlich – in individuell anzupassender Form auch in Ihrem Leben – mit der folgenden Auswahl von Suggestionen lösen:

1. Suggestionen für körperliche und geistige Gesundheit

- *Ich bin stark und frei. Die unendliche Weisheit meines Unterbewußtseins läßt mir in jedem Augenblick meines Lebens Kraft und Weisheit zufließen, und alles auf mich Zukommende zum Besten für mich und meine Welt lösen.*
- *In mir ist vollkommene Harmonie. Ich ruhe in der Quelle meiner Existenz, die mich aus ihren unerschöpflichen Reserven hütet und mich stärkt.*
- *Ich bin voller Harmonie und Liebe. Ich liebe mich und danke meinem höheren Selbst für die Kraft aus meiner Mitte, die mich zu meinem Besten lenkt und mich zu einem vollkommeneren Leben führt. Ich liebe meine Mitmenschen und erfahre als Antwort die gleiche Zuwendung. Mein Leben verläuft in Harmonie. Ich bin ein seelischer und geistiger Magnet, der das Gute anzieht.*
- *Ich bin erfolgreich in allen meinen Beziehungen, denn ich gewinne alle Lebenskraft aus meiner unerschöpflichen Mitte. Demutsvoll unterstelle ich meinen Willen und meinen Verstand der Intelligenz in mir und lasse mich von ihr leiten.*
- *In mir leuchtet das ewige Licht einer unerschöpflichen Kraft. Ich bin geschützt und gestärkt von dieser Kraft und ruhe sicher in Gottes Hand.*
- *Harmonie und Liebe durchdringen mein ganzes Wesen und mein ganzes Sein. Ich bin gesund und frei. Ich bin durchstrahlt von positiver Lebenskraft, die alles Dunkle, Bedrängende in meinem Körper und meiner Gefühlswelt auflöst.*

- *Alle Entscheidungen in meinem Leben treffe ich aus der Harmonie meines höheren Selbst. Ich höre auf meine innere Stimme, die mir den besten Weg zur Erfüllung meiner Wünsche weist. Alle Wünsche, die meine innere Stimme bekräftigen, gehen in Erfüllung.*
- *Mein Körper ist erfüllt von Harmonie und Liebe. Ich bin vollkommen gesund, und alle meine Organe, Muskeln und Gelenke, alle meine Zellen wirken in harmonischem Miteinander. Die unendliche Weisheit meines Unterbewußtseins sendet frische Lebenskraft an jede Stelle, die sie braucht.*
- *Die Vollkommenheit Gottes findet nun Ausdruck durch meinen Körper. Die Vorstellung völliger Gesundheit erfüllt jetzt mein Unterbewußtsein. Gott schuf mich nach seinem vollkommenen Bild, und mein Unterbewußtsein schafft nun meinen Körper von neuem – in völliger Übereinstimmung mit dem vollkommenen Bild im Geiste Gottes. Gott denkt, spricht und handelt durch mich!*
- *Die unendliche Heilkraft meines Unterbewußtseins durchströmt mein ganzes Sein. Sie nimmt sichtbare Gestalt an als Harmonie, Gesundheit, Friede und Freude.*
- *Ich lege von nun an die Führung meines Schicksals in die Hände meines Schöpfers, der mir über die unendliche Weisheit meiner Seele die Kraft verleiht, in meiner Mitte immer vom richtigen Impuls für mein Positives Denken und Handeln zu wissen.*
- *Ich ruhe im Zentrum meines Wesens. Die unerschöpfliche Lebenskraft aus meiner Mitte umfließt mich wie ein Strom. Licht und Liebe durchströmen mich. Ich bin sicher und stark und meistere mein Schicksal aus göttlicher Inspiration.*

Suggestion für Jugendliche:
- *Ich bin harmonisch und voller Freude. Ich danke meinen Eltern, die mir über alles hinweghelfen, was mir noch neu ist.*

Meine Schulkameraden und meine Lehrer sind liebevoll; mit ihnen ist es wundervoll und auch einfach zu lernen. Alle habe ich gern, alle haben mich gern. Ich bin konzentriert und aufmerksam in der Schule. Alles Wissen fließt mir zu. Aus meiner Seele kommen unendliche Kraft und Sicherheit, in der Schule des Lebens glücklich und erfolgreich zu sein.

2. Suggestionen bei Schlaflosigkeit, Schuldgefühlen, Nervosität

- *In mir ist tiefe Ruhe. Ich spüre die Harmonie, die meinen Körper und mein ganzes Wesen durchzieht. Ich bin tief in mir selbst und fühle die harmonische Verbundenheit mit allen meinen Kräften.*
- *Mein Kopf ist frei und klar. Immer wenn ich mich zum Schlafen lege, ziehen sofort alle unnötigen Gedanken davon wie kleine weiße Wolken. In mich strömt vollkommene Ruhe ein, und ich schlafe sofort, ohne Unterbrechung, bis zum Morgen.*
- *Jeden Abend, wenn ich schlafen gehe, fallen alle Gedanken von mir ab. Sie dienten mir am Tage; in der Nacht kehre ich zurück zur vollkommenen Harmonie in meinem Selbst, zum Stelldichein mit meinem Unterbewußtsein. Die unendliche Weisheit meines Unterbewußtseins hilft mir, alles mit leichter Hand zu lösen. Ich bin geborgen in der unerschöpflichen Quelle meiner geistigen Energie. Wenn ich schlafen gehe, sind alle unnötigen Gedanken verflogen. Ich bin völlig entspannt. Alle äußeren Dinge sind jetzt völlig unwichtig, und ich schlafe sofort ein. Die ganze Nacht über schlafe ich tief und fest. Mein Schlaf ist wunderbar erholsam. Morgens erwache ich ausgeruht und bin frisch und munter.*
- *Heute beginnt ein schöner Tag. Ich begrüße ihn mit Freude im Herzen. Ich freue mich auf meine Aufgaben und auf alles, was*

ich mit anderen Menschen erleben werde. Voller Harmonie und positiver Energie trete ich den anderen entgegen.

- *Ich ruhe in jedem Augenblick meines Lebens in meinem Selbst, beschirmt und gelenkt von der unendlichen Weisheit meines Unterbewußtseins. Weisheit ist meine bestimmende Lebenskraft, sie lehrt mich, mein Schicksal positiv und erfolgreich zu meistern. Ich bin ein außerordentlicher Erfolg.*

3. Suggestionen bei Depressionen, Angstgefühlen und Minderwertigkeitsgefühlen

- *Ich bin vollkommen ruhig. Vollkommene Harmonie durchströmt mich. Ich spüre die wunderbare Ausgeglichenheit meiner körperlichen und geistigen Kräfte. Harmonie durchströmt mein ganzes Sein. Positive Energie durchströmt meinen Körper und meinen Geist. Mein Kopf ist frei und klar. Mein Herz schlägt ruhig und gleichmäßig. Alle störenden Gedanken fallen von mir ab. Ich bin gesund, ich bin frei und klar. Die unendliche Weisheit meines Unterbewußtseins durchströmt mich und gibt mir Kraft und Sicherheit.*

- *Frei und gelöst trete ich anderen Menschen gegenüber. Ich kann ihnen offen ins Gesicht sehen und mitfühlend ihre Eigenarten erleben. Ich erlebe sie in innerer Harmonie, in vollkommener Harmonie. Ich bin sicher und voller Selbstvertrauen. Ich lebe mein Leben aus der unerschöpflichen Lebenskraft meines Unterbewußten. Ich bin harmonisch verbunden mit meiner höchsten geistigen Energie, die der Schöpfer mir in dieses Leben mitgab. Gott hilft mir und lenkt mich über die unendliche Weisheit meines göttlichen Wesens. Ich bin gerne mit anderen Menschen zusammen. Ich bin stark und selbstbewußt. Ich bin voller Selbstvertrauen und erfolgreich in allem meinem Tun.*

- *Jede Arbeit, jede Aufgabe, die ich zu bewältigen habe, gelingen mir leicht. Die unendliche Weisheit, die ich aus meinem Unbewußten schöpfe, macht mich sicher und frei. Ich lebe aus der Kraft meiner Mitte. Wunderbare Ruhe und Harmonie durchströmen mein ganzes Sein.*

4. Suggestion für Raucher

- *Tiefe Ruhe ist in mir. Harmonie durchströmt meinen Körper, Harmonie durchströmt mein ganzes Sein. Ich fühle mich durchströmt von tiefer Ruhe und Harmonie.*
- *Zigaretten sind für mich unwichtig geworden. Sie stören meine innere Harmonie. Mir ist Tabakqualm und Nikotingeruch nicht zuträglich, und ich meide Orte, an denen geraucht wird. Sie stören die Harmonie meiner Kräfte und schaden meiner Gesundheit.*
- *Alle Tabakwaren sind unangenehm, so daß ich keine Zigarette (Zigarre, Pfeife) mehr in den Mund nehmen will. Mein ganzes Wesen lehnt sich auf gegen diesen gräßlichen Geruch. Tabak ist für mich bedeutungslos geworden. Ich sehe ihn nicht mehr, auch wenn andere ihn in meiner Umgebung liegen lassen. Ich fühle mich unsagbar wohl in meiner inneren Harmonie. Rauch und Zigaretten sind eine Störung meines Wohlbefindens. Meine innere Ausgeglichenheit ist mir unendlich wichtiger als eine Zigarette. Zigaretten sind mir völlig gleichgültig.*
- *Ich fühle mich frei und gesund. Ich fühle mich tief befriedigt, wenn ich frische Luft in meine Lungen einfließen lasse. Zigarettenqualm ist lästig. Wenn ich an Rauchen denke, wird mir unangenehm zumute, und in mir steigt ein starkes Gefühl von Ablehnung auf. Ich rauche ab sofort nicht mehr. Wenn ich eine Zigarette nur an den Mund führe, revoltiert mein Magen.*

- *Ich ruhe in tiefer Harmonie und bin glücklich, durch nichts mehr in dieser Ausgeglichenheit und diesem Wohlbefinden gestört zu werden. Weil ich nicht mehr rauche, geht es mir jeden Tag in jeder Hinsicht besser und besser.*

Für fast jedes Ihrer persönlichen Anliegen werden Sie aus diesen Suggestionsbeispielen für sich eine Anregung entnehmen können. Ob Sie Eifersucht plagt oder Minderwertigkeitsgefühle, krankhafter Ehrgeiz oder eine körperliche Krankheit, es kommt sehr oft nur auf die rechte, positive Motivierung Ihres Unterbewußtseins an, um zufrieden, glücklich und gesund zu sein.

▶ Wenn du jeden Tag bemüht bist, herauszufinden, wie du jemandem eine Freude machen kannst, garantiere ich dir, daß wieder Sonnenschein in dein Leben zurückkehrt.

Gruppensuggestion

Viele können sich den praktischen Umgang mit Suggestionen nicht so recht vorstellen. In den Freundeskreisen für Positives Denken und besonders in meinen Seminaren werden deshalb mit der Suggestionsmethodik Gruppensuggestionen verwendet, um sich damit vertraut zu machen. Mit einer Suggestion im großen Zuhörerkreis wird außerdem eine viel einfachere und manchmal auch umfassendere Hilfe erzielt, als es in Einzelsitzungen der Fall ist. In der Gruppe verstärkt sich sogar die Kraft der Suggestion, weil sich der einzelne sicherer und unbeobachteter empfindet. In den USA werden Gruppensuggestionen deshalb oft im großen Stil angewandt; Heilungssitzungen oder Massengebete sind im Prinzip nichts anderes.

Alle unsere Probleme und Leiden entstehen eigentlich aus der gleichen Ursache: dem Verlust des Kontaktes zu unserem höheren Selbst, zu unserer Mitte. Stimmen wir uns auf die Uranliegen jedes einzelnen von uns ein, auf die Sehnsucht nach Gesundheit, Harmonie, Erfolg und Liebe, dann läßt sich damit alle menschliche Not aufheben.

In der Gruppentherapie ist deshalb die Suggestion zu einem sehr nützlichen therapeutischen Werkzeug geworden. Es ist gar nicht selten, daß sich danach Teilnehmer melden, die vorher bestehende Beschwerden verloren haben. Kopfschmerzen gehören am häufigsten dazu – kein Wunder, wenn vom Verstand beherrschte Menschen sich erstmals aus ihrer Kopflastigkeit befreien, sich tief entspannen und sich von ihrem Bewußtsein ihres höheren Selbst leiten lassen. Vieles Verkrampfte verliert sich, manchmal – bei rechter Einstimmung während der Sitzung – für immer.

▶ Die Erde kennt kein Leid, das sie nicht heilen könnte.

Geistig durch den Körper wandern

Gehen wir an die praktische Arbeit mit positiven Suggestionen zur Behandlung seelisch/körperlicher Beschwerden. Wir sollten wissen, daß jede autosuggestive Behandlung vom psychischen Kraftaufwand und Allgemeinzustand des einzelnen abhängig ist. Bringen Sie keine Kritik und Zweifel an Ihrem Handeln mit in Ihre Autosuggestionen ein, sie würden wirken wie Wasser im Tank Ihres Autos.

Übernehmen Sie wieder die Autorität in Ihrem Leben. Sie tragen ohnehin die Verantwortung für alles selbst, was Ihnen geschieht. Nehmen Sie sich deshalb zuallererst so an, wie Sie sind. Es gibt Situationen im Schicksal des einzelnen, in denen kein Arzt mehr helfen kann, die gar keine andere Chance mehr offenlassen, als damit zu beginnen, das Ruder seines Lebensschiffes selber in die Hand zu nehmen. Bleiben Sie deshalb mutig und sicher, denn Sie sind immer und ewig in höchster Obhut, die Ihnen die Kraft zum Überwinden auch der schwierigsten Situationen spendet. Wenn Sie das Vertrauen zu Ihrem göttlichen Kern behalten, dann ist das schon die halbe Strecke zu Ihrem Ziel.

Mit dieser Einstellung beginnen Sie jetzt ohne Medikamente und äußere Eingriffe Ihre körperlichen Schwächen im positivsten Sinne zu behandeln. Der Geist formt sich den Körper, und in diesem Sinne ist Ihr Körper ausgedrückter Geist. Jede Körperreaktion hängt also von Ihrer geistigen Einstellung, von der Qualität Ihrer Gedanken ab. Ihr körperliches »Befinden« ist Ausdruck Ihrer Gedanken, oder anders gesagt: Er ist der Spiegel Ihrer Seele.

Starten Sie zu einer positiven Reinigung Ihrer Körperfunktionen und kehren Sie zurück zu Gesundheit und Harmonie. Gleichgültig, um was es sich in Ihrem persönlichen Fall handelt, wenden Sie sich intensiv und konzentriert folgender Übung zu:

Ziehen Sie sich an einen stillen Ort zurück und machen Sie es sich bequem. Entspannen Sie sich so vollkommen, wie Sie es können. Beobachten Sie Ihre Muskeln. Alle Gedanken lassen Sie auf einer kleinen weißen Wolke davonfliegen. Sie lassen los, lassen geschehen; frei und froh entlassen Sie nun alles, was Sie eventuell stören könnte. Alle äußeren Geräusche sind unwichtig.

Leichtigkeit und wohlige Wärme ziehen in Arme und Beine, erfüllen den ganzen Körper. Atem und Herzschlag sind ruhig und gleichmäßig. Ihr Bewußtsein ruht nun in sich, das Sonnengeflecht ist strömend warm, Sie fühlen sich wohl und geborgen.

Vertiefen Sie sich so lange und ausgiebig in diese Gefühlslage, bis Sie die Wärme im Sonnengeflecht deutlich wahrnehmen können. Wahrscheinlich werden Sie noch nicht sofort alles praktisch umsetzen können. Es kann schon einige Tage oder auch länger dauern, bis Sie die einzelnen Empfindungsabläufe beherrschen.

Ihre Geduld bringt Ihnen jedoch den höchsten Lohn, den Sie je in Ihrem Leben für Ihren Arbeitseinsatz erhielten: Sie gewinnen die Autorität in Ihrem Leben zurück.

Jahrzehnte waren Sie Fremdsuggestionen ohnmächtig ausgeliefert, vielleicht hat es Sie Kraft und Gesundheit gekostet, weil Sie nicht wußten, wie Ihnen geschah. Jetzt lernen Sie umzuschalten, jetzt lernen Sie, Ihre seelische Batterie mit positivem Aufladen den guten Kräften des Kosmos zu öffnen. Ihr Körper wird an den großen unerschöpflichen Lebensgenerator angeschlossen. Sie werden mit ihm verbunden sein, solange Sie es wollen. Sie sollten sich bewußt sein, diesen Generator immer schon in sich zur Verfügung gehabt zu haben. Nun kann durch Ihre Gedanken der Kontakt hergestellt werden, damit Sie stark, frei und gesund sind.

Lassen Sie uns nun die autosuggestive Behandlung fortsetzen:

Sie liegen entspannt, strömend warm, sicher und in vollkommenem Frieden bequem auf einer Liege. Nun folgen Sie der Vorstellung, sich immer mehr von Ihrem normalen Tagesbewußtsein zu entfernen und tiefer und tiefer in sich hineinzusinken, der Mitte Ihres Selbst entgegen.

Stellen Sie sich vor, am oberen Rand einer Treppe zu stehen, die mit sieben Stufen in Ihre Mitte führt. Zählen Sie ganz langsam rückwärts von sieben bis eins und vollziehen Sie im Geiste Ihr Abwärtsschreiten. Mit jeder Stufe begeben Sie sich einen Schritt näher zu Ihrer Mitte. Sie haben jetzt das deutliche Gefühl, in Ihrer Mitte, in Ihrer »Heimat« angekommen zu sein.

In diesem Zustand beginnt der Hauptteil der Übung. Stellen Sie sich vor, Sie werden jetzt zu einem kleinen Lichtpunkt in der Mitte Ihrer Stirn. Wenn Sie es wollen, dann wandern Sie nun, die wohlige Wärme mitnehmend, durch Ihren ganzen Körper. Von Organ zu Organ gehen Sie auf eine Entdeckungsreise. Magen, Darm, Bauchspeicheldrüse, Leber, Galle, Nieren besuchen Sie als kleiner Lichtpunkt, verströmen Lebensenergie in jedes einzelne Organ, strahlen Licht zu jeder dunklen Stelle, bis alles hell und rein ist – und Sie sagen »danke« zu dem Organ, in dem Sie sich gerade befinden. Jeder Zelle danken Sie für die harmonische Zusammenarbeit, für die uneigennützige Liebe des Organs zum Ganzen, für das Miteinander im großen Chor der Gemeinschaft der Körperzellen.

Mit jeder Wiederholung dieser Übung werden Sie stärker und klarer das Gefühl erfahren, wie sich Verspannungen und Unstimmigkeiten aufzulösen beginnen.

Zur Beendigung Ihrer Übung sollten Sie nun den gleichen Weg zurück antreten, den Sie begonnen haben. Wandern Sie als strahlender Lichtpunkt wieder in die Mitte Ihrer Stirn, dort, wo Ihre Heimat in dieser Welt ist. Steigen Sie die Treppe jetzt von der ersten bis zur siebten Stufe ganz langsam im Geiste nach oben. Wenn Sie oben wieder angekommen sind, beenden Sie die Übung:

1. Meine Arme und Beine sind wieder frei und leicht.
2. Mein Körper ist frei und leicht, und ich drehe ihn zum Aufwachen einmal nach rechts und nach links.
3. Ich atme tief ein, strecke mich, schlage die Augen auf, bin wieder hellwach im Tagesbewußtsein und fühle mich wunderbar erfrischt und gestärkt.

Sie werden von der Wirkung dieser Meditation überrascht sein. Die geistige Kraft und Liebe, die Sie verströmen, wird sich in alles verwandeln, was Sie zum Leben brauchen. Ist es genau das, was Sie Ihrem Körper lange vorenthalten haben? Wenn Sie wieder auf die »Reise« gehen, dann verweilen Sie in jenen Organen oder Körperteilen am längsten, welche der Harmonie am meisten bedürfen. Wiederholen Sie diese Übung so oft, bis Sie deutlich spüren, daß Ihre »Werke« getan sind. Was Sie auf diese Weise geistig erleben, wird sich im Tagesbewußtsein manifestieren. Ihre Beschwerden lassen nach. Ihr Geist ist es, der den Körper geschaffen hat, und Ihr Geist heilt nun alle Wunden der Vergangenheit, weil Sie ihn darum gebeten haben.

Die heilsame Wirkung dieser Meditation hängt von ihrer Intensität ab. Je klarer und je lebensbejahender Ihre Vorstellung dabei ist, desto edler und wahrer werden Sie Ihre geistige und körperliche Harmonie neu erstehen lassen. Durch diese Arbeit an sich selbst werden Sie wieder zu Ihrem inneren Meister finden, und alles ist gut.

▶ Wer nichts zu tun hat, macht anderen Arbeit.

Bestimmen Sie Ihren Alltag selbst

Was wir mit der vorhergehenden Übung in unserem Körper erreichen können, wollen wir jetzt auch auf unsere Umwelt übertragen. Sind Sie Herr Ihrer Zeit? Gibt Ihnen Ihr Tagesverlauf, Ihre Tagesarbeit jene Befriedigung, die Sie sich erhoffen?

Es sind nicht die äußeren Umstände, von denen wir abhängig und getrieben werden. Erkennen wir: Unsere Wirklichkeit ist aus dem entstanden, was wir gedacht haben. Wir erleben heute, was wir gestern gedacht haben, und wir werden morgen erleben, was wir heute denken.

Sie sind geboren, um frei zu sein. Sich treiben lassen, sich von anderen seine Zeit bestimmen lassen heißt, in Abhängigkeit zu leben. Bestimmen Sie selbst, was Sie in Ihrem Leben er*leben* wollen. Bisher nahmen Sie viel zu viele äußere Einflüsse in Kauf und ließen sich von ihnen manipulieren. Gehen Sie davon aus, daß Sie nur einmal in diesem Körper sind, und leben Sie deshalb ganz Ihre Version, Ihre Vision von einem Leben in Frieden mit Gott und der Welt.

Der beste Weg, seine Ziele zu erreichen, ist eine klare Vorstellung, wie es sein sollte. Ein unerschütterliches Selbstvertrauen ist durch Positives Denken jedem möglich, wenn er es denn auch wirklich will. Wer leicht der Kritik anderer anheimfällt, wer sich allzuleicht Zweifel einpflanzen läßt, dessen Mißerfolg ist vorprogrammiert. Folgen Sie allein Ihren eigenen Eingebungen und Sehnsüchten – und entscheiden Sie sich jetzt für ein klares, harmonisches Leben. Bauen Sie sich mit positiven Suggestionen innere Klarheit auf, verschaffen Sie sich mit den unerschöpflichen Energien Ihres Unterbewußtseins ein Leben im Einklang mit der Schöpfung. Weil das Ihre Aufgabe ist!

Die größte Versicherung für Ihr Wohlergehen ist die Macht, die Sie geschaffen hat. Diese unerschöpfliche Quelle ist jederzeit für Sie da, wenn Sie ihrer bedürfen. Werden Sie sich der großen Bedeutung dieser Worte bewußt.

Prüfen Sie, ob Ihre Wunschvorstellung für die Zukunft richtig ist. Gibt Ihnen Ihre innere Stimme recht, können Sie vorbehaltlos ja zu Ihrem Leben sagen, dann imaginieren Sie weiter mit Ihrer bildhaften Vorstellung von Ihrem Ziel und identifizieren Sie sich damit so vollständig, daß es gar nicht mehr anders sein kann.

Sie leben von nun an mit der Idee Ihrer bereits verwirklichten Vorstellung. Der Volksmund sagt: Gehen Sie damit schwanger. Bereiten Sie sich auf die Geburt dessen vor, was Sie offenbaren wollen. Ganz gleich, welcher Art das Ziel auch sein mag, ob Sie in Ihrer Vision an einem Südseestrand liegen, sich mit dem ersehnten, passenden Lebenspartner zusammen sehen oder gesund und frei Dinge unternehmen, die Sie aufgrund augenblicklicher Gegebenheiten nicht schaffen, Sie *werden* den Erfolg Ihres immer kreativen Unterbewußtseins bald »am eigenen Leib« erleben.

Seit Jahrtausenden wandten Eingeweihte die Kunst der Imagination an. Medizinmänner Ostasiens, Afrikas und der Indianer Amerikas arbeiten noch heute mit dieser großen Macht. Jeder von uns hat die gleiche Fähigkeit, diese psychischen Vorgänge zum Erreichen eines Ziels in sich zu starten. Emile Coué sagte einmal: »Wenn ich denke, ich möchte etwas tun, kann es aber selber nicht ganz glauben, so werde ich um so weniger Erfolg haben, je mehr ich mich anstrenge.« Das innere *Gefühl*, etwas nicht leisten oder machen zu können, ist immer stärker als der Wille, etwas durchzusetzen. Stimmen Sie Ihr Gefühl von vornherein auf positive Zustimmung und Verwirklichung ein, dann haben Sie schon gewonnen. Wenn also Ihre Gefühle, Ihre Gedanken, Ihre Worte und Ihre Handlungen übereinstimmen, dann gibt es für Sie keine Grenzen, dann sind Sie so grenzenlos, wie der Schöpfer Sie gewollt hat.

▶ Glauben Sie nicht, daß sich etwas tut, ohne daß Sie etwas tun.

Geistige Kraft überwindet die Materie

Tausenden meiner Patienten gelang es, ihr Gefühl positiv zu verändern und die unendliche Weisheit ihres Unbewußten als den höchsten Maßstab in ihrem Leben anzuerkennen. Millionen Menschen in aller Welt wissen heute um die Macht des Unterbewußtseins. Jegliche Gründe für Geheimlehren sind aufgehoben, weil die Menschen unserer Zeit reif sind, sich ihren psychischen Energien zuzuwenden.

Es bereitet mir besondere Freude, einem skeptischen Akademiker mit meiner Art der Hypnosetherapie helfen zu können. Diese rationalen Denker sind meistens am weitesten von ihrer Kraftquelle entfernt. Darum ist es auch für mich ein Erfolgserlebnis, ihnen die Tür zum Unbewußten öffnen zu können und sie wieder zu verbinden mit sich, in sich und mit der Welt, wie der Schöpfer sie gemacht hat.

Letztes Jahr half ich einem Physikstudenten und angehenden Mathematiker, nicht nur sein Examen reibungslos und ohne Streß zu bestehen, sondern seine ganze Persönlichkeit auf eine feste, unerschütterliche Basis zu stellen. Hätte ich ihm vorher gesagt, wir würden dabei ähnlich vorgehen wie Voodoo-Heiler im brasilianischen Urwald, er hätte fluchtartig das Weite gesucht.

Er erhielt die bildhafte Vorstellung, sich von seinen Professoren und Kommilitonen zum Bestehen des Examens beglückwünscht zu sehen. Freudestrahlend erlebte er täglich diese Szene mit dem beruhigenden Hintergrundgefühl, besonders in den Wissensgebieten befragt zu werden, auf die er sich gut vorbereitet hatte. Er erlebte seine Prüfung im Geiste, wie er es sich vorgestellt hatte, und dann noch einmal in gleicher Weise in der Realität.

Gehen Sie auch den Weg aktiver Imagination. Setzen Sie sich in einer ruhigen Stunde in Ihre Lieblingsecke und überlassen Sie sich Ihren konstruktiven Träumen. In diesem Sinne sollten Sie von Ihrem Leben träumen, um dann Ihren Traum zu leben. Folgen Sie in Ihrer Imagination den Spuren Ihrer Sehnsucht, damit Ihr größter Herzenswunsch in Erfüllung gehen kann!

Aus diesem inneren Bild, das klar und plastisch vor Ihnen stehen sollte, erschaffen Sie mit Ihrer Vision Ihre neue Wirklichkeit. Sie »sehen« sich inmitten der gewünschten Situation, Sie erleben sie geistig, plastisch vor Ihrem inneren Auge – und es wird bald schon Realität sein, was Sie sehen. Was Sie sich bildhaft in Trance »*einbilden*«, womit Sie sich beeindrucken, das wird »*ausgebildet*« und muß zum *Ausdruck* kommen. Sie sollten zutiefst davon überzeugt sein, daß Ihr Unterbewußtsein in seiner unendlichen Intelligenz damit beschäftigt ist, das Bild Ihrer Träume zu verwirklichen.

Der bekannte Psychologe Carl Gustav Jung wurde einmal gefragt, ob er denn an diese Fähigkeiten des Menschen glaube. Er antwortete: »*Ich glaube nicht nur daran, ich weiß!*«

Für uns sei es wichtig zu lernen, das Unterbewußtsein für das

Erreichen unserer Ziele zu aktivieren. Das erklärte schon in den frühen Sechzigern der Vater des Positiven Denkens, Dr. Joseph Murphy. Ich lernte von ihm das Übertragen suggestiver Vorstellungen während meiner Vorträge und konnte es an meine Therapeuten weitergeben. Es ist eine Frage der Konzentration und eines inneren Wissens, im wahrsten Sinne überzeugend zu sein!

Dr. Murphy berichtet davon, wie er über eine große Distanz mit der »Macht« zu heilen vermochte.

Sein größtes persönliches Erlebnis hatte er vor vielen Jahren mit seiner Schwester Katherina. Von England aus, als sie zu einer Gallenoperation ins Krankenhaus sollte, bat sie ihn in Kalifornien um seine Hilfe. Ohne einen Gedanken an ihre Krankheitssymptome zu verschwenden, vergegenwärtigte sich Dr. Murphy mehrmals täglich folgende Situation, wie er es auch in seinem Buch »Die Macht Ihres Unterbewußtseins« beschrieben hat:

»Dieser Wunsch ist für meine Schwester Katherina. Sie ist völlig entspannt, im Frieden mit sich und der Welt, ausgeglichen, voller Ruhe und Heiterkeit. Die heilbringende Weisheit ihres Unterbewußtseins, die ihren Körper schuf, verwandelt in diesem Augenblick jede Zelle, jeden Nerv, jedes Gewebe, jeden Muskel und bringt jedes Atom ihres Organismus wieder in Übereinstimmung mit dem vollkommenen Muster und Vorbild, das in ihrem Unterbewußtsein aufbewahrt ist. In aller Stille wird alle negative Voreingenommenheit in ihrem Unterbewußtsein aufgelöst, und die Vitalität, Ganzheit und Schönheit des Lebensprinzips durchdringen ihren Körper, ihre Seele und ihren Geist. Ihr Sein und Wesen stehen nun weit offen für die Ströme heilender Kraft, die ihren ganzen Organismus durchfluten und ihr von neuem Gesundheit, Harmonie und Frieden schenken. Alle abträglichen Gedanken und Vorstellungen werden jetzt in der unendlichen Strömung der Liebe und des Friedens getilgt. So ist es.«

Zwei Wochen darauf staunten die Ärzte über Katherinas unerklärliche Heilung. Auch auf dem Röntgenbild zeigte sich kein

Anlaß mehr für eine Operation. Für mich ist dies der schönste Beweis für die Kraft unserer Gedanken.

Wer könnte damit zufrieden sein, einem leidgeprüften Menschen mit rationaler Logik helfen zu wollen, wenn geistige Wege ihm hoffnungsvollere Möglichkeiten weisen? Unsere Wissenschaftler stehen mit ihrem Denken vielen geheimnisvoll erscheinenden Geschehnissen hilflos gegenüber, die sich ganz einfach durch Suggestionstechnik erklären lassen.

Eines der phänomenalsten Beispiele für die Macht in uns konnten wir vor einiger Zeit am Fernsehschirm miterleben. Englische Ärzte hatten in Thailand einen Film über einen Weisen gedreht, der sich vor ihren Augen von zwei frischgefangenen Mambas beißen ließ. Kein Europäer würde auch nur den Biß einer dieser Schlangen überleben. Der Mann aber setzte sich an einen schattigen Platz und versetzte sich in einen tiefen Trancezustand, in dem er schweißüberströmt stundenlang verharrte. Nach circa sechs Stunden, in denen die Mediziner ihn keine Sekunde aus den Augen ließen, stand er auf, als ob nichts gewesen wäre. Ohne Serumspritze oder irgendein äußeres Hilfsmittel hatte er die eigentlich tödliche Giftdosis neutralisiert und die Tortur gesund überstanden.

Es ist eine wunderbare Demonstration jener Macht in uns, bei der der Yogi alleine mit geistiger Kraft die tödlichen Giftstoffe unbeschadet wieder aus seinem Körper entfernte beziehungsweise neutralisierte.

Sind Ihre eigenen Probleme nicht relativ harmlos und auch weniger bedrohlich als in diesem Beispiel der »Angriff« auf das Leben eines Menschen? Messen Sie sich nicht an der Sensation, aber stärken Sie Ihren Mut, Ihr unumstößliches Wissen, daß Sie (fast) alles mit positiven Suggestionen zu Ihrem Besten wenden können. Beginnen Sie mit kleinen Schritten. Sie werden sehr schnell die hochinteressante Erfahrung machen, in sich selbst wundersame Fähigkeiten zu wecken.

Übergewichtige können besonders schnell sichtbare Erfolge durch Autosuggestionen erreichen. Meistens sind Streß und Frust der Hintergrund für Übergewicht. Wenn es Ihnen auch so wie fast der Hälfte der Bevölkerung geht, dann wählen Sie folgende Suggestion:

»Ich bin in vollkommener Ruhe und Harmonie. Ich esse ab sofort weniger und fühle mich dabei wohl und zufrieden. Mein Appetit ist normal, und ich bin bei jeder Mahlzeit schnell gesättigt. Nach dem Abendessen gehe ich zufrieden ins Bett, schlafe tief und fest. Ich sehe vor meinem inneren Auge, wie ich schlank und rank bin. Ich fühle mich wohl und frisch. Das Abnehmen vitalisiert mich und erleichtert alle meine organischen Funktionen. Mein Idealgewicht erreiche ich ohne Mühe, und ich bin um Jahre verjüngt.«

Wenn Sie diese gedankliche Vorstellung täglich durchleben und richtig erfühlen, wie sich Ihr Körper danach richtet, dann haben Sie nach einer Woche die ersten meßbaren Resultate. Die Waage zeigt ein bis zwei Kilogramm weniger an, und Sie werden kontinuierlich schlanker.

Wie bedeutend Gefühle in der Suggestionstherapie zum Erreichen unserer Vorstellung mitwirken, erlebte ich bei einem männlichen Patienten. Aufgrund verschiedener körperlicher Unstimmigkeiten an Herz und Nieren hatte ich dem kugelrunden Mann mit seinen 120 kg neben den Suggestionen zur Abnahme die Haysche Trennkost für seine Ernährung vorgeschlagen.

Danach trennt man alle Kohlenhydrate (Mehl, Reis, Kartoffeln, Nudeln) vom tierischen Eiweiß. Nur Gemüse, Obst und Milcheiweiß dürfen zu beiden Nahrungsmitteln gegessen werden. Man ißt also Schnitzel mit Gemüse *oder* Kartoffeln mit Gemüse. Zucker, Kaffee, Tee und Alkohol sollten möglichst gemieden werden. Diese Ernährungsform, die über einige Monate ausgedehnt werden soll, hat den Vorteil, den Körper ohne besondere Einschränkung zu entsäuern. Alle Schlacken und Fettpolster, die wir mit unserer einseitigen Nahrungszusammenstellung in uns ansammeln, können so leichter abgebaut werden. Vom Rheuma bis zur Schrumpfniere bereinigt nach Dr. Hay der Körper bei dieser Entlastung durch Trennkost viele Störungen – und das Gewicht pendelt sich auf den Normalzustand ein.

Mein Patient, der mit der Vorstellung zu mir gekommen war, von seinen 120 kg nur herunterzukommen, wenn er in harter Disziplin leiden würde, glaubte eine heroische Tat vollbringen zu müssen, um zu seinem Ziel zu gelangen. Nachdem ihn die Suggestionen bereits seelisch unterstützten, verlangte seine Meinung vom Leid des Abnehmens stärkere Methoden.

So setzte ich ihn für kürzere Intervalle auf Nulldät – für viele eine Lieblingsform, ihr Gewicht zu reduzieren. Er wollte leiden, und so war es dann auch. Nulldiät ist zwar bei richtiger Anwendung einfach und angenehm, aber Herr S. hatte sie unter die Rubrik »Martyrium« eingereiht. So litt er denn Kilo für Kilo seinem Ziel entgegen und war es zufrieden!

▶ Wer stets zu den Sternen aufblickt, wird bald auf der Nase liegen.

Suggestionen der Gesellschaft

Wer sein Leben mit dem in diesem Buch beschriebenen Positiven Denken selbst in die Hand nimmt, kann sich alsbald den suggestiven Absichten der Umwelt entziehen.

Nehmen wir die Politik als Beispiel. Sie ist ein unübersehbares Feld für Suggestionen, für Vorstellungen, die uns von Machtgruppen als erstrebenswert verkauft werden.

In der Politik und in der Wirtschaft ist die Liebe zum Leben durch den Verstand und durch das Streben nach Besitz ersetzt.

Der Politiker denkt stets in Konfrontation und Machtentfaltung. Wer aber Wind sät, der wird Sturm ernten. Wenn Sie am Ende dieses Buches gelernt haben, Harmonie zu säen, dann ernten Sie Liebe. In dem Punkt stimme ich völlig mit Maharishi Mahesh Yogi überein, der sagt, schon wenn ein bis zwei Prozent der Bevölkerung in einer Stadt meditieren, mindere das die Aggressionen und Gewalttaten um zehn bis fünfzehn Prozent. Positives Denken schafft genau diese Veränderung sowohl bei Ihnen als auch im Land! Wer meditiert, wer seine Gedanken im Zaum hat, der hat alle Voraussetzungen, auch seines Glückes Schmied zu sein.

Machen Sie den Anfang, die Sonne stärker scheinen zu lassen, damit Sie im Licht Ihrer göttlichen Erscheinung zutage treten!

Erinnern Sie sich noch an den Satz von Coué, der besagt: Das innere Gefühl, etwas nicht leisten zu können, ist immer stärker als unser Wille. Lassen Sie deshalb Ihrer Sehnsucht nach einem besseren und harmonischeren Leben freien Lauf. Träumen Sie den Traum Ihres Lebens, damit er in Erfüllung geht. Beginnen Sie damit als erstes in Ihrer Vorstellung, frei und harmonisch zu sein. Diese Vorstellung wird Ihnen zur mächtigen Hilfe gegen alle Negativität. Sie werden schon bald frei sein von Abhängigkeiten aller Art und ablassen von der Meinung, wer oder was alles zu Ihrem Unglück beigetragen hat.

Liebe und Harmonie bringen Sie in Einklang mit Ihrem höheren Selbst. Sie widmen sich damit der größten Lebensaufgabe, die uns irdischen Wesen gestellt ist. Wieder eins zu werden mit unserer göttlichen Existenz ist vergleichbar mit dem Eingehen ins Paradies. Der menschliche Erfolg, den Sie mit der Macht in Ihnen erringen werden, stellt alles in den Schatten, was Sie sich bisher vom Leben erträumten. Mit den kosmischen Kräften in Harmonie zu leben bedeutet, gesund zu sein an Körper, Geist und Seele und frei zu leben in einer schönen und lebenswerten Welt. Die erwachende Freude am Leben ersetzt den Beschaffungsstreß und das allzu egoistische Festhalten an materialistischen Wertevorstellungen. Alles Notwendige fällt Ihnen fast wie von alleine zu, wenn Sie sich die Kräfte Ihres Unterbewußtseins erschließen. Die Fülle des Lebens steht Ihnen offen, wenn Sie bereit sind. Sind Sie es?

Wenn Sie nun aus dieser neugewonnenen inneren Ruhe und Klarheit das äußere Geschehen mit mehr Anteilnahme betrachten, dann können Sie erkennen, wie sehr Sie sich eventuell bisher vom Strudel negativer Gedanken mitreißen ließen. Wie oft schon haben Sie Ihre Autorität an fremde Menschen verschenkt, wie oft schon haben Sie nicht von sich aus gehandelt, sondern wurden Opfer Ihrer Unbewußtheit? Machtbeflissene und geheime Verführer fanden Ihr Ohr und benutzten Sie für ihre Zwecke. Plötzlich erfassen Sie ganz klar, daß die größten politischen Probleme, die Sie täglich den Nachrichten entnehmen und die gerade jetzt zu Beginn des neuen Jahrtausends einem Höhepunkt zuzustreben scheinen, nur negative »hausgemachte« Vorstellungen sind. Machtinteressengruppen spielen ein Spiel mit der Angst, die von unseren politischen Lenkern geschürt wird. Ein Mensch, der Angst hat, ist leichter zu dirigieren; er ist schneller zu überzeugen, eine bestimmte Partei zu wählen, wenn sie ihm verspricht, die Bedrohung abzuwenden.

Wir können unser Bewußtsein zur Harmonisierung unserer eigenen und unser aller Lebensumstände ändern. Fragen Sie irgendeinen Weisen dieser Welt; er wird Ihnen bestätigen, daß Sie mit dem Verströmen von Liebe und Harmonie auf Ihre Umwelt den größten und einzig wirksamen Beitrag zu einer friedlichen Welt leisten können. Sehr einfache positive Vorstellungen werden die Problematik, in die sich der Verstand verstrickt hat, für immer lösen. Nehmen Sie sich diese Erkenntnis zu Herzen. Sie haben es selbst in der Hand, Ihre alten, angstbesetzten Vorstellungen, die Ihnen nur Verdruß, Leid und Krankheiten brachten, durch neue positive Leitbilder zu ersetzen. Sie vertrauen sich damit Ihren Seelenkräften an – damit sich Ihre Träume erfüllen und Sie Ihre Ziele erreichen.

▶ Nur zwei Dinge behalten die Menschen für sich: ihr Alter und das, was sie nicht wissen.

Das Geheimnis des Erfolgs

Unter Ihren Bekannten sind sicher einige, die ein festumrissenes Ziel vor Augen haben. Geradezu wild entschlossen verfolgen sie bestimmte Aufgaben oder Hobbys und erreichen dabei auch Beachtliches. Diese Mitmenschen haben bereits unbewußt ihre Kraftzentrale Unterbewußtsein eingesetzt. Ihnen ist eine bestimmte gedankliche Vorstellung zur Suggestion geworden, und sie setzen alles in Bewegung, um diese auch zu realisieren. Wie oft bewundern Sie an ihnen ihre Ausdauer und Geduld? Nehmen Sie sich solche Personen als Vorbild, Sie können von ihnen lernen. Beginnen Sie damit, Ihr eigenes psychisches Potential zur Erfüllung Ihrer Sehnsüchte auf Ihre persönlichen Vorstellungen einzustimmen. Ob Sie eine Krankheit beenden oder den Hund Ihres Nachbarn – mit Liebe – zum Schweigen bringen wollen, alles Positive wird sich verwirklichen. Ich meine wirklich *alles,* wenn Sie die von mir beschriebenen ewigen Wahrheiten zu nutzen verstehen.

Sie wünschen positive Resonanz für Ihre Erfolge im Positiven Denken? Wer sich mit der Wirkung positiver Gedanken beschäftigt, der braucht nur seine Familie, seine Freunde und Bekannten zu beobachten. Es dauert nicht lange, bis die ersten Fragen kommen. Ganz schnell erfahren Sie, wie Sie bisher von Ihren Mitmenschen eingeschätzt wurden. Zögern Sie also keine Minute, von jetzt an Ihre liebevollere Seite zu entwickeln. Beginnen Sie im Kleinen – aber beginnen Sie jetzt und hier. Jeder hat die Zeit, diese bedeutungsvolle Arbeit an sich selber zu tun. Überlegen Sie, wieviel Zeit Sie Ihren alten Vorstellungen bisher gewidmet haben. Wieviel Zeit haben Sie bei Ärzten in Wartezimmern wegen irgendwelcher »Wehwehchen« verbracht?

Nichts sei gegen die Zusammenkunft mit guten Freunden gesagt, aber suchen Sie sich einen Kreis, in dem Sie über das, was Sie bewegt, sprechen können. Denken Sie daran, so manches Kaffeekränzchen, so mancher Stammtisch ist im übertragenen Sinne eine »Infektionsstätte« für negative Gedanken. Überlegen Sie nur einmal, welches Energiepotential Sie eventuell vergeudeten, indem Sie Unnötiges gesagt und getan haben, um dann für die wichtigen Dinge keine Zeit mehr aufzubringen.

Sie werden mit Sicherheit wie von allein neue Bekannte und Gleichgesinnte finden, wenn Sie sich ab sofort auf Ihren Weg zu sich selbst begeben. Sie sammeln so viel neues Selbstbewußtsein, daß Sie alles, was Sie für richtig empfinden und was Sie für bedeutsam ansehen, aus eigener Entscheidung auch zur Erfüllung bringen können. Es ist nicht wichtig, daß Sie im Augenblick außer Ihren Gedanken noch etwas ändern. Positive Suggestionen werden in Kürze ganz von allein ihre Werke tun! Hier nun die erste und wichtigste Suggestion, die Sie sich für den Beginn vornehmen sollten:

»Jeden Tag beginne ich mit einer fröhlichen Einstellung zu mir und allem, was mir begegnet. Ich tue alles mit Freude und inniglicher Hingabe. Meine Gedanken richten sich stets auf das Gute im Jetzt. Bei all meinem Tun bin ich bewußt und konzentriert. Friede ist in meinem Herzen und meinem Geist. Ich bin eine starke positive Persönlichkeit, erfolgreich in meinem Beruf und in der Gesellschaft.«

So einfach diese Worte sind, so widersprechen sie (noch) unserer täglichen Realität. Mit dem Blick auf das, was Sie wollen, auf das für Sie Wesentliche, nehmen Sie den ersten Schritt zu Ihrer Veränderung vor. Alle nervösen Gedanken versiegen, wenn Sie entdecken, wie viele unnötige Handlungen Sie früher automatisch vollzogen haben und wie Sie von nun an fast ein Drittel Ihrer Lebenszeit durch Zielstrebigkeit sparen können. Lassen Sie alte zeitraubende Gewohnheiten los – und die Hektik in Ihrem Dasein endet dort, wo Ihr innerer Friede beginnt.

Nach diesem erfolgreichen Beginn schaffen Sie sich nun im Laufe der Zeit für Ihre wichtigsten Anliegen eigene Suggestionen, die Ihr gesamtes Leben umformen werden. Immer stärker werden Sie Ihr inneres »Wachsen« spüren, und so werden Sie auch jeder Herausforderung gewachsen sein.

Wenn Sie einen Grippekranken besuchen, dann spüren Sie, wie Ihre strahlende Lebensenergie derartige Krankheiten gar nicht mehr an Sie heranläßt und wie Sie, anstatt sich von ihm anstecken zu lassen, auf ihn ansteckend wirken, nämlich indem Sie dem anderen Genesung bringen. Haben Sie eine wichtige Besprechung, dann gehen Sie in Harmonie mit Ihrem Selbst dorthin und lassen die Wahrheit Ihrer Argumente für sich selbst sprechen. Stellen Sie sich vor, was Sie wollen, entscheiden Sie, was Sie bei diesem Gespräch erreichen wollen, damit ist bereits alles entschieden. Ihre innere Ruhe und Ausgeglichenheit, zusammen mit der Kraftzentrale in Ihnen, haben schon alles zu Ihren Gunsten in die Wege geleitet. Die folgende Suggestionsformel ist eine ausgezeichnete und für alle erdenklichen Fälle ausreichende Stütze Ihres Selbstbewußtseins:

»In mir sind vollkommene Ruhe und Harmonie. Ich vertraue jeden Augenblick meines Lebens der unendlichen Weisheit meines Unterbewußtseins. Was immer die beste Entscheidung für mich ist, sie wird jetzt meine Situation zum Besten wenden. Ich handle sicher aus der Kraft meiner Mitte.

Ich strahle Ruhe und Liebe auf meine Mitmenschen aus. Ich danke dem Schöpfer, mich klar und frei gemacht zu haben. Ich bin gesund und erfolgreich auf dem Weg zu einem immer vollkommeneren Leben.«

Wenn Ihnen das eine oder andere Wort fremd oder ungewöhnlich erscheint, dann feilen Sie am Text ganz nach Ihren persönlichen Empfindungen, bringen Sie aber keine negativen Aussagen hinein. Setzen Sie sich ganz einfach über alles hinweg, was Sie nicht mehr machen oder erleben wollen. Nehmen Sie neue, positive Vorstellungen als reale Gegebenheiten, so, als ob Sie nie anders gedacht hätten, und es wird sein!

Sollten Sie einmal daran zweifeln, ob Sie positive, aufbauende Gedanken gewählt haben und ob Sie mit Ihren Affirmationen auch tatsächlich Ihre Probleme auflösen können, dann fragen Sie sich selbst: *»Bringen mir meine Vorstellungen Gesundheit, Harmonie, Liebe, Erfolg?«* Ihre innere Stimme gibt Ihnen in jedem Fall die richtige Antwort.

Suggestionen, die Sie Jahrzehnte benutzten, sind durch ständige Wiederholung zu fixen Werten geworden. Ganz selbstverständlich setzt Ihr höheres Selbst seine potentielle Macht dafür ein, Ihre vorgedachte Lebensvision zu verwirklichen. Sie können die Kraftzentrale in sich umprogrammieren und sich schon jetzt auf viele neue und liebenswerte Ereignisse freuen. Vielleicht geht es Ihnen wie einem meiner Seminarteilnehmer, der protestierte, indem er sagte: »Bis heute ärgerte ich mich über jede Fliege an der Wand – und jetzt soll ich sie lieben?«

Lieben Sie zuerst sich selbst. Zum Aufräumen braucht man Zeit. Was wir uns in Jahrzehnten angewöhnt haben, ist nicht an einem Tag zu beenden. Natürlich können Sie nicht mit einem Schlag Ihre Probleme beseitigen, aber Sie können sehr wohl jetzt damit beginnen, indem Sie eine neue Richtung wählen. Wählen Sie, was Ihnen dienen soll! Der Weg ist das Ziel, sagen die Buddhisten. Sie meinen damit, daß man den Fort-Schritt nur erreichen kann, wenn man auch wirklich den ersten Schritt unternimmt, um sich auf den Weg zur Selbstverwirklichung zu begeben. Deshalb entscheiden Sie, wohin der Weg führen soll.

Beim Positiven Denken wählen Sie und dann überlassen Sie

sich Ihrem Unterbewußtsein. Ihr Leben ändert sich dann wie von allein. Die Taoisten sagen mit ihrem *Wu-Wei*, daß Sie mit der Energie gehen sollten, lernen Sie zu handeln durch Nichthandeln. Ihre innere Führung leitet Sie und wird Ihnen immer den besten Weg zur Erfüllung Ihrer Wünsche weisen. Das allmähliche Durchforsten Ihrer Psyche unternimmt das Unterbewußtsein von sich aus, weil es aufgrund der positiven Einstimmung dem negativen Auftragsbestand ganz sicher die »Lizenz« entzieht. Es ist, als würden Sie in ein anderes Zimmer gehen und das Licht einschalten, während es im verlassenen Raum ausgeht.

»Ich kann es mit meinem Verstand kaum fassen«, meinte eine in drei Wochen bei mir zu Selbstbewußtsein und Lebensmut gelangte Patientin, *»daß ich mit der Einstellung auf Liebe und Harmonie in mir mein Leben so wandeln konnte.«*

»Denken Sie gar nicht erst darüber nach«, erwiderte ich, »der Intellekt hat Sie lange genug von Gesundheit und Erfolg abgehalten. Leben Sie im Jetzt mit Ihrer positiven Grundeinstellung, dann bleiben ›Probleme‹ weitgehend nur Dinge, die Sie bei anderen beseitigen werden!«

▶ Die Sehnsucht nach Erkenntnis ist des Lebens Gebot.

Frische Programmierung für Ihr Unterbewußtsein

Die Fülle der faszinierenden Möglichkeiten zur Lebensverbesserung durch diese Arbeit an sich selbst, die ich Ihnen bisher aufgezählt habe, enthielt keinen einzigen Hinweis auf eventuell schädliche Folgen. Ganz einfach, es gibt keine! Positive Suggestionen führen zum guten, zum harmonischen Teil des Lebens. Positives Denken leitet Sie auf die gottgewollte Ebene zu höherer Vollkommenheit, die Ihrem Wesen und dem Sinn Ihres Daseins entspricht.

Manche orthodoxen Wissenschaftler stellen es heute noch so dar, als ob die Kraft, die hinter einem Symptom steckt, etwa einem Waschzwang, einem nervösen Tick oder Asthma, sich einen neuen Weg im Körper suchen würde, wenn eine Suggestion ihre weitere Entfaltung verhindern soll. Diese falsche Vorstellung haben wir zum Teil Sigmund Freud zu verdanken, der in der Frühzeit seiner Hypnosestudien zu der Annahme kam, durch Suggestionen würden alte Prägungen, die sich im Unterbewußtsein eingenistet haben, nur verdrängt. Er glaubte, sie würden sich in anderen körperlichen oder seelischen Feldern dann erneut manifestieren. Das kann sehr wohl geschehen, aber nur bei der schulmedizinischen Behandlung von Symptomen. Es gibt in der Tat auch unqualifizierte Hypnosetherapeuten, die mittels Wörtern symptomatisch vorgehen. Aber lesen Sie dazu mehr im Kapitel über Hypnose.

Ich bin es gewöhnt, von manchen meiner Patienten im Erstgespräch von jahrelangen Irrfahrten durch Krankenhäuser, Sanatorien und Arztpraxen zu hören. Die äußeren Symptome wurden behandelt, aber die Ursache, ihre Ängste im Unterbewußtsein, interessierte niemanden. So konnte die vermeintliche Krankheit, also die negative Vorstellung, wandern, sie wurde »verdrängt«, aber niemals beseitigt.

Für die verschiedenen Ebenen des Unterbewußtseins gilt das Gesetz der überlegenen Idee. Schon vor hundert Jahren stellte es der französische Suggestionsforscher Emile Coué auf. Danach ist jeder Gedanke bestrebt, sich in die Realität umzusetzen, und der stärkere Impuls hebt jeweils den schwächeren auf. Von der Art unserer Suggestionen hängt es also ab, was wir erleben. Bessere, stärkere und positive Suggestionen *ersetzen* jene Vorstellungen, die uns schwächen und dann dadurch Fehler und Krankheiten verursachen. Meine Therapeuten verdrängen nichts, sondern entwickeln eine neue, bessere Qualität für Ihr Dasein. Das Alte geht, damit das Neue kommen kann.

Versuchen Sie einmal, die Vielfalt gefühlsbetonter Engramme (Erinnerungsbilder) aufzuspüren, die Ihr Unterbewußtsein zu verwalten hat. Betrachten Sie nur einmal die vielen Vorurteile, die in jedem von uns einen festen Platz gefunden haben. Hinter den in der Öffentlichkeit vorrangig verbreiteten Leitbildern stecken immer wieder pauschal übernommene Urteile. Wenn Sie davon einen großen Teil durch eine positive Lebenseinstellung ersetzen, dann gewinnen Sie bereits sehr viel an innerer Freiheit.

▶ Für Können gibt es nur einen Beweis: das Handeln.

Die tägliche Übung

Wer mit Autosuggestionen arbeitet, sollte geduldig sein, der sollte auch von der Krise wissen, die einem die lieben alten Gewohnheiten nach einigen Wochen bereiten können. Die Macht der Gewohnheit hat einen starken Einfluß auf uns, der erst einmal überwunden werden will. Wer wird aber in ein Paar alte, drückende Stiefel steigen, wenn ein neues Schuhwerk ihm wundersame Freiheit im Gehen beschert?

Wenn Sie Ihre Entspannungsform gefunden haben, ziehen Sie sich jeden Tag drei- bis viermal zurück – das geht sogar, wenn Sie in einem Betrieb arbeiten. Lesen Sie sich eventuell einen vorbereiteten Text leise vor. Nach einiger Zeit kennen Sie die Suggestionsformeln auswendig, und Sie wiederholen sie lautlos, mit geschlossenen Augen. Dazu benötigen Sie nicht mehr als drei bis fünf Minuten. Die wohltuende, belebende Kraft, die von diesen Augenblicken auf Sie übergeht, läßt Sie sehr schnell diese kleine Unterbrechung Ihres Tagesablaufes nicht als Mühe, sondern als belebendes Moment ansehen.

Wer das autogene Training beherrscht, erlernt dabei wahrscheinlich auch die »Kutscherhaltung«, ein legeres Sitzen mit aufgestützten Ellenbogen auf den Knien, in der man sich nach einigem Üben innerhalb von zehn Sekunden (an einem ruhigen Ort) völlig entspannen kann. Sie sind bald schon unabhängig von äußeren Bedingungen – und werden in Ihrer Ruhe und Konzentration, die Sie von nun an zeigen, anderen ein Vorbild sein.

Die wichtigste tägliche Übung heben Sie sich allerdings für zu Hause auf. Am besten abends vor dem Einschlafen, wenn das Tagesgeschehen verabschiedet ist und der Körper sich auf die Nachtruhe vorbereitet, sollten Sie Ihre intensivste »Versenkung« beginnen. Das Tor Ihres Unterbewußtseins öffnet sich, um Ihre Suggestionen aufzunehmen. Suggestionen, die auf den vier Sehnsüchten nach Gesundheit, Harmonie, Liebe und Erfolg aufbauen, haben den Charakter eines Gebets. Sie nähern sich damit Ihrem göttlichen Selbst, Ihrem gottgegebenen Kern, und erfüllen damit die Aufgabe, die den Sinn Ihres Lebens ausmacht. Eins zu sein mit unserem geistigen Zentrum ist unser aller Weg. Formen Sie sich aus dem, was Sie denken, und Sie sind angekommen.

Wer sich diesem Training täglich widmet, der benötigt immer weniger Hilfe von außen oder von anderen Menschen. Wenn andere zum Arzt laufen und sich gegen die kleinen Alltagsbeschwerden Medikamente verschreiben lassen, sammeln Sie statt dessen eigene Energie in Ihrer Tiefe und lösen aus eigener Kraft alles Unerwünschte auf. Je tiefer Sie in meine Philosophie vom Positiven Denken eindringen, um so mehr fühlen Sie deutlich, daß alle Kraft zur Lebensmeisterung in Ihnen selbst ist. Was von nun an vor sich geht, ist jener Prozeß des Selbst-bewußt-werdens, den östliche Meister als höchsten menschlichen Reifezustand bezeichnen und der uns auch als Erleuchtung bekannt ist.

Das Positive Denken gehört zu einem glücklichen Leben wie die Luft, die Sie zum Atmen brauchen. Gute Gedanken sind belebende Kräfte, die wie Samen aus unserem Garten Eden hervorsprießen. Alles hängt von Ihnen ab, deshalb schaffen Sie sich mit neuen Gedanken einen neuen Himmel, denn damit erschaffen Sie sich eine neue Erde!

Haben Sie eine gleichgültige Einstellung zu Ihrem wichtigsten Anliegen, zu Ihrem Glücks- und Erfolgsstreben, dann schaltet auch das Unterbewußtsein auf sparsamen Krafteinsatz, es folgt Ihren Gedankenimpulsen.

Deshalb ist Konsequenz im Positiven Denken wichtig. Es gibt kein Versteckspiel, jedem Menschen können Sie an der Nasenspitze ansehen, ob sein Unterbewußtsein ausreichend mit positiven Suggestionen erfüllt ist oder nicht. Nach kurzer eigener Trainingszeit werden Sie emphatisch, das heißt einfühlsam. Sie spüren die seelischen Bewegungen auch in allen anderen Wesen viel deutlicher, als es andere vermögen. Sie haben sich nicht nur selbst zu einem vollkommeneren Leben entschlossen, Sie erfahren auch Ihre Umwelt in neuer Qualität. Die Methode, der Sie sich in diesem Buch bedienen, läßt Ihr Unterbewußtsein Ihren Zielen dienen. Ihr Erfolg liegt in dem steten, beharrlichen Interesse an allem, was Ihr Leben zum Guten wendet.

4. Die Hypnose als Suggestionsverstärker

Einleitung

» Geschichte:
Die Hypnose ist eines der ältesten Heilverfahren. Darstellungen einer Hypnosesitzung fanden sich aus einer Zeit um 6000 Jahre vor unserer Zeitrechnung in Ägypten und Babylon, und der erste schriftliche Bericht ist bereits 4000 Jahre alt. Hypnosetechniken spielten in der Kunst des Heilens immer eine Rolle.

Idee und Erklärung der Wirkung:
Hypnotisieren bedeutet, mittels Sinnesreizen eine spezifisch veränderte Bewußtseinslage herbeizuführen. Dazu dienen einfache, erlernbare Techniken. Während der Hypnose normalisieren sich Blutdruck, Herzleistung, Kreislauf und Stoffwechsel und das vegetative Nervensystem. Atem und Darmtätigkeit verlangsamen sich. Nach der Hypnose erscheint die Zeit wie im Zeitraffer vergangen.

In der Hypnose ist die Aufmerksamkeit gefangengenommen wie beim Hören guter Musik oder beim Lesen eines spannenden Buches. Der Zustand der Hypnose ist kein Schlaf, sondern eine besondere Form von Wachheit. In diesem Trancezustand sind die Bereitschaft und die Aufnahmefähigkeit für Suggestionen besonders gesteigert.

Durch Hypnose können Filter- und Bewertungsprozesse im Gehirn gezielt erreicht und gesteuert werden. Die Suggestionen können Gedanken und Handlungen veranlassen und körperliche Zustände beeinflussen.

154

Allerdings kann der Wille eines Hypnotisierten nicht ausgeschaltet und niemand zu Handlungen gedrängt werden, die er im Normalzustand nicht ebenso vornehmen würde.

Die Mittel:
Voraussetzung für das Gelingen sind einerseits das unbedingte Vertrauen des Patienten in den Behandler und andererseits die emotionale Hinwendung des Behandlers zum Patienten. Das wirksame Mittel der Hypnose ist der gelöste Zustand des Patienten.« (Auszug aus der Zeitschrift »Stiftung Warentest«).

Gerne erinnere ich mich an die ersten Jahre nach der Gründung meiner Praxis für Hypnosetherapie. Seit dieser Zeit konnte ich auf dem Gebiet der Gesundheitsfürsorge und Heilung viele neue Impulse durch meine spirituelle Form der Hypnosetherapie setzen. An mir selbst und an Tausenden Patienten erkannte ich, daß der Wunsch nach Gesundheit, Harmonie und nach größerer Einsicht in die Funktionsweise unseres Geistes immer der erste Schritt zum persönlichen Lebensziel ist.

Menschen aller Gesellschaftsschichten und jeden Alters besuchen mich, um zu genesen, Heilung zu erfahren oder um andere persönliche Ziele zu verwirklichen.

Den Körper wieder funktionsfähig zu machen ist gut. Zusätzlich jedoch auch die Ursachen, sozusagen den psychischen Hintergrund, von körperlichen Fehlfunktionen zu erkennen und aufzulösen, ist elementar wichtig und der einzige Weg zu einer dauerhaften positiven Veränderung im Leben.

Um das Ziel der Menschheit zu erlangen, das auch gerne mit dem Begriff der Erleuchtung umschrieben wird, sollte ein Bewußtsein erreicht werden, das sich die immer vorhandene Heilkraft von Körper, Seele und Geist zunutze macht. Ein gesunder Geist und ein gesundes Mental bringen einen gesunden Körper hervor.

Was auch immer Ihr Problem ist, Ihre »Krankheit« ist nur Symptom und nur die Spitze des Eisbergs. Der psychische Hintergrund ist in einer ganzheitlichen Hypnosetherapie eigentlich der wichtigere Bereich, nach dem gesucht werden muß, um Ursachen aufzuspüren und aufzulösen.

Wer Groll und Ressentiments in sich trägt und erlittenes Unrecht nicht vergeben kann, der wird diese Disharmonie früher oder später auch auf der körperlichen Ebene zum Ausdruck bringen müssen. Wenn wir dagegen in Harmonie sind, erfahren wir ein Leben voller Glück und Fülle. Mit Hilfe einer fachgerecht ausgeführten Hypnosetherapie finden Sie Zugang zu Ihrem wahren Selbst und Ihrem unerschöpflichen Schatzhaus Ihrer *»Kraftzentrale Unterbewußtsein«*.

Mein Ziel ist es, Sie psychisch zu stützen, Sie zu stärken und Ihnen zu helfen, Ihr seelisches Gleichgewicht zu stabilisieren. Während einer Therapie erkennen Sie, daß Sie selbst aktiv an den Vorgängen Ihres Lebens beteiligt sind und daß Sie sehr wohl an Ihrer Heilung mitwirken können.

Ein entspannter Mensch ist ein gesunder Mensch

Die Grundlage der Hypnosetherapie ist tiefe Entspannung. In diesem besonderen Zustand sind Sie für neue Erkenntnisse wesentlich offener, als es im Wachzustand möglich ist. Eine tiefe Entspannung/Trance bringt häufig schon eine erste Linderung der Symptome mit sich. Der Weg zur Heilung aber führt zu Dimensionen, die hinter den Symptomen liegen. Es setzt für den Patienten Offenheit voraus, auch das sehen zu wollen, was vielleicht zunächst noch unangenehm erscheint und normalerweise bekämpft und verdrängt wird. Erst wenn diese negativen Erinnerungen befreit werden und wir sie angenommen haben, ist eine Versöhnung möglich und Gesundheit geschieht!

In unserer hektischen und oft konsumorientierten Zeit erkennen viele Menschen, daß äußere Erfolge nur oberflächlich und kurzfristig befriedigend sind, wenn die Seele leidet. Es ist deshalb verständlich, daß immer mehr ihrem Leben einen tieferen Sinn geben möchten und nach einem geistigen, verinnerlichten Weg suchen, um die tiefere Bedeutung des Lebens, die wahren Werte menschlicher Existenz, zu erfahren.

Auch ich gehe diesen Weg nun schon über fünfundzwanzig Jahre und habe dabei gelernt, daß nur die Bereitschaft zu ständigem Wandel – entsprechend den Gesetzen der Evolution – neue Perspektiven und Weiterentwicklung möglich macht. Die Begegnung mit meinem Lehrer Dr. Joseph Murphy war für mich von entscheidender Bedeutung. Ich lernte bei ihm persönlich und erfuhr jeden Tag aufs neue, was für wundervolle Möglichkeiten jedem von uns offenstehen. Mein Leben veränderte sich grundlegend, als ich lernte, selbstgesetzte Begrenzungen zu überschreiten, um dann neue Dimensionen des Lebens zu erfahren.

Beglückende wie auch schmerzhafte Erlebnisse machten mir immer wieder andere Aspekte des Seins bewußt. Nie habe ich dabei aufgehört, »an das zu glauben, was noch nicht ist, damit es werde«. Ich habe selbst Höhen und Tiefen erfahren, habe mit der hier beschriebenen Methode eine eigene schwere Krebserkrankung im letzten Stadium auflösen können. Ich habe also wie Sie Augenblicke höchster Erfüllung und Phasen schmerzhafter Lösungsprozesse durchlebt. Doch für jede Erfahrung bin ich dankbar, denn nur dadurch konnte ich lernen und mich weiterentwickeln.

Jeder von uns wünscht sich ein gesundes, glückliches Leben. Das Potential, unser Leben in Übereinstimmung mit der Schöpferkraft in uns wirklich erfüllt zu gestalten, ist in jedem von uns vorhanden. Ja, es wartet darauf, daß wir uns seiner bedienen!

In zweieinhalb Jahrzehnten Praxis, in vielen Seminaren und in zahlreichen *persönlichen Gesprächen* entstand eine Therapieform, die Geist, Seele und Körper wieder in Einklang bringen kann. Daß sich Ihre individuelle Persönlichkeit so entfaltet, wie es Ihrem höchsten Lebenssinn entspricht, ist nicht nur möglich, sondern sogar der tiefere Sinn Ihres Lebens. Das Erfahren des eigenen Wesens macht den Blick frei für neue wünschenswerte Perspektiven: Wenn Sie es wollen, dann liegt der Weg zur Erfüllung und zu innerem Frieden vor Ihnen. Ich heiße Sie herzlich willkommen, wenn Sie sich auf diesen Weg der Selbstverwirlichung und Liebe begeben möchten.

Wir versuchen als Therapeuten, den Patienten an dessen Fähigkeiten zu erinnern und ihm zu helfen, mit seinen Talenten alles in das für ihn Beste und Förderliche zu transformieren. Ein wirklich bewußter Therapeut kann dem Menschen, der Hilfe sucht, zur Autonomie und Selbständigkeit verhelfen. Ein spiritueller Therapeut ist für die Zeit des gemeinsamen Weges der Freund, der Vater, die Mutter, der Weise und der Liebende, der seinem Patienten die Hand reicht; ein Mensch, der hin- und zuhört, ein Freund, der klar und liebevoll fragt und antwortet. In dieser Nähe, im intensiven Austausch aller Gedanken und Gefühle sind Therapeut und Patient geheime Verbündete. *In jenem Moment, in dem im Patienten der innere »Meister« und Freund fürs Leben erwacht, beginnt er im Urvertrauen und Bewußtsein seiner selbst zu handeln und zu sein, wie er gedacht ist.*

Mein Ziel ist es, Suchenden dabei zu helfen, die Autorität über die Ereignisse im Leben zurückzugewinnen. Wer sich selbst erkennt, weiß, wozu er fähig ist, und das Ende jeglicher Angst ist absehbar.

Wir werden oft gefragt, was die Hypnosetherapie und die Seminare eigentlich bewirken. Darauf zu antworten ist sehr schwierig, weil es kein gemeinsames Ziel gibt. Jeder lernt das, was er zu lernen hat, um fortan er selbst zu sein. Doch einen

Nenner kann man wohl finden, der entscheidend für den Erfolg ist: *Sie lernen, sich zu gestatten, glücklich zu sein. Wenn Sie das können, folgen die Inhalte, die Sie glücklich machen, ganz von selbst.*

Was ist Hypnose?

Die suggestive Beeinflussung des Unterbewußtseins durch einen Therapeuten ist nach meiner Erfahrung die beste Möglichkeit einer Wandlung zu einem besseren Leben. Wie sich in der Physik Kraftfelder verstärken lassen, so ist das auch mit geistigen Energien möglich. Zwei Menschen vermögen mehr als einer. Hypnose bewirkt, daß Suggestionen um ein vielfaches verstärkt werden. Ein gut ausgebildeter Hypnosetherapeut kann uns in einen tiefen Trancezustand versetzen, in dem dann in erhöhtem Maße verschiedene Phänomene spontan oder als Reaktion auf äußere Reize auftreten können. Zugerufene Worte können eine unvermutete Muskelbewegung auslösen, Musik kann eine phantasievolle bildhafte Umsetzung erfahren. Gedankenverbindungen treten auf, die dem Hypnotisierten in seinem gewohnten Geisteszustand oft nicht vertraut sind. Er ist während einer Hypnosesitzung sozusagen direkt neben seiner heiligen und ewig wahrhaften Quelle höherer geistiger Kraft. In diesem Zustand geschieht Heilung. Weil Zusammenhänge besser erkannt und somit besser integriert werden können, wird Hypnose fast immer auch anhaltender zur Heilung führen, als das in anderen Verfahren möglich ist.

Es ist eine wohlbekannte Tatsache, daß Fremdsuggestionen – also Beeinflussungen durch andere Personen – einen vielfach stärkeren Wirkungsgrad haben, als wenn wir uns selber durch Autosuggestion konditionieren wollen.

Wenn Ihnen positive Suggestionen durch einen qualifizierten

Hypnosetherapeuten vermittelt werden, dann erfolgt die Prägung Ihres Unterbewußtseins weit intensiver, als Sie es alleine schaffen könnten. Das Ergebnis ist eine höhere Erfolgsquote in kürzerer Zeit.

Hypnose ist keineswegs dasselbe wie Suggestion. Eine sachgerechte Hypnosetherapie bewirkt auf Zeit einen Rückzug von der normalen Aktivität des Nervensystems zu einem höheren Bewußtseinszustand, in dem die Pforten des Unterbewußtseins weit geöffnet sind. Den Stellenwert von suggestiv/hypnotischer Beeinflussung kann jeder ermessen, der beispielsweise über Jahre der suggestiven Werbung, dem Nachahmungstrieb und der lieben Gewohnheit nachgibt und zur Zigarette greift, obwohl er sich längst vorgenommen hatte, nicht mehr zu rauchen. Wer dieser »kommerziellen Hypnose« unterliegt, der kommt gerne zu mir, um sich in seinem Wunsch nach Veränderung durch meine Energie verstärken zu lassen.

Wir alle unternehmen vieles im Leben, am liebsten in Gruppen mit Gleichgesinnten. Sie fühlen sich dort in Ihrem »So-Sein« bestärkt und geborgen. Während einer Hypnosesitzung geschieht etwas sehr Ähnliches. Sie sind in einer höheren seelischen Ebene viel intensiver und konzentrierter bei der Sache. Sie erlangen damit eine wohltuende Unterstützung bei der Verwirklichung Ihrer Wünsche.

Die meisten Patienten, die zu mir kommen, haben eigenartige und angstbesetzte Vorstellungen von Hypnose. Da erzählte mir unlängst eine junge Frau, der ich in besonders kurzer Zeit helfen konnte, daß sie monatelang den Besuch in meiner Praxis aufgeschoben hatte, bis ein Bekannter sie auslachte und über moderne Hypnoseforschung aufklärte. Sie hatte den Unsinn vom Zauberer Cagliostro gelesen, der zur Zeit der Französischen Revolution angeblich jahrelang eine bildschöne, junge Frau gefügig machte, indem er sie ständig in Hypnose hielt.

In unserer aufgeklärten Zeit ist es fast selbstverständlich, durch die Populärwissenschaften über die geheimsten Vorgänge in unseren Körperzellen Bescheid zu wissen. Über unsere »besonderen« Bewußtseinszustände zu berichten und grundlegende Aufklärungsarbeit vorzunehmen, fällt der Psychologie bis heute schwer. Man weiß immer noch zuwenig davon und läßt das hochinteressante Arbeitsgebiet der Suggestionstherapie und ihrer Möglichkeiten noch meist ungenutzt.

Vergessen Sie deshalb bitte zunächst einmal alles, was Sie bisher über Hypnose gehört oder gelesen haben mögen, und bilden Sie sich erst am Ende dieses Kapitels ein neues Urteil. Vergessen Sie vor allem jene spektakulären Berichte von Hypnose in Varieté-Vorstellungen auf Jahrmärkten oder in reißerischen Fernsehsendungen.

In der Hypnose wird Ihnen keineswegs die Herrschaft über den eigenen Körper oder Ihren Verstand genommen. Hypnose durch Faszination mit unwiderstehlichen Augen mag in orientalischen Märchen vorkommen. Moderne Hypnosetherapie, um die es sich hier ausschließlich handelt, nutzt den wunderbaren Zugang, der sich durch die Hypnose zu unseren höheren Bewußtseinsschichten anbietet, zu ausschließlich positiven Heilzwecken.

Lassen Sie mich in diesem Kapitel aufzeigen, was Hypnose wirklich ist und wie sie dem Menschen dienen kann. Ich selbst stellte diese Frage bereits vor Jahren an die Spitze meiner psychotherapeutischen Arbeit. In tausendfacher Einzelerfahrung fand ich in meiner Praxis die gültige und befriedigende Antwort: Hypnose kann in der Hand des *verantwortungsbewußten* Therapeuten unendlichen Segen spenden. Sie bietet einen oftmals wunderbar erscheinenden Zugang zu unseren unbewußten seelischen Bereichen und ist für den erfahrenen Hypnosetherapeuten ein einzigartiges Mittel, das seelische »Feld« eines Patienten positiv zu beeinflussen.

Sie werden in Hypnose in einen Zustand der Konzentration

und der selektiven Wahrnehmung zu tieferer seelischer Empfindung geführt. Ihr Bewußtsein wird durch suggestive Worte auf einen Punkt konzentriert, der dadurch dann besonders deutlich wird.

Wenn Menschen im Kino aufschreien oder Fußballfans vor Begeisterung außer sich geraten, dann leben sie in diesen Momenten bereits vorübergehend in dem gleichen selektiven Bewußtseinszustand. Selbst die Versunkenheit in einen spannenden Roman, der Sie die Welt vergessen läßt, ist quasi ein hypnotischer Bewußtseinszustand.

Selektive Bewußtseinsinhalte bedeuten Konzentration und eine verstärkte Aufmerksamkeit auf den momentanen, gerade wichtigsten schmalen Bereich sinnlicher Wahrnehmung. In der Hypnose eröffnet sich Ihnen eine zuvor unbewußte geistige Ebene, in der positive Suggestionen direkt und unmittelbar aufgenommen werden können. Wenn Sie sich einer Hypnosetherapie anvertrauen, formuliert der Therapeut für Sie die Suggestionen (Affirmationen); Sie sind jedoch der Programmierer, der in seinem Unterbewußtsein große Kräfte für die Erfüllung Ihrer höchsten Lebensziele befreit. Sie sind und bleiben immer der wichtigste Faktor in der Hypnosetherapie. An Ihnen selbst liegt es, wie schnell Sie sich von Ihren oft angstmachenden »Vorstellungen« trennen können und wie bald Sie es lernen, Ihr Gemüt zur Ruhe zu bringen. Hypnose ist eine außerordentliche Möglichkeit, Ihre Zielvorstellungen vom glücklichen Leben in kurzer Zeit zu verwirklichen.

Ihr Intellekt ist in vielen Fällen das größte Hindernis auf dem Wege zum Ziel. Lernen Sie, sich in Ihre Tiefe fallen zu lassen, und Sie werden glücklich sein. Lernen Sie, mit der Energie zu gehen. Sie haben die Macht und das Recht, in Ihrem unerschöpflichen Inneren, die vom Intellekt und äußeren Beeinflussungen geschaffenen Leiden und Probleme augenblicklich aufzulösen. Wahrscheinlich haben Sie über Jahrzehnte nichts von dieser

Kraft gewußt. Wahrscheinlich haben Sie auch über Jahrzehnte Ihre seelische Tiefe durch ein Leben ausschließlich in der äußeren Sinneswelt »erfolgreich« verhindert. Jetzt können Sie schon während des Lesens dieser Zeilen damit beginnen, durch Suggestionen in Ihrem Unterbewußtsein große und positive Kräfte zu mobilisieren. Die Weisheit in Ihnen wird schon bald ihre »Werke« tun.

Sie sind schon inmitten dieser »Arbeit«, und wenn Sie feststellen, daß Sie Hilfe von außen gebrauchen könnten, dann ist die Hypnosetherapie der richtige Weg für Sie. In der Macht Ihres Unterbewußtseins liegt der Weg, mit der Macht der Gedanken aus einem Lebenstal zu erhofften Höhen zu gelangen.

Was kann Hypnose leisten?

Aus unzähligen Gründen kommen Hilfesuchende zu Gesprächen zu mir in die Praxis. Die wichtigsten Probleme, bei denen sich Patienten von einer Hypnosebehandlung Erfolg versprechen, um tiefverwurzelte Sorgen und Krankheiten aufzulösen, kann man wie folgt zusammenfassen.

Hypnose kann bei folgenden Symptomen erfolgreich angewandt werden:

Stottern
allgemeine Sprachstörungen
Impotenz (Impotentia psy-
  chica)
Schluckstörungen
nächtliches Zähneknirschen
allgemeine Schlafstörungen
Alpträume
Konzentrationsstörungen

Stimmlosigkeit
manche Lähmungen
Ticks
Gesichtszuckungen
Bettnässen
Nägelbeißen
Erschöpfungszustände
Phobien
Depressionen

Verfolgungswahn
Alkohol – Nikotin – andere
   Drogen
psychische Abhängigkeit
Verhaltensstörungen
fehlendes Selbstbewußtsein
allgemeine Unsicherheit
fast alle psycho-vegetativen
   Symptome
vielerlei Neuralgien
Zwangsneurosen
   (Waschzwänge)
Migräne
chronische Bronchitis
Übergewicht
Asthma

Herzneurosen
psychosomatische/vegeta-
   tive, chronische Schmerz-
   zustände
Magen-Darm-Erkrankungen
Verstopfung
Streß (Überforderungsreak-
   tionen)
Ulcus (Geschwüre)
Schulprobleme
Harnwegerkrankungen
Persönlichkeitsaktivierung
Bluthochdruck
manche Allergien
Krebs
Vegetative Dystonie

Weitere Möglichkeiten, mit Hypnose Ihrem Leben eine positive Wende zu geben:

- eine starke Persönlichkeit aufbauen
- erfolgreich im Leben sein
- selbstbewußter sein
- sich spirituell weiterentwickeln
- schöpferischer sein
- verborgene Talente und Kräfte entdecken und entfalten
- Selbsthypnose erlernen
- sich selbst verwirklichen
- sich und andere besser verstehen
- Selbstentfaltung in Partnerschaft und Beruf
- Steigerung der Konzentration
- Steigerung der Gedächtnisleistung
- die »Kunst des Lebens« erlernen
- die Lernfähigkeit außerordentlich steigern

Diese Zusammenstellung erhebt keineswegs Anspruch auf Vollzähligkeit. In der Praxis kommt es manchmal zu den ausgefallensten Situationen und Problemkombinationen. Die menschliche Phantasie reicht oft nicht aus, um sich die verwickelten Situationen auszudenken, in die manche Menschen geraten können. Das Leben ist der einfallsreichste Drehbuchautor, den wir uns vorstellen können.

Wer ist hypnotisierbar, und wer kann sich Hilfe von einer Hypnotherapie versprechen?

Ich bezeichne gerne jene Patienten als »normal«, die Intuition und Gefühl besitzen, die loslassen können. Das sind auch die wichtigsten Voraussetzungen, um sich jemandem anderen tatsächlich anvertrauen zu können. Intellektuellen gelingt es meist etwas schwerer; sie haften an ihrem Wissen, an ihren festgefügten Vorstellungen von sich und der Welt. Ihr weltliches Ich will sie nicht so leicht aus vorgefaßten Meinungen entlassen, und sie leiden manchmal mehr als viele andere!

Wer sich ausführlich über Hypnose informiert, erfährt von den einzigartigen Möglichkeiten, die durch suggestive Beeinflussungen des Unterbewußtseins möglich werden. Bis zu fünfzigmal schneller wirkt Hypnose im Gegensatz zur oftmals mühsamen Gesprächstherapie. Zwei bis drei Jahre benötigt die orthodoxe Psychotherapie zum langsamen Abtasten der Seelenlage eines Patienten, was mir mit Hypnose häufig schon in zwanzig bis dreißig Doppelstunden gelingt. Für die meisten Sorgen und Probleme, die Aussicht auf Besserung versprechen, hat sich dieser Zeitraum als ausreichend herausgestellt. In einigen »Ausnahmefällen« mögen sechzig Doppelstunden erforderlich sein, bei Jugendlichen dagegen genügen oft weniger als zwanzig Sitzungen.

Mit der Psychotherapie steht aber nicht nur eine erhebliche Verlängerung der Leidenszeit mit ungewisser Heilungschance auf dem Spiel. In unserer Zeit der Geldknappheit ist es auch eine finanzielle Frage für die Patienten, wenn ein Psychotherapeut gegenüber einem Hypnosetherapeuten mit vielfachem Zeitaufwand rechnen muß.

Professor Losanov, ein bekannter Fachmann für Suggestionsforschung aus Sofia, hat diesen Beschleunigungsfaktor der Hypnose an seinen Versuchspersonen entdeckt. Angehörigen psychisch Kranker erscheint es manchmal wie ein Wunder, wenn durch Hypnose ausgesprochen schnell Erfolge zu erzielen sind.

Häufig überweisen mir Ärzte und andere Psychotherapeuten Patienten, deren medikamentöse oder psychotherapeutische Behandlung ihnen zu langwierig erscheint. Ihre Einsicht erspart den Patienten viel Zeit und führt sie einer Therapie tatsächlicher Ursachenbehandlung zu, die ihnen oft in wenigen Monaten eine Lebensverbesserung bringt, nach der sie sich manchmal Jahrzehnte vergeblich gesehnt haben.

Ein bedeutender Vorteil ist der völlige Verzicht auf Medikamente. Gerade die in der Psychiatrie verwendeten Psychopharmaka können mit ihren oft bedenklichen Nebenwirkungen eine Behandlung eher verlängern als zu einem guten Ende führen. Die überwiegende Mehrzahl, wie fast alle Tranquilizer und Sedativa, dient ohnehin nur der Unterdrückung von Symptomen.

Es gehört zu meinen ersten Maßnahmen bei neuen Patienten, sie von körperlicher Vergiftung durch symptomdämpfende Medikamente zu befreien, wenn sie sich einer erfolgversprechenden Behandlung bei mir anvertrauen wollen. Manche Krankenkassen unterstützen bereits teilweise die günstigere Hypnosebehandlung ihrer Patienten. Andere müssen erst noch das strenge Vorstellungsbild unserer Schulmedizin überwinden, die heute offiziell immer noch keine Hypnosetherapie lehrt.

Ärzte sprechen manchmal schon von psychischen Einflüssen

bei vielen Krankheiten. In den allermeisten Fällen bleibt es aber beim Theoretisieren. Hypnose bietet einen wunderbaren Zugang zu unseren seelischen Tiefenbereichen, die niemals ein Chirurgenmesser oder ein Medikament erreicht haben. Oft ist der Eindruck nicht von der Hand zu weisen, daß bei Schulmedizinern der Ausspruch des großen Chirurgen Dr. Virchow immer noch in den Köpfen herumspukt, der sagte: *»Die Seele? Bei keiner Operation habe ich sie je entdecken können!«*

Es ist für mich sehr befriedigend zu beobachten, wenn vielerorts das stetig wachsende Vertrauen zu einer etwa achttausend Jahre alten, neuentdeckten Therapieform wieder aufzuleben beginnt. Ein seit Jahren zu beobachtender Bewußtseinswandel in der transpersonalen Psychotherapie führt dazu, daß die einzigartige Methode der Hypnose nach langem Dornröschenschlaf wieder zu ihrer rechtmäßigen Bedeutung verholfen wird.

Der indische Weisheitslehrer und Philosoph Osho hat auf diesem Gebiet eine außerordentliche Aktivität entwickelt. Lesen Sie hier einige seiner Worte zu diesem Thema:

»DIE ARBEIT MIT DEM KÖRPER
oder – um präzise zu sein – DEN FÜNF KÖRPERN«
Der Körper ist nicht vollständig begriffen – noch nicht. Unser ganzes Verständnis ist fragmentarisch. Die Wissenschaft des Menschen existiert noch nicht. Pantajalis Yoga ist der treffendste Versuch, der je unternommen worden ist. Er unterteilt den Körper auf fünf Ebenen oder auf fünf Körper: Du hast nicht einen, sondern fünf Körper, und jenseits der fünf Körper ist deine Essenz, dein eigentliches Wesen.

Das, was auch in der Psychologie geschehen ist, ist auf dem Gebiet der Medizin geschehen.

Allopathie erkennt nur den physischen Körper, den grobstofflichen Körper, an. Allopathie ist die gröbste Medizin. Deswegen ist sie Wissenschaft geworden, denn wissenschaftliche Instrumentation ist noch immer auf einer sehr unentwickelten Ebene.

Gehst du tiefer, findest du Akupunktur, die chinesische Medizin. Sie wirkt auf den vitalen Körper. Akupunktur behandelt keine Krankheiten im physischen Körper. Sie bezweckt, am Vitalkörper zu arbeiten. Sie versucht, an der Bioenergie, dem Bioplasma, zu wirken. Sie schafft dort einen Ausgleich, und sofort beginnt der grobstoffliche physische Körper, wieder gut zu funktionieren.

Wenn etwas im Vitalkörper nicht stimmt, so funktioniert Allopathie doch auf der Ebene des physischen Körpers. Für die Allopathie ist dies natürlich ein schwieriges Unternehmen, so wie gegen den Strom schwimmen.

Im Falle Akupunktur ist es leichter, weil der Vitalkörper ein wenig höher ist als der physische Körper. Wenn der Vitalkörper korrigiert ist, so folgt der physische Körper einfach nach, denn die Anlage existiert im Vitalkörper. Das Physische ist nur ein Vorbild des Vitalen.

Homöopathie geht noch etwas tiefer, sie wirkt auf den mentalen Körper. Der Gründer der Homöopathie, Hahnemann, entdeckte eines der wichtigsten Dinge, die je entdeckt worden sind, nämlich: je kleiner die Quantität der Medizin ist, um so tiefer geht sie. Er nannte die Methode zur Herstellung homöopathischer Medizin »potenzieren«.

Je größer die Wirkungskraft, um so kleiner die Menge. Dadurch wirkt sie auf den tiefsten Kern des mentalen Körpers ein. Dies geht tiefer als Akupunktur. Es ist beinahe, als hätte man die atomare oder sogar subatomare Ebene erreicht.

Homöopathie berührt weder den physischen noch den Vitalkörper. Sie ist so subtil und so fein, daß es für sie keine Grenzen gibt. Sie dringt einfach in den mentalen Körper und wirkt von dort aus. Ayurveda, die indische Medizin, ist eine Synthese aus allen diesen dreien.

Hypnosetherapie geht noch tiefer. Sie berührt den vierten Körper, den Körper des Bewußtseins. Sie verwendet keine Medizin, sie gebraucht gar keine Mittel außer Suggestionen, das ist alles. Sie gibt dem Geist einfach eine Suggestion – nenne man es Magnetismus, Mesmerismus, Hypnose oder was immer man will – sie funktioniert durch die Kraft des Gedankens, nicht durch die Kraft der Materie.

Sogar Homöopathie hat noch die Kraft der Materie – in einer sehr subtilen Einheit allerdings.

Hypnotherapie arbeitet ganz ohne jede Form von Materie, auch ohne die sehr subtile Form. Hypnotherapie springt einfach auf die Geistesebene, den Bewußtseinskörper. Wenn dein Bewußtsein eine bestimmte Idee akzeptiert, beginnt diese zu wirken.

Hypnotherapie hat eine große Zukunft. Sie ist die Medizin der Zukunft. Denn wenn allein durch die Veränderung der Struktur deines Denkens dein Geist sich verändert, durch den Geist dein vitaler Körper, durch den vitalen Körper dein physischer Körper, wozu soll man sich dann mit Giften und grobstofflichen Medikamenten bemühen? Warum dann also nicht durch die Kraft des Gedankens wirken? Hast du je einen Hypnotiseur beobachtet, wenn er mit seinem Medium arbeitet? Wenn nicht, so solltest du es tun, es wird dir eine gewisse Erkenntnis geben.

Vertrauen ist Hypnotherapie. Ohne Vertrauen kannst du nicht auf die subtilen Ebenen deines Wesens vordringen, denn nur ein kleiner Zweifel – und du bist auf das Grobstoffliche zurückgeworfen.

Zweifel ist die Methode der Wissenschaft, denn Wissenschaft wirkt aus dem Grobstofflichen. Allopathie kümmert sich nicht darum, ob du zweifelst oder nicht. Der Arzt bittet nicht darum, daß du an seine Medizin glaubst – er gibt einfach die Medizin. Aber für die Homöopathie ist es wichtig zu wissen, daß du auf sie vertraust, andererseits wird es für den Homöopathen schwierig sein, dich zu heilen. Und ein Hypnosetherapeut wird vollkommene Hingabe verlangen, ansonsten kann nichts geschehen. Religion ist Hingabe. Religion ist eine Art Hypnosetherapie. Aber es gibt noch einen letzten Körper. Das ist der Seligkeitskörper. Hypnosetherapie geht bis zum vierten Körper. Im fünften Körper wirkt nur noch Meditation. MEDITATION – das Wort an sich ist schön, denn der Ursprung dieses Wortes ist derselbe wie der Ursprung des Wortes MEDIZIN. Beide haben den gleichen Ursprung. MEDIZIN und MEDITATION sind Abzweigungen des Wortes: ›das, was heilt‹. Das, was dich gesund und ganz macht, ist Medizin, und auf der höchsten Ebene Meditation.«

(Aus »Yoga: The Alpha and Omega«, Bd. 10, Kap. 7.
© 1978 Osho International Foundation, Schweiz.)

Was geschieht in der Hypnose?

Wenn ein Asthmatiker wie Walter A. zu mir in die Praxis kommt und sich zwei Wochen täglich zweimal zur Hypnose bei mir auf die Couch legt, um danach frisch und frei von Beschwerden zu erklären: »Sie haben einen neuen Menschen aus mir gemacht«, was ist dann eigentlich geschehen?

Ein Kranker hat sich den physikalischen und pharmazeutischen Behandlungen entzogen. Er hat auf seinen jährlichen Sanatoriumsaufenthalt verzichtet, der ihm immer nur vorübergehende Erleichterung gebracht hat. Er vertraute sich meiner geistigen Führung an, die seinem psychosomatischen Leiden die Wurzel entzog.

Hypnose ist ein relativ unkompliziertes Vorgehen in unserem manchmal schon recht komplizierten Seelenhaushalt, der harmloser als jedes Medikament und effektiver als alle anderen psychotherapeutischen Verfahren wirkt. Osho sagte: »*Hypnose steht an der Spitze der Therapiemöglichkeiten.*« Was damit möglich wird, ist Heilung pur, und sie wird in einer fachgerechten Hypnosetherapie eingeleitet (mehr zum Thema in meinem Buch: »Diesseits der Wirklichkeit«).

Walter A. war in seiner tiefsten Seele bereit, seine »verkrampften« und allzu angsterfüllten Lebensvorstellungen aufzugeben, die ihn gesundheitlich in eine Sackgasse geführt hatten. Meine positiven suggestiven Leitbilder von Vertrauen, Harmonie und Gesundheit, die auch zu seinen größten Sehnsüchten zählten, nahm sein Unterbewußtsein als willkommene Vorstellung an. Außerdem kamen die Suggestionen seiner Überzeugung entgegen, daß es allemal besser ist, seiner körperlichen Gesundheit zu dienen und einen harmonischen Alltag zu erleben, als dem Ärger im Beruf zu erliegen.

Seine bis dahin eher unausgeglichene Seelenlage ließ ihn die Vorstellung für alles Positive willkommen in sich aufnehmen, und seine Gesundheit, auf die er lange unnötig verzichtet hatte, konnte zurückkehren. Ein anderer Asthmatiker hätte vielleicht anders reagiert und eine längere Zeit der Wandlung und Gesundung benötigt. Bei einer ursächlichen Therapie geht es nicht um Asthma, sondern um all jene seelischen Anteile, die zur Problematik geführt haben, und jene, die bisher einer Heilung im Wege waren. Die Seele meines Patienten bekam aufbauende, positive Lebenskraft; und die krampfenden Bronchien konnten »erlöst« werden.

Stellen Sie sich den Bewußtseinszustand, den Sie in Hypnose erleben werden, wie ein Schweben zwischen Wachen und Schlafen vor.

Es öffnen sich Zugänge zu seelischen Ebenen, zu den unbewußten Tiefen unseres Seins. Positive Suggestionen können in diesem Bereich, in dem unser Gewissen und unsere schöpferischen Kräfte zu erreichen sind, wirkliche Wunder bewirken. In den Tiefen unseres Geistes ist das Gute und Wahre von uns Menschen zu Hause, dort ist die göttliche Quelle unserer Lebenskraft.

Das wichtigste Ziel meiner Therapie ist es, den Patienten die eigene Kraft und die eigene Tiefe erspüren zu lassen, die ihm dann zur Lösung seiner Probleme verhilft.

Es kommt auf den Gehalt und die innere Kraft eines jeden einzelnen Wortes an, die Ihnen in der Hypnose zufließen, um Gesundheit, Erfolg und Glück wieder zu Ihren natürlichen Attributen werden zu lassen. Positive Gedanken verstärken Ihre psychische Potenz, mit der Sie dann fast jeden erdenklichen (psychischen) Fehler auflösen können. Zu diesem Thema später noch mehr. Im Augenblick möchte ich festhalten, daß in der Hypnose aufgenommene Suggestionen von unserem Unterbewußtsein direkt in die Realität umgesetzt werden, wenn wir von hemmenden, kritischen oder gar zweifelnden Betrachtungen ablassen können. Schaffen wir es nicht allein, unseren treuen, uns meist noch nicht bewußten Diener – das Unterbewußtsein – selber positiv zu »formen«, dann ist der Hypnosetherapeut mit seiner Präsenz die ideale Verstärkung auf dem Weg zu einem wünschenswerten Leben.

Die drei Phasen der Hypnose

Das langsame Hineingleiten in einen angenehmen Trancezustand kann bei einiger Sensibilität in drei Phasen erlebt werden. In der ersten und zweiten Phase, in denen eine Hypnosebehandlung grundsätzlich durchgeführt wird, behält der Patient zum Teil den Eindruck, alles Geschehen mit und um ihn bewußt zu erleben. Obwohl er nicht mehr ganz in der Lage ist, sein motorisches Nervensystem zu beeinflussen, etwa den Arm zu heben oder die Augenlider zu öffnen, glaubt er in den ersten Sitzungen häufig, nicht in Trance zu sein.

In diesem Zustand ist sein Gedächtnis und seine seelische Kraft frei von den Einengungen und vielfältigen Ablenkungen durch das sogenannte Tagesbewußtsein. Verdrängte seelische Bereiche werden wieder zugänglich gemacht, und er erinnert sich an scheinbar vergessene Ereignisse, selbst wenn sie Jahre zurückliegen. Da alle Erlebnisse in den Tiefen unserer Seele in bildhafter Form ablaufen, kann man längst vergangene Szenen wieder plastisch vor seinem inneren Auge in Erinnerung rufen.

Ein Diamantenhändler »sah« plötzlich in der Hypnose den Platz, an dem er einen besonders wichtigen Edelstein, den er seit Monaten suchte, in seiner Wohnung versteckt hatte. Eine Patientin erinnerte sich an das Kleid ihrer Mutter, das diese bei ihrer Einschulung trug und in das sie einen Tintenklecks gemacht hatte. Was im Tagesbewußtsein unzugänglich, ja völlig vergessen scheint, kann im hypnoiden Zustand wieder erinnert werden. Hypnosetherapie erschließt jenen unerschöpflichen Speicher an Informationen in uns, den wir bereits in vorgeburtlicher Zeit zu füllen beginnen.

Viele Dinge sind nicht so wichtig, um ständig abrufbereit in unserem Gedächtnis zur Verfügung zu stehen. Die Natur hat uns deshalb auch mit einem Kurzzeitgedächtnis ausgestattet. Werden visuell oder akustisch aufgenommene Informationen nicht innerhalb weniger Tage erneut abgerufen, dann versinken sie in den Tiefen des Gedächtnisses. Total ausgelöscht werden sie nie, wenn wir manchmal auch den Zugang zu ihnen verloren haben mögen.

Der Tintenklecks auf Mutters Kleid mag ruhig vergessen sein. Wenn jedoch verletzte Gefühle verdrängt werden, dann benötigt dieser Prozeß der Unterdrückung Energien. Je mehr ein Mensch Leidvolles verdrängt, um so höher ist die Spannung, unter der er steht. *Scheinbare Gedächtnisschwäche ist oft die Flucht eines überforderten Menschen in die Oberflächlichkeit.*

Verdrängte Ängste, Schuldgefühle oder traumatische Erlebnisse sind die Ursachen fast aller Neurosen und Phobien. Ihre Behandlung erfordert die Bereitschaft der Patienten, von ihren inneren Spannungen loszulassen und hinzusehen.

Die dritte und tiefste hypnotische Ebene, der somnambule Zustand, wird nur von sehr wenigen Menschen erreicht. Somnambul bedeutet, so tief in Trance fallen zu können, daß fast jegliche Sinneswahrnehmung aufgehoben ist. Früher glaubte man, nur in diesem Zustand wirkungsvollen Einfluß auf das Unterbewußtsein nehmen zu können. Für die therapeutische Arbeit ist dieser Zustand jedoch ungeeignet, weil der Patient kaum mehr ansprechbar ist. Seine sinnliche Wahrnehmung ist vorübergehend abgeschaltet. Jegliche suggestive Beeinflussung durch den Hypnosetherapeuten verhallt wirkungslos.

Sigmund Freud, der Begründer der Psychoanalyse, glaubte noch, Patienten nur in diesem tiefsten Stadium der Hypnose wirkungsvolle Suggestionen erteilen zu können. Er erlebte daher damit natürlich viele Schwierigkeiten. Sehr richtig stellte er fest, daß er nur einen kleinen Prozentsatz seiner Patienten in somnambule Tiefenhypnose versetzen konnte. Seine falschen Ansätze, seine eigenen Hemmungen und Unsicherheiten bei seinen anfänglichen Versuchen, die richtige Einleitung einer Hypnose zu bewerkstelligen, ließen ihn bald nach anderen Methoden Ausschau halten. Er wandte sich der freien Gedankenassoziation zu, die dann die Ära der Psychoanalyse einleitete. Ein Weg, der Sigmund Freud persönlich zu besseren Ergebnissen verhalf.

Sinnestäuschungen

Während des selektiven Bewußtseinszustandes in der Hypnose ist unser Tages- oder Wachbewußtsein vorübergehend weniger aktiv. Weil Informationen, die uns Auge, Ohr, Nase, Geschmack und Tastsinn vermitteln, teilweise verändert beziehungsweise ausgeschaltet sind, können wir uns dafür um ein vielfaches besser an Einzelheiten der Vergangenheit erinnern. Eine Patientin berichtete, im tranceartigen Zustand Rosenduft wahrzunehmen. Ein anderer verliert das Zeitgefühl und meint nach eineinhalb Stunden, sich gerade erst hingelegt zu haben.

In Hypnose ist unsere akustische Wahrnehmung eingeschränkt. Der Therapeut sagt etwa: *»Sie sind vollkommen entspannt, alle Geräusche sind unwichtig; alles, was Sie hören, trägt dazu bei, Sie tiefer und tiefer in einen angenehmen Entspannungszustand zu führen. Sie hören nur noch meine Stimme und fühlen sich sehr, sehr wohl!«*

Für den Neuling ist es immer wieder überraschend, mit welcher Präzision das Unterbewußtsein einer Suggestion zu realem Erleben verhilft.

Mein verehrter Lehrer Dr. Josph Murphy sagte: *»Das Unterbewußtsein setzt das Suggerierte in Form, Funktion oder Erleben um.«*

Das allgemein bekannte Experiment, einen Hypnotisierten mit Begeisterung in einen herrlichen süßen Apfel beißen zu lassen – der in Wirklichkeit eine Zitrone ist –, beweist anschaulich: Die in das Unterbewußtsein hineingelegte Suggestion eines süßen Apfels ist stärker als die sinnliche Wahrnehmung der Geschmacksnerven.

Wenn Menschen Schweißausbrüche bekommen, weil ihnen ein zu warmes Zimmer suggeriert wird, oder sensorische Halluzinationen so weit getrieben werden, daß sie einen Brandfleck auf der Haut erzeugen, den eine nicht vorhandene Zigarette hervorgebracht haben soll, dann sind das wunderbare Beweise dafür, daß unterschwellige Mächte oft stärker sind als alle unsere willentlich gelenkte Verstandesakrobatik.

Diese Versuche führe ich an, um Ihnen deutlicher zu machen, daß die Kräfte in Ihrem Unbewußten groß sind und Ihnen zur

Verfügung stehen, wann *Sie es wollen.* Mit einer spirituellen Hypnosetherapie haben sie natürlich nichts zu tun. Mancher Oppositionspolitiker müßte eigentlich darauf hingewiesen werden, welchen abträglichen Einfluß seine ständigen negativen suggestiven Behauptungen auf unser aller Lebensqualität haben. Da wird Jahr für Jahr in der Öffentlichkeit gezankt und gestritten. Die Machtbesessenen, die Vertreter von Gewerkschaften und anderen Interessenverbänden, säen Zwietracht, Angst und Haß, und wir wundern uns, daß wir vor einer schier unausweichlichen ökologisch-ökonomischen Krise stehen. Wehren Sie sich in Ihrem persönlichen Bereich ganz entschieden gegen jegliche zerstörerische Negativität. Denken Sie positiv, und lassen Sie die Harmonie Ihres Lebens jeden anderen Menschen in Ihrer Umgebung spüren.

Das gilt sowohl für die inneren Bereiche der Familie als auch für das Auftreten in der Öffentlichkeit. Sie werden ganz schnell merken: Liebe, Zuwendung und Kooperation sind immer stärker und bleiben so auch immer die Gewinner. Liebe ist eine göttliche Eigenschaft, und wir wissen: Gottes Mühlen mahlen langsam, aber fein!

Ihrem Unterbewußtsein und Ihrem höheren Selbst ist alles möglich. So einfach ist die Erkenntnis, mit seinem eigenen Positiven Denken auch zum positiven Faktor für seine Umgebung werden zu können. Ihre positiven Suggestionen werden viele gute Früchte tragen, wenn Sie überzeugt hinter ihnen stehen.

Wie erleben Sie Hypnose?

In unterbewußte Bereiche, in die tiefen Schichten des eigenen Selbst hinabzusteigen bedeutet, der lauten Alltagswelt den Rücken zu kehren. Sie liegen in einem ruhigen, leicht abgedunkelten Raum, der alle Sinnesreize von der äußeren Umgebung her einschränkt. Leise, meditative Musik erhöht die Einstimmung auf Ihr Innenleben. Langsam beruhigt sich Ihr ganzes Wesen, und Friede kehrt ein, wo Unfriede herrschte.

In drei Stufen werden Ihnen in dieser Situation Suggestionen gegeben. Zuerst erhalten Sie beruhigende Anweisungen, sich zu entspannen. Nach Art des autogenen Trainings werden die ersten Entspannungsübungen zur angenehmen Leichtigkeit und Wärme in den Gliedern bis zur Atemregulierung eingeleitet. Dann erfolgt manchmal eine Ruhestellung der Organtätigkeit im Körper durch Entspannung des Sonnengeflechts. Wie schon erwähnt, werden auch Ihre Augen und Ohren, die sonst gewöhnt sind, selbst beim Einschlafen ihre Aufmerksamkeit aufrechtzuerhalten, durch beruhigende Suggestionen zum Verlassen ihres Wachpostens bewegt. Alles in Ihnen wird angenehm müde und leicht, und es ist Ihnen, als ob Sie einschlafen wollten.

Doch dies verhindern nun besondere Suggestionen, die in Ihnen ein waches Bewußtsein entstehen lassen. *Sie spüren deutlich und immer deutlicher eine tiefe Ruhe und Harmonie in Ihrem Inneren. Sobald die äußeren Sinnesreize unwichtig zu werden beginnen, lassen Sie los, fühlen sich wohl und gleiten tiefer in eine angenehme Trance.*

Sie schweben in einem angenehmen Zustand zwischen Wachen und Schlafen und sind auf wohltuende Weise nur noch über Ihr Ohr mit der Außenwelt und mit der Stimme des Therapeuten verbunden. Es fällt Ihnen leicht, den Anweisungen seiner Stimme zu folgen.

Haben Sie bemerkt, wie bereits während des Lesens ein seltsames Gefühl begonnen hat? Hypnose muß nicht immer vor Ort geschehen, auch in diesen Zeilen liegt jener Geist, der heilen will.

Sie werden meinen Erklärungen längst entnommen haben, daß Hypnose keinesfalls ein Zustand ohne Besinnung ist. Sie bleiben »gegenwärtig« mit einer gewissen selektiven Einschränkung der äußeren Sinne. Sie haben in diesem Augenblick nur eine wichtige Aufgabe: von aller äußeren Wahrnehmung einfach loszulassen – das heißt, von aller gedanklichen Tätigkeit abzulassen.

Manchmal wehrt sich am Anfang der Intellekt durch eine Flut von Gedanken gegen den beginnenden Trancezustand. Er möchte sich, dominant und neugierig wie er ist, über sein Beobachtungsinstrumentarium nicht das geringste von dem entgehen lassen, was jetzt mit Ihnen geschieht. Und das ist dann auch die Schwelle, die es noch zu überwinden gilt. Ein unablässiger Gedankenstrom steht Ihrem Vorhaben, in Ihre unbewußten Tiefen abzusinken, noch einige Zeit entgegen. Selbst wenn der Therapeut suggeriert, nun endlich und vollkommen loszulassen, gelingt es doch erst langsam, ruhiger zu sein. Denken Sie daran, auch hier gilt wieder der paradox klingende Satz: »Die Energie, die Sie einsetzen, um das Ziel zu erreichen, ist das Hindernis auf dem Weg zum Ziel.«

Sie müssen also nicht wollen, sie sollen geschehen lassen. Wem es gelingt, die Gedanken entgleiten zu lassen, ihnen keine besondere Beachtung mehr zu geben, sich ganz der inneren Wahrnehmung zu öffnen, der ist am ehesten am Ziel: Er findet das Tor zu seinem Unterbewußtsein, öffnet es und läßt die Suggestionen direkt in die Tiefen seiner Seele gleiten.

Hohe Ansprüche an den Therapeuten

Die ethische Haltung und eine »saubere« innere Einstellung des Therapeuten ist von ausschlaggebender Bedeutung bei der von mir mit Dr. Murphy entwickelten Hypnosetherapie. Ein Therapeut in meinem Team muß mit Leib und Seele bei der Sache sein und die Probleme des Patienten zu seinen eigenen machen. Das erfordert ein hohes Maß an Liebe zu sich, zu seiner Arbeit und zu seinen Patienten. Die erforderlichen ethisch-menschlichen

Voraussetzungen sind eine der bedeutendsten Bedingungen für einen Behandlungserfolg, und sie sind in keiner anderen medizinischen Methode von ähnlich großem Gewicht. Nur durch eine liebevolle Hinwendung und durch seine seelische Ausgeglichenheit erschließt sich dem Therapeuten ein leidgeprüfter, oft verschlossener Patient. Die notwendigen positiven Schwingungen zwischen beiden verlangen vom Therapeuten Achtsamkeit, um ein Abgleiten in unerwünschte Bereiche zu vermeiden.

Die Verantwortung, die ein ethischer Hypnosetherapeut gegenüber einem anderen Seelenwesen hat, setzt das Selbstvertrauen voraus, jeder möglichen Situation auch gewachsen zu sein. Von ihm wird ein großes Feingefühl verlangt, und sein Gespür in die speziellen Eigenarten jedes Patienten erfordert tiefe Menschenkenntnis.

Hypnosetherapie ist kein Abspulen eines vorfabrizierten Textes. Es gehört viel seelische Kraft und Aufmerksamkeit dazu, das Unterbewußtsein eines Patienten mit neuen, positiven Inhalten zu inspirieren.

Manchmal ist eine Suggestionstherapie auch ein Kraftquell für den Therapeuten. Die Liebe und Harmonie, die er durch sich zu seinem Patienten strömen läßt, löst natürlich auch in ihm eine positive Resonanz aus, so daß er nach Beendigung der Sitzung selber erfüllt und energetisiert sein kann. Ich erlebe es immer wieder, daß meine Mitarbeiter an Tagen, an denen sie zu besonders befriedigenden Resultaten mit den Patienten kamen, besonders beflügelt und beschwingt nach Hause gehen.

Ein guter Hypnosetherapeut sollte ein Meister der Sprache sein. Ein falsches Wort kann unerwünschte Nebenwirkungen haben; jedes versprochene Wort scheucht den Patienten aus seiner Trance in intellektuelle Aufmerksamkeit. Das heißt, erst höchste Konzentration, tiefe Einfühlsamkeit und intuitives Erfassen der Vorgänge im Patienten führen gemeinsam zu der erwünschten neuen inneren und äußeren Harmonie.

Die besten Ergebnisse vermag Hypnosetherapie in der ersten zum Übergang in die zweite Stufe der Hypnose zu erreichen. Niemand braucht wegen eines Abgleitens ins Somnambule Befürchtungen zu haben, eventuell nicht therapiefähig zu sein. Nur wenige Menschen (ungefähr drei Prozent) sind dazu überhaupt fähig. Ich selbst gehöre dazu. Bei lediglich einer meiner Therapeutinnen werde ich somnambul und bin dann vorübergehend nicht mehr ansprechbar. Ich nehme dann für einige Zeit keine Suggestionen mehr an, bis ich schließlich ganz von selbst wieder erwache.

Selbst für diejenigen, welche sich, ohne von ihrer Veranlagung zu wissen, hypnotisieren lassen, bleibt Hypnose in den Händen eines versierten Therapeuten, der die Reaktionsweisen des Unterbewußtseins aus vielen Hunderten von Fällen genau kennt, immer vollkommen harmlos. Mir ist es in meiner langjährigen Praxis einmal vorgekommen, daß bei einem Patienten der sogenannte Rapport abriß. Er verzog sich in seine unbewußten Tiefen, so daß er in seinem somnambulen Zustand meinen Suggestionen vorübergehend nicht mehr folgte. Dem Hypnosetherapeuten ist damit für kurze Zeit die Möglichkeit genommen, den Patienten zu erreichen, und er wird diese Hypnosesitzung schließlich beenden. Das ist nicht weiter schwierig noch in irgendeiner Weise gefährlich, denn selbst aus einer tiefen somnambulen Hypnose, in die ein Patient gleiten mag, wird er von selbst aufwachen – auch wenn es eine halbe Stunde dauern kann.

Die Rückkehr aus dem Zustand der Hypnose wird dann mit folgenden Worten begonnen: »*Sie sinken nun noch tiefer und tiefer in den angenehmen Zustand wohltuender Entspannung, und Sie schreiten durch das weitgeöffnete Tor Ihres innersten Wesens direkt in Ihr Unterbewußtsein. Nachdem Sie sich für eine gewisse Zeit selbständig gemacht haben, hören Sie nun wieder meine Stimme. Alles ist gut, Sie hören wieder meine Stimme, und*

Sie folgen jetzt wieder meinen Worten. Sie waren tief in einem sehr angenehmen Zustand und wollen nun von allein wieder zurückkehren. Lassen Sie sich noch eine Weile Zeit und erwachen Sie erholt, munter und gut gelaunt.«

Mit diesem Umweg über eine weitere Vertiefung der Hypnose ist es für einen ausgebildeten Therapeuten leicht, die Wiederkehr ins Normalbewußtsein einzuleiten. Der Rapport, die Verbindung zwischen Therapeut und Patient, ist wiederhergestellt.

Laien und experimentierfreudige Neugierige wären solchen oder ähnlichen Situationen nicht gewachsen. Sie könnten Kreislauf- und Herzgeschehen durcheinanderbringen, allein durch die den Laien nicht nachvollziehbare Arbeitsweise des Unterbewußtseins. Es können darüber hinaus leichtfertig benutzte Wortspiele, Mehrdeutigkeiten oder Mißverständnisse zu Irritationen führen.

Das direkte und oft rein wörtliche Umsetzen aller »Wortwerte« im Unterbewußtsein schilderte ich bereits als die Grundlage vieler schädlicher Verhaltensreaktionen in Psyche und Körper und ist auch Thema in meinen anderen Büchern.

Wenn ein Kind unablässig als dumm hingestellt wird, dann erzeugt das auch ohne Hypnose mit der Zeit Minderwertigkeitskomplexe in seinem Unterbewußtsein. Ein Therapeut muß also bedacht vorgehen, wenn er wirklich nur »reine« positive und aufbauende Gedanken vermitteln will.

Mit dieser therapeutischen Absicht ist auch gleich eine Furcht entkräftet, auf die ich immer wieder stoße, wenn ich mich mit Laien unterhalte, die noch nie etwas von Hypnose erfahren haben. Sie äußern häufig die Befürchtung, in einem Zustand, in dem sie glauben, nicht mehr Herr ihrer Sinne zu sein, vielleicht zu Handlungen oder Äußerungen verleitet zu werden, die ihren Wünschen widersprechen. Alberne Jahrmarktsexperimente mögen diese Meinung verfestigt haben.

Zwei Gesetzmäßigkeiten machen diese Befürchtungen vollkommen überflüssig. Erstens ist es selbst in der tiefsten Hypnose nicht möglich, einem Menschen ein »Geheimnis« zu entreißen, das er nicht preisgeben will. Allein der Versuch dazu hebt die Hypnose sofort auf und versetzt den Patienten in einen hellwachen Alarmzustand. Zum anderen arbeitet die moderne Hypnosetherapie ausschließlich mit positiven Suggestionen und hat nicht vor, irgend jemanden zu manipulieren.

Wer sich in Hypnose befindet, ist in diesem Zustand zu keiner anderen Handlung oder Informationspreisgabe bereit, der er nicht auch im wachen Normalbewußtsein zustimmen würde. Das heißt aber auch, er wird nur jene positiven Suggestionen annehmen, die seine innere »Weisheit« akzeptiert hat, ja, die er selber sehnlichst herbeiwünscht.

Andererseits unterliegt auch der Therapeut dem geistigen Gesetz der Wahrheit, ohne die ihm niemals tatsächliche Hilfeleistung möglich ist. In demselben Maß, in dem sich die Ethik eines Therapeuten entwickelt, findet er Zugang zu den Tiefen des anderen. Nur Wahrhaftigkeit bringt Wahrheit hervor. Das Gesetz der Resonanz verlangt von Therapeuten, so zu sein, wie der Patient sein will: gesund, harmonisch und liebevoll. Die wichtigste Voraussetzung für eine erfolgreiche Behandlung ist ein tiefes Vertrauen zwischen Therapeut und Patient.

Hypnosetherapie mit Straffälligen

Es hat Anfang des Jahrhunderts Gerichtsverhandlungen gegeben, in denen die Hypnose als mögliche Ursache krimineller Handlungen mit untersucht wurde. In den letzten fünfzig Jahren ist sich allerdings die Wissenschaft absolut sicher geworden, daß kein Mensch durch Hypnose zu einer unrechten Tat verleitet werden kann. Lassen Sie sich von keiner anderen Meinung beeinflussen, Sie haben immer das »Hausrecht«, und so wird es auch bleiben. Eine Aussage anderer Art kann nur von jemandem kommen, der fachlich inkompetent ist.

Niemandem kann etwas suggeriert werden, was ihm widerspricht und wozu seine tiefsten Gefühle nicht ihr Einverständnis geben. Einem Hypnotisierten etwa den posthypnotischen Auftrag zu geben, nach dem Erwachen einen Mord oder einen Raub zu begehen, ist vollkommen unsinnig beziehungsweise zwecklos. Das könnte nur gelingen, wenn der Proband die Absicht dazu ohnehin schon in sich trägt.

»Ein eingefleischter Autoknacker oder Einbrecher ist deshalb durch Hypnose vielleicht eher zum besten Ganoven der Stadt zu machen als zum ehrsamen Bürger«, sagte ich einmal zu einem Staatsanwalt, der mich nach Garantien für eine Hypnosetherapie bei einem seiner »Dauerinsassen« befragte. Gegen den eigenen Willen wird niemand gesund werden, und genauso wird niemand gegen seine Ethik verstoßen und kriminell werden.

Der Versuch aber, einen Menschen aus einer negativen »Programmierung« zu lösen, ist es in jedem Fall wert; denn die Hypnose ist eine ausgezeichnete Methode, um mit unserer göttlichen Quelle, die auch im größten Missetäter gleichermaßen vorhanden ist, wieder in Einklang zu sein. Das Gute ist die Grundtendenz in jedem Menschen. Es hängt nur vom Grad der charakterlichen Verhärtung ab, ob er unzugänglich ist oder inwieweit er sich wirklich ändern will. Anders ausgedrückt: Es ist häufig hauptsächlich eine Frage der Zeit, wann es gelingt, auch tiefe und ungute Prägungen aus dem Unbewußten zu lösen.

Mit Sicherheit läßt sich deshalb bei einem Rückfalltäter erst dann ein Urteil über den Wert einer hypnosetherapeutischen Behandlung fällen, wenn man seine psychischen Veranlagungen genauer kennengelernt hat. Es ist besser, einem Gestrauchelten mit liebevoller menschlicher Zuwendung zu helfen, als ihn der seelentötenden Gefängnismonotonie zu überantworten.

Gefängnisse sind ein Ausdruck von Lieblosigkeit und einer menschenverachtenden Grundeinstellung. Strafe vergrößert immer nur das Leid. »Therapie dagegen ist ein Ausdruck der Liebe am Mitmenschen, und Heilung ist eine Funktion der Liebe; Liebe ist die größte Therapie, und die Welt braucht Therapeuten, weil ihr Liebe fehlt«, sagte der Philosoph Osho.

Wenn der Delinquent selbst seiner Entgleisungen überdrüssig ist und wirklich die Sehnsucht danach hat, ein besserer Mensch zu werden, dann ist die Aussicht auf Erfolg am größten. Sein Innerstes strebt dann dem gleichen Ziel zu, und der Hypnosetherapeut findet in der Kooperation immer auch einen Weg, das erstrebte Ziel zu erreichen.

Vor einiger Zeit bekam ich zwei ähnlich gelagerte juristische Fälle auf einmal von einem Gericht zur therapeutischen Behandlung zugewiesen. Willi K. war 35 Jahre alt, als er frisch von der Anklagebank zu mir geschickt wurde. Ein Drittel seines Lebens hatte er wegen Kleptomanie bereits hinter Gittern verbracht. Auch der 35jährige Werner F. verbrachte seine Zeit in ständigem Wechsel zwischen kleinen Unterschlagungen und Diebstählen in Gerichtsverhandlungen und Gefängnis. Das letzte Mal wurde er auf Bewährung und mit der richterlichen Auflage entlassen, sich bei mir einer Hypnosetherapie zu unterziehen.

Bei beiden mußte ich damit beginnen, ihre Persönlichkeit auf eine neue und solidere Basis zu stellen. Lieblos, unbeachtet, in verwahrlosten Elternhäusern aufgewachsen, hatten sich beide voller Haß gegen diese Welt zu Menschen entwickelt, die unbewußt in kriminellen Handlungen die einzige Möglichkeit sahen, sich an ihrer Welt zu rächen.

Sechs Monate später hatten sie beide ein neues Selbstbewußtsein gewonnen. Sie hatten ihre alten Frustrationen aufgelöst und den Weg gefunden, wieder mit der Welt zurechtzukommen.

Ich gab ihnen die Suggestion: *»Ich bin eine starke positive Per-*

sönlichkeit. *Mein Zusammenleben mit meiner Familie und allen meinen Mitmenschen ist von nun an harmonisch und von Liebe erfüllt. Ich vertraue auf die unerschöpfliche Kraft meines Unterbewußtseins. Es macht mich stark in allen Lebenssituationen und erfolgreich in allen meinen Handlungen. In mir ist vollkommene Ruhe und Harmonie. Ich höre von nun an auf meine innere Stimme, die mich sicher führt und lenkt und mich immer das Richtige tun läßt. Tiefe Harmonie erfüllt mich mit Freude und Zuversicht. Ich lebe jetzt in vollkommener Harmonie mit Gott und der Welt auf der Sonnenseite des Lebens.«*

Über drei Jahre sind seitdem vergangen. Willi K. blieb straffrei. Auch Werner F. ist nicht mehr rückfällig geworden. Seine Bewährungsfrist ist inzwischen abgelaufen.

Meine häufigen Kontakte mit Gefängnisinsassen und als Sachverständiger und Gutachter in Gerichtsverhandlungen bei Fällen von Kleptomanie, Rauschgiftdelikten, Rückfallvergehen und ähnlichem, bringen mir schon seltsame Typen ins Haus.

Ein persischer Waffenhändler, der sich durch die Behandlung bei mir Mut und Selbstbewußtsein holen wollte, legte vorher mit den Schuhen auch seine Pistole neben der Couch ab und zeigte mir hinterher seinen tragbaren Safe: einen Plastikbeutel mit seinem Geschäftskapital von 500 000 DM in bar.

Mehrere Jahre lang kam aus einer Großstadt der dortige König der Unterwelt zu mir. Unablässig wuchsen seine Ängste, in den internen Bandenkämpfen eines Tages doch zu unterliegen.

Einem spirituellen Hypnosetherapeuten steht keine Kritik an der Lebensweise eines Patienten zu. Er hat aber die stille Hoffnung, durch seine Arbeit wieder Harmonie und ehrliche Freude zum Leben zu erwecken.

Zu der von Dr. Murphy und mir entwickelten Hypnosetherapie gehört generell die Erkenntnis, daß niemals etwas »wegsuggeriert« werden kann. Prinzipiell sollten wir immer nur das herbeisehnen, was unseren Sehnsüchten am meisten entspricht und was uns bisher gefehlt hat. Das bedeutet, daß ich in der Hypnose keine schlechte Charaktereigenschaft oder menschliche Schwäche anspreche und etwa mit den Worten verurteile: »Sie hassen Ihren Chef nicht mehr!« oder: »Sie werden niemals mehr stehlen.«

Ganz prinzipiell ersetze ich Negatives durch Positives. Suggestionen der Harmonie, der Liebe, der Gesundheit und des Erfolges führen zum angestrebten Ziel. Diese vier entscheidendsten Zielvorstellungen für ein glückliches Leben wirken wie ein Eisbrecher, der festgefahrene, erstarrte Muster auflöst. Licht läßt Dunkles erstrahlen, Positives erlöst Negatives.

Die Bibel sagt, Gott sei ein verzehrendes Feuer, das alles, was seiner nicht gemäß ist, auflöst. So ist es auch mit einer intensiven, positiven Suggestion. Alles, was ihrer Aussage nicht entspricht, wird aufgelöst.

Eine positive Suggestion ist wie Licht, eine negative wie Dunkelheit. Die Leute von Schilda versuchten die Dunkelheit zu bekämpfen, indem sie die Wände in dem dunklen Raum weiß gestrichen haben und versuchten, die Dunkelheit in großen Säcken herauszutragen. Machen Sie einfach Licht, und alles, was dem Licht nicht gemäß ist, wird hinweggestrahlt. Sich mit Negativem zu beschäftigen, in der Hoffnung es loszuwerden, heißt, es dadurch nur weiter zu verstärken.

Wenn Sie das Positive mit Gott gleichsetzen, verstehen Sie vielleicht die Ausage: »Einer mit Gott ist immer die Mehrheit.« Ihr Wunsch, ein gutes, gottgefälliges und positives Leben zu führen, ist immer stärker als alle destruktiven verneinenden Verhaltensmuster der Vergangenheit.

Das Gewissen wirkt als Instanz selbst im größten Außenseiter der Gesellschaft. Hypnosetherapeutische Hilfe sollte deshalb in unserem Leben ganz allgemein viel häufiger angeboten und eingesetzt werden.

In einer Gerichtsverhandlung gegen einen notorischen Autodieb erinnerte ich mich daran, wie Dr. Murphy in einer ähnlichen Situation gehandelt hatte. Er hatte einen lieblos in Heimen aufgewachsenen Hilfsarbeiter zugewiesen bekommen, der ständig Autos aufbrach und mit ihnen herumfuhr, bis der Tank leer war.

Das Gericht folgte seiner Empfehlung, dem jungen Mann eine Automechanikerlehre zu ermöglichen, in der er ganz selbstverständlich täglich mit Autos umzugehen hatte. Bald hatte er sich eine eigene »Kiste« zusammengebastelt und konnte selbst fahren. Die größte Sehnsucht des Jungen wurde erfüllt, und seine unruhige Vergangenheit war vergessen. So einfach lassen sich oft Schicksale zum Guten wenden. Wenn Sie frustrierende Vorstellungen, Negativität und ähnliches durch Positives ersetzen wollen, dann steht dem ab heute nichts mehr im Weg.

Um es noch einmal ganz deutlich zu sagen: Gegen den Willen eines Menschen wirkt keine Suggestion, mit ihm gemeinsam aber ist alles möglich! Der Patient muß aus eigenem Entschluß die Affirmationen, die ihm vermittelt werden, gutheißen. Er sollte sich öffnen und an sich arbeiten wollen, dann können wirklich Wunder geschehen.

Die Grenzen der Hypnose

Nur wenige Fälle sind für hypnotische Behandlung nicht geeignet. Bei einigen Geisteskrankheiten wäre sie ausgesprochen falsch. Dem psychotischen Patienten, der am meisten bei einer Harmonisierung seiner psychischen Kräfte gewinnen würde, ist die Suggestionstherapie leider gleich aus zwei Gründen verschlossen.

Einmal kann er nicht loslassen, der Zugang zu seinem Unterbewußtsein ist durch eine nahezu permanente psychische Fehlhaltung blockiert. Zum anderen können neue sogenannte

»Schübe« ausgelöst werden. Der erfahrene Hypnosetherapeut achtet deshalb bereits im Erstkonsultationsgespräch auf Anzeichen für Geisteskrankheiten. Um das Leiden für den Patienten nicht weiter zu vergrößern, muß er dann gelegentlich die Behandlung ablehnen.

Es gibt andererseits seltene Fälle, in denen sich zwar Patienten entschließen, zur Therapie zu kommen, aber trotzdem eine Sperre in sich haben. Wer grundsätzlich ablehnt, sich therapieren zu lassen, bei dem kann der beste Therapeut keinen Erfolg haben.

Da gibt es die sogenannten Schein- oder Alibipatienten. Sie melden sich zur Behandlung an, weil Freunde, Verwandte oder auch die Eltern sie geschickt haben und denen sie nun beweisen wollen, daß ihnen nicht zu helfen ist. Sie legen sich dann mit den Gedanken hin: »Nun mach mal schön! Bei mir beißt du auf Granit!« Ihre leicht durchschaubare Demonstration ist natürlich der beste Beweis dafür, wie sehr sie es tatsächlich für notwendig halten, liebgewordene Vorstellungen, ganz gleich, ob sie harmlos oder lebensbedrohlich sein mögen, vor jedem Zugriff von außen abzuschirmen.

Wenn es sich um wirklich kranke und sehr bedrohte Patienten, wie etwa um Magersüchtige handelt, kann oft unterstellt werden, daß sie gar nicht geheilt werden wollen, weil sie ihre Krankheit zur Aufrechterhaltung des psychischen Gleichgewichts brauchen. Manch einer hat gelernt, seine Umwelt mit seiner Krankheit zu manipulieren, und das tut scheinbar manchmal gut.

Unter genau diesen schwierigen Voraussetzungen kam ein Patient aus der Geldaristokratie zu mir. Er wollte im Grunde nicht gesund werden und kam nur auf Druck seiner Familie zu mir. Bei ihm schaffte ich allerdings erst die Voraussetzungen für eine positive Wende durch die Zusammenarbeit mit seiner Freundin. Sie wollte ihn verlassen, wenn er sich nicht ändern würde. Auf diese etwas »härtere« Weise konnten wir ihn nach zwei Wochen dazu bewegen, loszulassen und endlich mitzuarbeiten. Seine verdrängten Ängste und Minderwertigkeitskomplexe konnten aufgelöst werden. Durch positive Suggestionen war es dann möglich, zu einem neuen gestärkten Selbstwertgefühl zu gelangen.

In solchen Fällen hat sich die klassische Homöopathie außerordentlich gut zur Unterstützung der psychotherapeutischen Bemühungen bewährt; sie kann bis in die tiefen seelischen Bereiche hinein wirksam werden. Aber genau wie in der Hypnosetherapie ist auch die Homöopathie außerordentlich abhängig von der Qualifikation des Homöopathen. Im Gegensatz zu den Unmengen von allopathischen Mitteln gibt es zwar nur ein paar hundert homöopathische; jedoch ergibt sich durch die sogenannte Potenzierung (Verdünnung) für den Homöopathen eine unübersehbare Fülle von nahezu 6 000 000 Kombinationsmöglichkeiten. Die Wahrscheinlichkeit, daß der ungeübte Homöopath das richtige Mittel findet, ist äußerst unwahrscheinlich. Sogenannte Insider behaupten, in ganz Deutschland gäbe es nur zehn bis zwanzig wirklich gute Homöopathen. Ich habe das große Glück, bei meiner Arbeit, wenn es nötig wird, auf die Unterstützung eines solchen hochqualifizierten Homöopathen zurückgreifen zu können. Der Heilpraktiker Peter Raba in Murnau ist einer dieser wenigen Homöopathen, der auch dann helfen kann, wenn andere versagen.

Zum weitverbreiteten Vorurteil gegenüber Hypnose gehören die Bedenken mancher Laien, etwas aus ihrem Intimleben auszuplaudern. Wer so spricht, hat tatsächlich eine Reihe von Hemmungen, von denen er sich in der Hypnose wunderbar befreien könnte.

Zu den schwerwiegendsten seelischen Blockaden führt meistens eine traditionell verkorkste Einstellung zur Sexualität. Ich wünsche mir oft, daß es in unserer Gesellschaft mehr Oswalt

Kolles und auch viel mehr Beate Uhses gebe, um endlich mit den Tabus der Sexualität leichter aufzuräumen. Ein bekannter Weisheitslehrer ist der Meinung, daß lustvoll gelebte Sexualität die Menschen am allerschnellsten zu einem natürlichen Maß gegenseitiger Zuwendung kommen läßt. Ohne den Druck der Frustration finden sie dann von allein zu einer moralischen Lebenseinstellung und zur Abneigung gegen alle Übertreibungen.

Sexualität gehört trotz aller Offenherzigkeit in unserer Kultur immer noch in eines jener Geheimfächer, über das die einen zuviel sprechen und das die anderen frustriert verbergen.

Das Vertrauen, das der Patient seinem Helfer entgegenbringt, beruht auch auf der Gewißheit, selbst in der tiefsten Trance Herr über die Entscheidung zu sein, mit seinem Therapeuten über persönliche Dinge zu sprechen, wenn er will – oder aber auch nicht.

Was bewirkt die Hypnosetherapie?

An den beschriebenen Beispielen werden Sie bereits bemerkt haben, daß der therapeutische Nutzen der Hypnose in psychischer Aufbauarbeit liegt. Mit Verdrängen, Gewalt oder Erzeugen von Abhängigkeit hat Hypnosetherapie nicht das geringste zu tun.

Ein Arzt mag Sie auf Asthma, Hautausschlag oder Migräne medikamentös behandeln. Ich sehe statt der Symptome die Ursachen – und die sind fast immer im psychischen Bereich zu finden. Nur in einem ausführlichen Erstgespräch erkundige ich mich nach den Symptomen. Dann wird im allgemeinen die ganze Behandlungszeit über nicht mehr davon gesprochen – höchstens zum Schluß, wenn sie verschwunden sind.

Während der Therapiezeit erhalten Sie positive Suggestionen, die auf eine baldige Lösung Ihres Problems ausgerichtet sind.

Der Schlüssel zu Gesundheit und Glück liegt immer in Ihrer Seele. Wenn es gelingt, das Zusammenwirken Ihrer geistigen Kräfte wiederherzustellen, so daß Körper, Seele, Geist wieder eins sind, dann verschwinden auch die Beschwerden. Die ganze Arbeit, die Sie selbst dabei zu leisten haben, besteht im Loslassen von Ihren alten Vorstellungen, und schon vollzieht sich die Wandlung Ihres Denkens zur Verwirklichung der vier größten Sehnsüchte, die in Ihnen auf ihre Verwirklichung warten: *Liebe, Gesundheit, Harmonie und Erfolg.*

Es ist keine bloße Behauptung, wenn ich sage, Sie finden in einer spirituellen Hypnosetherapie die Lösung für das, was Sie bisher belastet hat. Lesen Sie dieses Buch auf jeden Fall mehrmals, und Sie werden immer wieder Neues entdecken und so alsbald den Weg zu Gesundheit und Glück finden.

Wahrscheinlich werden Sie mir zustimmen, wie berechtigt die östliche Weisheit ist, die in der harmonischen Einheit von Körper, Seele und Geist das wahre Glück unseres Lebens sieht. Das Geheimnis des erfolgreichen Lebens ist, wenn es denn eins wäre, in göttlicher Harmonie unsere Tage zu gestalten.

Erfassen Sie die hohe Bedeutung und die Verheißung, die für Ihr Leben in dieser Erkenntnis steckt.

Unsere Schulmedizin beginnt erst sehr zögerlich, das geistige Lebensprinzip in einigen Bereichen als bedeutsam für unseren Lebenserfolg anzusehen. Halten Sie sich an Ihre eigenen Erkenntnisse, befreien Sie sich von altem Ballast durch positive Suggestionen und kommen Sie zur Beratung, wenn Sie das Gefühl haben, Hilfe zu brauchen. Es gibt nur einen Weg, Ihre Sehnsüchte, die Ihr Herz bewegen, in erlebte Realität umzusetzen: rechtes Fühlen, rechtes Denken und rechtes Handeln. Etwas weltlicher ausgedrückt: Denken Sie konsequent positiv!

Wie Sie Ihren persönlichen Erfolg in der Hypnose erleben

Viele Lebensjahre haben Sie zu demjenigen werden lassen, der Sie heute sind. Herkunft, Veranlagung und Erziehung ließen Sie zu dem Menschen werden, der jetzt dieses Buch in den Händen hält. Die Hypnose ist kein Wundermittel, mit dem Sie sich in Stunden von etwas befreien können, was in Jahrzehnten entstanden ist. Obwohl in der Hypnose eine vielfache Lern- und Verlerngeschwindigkeit wirkt, geschehen Wandlungen auch hier meist nur allmählich – aber sie geschehen. Was Sie sofort erreichen können, ist das Umschalten von Minus auf Plus, von negativ auf positiv.

Patient heißt »der Geduldige«. Geduld ist erforderlich, und so sollten wir also auch geduldig erwarten, den neuen, positiven Energieschub vom Unterbewußtsein aus im ganzen Körper als einsetzende Genesung zu spüren.

Von jeder schweren Krankheit wissen wir, daß der Wende zur Besserung eine Krise vorausgeht. Auch bei der Hypnose können Sie innerhalb der ersten Tage eine Krise erleben, in der Sie meinen, es nicht zu schaffen. Die alte Gewohnheit wehrt sich gegen die neue, aufbauende Kraft. Die alten Denkschablonen und eingenisteten Irrtümer werden aufgewirbelt. Vorurteile, Ressentiments, Unversöhnlichkeit oder Ihre vielen als Krankheit ins Körperliche übertragenen Unstimmigkeiten begehren auf und wollen nicht so einfach verschwinden.

Es gehen tatsächlich chemische Veränderungen in Ihnen vor, wenn positive, psychische Kraft an körperlichen Dysfunktionen rüttelt. Ein zwanzigjähriger Diabetiker, der aufgrund der Abhängigkeit von seiner Mutter von einer organischen Erkrankung in die andere fiel, nur um weiter von ihr versorgt zu werden und nicht auf eigenen Füßen stehen zu müssen, kam bei unseren Gesundheitssuggestionen buchstäblich mit seinem Hormonhaushalt durcheinander. Der Kampf der Kräfte in seinem Inneren spiegelte sich ganz offensichtlich in seinem Körperzustand. Das war seine Krise, bevor das Positive, Neue in ihm siegte.

Die »lieben« Gewohnheiten, mögen sie noch so unangenehme Begleiter sein, wie beispielsweise Phobien oder Neuralgien, Rauchen oder Trinken, versuchen auf diese Weise ihr weiteres Bestehen zu sichern. Die beste Waffe gegen diese Anfechtungen ist Geduld; Unruhe kann Ihnen nur weitere Erschwernisse bringen. Aus kritischen Überlegungen und Zweifeln erwachsen nur weitere zweifelhafte Situationen. Ihr Unterbewußtsein hat dann noch nicht Ihre Entscheidung für ein besseres Leben akzeptiert. Für Sie persönlich gibt es jetzt – nach diesem Buch – überhaupt keine Schwierigkeiten mehr mit Hypnose, denn Sie wissen, daß das Positive Denken von nichts getrübt werden kann. Leben Sie in dieser Überzeugung – und Sie haben sich damit für ein erfolgreiches Leben entschieden.

Unter diesen Voraussetzungen ist es für den Therapeuten dann auch ein leichtes, Sie in einen meditativen Trancezustand zu versetzen. Zu Beginn einer Behandlung sind es Entspannungsübungen, die den Erfolg der Therapie einleiten, später beginnt das völlige Loslassen und schließlich dann die Übernahme der persönlichen aufbauenden Suggestionen.

Sie haben jetzt erfahren, daß Hypnose nicht wie eine mechanische Behandlung anzusehen ist, die Sie über sich ergehen lassen und nach der Sie dann geheilt nach Hause gehen. Ihr Bewußtsein ist viel subtiler; zum ersten Mal in Ihrem Leben ist es Ihre eigene Arbeit an sich selbst, die Ihnen hilft, vorwärtszukommen. Kein anderer kann sie Ihnen abnehmen, denn Sie selbst haben Ihr Bewußtsein geformt, und nur Sie können es auch umformen. Wir aber können Ihnen dabei helfen. Die Arbeit an sich selbst ist die bestbezahlteste Arbeit der Welt, Ihr Lohn ist all das, was Sie sich wünschen. Mit Hilfe des Therapeuten stellen Sie sich auf die Sonnenseite des Lebens.

Wissen und Lernen in Hypnose

Wenn Sie erst einmal die Methode der Hypnose kennengelernt haben, werden Sie eine Reihe weiterer höchst angenehmer zusätzlicher Möglichkeiten kennenlernen. Die Entspannungstechnik, die Sie sozusagen zur Vorbereitung erlernen, entläßt den Alltagsstreß. Sie werden ruhiger und besonnener, und das ist die wichtige Grundlage für erfolgreicheres Handeln.

Dann werden Sie bemerken, wie sich Ihr Gedächtnis verbessert. Der verbesserte Zugang zu Ihrem Unterbewußtsein befähigt Sie, besseren Kontakt zu den allumfassenden Tiefen Ihrer Seele zu erhalten. Jede Kleinigkeit, die Ihre Sinne jemals aufgenommen haben, ist dort gespeichert. Wenn Sie daran denken, was Sie alles in Ihrem Leben schon aufgenommen und wieder vergessen haben, dann sollte Sie das nicht traurig stimmen. Die Fundgrube Ihres Unterbewußtseins enthält alle versunkenen Schätze, die an Ihrem Kurzzeitgedächtnis vorbei jetzt im Langzeitspeicher darauf warten, abgerufen zu werden.

Unser Tagesbewußtsein arbeitet so selektiv auf jeweils interessierende Brennpunkte, daß wir nach einem erfüllten Tagesablauf am Abend oft Mühe haben, alle erlebten Details im Rückblick noch einmal aneinanderzureihen.

Das ist natürlich auch ein Schutz, um nicht von der Fülle des Geschehens überflutet zu werden. In der Hypnose finden wir nun zu jenem unendlichen Speicher, in dem alle, also auch die kleinsten Vorgänge, registriert sind. Unsere Sinne nehmen auch scheinbar unwichtige Details so vollkommen wahr, daß es uns wundert, wenn wir Einblick in das Schatzhaus unseres Geistes erhalten.

Von einer Wiener Zeitung wurde ich einmal zu einem Mann gebeten, der in einem Wald bei Wien auf einer Straße, in deren Nähe ein Mord geschehen war, ein Auto bemerkt hatte. Monate danach waren dem Mann natürlich – scheinbar – alle Einzelheiten der damaligen Situation entfallen. Ich sollte versuchen, ihn in Hypnose wieder an jene Waldstelle zu führen, um ihn die Autonummer ablesen zu lassen. Sie mochte damals nicht einmal in seinem direkten Blickwinkel gelegen haben – in der Hypnose konnte er sie nennen. Deutlich schilderte er Nummer, Wagentyp und Wagenfarbe.

Das Wichtigste an diesem seltsam erscheinenden Vorgang ist nicht die erstaunliche Lösung eines Kriminalfalles, sondern die Gedächtnisleistung, die unsere detaillierte Merkfähigkeit für jeden Augenblick unseres Lebens dokumentiert.

Der bereits erwähnte Professor Losanov aus Sofia begann in den sechziger Jahren, die nur zu etwa zehn Prozent genutzte Kapazität unseres Gehirns zum leichteren und schnelleren Lernen besser auszuwerten. Die Hypnose/Trance-Technik ist dabei ein sinnvolles Hilfsmittel, weil es mit ihr gelingt, das Gehirn von der äußeren, oberflächlichen Gedankenfülle abzuhalten und die unbewußten Bereiche zu öffnen. Die Neurophysiologie hat festgestellt, daß die Gehirnströme im hellwachen Zustand (die Beta-Wellen) Verstandesarbeit bedeuten, während im schläfrigen, nur noch halbbewußten Zustand langsamere Alphawellen erzeugt werden, die den tieferen, psychischen Bereichen zugeordnet sind.

Auch an Hypnotisierten lassen sich hauptsächlich Alphawellen messen, teilweise noch langsamere Schwingungen. Mit jeder langsameren Frequenz befindet sich der Hypnotisierte tiefer in seinen unbewußten Schichten, die den direkten Zugang zu »Vergessenem« möglich machen. An die Stelle von positiven Suggestionen lassen sich auch Lerninhalte setzen. Zum Vorteil der höheren Lerngeschwindigkeit kommt ein noch größerer Nutzen: Das Gelernte wird leichter im Gedächtnis behalten.

Der Trick mit dem Schlaf

Ich benutze die erhöhte Lernfähigkeit und Aufnahmebereitschaft in Hypnose/Trance oder Schlaf bei meinen Patienten sehr oft zu Lern- oder Heilzwecken, indem ich meine Kassetten mit der Subliminaltechnik einsetze. Wer sich zu Hause und auch nachts seiner positiven Neukonditionierung widmen will, findet eine große Auswahl an Kassetten mit geeigneten Suggestionstexten, die er tagsüber oder während des Schlafs abspielen kann.

Man benötigt dazu nichts weiter als einen Kassettenrecorder und eine Schaltuhr. Die beste Einschaltzeit liegt etwa zwei bis drei Stunden nach dem Einschlafen. Wenn eine Schaltuhr den Recorder für etwa neunzig Minuten einschaltet, schafft sich der Schläfer eine private Behandlungstherapie, denn der Suggestionstext fließt direkt ins Unterbewußtsein. Der Ton sollte nicht zu laut eingestellt werden. Er sollte gerade hörbar sein und den Schlaf nicht stören.

Wer sich mit dieser Technik beschäftigt, wird sich wundern, wie schnell er einer neuen suggerierten Vorstellung folgt. Auf diese Art zum Nichtraucher zu werden oder eine anhaltende Gewichtsabnahme zu programmieren ist immer wieder verblüffend. Dabei ist es belanglos, um welche Art Text es sich handelt. Wenn Sie sich selber eigene Texte machen wollen, dann können es natürlich auch englische Vokabeln oder mathematische Formeln sein, die im Schlaf auf »fruchtbaren Boden« fallen. Wer unter Konzentrationsschwäche und Gedächtnisstörungen leidet, könnte sich diese nächtliche Stunde für die Effektivität seiner gesamten Tagesarbeit zunutze machen.

Sprechen Sie sich für Ihre Nachtsuggestion beispielsweise folgenden Text auf ein Tonband: *»Ich bin bei allem, was ich tue, konzentriert und freue mich auf meine Erfolge. Alles, was ich* *lerne, prägt sich sofort und unauslöschlich in mein Unterbewußtsein ein. Von nun an kann ich mich an alle wichtigen Details erinnern. Das Erlernte ist und bleibt für immer sofort greifbar in meinem Gedächtnis aufgehoben. Alles einmal Erlernte kann ich vollständig und zu jeder Zeit aus meinem Gedächtnis aufsteigen lassen. Meine Konzentration steigert sich von Tag zu Tag. Lernen macht mir große Freude.«*

Wiederholen Sie diesen Text dreimal hintereinander auf dem Tonband oder machen Sie sich nach Anleitung in meinen diversen anderen Büchern eigene, vollkommen auf Sie abgestimmte Texte. Sie schaffen mit dieser Suggestion die Grundvoraussetzung für eine gute Konzentrationsfähigkeit oder etwas anderes, was Sie sich sehnlichst wünschen. Gerade für Studenten ist diese Art Nachtarbeit die geeignetste zusätzliche Zeit, ein großes Lernpensum zu bewältigen. Allzu viele stürzen sich in körperlichen Streß, weil sie in jugendlichem Überschwang die biologische Uhr ihres Körpers nicht beachten und sich zuviel zumuten. Versäumte Arbeit läßt sich aber nicht durch Rund-um-die-Uhr-Schichten zu einem bestimmten Termin erzwingen. Zu Semesterbeginn erlebe ich deshalb meistens stoßweise Anmeldungen von Hilfesuchenden.

Ein Jurastudent, der bereits zweimal beim Staatsexamen durchgefallen war, kam voller Verzweiflung zu mir und erzählte mir, daß er durch seine große Wut und extreme Aversion gegen das Lernen wie vor einer Mauer stehe. Er hatte bereits promoviert, durfte sich also bereits Dr. jur. nennen, aber er würde nie eine eigene Kanzlei eröffnen dürfen, wenn er beim dritten Mal das Examen nicht bestehen würde. In seiner Verzweiflung dachte er häufig an Selbstmord.

Dabei war in ihm nur die Sperre zu lösen, die er selber durch seine Wut aufgebaut hatte. Sein Wissen reichte völlig aus, um als erfolgreicher Jurist zu arbeiten. Seine Aversion gegen das ständige Lernen hatte in seinem Unterbewußtsein die Sperre errichtet, die zur Zeit noch verhinderte, daß er neues Wissen aufnehmen oder bereits gespeichertes abrufen konnte.

Durch Suggestionen, bezogen auf sein Staatsexamen fand sein inneres Selbst schon innerhalb von vierzehn Tagen wieder zurück zur Harmonie mit sich und der Welt. Sein alter Elan, seine Freude am Leben und Lernen, kehrten zurück. Die bevorstehende Prüfung war jetzt nur noch ein Termin, auf den er sich freute – sein großes inneres Hoch drängte ihn zu neuen Taten. Als Resultat der Therapie bestand er das Examen diesmal mit Auszeichnung. Er hatte sich seine Kraftzentrale Unterbewußtsein für eine positive, höhere Lebensqualität zunutze gemacht.

5. DER UNGEHOBENE SCHATZ DER SEELENBILDER

Das Gesetz des Erfolgs heißt
Glaube.

Was ist ein verdrängter Komplex?

Im Kapitel über Suggestion habe ich geschrieben, daß alte Gewohnheiten aus unserem Unterbewußtsein nicht ohne weiteres verschwinden wollen. Sigmund Freud nahm an, daß Traumata, Angst oder Hemmung tief ins Gedächtnis eingegraben wurden, weil unser Ich unangenehme Vorstellungen nirgendwo anders loswird. Damit wären sie dann aber nur aus dem Tagesbewußtsein »verdrängt« worden. Freud glaubte irrtümlich weiterhin, daß dieser Gedankenkomplex durch neue, auch positive Suggestionen nur verschoben, aber nicht beseitigt werden könne. Das würde in der Praxis bedeuten, eine psychosomatische Erkrankung (siehe Kapitel »Hypnose«) wie etwa Migräne würde durch suggestive Behandlung nur verdrängt und vielleicht als Asthma wieder auftauchen.

Noch heute unterliegen viele Schulpsychologen diesem Denkfehler und versäumen es, die Suggestionstherapie überhaupt als Behandlungsmethode in Betracht zu ziehen. Hypnose oder Suggestionstherapie ist vielen zu wenig intellektuell, und so jonglieren sie denn mit wohlgesetzter Rede und Wortgebilden, die kein Laie mehr verstehen kann.

Die Psychoanalytiker versuchen, am seelischen Verhalten und in oft jahrelangen Gesprächen aus den symbolisch versteckten

Darstellungen des Patienten auf seine verdrängten Komplexe zu schließen und sie vom Patienten aufarbeiten zu lassen. Das ist ein schwieriges Unterfangen, weil der Patient im Tagesbewußtsein selbst nicht mehr weiß, welchen Inhalt und Hintergrund seine Gefühlsäußerungen oder neurotischen Handlungen haben.

Es ist eine Tatsache, daß der Mensch nur von *einem* Gefühlskomplex, *einer* bestimmten Vorstellungsrichtung besetzt sein kann. Fühlt er sich krank, dann kann er sich nicht gesund fühlen. Fühlt er sich aber gesund, dann kann er sich nicht krank fühlen. Wer arm ist, der kann nicht zugleich reich sein. Bei genügender Intensität der Suggestion wird der Komplex nicht verdrängt, sondern *ersetzt*. Die Bibel sagt dazu: »Gottes Liebe ist ein verzehrendes Feuer, das alles ihm nicht Gemäße auflöst!« Auf die Suggestionstherapie übertragen heißt das, die stärkere, positive Suggestion löst die schwächere, negative auf!

Jeder von uns ist mehr mit seinen seelischen Aktivitäten beschäftigt, als wir gemeinhin ahnen. Viele unserer Träume sind Spiegelbilder unseres Seelenlebens und reflektieren, was an guten und schlechten Lebenserfahrungen gerade bearbeitet wird. Träume zu deuten ist manchmal schwierig. Weil unser Innerstes eine eigene Bildsymbolsprache besitzt, müssen wir manchmal wieder wie die Kinder werden, um zu verstehen, was es uns sagen will.

▶ In deiner Seele ist die ganze Wahrheit aufbewahrt.

Das katathyme Bilderleben

Der Psychologe Hanscarl Leuner hat den Beweis erbracht, daß sogenannte Seelenbilder, die vor unserem geistigen Auge als Spiegel unserer Seele erscheinen können, mit ihrem Symbolgehalt über die verborgensten Regungen in uns Aufschluß geben.

Um die Probleme eines Menschen zu erfassen, braucht ein Hypnosetherapeut ihn nur in sein katathymes Bilderleben eintauchen zu lassen (*katathym*: Gemütswirkung; Wirkung eines affektbetonten, verdrängten Komplexes auf die Seele). Aus der Tiefe der Seele können verdrängte und auch bedrängende Geschehnisse wiederauferstehen und so zur Konfliktlösung beitragen. Der Patient braucht nicht einmal zu schlafen, um auf seine Traumbilder zu warten. Sie eröffnen sich ihm schon im halbwachen, leicht tranceartigen Zustand, in dem er sogar noch – wie bei einer leichten Hypnose – mit dem Therapeuten sprechen kann.

Wer sich entspannt hinlegt und seine Gedanken schweifen läßt, sie also in keine bestimmte Richtung aussendet, der erlebt von seinem geistigen Auge ein wechselvolles Bilderspiel, das er zwar dirigieren, aber nur wenig inhaltlich beeinflussen kann. Sein zukünftiges Wunschhaus kann er sich sowohl als Betonbunker oder als Barockschloß vorstellen – er wird, wenn er nicht trickst, damit seine Gefühlseinstellungen zu erkennen geben. Der Ängstliche umgibt sich mit dicken Schutzmauern; der Gefühlvolle, Überschwengliche sieht sich in prunkvoller Umgebung.

Die nach objektiven Beweisen suchenden Psychologen sehen das katathyme Bilderleben als unsichere Information vom Patienten an. Die Wunschsphäre und die Absicht, etwas erreichen zu wollen, meinen sie, seien Störenfriede, die diese Methode für die Erforschung des Unterbewußtseins unbrauchbar werden läßt. Im Gegensatz zu dieser verstandesmäßigen Kritik habe ich in Tausenden von Fällen in meiner Praxis die Erfahrung gemacht, daß die Phantasie eines Menschen gar keine andere Wahl hat, als aus der eigenen, gefühlsbestimmten Seelensphäre zu schöpfen. Der Therapeut kann durch seine Erfahrung und Ausbildung den Symbolwert der Formen und Gestalten richtig erfassen und den Patienten bis auf den Grund seiner Seele verstehen lernen. Hanscarl Leuner entwickelte daraus ein leicht zu handhabendes System, das ich in der Praxis täglich nutze.

Viele Hilfesuchende nehme ich zuerst einmal in meine Seminare mit, um ihnen über eine intensive Selbsterfahrung zu helfen, Einblick in ihr unbewußtes Innenleben zu erhalten. Wenn das Grundproblem dann eingekreist und Hypnose als richtige Therapieform erkannt ist, bringt das katathyme Bilderleben auch in den letzten Seelenwinkel Licht und Aufschluß über Motive und Hintergründe des unguten Geschehens.

Die Archetypenlehre von Carl Gustav Jung wird durch jeden Patienten neu bestätigt. Das zeigt sich in der Gesetzmäßigkeit, mit der ähnliche Symbole in jedem Menschen wiederkehren. Ein Tannenwald, in dem sich der Patient vielleicht in seiner Phantasie vorfindet, ist das Anzeichen für Aggressionen und Gefühlshemmungen, eine Blumenwiese steht für positive Ausgeglichenheit, Berge oder unzugängliche Felsen deuten auf Probleme und unübersehbare Schwierigkeiten. Wenn Sie mehr darüber wissen wollen, so gibt es eine Fülle von guten Büchern zu diesem Thema.

Ganze elterliche Ehedramen spiegeln sich in diesen Phantasiebildern, wie bei meiner Patientin W. P.

Frau P. kam mit schweren Depressionen zu mir; sie war ein einsamer, in liebloser Eintönigkeit vor sich hin dämmernder Mensch. Sie wurde nach einigen Tagen der Vorbereitung aufgefordert, sich geistig in eine »beliebige« Landschaft zu versetzen. Sie berichtete, was sie sah: »Ich sehe eine große Wiese. Links steht eine Kuh. Sie ist hellbraun, groß und stark. Sie gefällt mir. Ich streichle sie. Sie hat das gerne. Ich werde sie füttern. Die Kuh mag mich auch. Sie hat ein großes, volles Euter.«

Nach der Aufforderung des Therapeuten, sich Milch zu nehmen, sagt sie: »Ich kann nicht aus dem Euter trinken – aber ich nehme einen Topf, den mache ich voll Milch. Da kommt ein Elefant über die Wiese. Die Kuh dreht sich von ihm weg. Ich habe auch ein bißchen Angst, was der Elefant wohl tun wird.«

Frau P. wird aufgefordert, den Elefanten zu streicheln. Sie streichelt ihn ungern, berichtet dann aber: »Ich glaube fast, er mag das Streicheln; nur zeigt er es nicht. Füttern soll ich ihn? Das geht doch nicht. Das kann ich nicht. Ich will es versuchen. Er nimmt's. Reiten soll ich auf ihm? O ja, das geht. Das macht sogar Spaß. Er trägt mich über ein tiefes Loch. Jetzt bin ich aber sehr müde. Ich kann nicht mehr reiten. Ich lege mich auf die Wiese. Der ganze Himmel wird schwarz, wie vor einem Gewitter. Die Sonne ist weg. Die Kuh glotzt den Elefanten an, und er trabt auf einmal davon. Warum läßt er mich jetzt allein? Ich streichle die Kuh. Sie schaut immer noch dem Elefanten nach. Ich kann ihn gar nicht mehr sehen.«

Traurig und auch niedergeschlagen kam Frau P. wieder in ihr Tagesbewußtsein zurück. Wie wir jetzt durch gezielte Fragen erfuhren, fürchtete sie ihren Vater – den Elefanten, den sie ungern streichelte –, dennoch sehr liebte. Und doch half er ihr manchmal über unüberwindlich scheinende Schwierigkeiten (das tiefe Loch in der Wiese) hinweg. Die Überwindung ihrer inneren Spannungen zum Vater, im katathymen Bilderleben also der Elefant, macht sie schließlich »todmüde«. Als sie vierzehn Jahre alt war, verließ ihr Vater nach einem mächtigen Ehekrach, den sie miterleben mußte, die Mutter (Gewitterhimmel, Elefant geht davon). Seitdem fühlt sich Frau P. einsam und verlassen.

Auch der kleinsten Nebenbemerkung können versteckte Informationen entnommen werden. Wenn sie sich weigerte, aus dem Euter der Kuh trinken zu wollen oder zu können, dann gibt es dafür einen guten Grund, der in der Familiensituation zu finden ist. Sie war nie gestillt worden. In seltener Einfachheit und Klarheit spiegelte das Seelenbild von Frau P. ihre psychische Grundsituation wider.

Der erfahrene Psychotherapeut kann also allein aus dem Umgang und dem Verhalten eines Patienten innerhalb dessen Tagtraums viele Rückschlüsse auf Hemmungen, Traumata, Ängste und somit existierende und auch zukünftige Krankheitsursachen ziehen. Dies ist *einer* der großen Vorteile des katathymen Bilderlebens. Es ist ein einfaches und umgängliches Verfahren, einen direkten Zugang zum verdrängten Wissen im Unterbewußtsein zu gewinnen. Diese Bilder der freifließenden Assoziation entstehen in zwei verschiedenen Formen.

Den Seelenbildern, die sich ändern oder auflösen lassen, stehen starre, festumrissene »Ansichten« gegenüber, die sich über Wochen und Monate erhalten können. Hinter diesen Ansichten stecken die neurotischen Abwehr- und Charaktermerkmale, wie etwa in der Vorstellung des Betonbunkers das ängstliche, schutzbedürftige Gemüt.

Eine Sitzung mit ihren Ergebnissen allein ist natürlich noch zu unvollständig, um einen tieferen Eindruck zu gewinnen. In der Praxis hat sich herausgestellt, daß sechs bis sieben Standardmotive des katathymen Bilderlebens – Hanscarl Leuner fand insgesamt zehn – das seelische Innenleben aufzeigen und abrunden. Die Bergwelt, die Wiese, der Wald, das Wasser von der Quelle bis zum Meer oder das Betreten eines Hauses zeigen, wo bei dem Patienten spezifische Blockierungen oder Gefahrenmomente (Schockerlebnisse, Traumata) versteckt sind.

Wer nicht in eine Landschaft geschickt werden will (innerer Widerstand), kann auf den Meeresgrund, ins tiefe Unbewußte, eintauchen. Das Meer ist das Symbol des Geistes, die Tiefe verbildlicht die unbewußten Schichten unserer eigenen Seele. Wer »gründlich« auf Entdeckungsreise geht, blickt sozusagen in sein Archiv, in seine Vergangenheit, wie auch in das Arsenal seiner geheimen Wünsche und Fähigkeiten. Taucht er auf und schaut über den Wasserspiegel, so befindet er sich im Bereich des Tagesbewußtseins und beginnt damit, seine erkannten »Schätze« zu sichten und zu nutzen.

▶ Dumme Gedanken hat jeder, aber der Weise verschweigt sie.

Die unterschiedlich wirkenden Gehirnhälften

Die geistigen Spaziergänge des 55jährigen Fabrikanten Sigfried J. endeten nach langen Wegen geradeaus fast immer an Felsen. Plötzlich stand er haushohen Wänden gegenüber, als er nach links vom Weg abbog.

In der Richtungsbeziehung von links und rechts liegt eine Besonderheit des katathymen Bilderlebens. Aus neurologischer Sicht wirkt in unserem linken Gehirnteil der Verstand mit seiner rationalen Sichtweise. Im Körper herrscht er über die Nervensysteme in unserer rechten Seite. Der rechte Gehirnteil ist von unserem Gemüt, den Gefühlen, dem Übergeordneten beherrscht und lenkt unsere linke Körperhälfte.

Im Seelenbild erleben wir diese Rechts-Links-Aufteilung unserer geistigen Kräfte bildlich/plastisch/symbolisch. Wenn der Patient Sigfried J. links – im gemütsgesteuerten Bereich – Felsen sah, dann sind seine größten Schwierigkeiten im Gefühlsbereich zu suchen. Und so erlebte er es auch im Betrieb. Er war ein überaus tüchtiger Organisator. Als Unternehmer fiel es ihm jedoch immer schwerer, die menschlichen Schwächen seiner Angestellten und die daraus entstehenden Diskussionen nervlich zu bewältigen. Seine mangelnde Fähigkeit, Menschen richtig zu führen und der tägliche Ärger, den er dadurch hatte, wurden ihm zum Alptraum. Seit einigen Jahren litt er an chronischer Bronchitis und beginnenden Asthmaanfällen, die dem sympathischen Mann sein Leben schwermachten. Er hatte Angst, abends schlafen zu gehen, und er hatte Angst, morgens wieder aufzustehen. Ich konnte ihm helfen und ihn zu einem natürlichen Selbstbewußtsein führen, wie ich es später noch im Abschnitt über die katathymen Hilfsmöglichkeiten schildern werde.

Mit bildlichen Symbolen läßt sich das Verhältnis und die Einstellung zur Sexualität klären, die in ihrer hintergründigen Vielfalt manche eklatanten Lebensprobleme verursacht. Um eine alleinstehende Patientin auf dieser Ebene besser erfassen zu können, ließ ich sie in Trance einen Spaziergang auf einsamer Straße imaginieren. Ein Autofahrer hielt neben ihr und wollte sie mitnehmen. Als normale Reaktion wäre eine einfache Annahme oder Ablehnung des Mitfahrangebots zu erwarten gewesen. Frau Helga J. jedoch flüchtete in ihrer Vorstellung in hellem Entsetzen mitten in ein Stoppelfeld, in dem sie sich mit jedem Schritt in die Füße stach. Dies war der Ansatz, dem Ursprung ihrer hektischen Reaktion nachzuforschen. In späteren Sitzungen fanden wir heraus, daß sie als Zwölfjährige in einem Speicher fast einmal von ihrem Cousin vergewaltigt worden war, und ihre von der Mutter geschürte Angst vor Sexualität war jetzt in der katathymen Vision ins Unermeßliche gewachsen.

Durch ein weiteres Symbolbild versuchte ich zu verstehen, welches innere Bild Frau Helga J. vom eigenen Selbstverständnis vorschwebte. Ich ließ sie dazu den schönsten weiblichen Vornamen finden, der ihr einfiel. Immer steckt hinter einem solchen favorisierten Namen des eigenen Geschlechts eine Person, deren Eigenschaften sich die Versuchsperson am meisten wünscht. So war es auch hier. Frau Helga J. nannte recht schnell den Namen »Margot«. Auf die Frage, wer ihr zu diesem Namen am ehesten als Person einfiele, nannte sie die Frau ihres Kaufmanns. Diese vollschlanke, lebenslustige Person hatte es ihr angetan.

»Wie die mit Männern umgehen kann – so unbeschwert und gelöst. Sie ist immer fröhlich und zufrieden«, erzählte sie mir danach. Der Weg, wie Suggestionen Frau J. zu neuem Selbstbewußtsein verhelfen würden, war damit im Grunde klar. Wir konnten ihr ein neues Körperbewußtsein durch Liebe zu sich selbst verschaffen. Ihre bewußtere Ausstrahlung, eine leichte Gewichtszunahme und neuerdings auch eine modische Frisur mit der passenden Kleidung brachte ihr jetzt die Frage ein, ob sie ihre jüngere Schwester sei.

Aus diesen beiden letzten Beispielen ist zu erkennen, wie ein einzelnes »Bild« immer nur einen Teilaufschluß über den Zustand eines Charakters geben kann. Es ist nur *ein* Mosaikstein des ganzen Seelengemäldes. Erst die Kombination mehrerer Symbole, die der erfahrene Therapeut den verschiedenen Sitzungen entnimmt, in denen er den Patienten gezielt führt, rundet das Gesamtbild ab und gibt Aufschluß über die anzuwendenden speziellen Suggestionen.

Selbst Personen, die sich wegen ihrer rationalen Verfangenheit nur schwer oder gar nicht hypnotisieren lassen, erfahren im katathymen Bilderleben ihren seelischen Knoten. Der Verstand kann also nicht Verfälscher der Phantasiebilder sein, wie manche Laienpsychologen meinen. Er verliert in diesem halbwachen Zustand sehr schnell seine Macht an die stärkeren Gemütsbereiche.

Im vierten Kapitel sprach ich über die Verantwortung des Therapeuten und die Abhängigkeiten, die sich zwischen ihm und Patienten ergeben können. Bei meiner Patientin Wilgard P. spiegelte sich das nach längerer Behandlungsdauer im katathymen Bilderleben wider. Sie sah sich auf einem Bahnhof stehen, der Zug kam, und einer meiner Kollegen, Herr v. M. stieg aus, lächelte ihr zu und zog den Hut. Sie stieg ein, um zu ihrer Heimatstadt zu fahren; Herr v. M. saß jetzt mit im Abteil. Dann mußte sie umsteigen und ging an ihrem Schulort durch einen Tunnel, stieg in einen anderen Zug. Herr v. M. war wieder dabei. Bei ihrer Ankunft in München verabschiedete sich mein Therapeut. Nun wußte sie auf einmal nicht, wohin sie gehen sollte. Wir konnten ihr vermitteln, daß ihre Sehnsucht nach Lebensfreude, Wohlbefinden und Natürlichkeit von nun an ihre Schritte lenken sollte. Sie ging in ihrer Phantasie während ihrer Abschlußsitzung in einen großen Park voller Blumen, in denen bunteste Farben und wunderbare Düfte sie umgaben. Ganz glücklich ließ sie sich inmitten eines Blumenbeetes nieder.

Der behandelnde Therapeut war in diesem Fall als »positiver«

Faktor in ihren seelischen Hintergrund getreten. Das war eine unbeabsichtigte Nebenwirkung, die Übertragung genannt wird, und auf behutsame, weiter zur Selbständigkeit führende Weise wieder berichtigt werden sollte.

Psychische Kraft zerstreut Probleme

Klassische Psychotherapeuten freunden sich zwar mehr und mehr mit dem katathymen Bilderleben an, weil es schnelle und überraschende Erkenntnisse über die Konstellation in der Psyche eines Patienten aufzeigt. Von den wunderbaren Möglichkeiten der suggestiven Beeinflussung des Unterbewußtseins aber haben sie nichts gelernt, und so dauert es wohl noch eine Weile, bis Hypnosetherapie ihre Anerkennung erfährt. Die direkte Arbeit mit dem Unterbewußtsein ist für die orthodoxen Wissenschaftler noch eine zu vage Angelegenheit. Was sie nicht wissen: Sie unterminieren die Macht des Unterbewußtseins durch ihre eigenen Zweifel. Da ist es dann *mein* Erfolgserlebnis, einen Akademiker im katathymen Bilderleben über seine inneren Hemmungen und Schwierigkeiten hinwegführen zu können. Das ist ein weiterer großer Vorteil der Seelenbilder gegenüber der langwierigen Psychoanalyse: Sie sind durch den begleitenden Therapeuten zu lenken und vermögen das Unterbewußtsein in vielen Fällen auf positive Vorstellungen zu konditionieren. Das höhere Selbst ist unsere geistige Leitzentrale, und sie ist immer bereit, bessere Lebensbedingungen zu kreieren, wenn wir es wollen.

Hilfe während des katathymen Bilderlebens läßt sich auf vielfache Weise geben. Angsterregende Symbole, wie Riesenvögel oder Löwen, werden zum Beispiel durch Füttern als gleichberechtigte Lebewesen angenommen. Es kann durchaus vorkommen, daß ein Ungeheuer, indem ihm freundlich entgegengekommen wird, plötzlich in Sekundenschnelle eine Wandlung erfährt und zu einem Schaf werden kann. Die Symbolik könnte für den Probanden in der Erkenntnis liegen, daß der Dämon aus unerlösten eigenen Wünschen oder Gedanken bestand und jetzt mit Freundlichkeit, mit Liebe »erlöst« worden ist. Alles ist ewiger Wandel, und so kann auch Angst verwandelt werden, indem wir unseren Irrtum erkennen und eine Berichtigung einleiten. Das Prinzip der Versöhnung, den feindseligen Gestalten in uns freundlich gegenüberzutreten, verändert Angstvorstellungen und läßt die beginnende innere Harmonie alsbald nach außen kommen. Wenn Haß hungernde Liebe ist, dann kann dieser Hunger nur durch Liebe gestillt werden. Wenn eine Angst Sehnsucht nach Liebe symbolisiert, dann kann einzig Liebe helfen.

Erst wenn ein Problem unlösbar erscheint, gibt der Therapeut die Aufforderung, sich radikal zu befreien und das bedrängende Symbol auf Nimmerwiedersehen davonzujagen. Das geschah, als sich einer meiner Patienten von einem Riesenkraken umfangen sah. Er bekam (sinnbildlich) ein Schwert in die Hand gedrückt und stürzte das Ungeheuer mit einem Stoß vom Felsen.

Dies war ein aggressiver, aber notwendiger Akt der Befreiung, der ihn tatsächlich, wie sich später herausstellte, von einer schweren seelischen Bedrückung loskommen ließ. Er wußte nach dem Erwachen sehr genau, um welche riesige Belastung es sich in seinem Leben gehandelt hatte. Jetzt fühlte er sich stark und der Situation gewachsen.

Eine Mutter von drei Kindern wagte sich in ihrem Symboldrama in eine Höhle. Plötzlich stand ihr eine Riesenspinne gegenüber, die mit vielen Armen zugleich nach ihr greifen wollte. Die Frau schrie vor Entsetzen auf und wollte fliehen, kam aber nicht mehr vom Fleck. Auch ihr sagte der Therapeut, sie habe ein Zauberschwert (die Kraft der eigenen Mitte) in ihrer Hand, mit dem sie sich sicher und entschlossen gegen alles wehren könne, was sie bedrängte. Mit heftigen Armbewegungen auf der Couch schlug sie der Spinne alle Beine ab und stieß sie zum Schluß in die Tiefe eines dunklen Lochs. Zitternd und in Tränen kam sie aus der Versenkung zu sich. Sie war erschrocken, aber befreit nach dieser grausamen Tat und flüsterte kreidebleich: »Mein Gott, das war meine Mutter!«

Die 50jährige Frau hatte sich in ihrem Unterbewußtsein von den Qualen und Ängsten einer harten Kindheit befreit, die eine beherrschende, gewalttätige Mutter verursacht hatte. Wir erlebten in den darauffolgenden Wochen ein Aufleben dieser Frau, wie es eine dreijährige psychoanalytische Behandlung davor nicht einmal im Ansatz zustande gebracht hätte.

▶ Gut ist, wer von sich selber gibt.

Berge versetzen können

Die farbigsten und schönsten Erlebnisse haben Kinder im katathymen Bilderleben. Sie sind ohnehin ihren unterbewußten Bereichen noch näher als Erwachsene und reagieren auf die Bilder ihrer Phantasie viel stärker und realer. Oft können sie mittels ihrer Vorstellungen tatsächlich »Problem-Berge« versetzen.

Der vierzehnjährige Horst H., der seit seinem vierten Lebensjahr stotterte, kam auf diese Weise in der Entspannung sehr schnell zum Ursprung seines Leidens. Im Seelenbild war »seine« Landschaft eine große Wiese mit vielen blauen und gelben Blumen (jugendliche Unbeschwertheit). Dann ging er auf einen Wald zu und kam mitten darin zu einer Hütte. Mit seinem Zauberstaub, der ihm gleich anfangs vom Therapeuten mitgegeben worden war, zauberte er Brot und Wasser auf den Tisch, aß und wanderte dann weiter. Plötzlich traf er einen Zwerg (seine innere Stimme), den er nach Aufforderung durch den Therapeuten nach dem Grund seiner Sprachstörung befragte. Der Zwerg erklärte ihm, daß er mit vier Jahren einmal auf eine Steinplatte gefallen sei, was ihn damals furchtbar erschreckt hatte (Schock, Trauma). Er sagte ihm auch, wie er wieder richtig sprechen könne. Horst H. sollte sich vorstellen, jetzt fest einzuschlafen, und wenn er wieder aufwache, könne er sich ganz normal mit dem Zwerg unterhalten. Wenn er ganz fest daran glauben würde, dann wäre bald schon alles gut.

Eine ganze Weile war Stille. Plötzlich meldete sich Horst und erklärte, ihm sei schlecht und er müsse brechen. Wie wir später erfuhren, hatte er die gleiche Szene mit dem Sturz auf die Steinplatte – damals anscheinend mit einer schweren Gehirnerschütterung – wieder durchlebt.

»Horch auf den Zwerg«, sagte der Therapeut zu ihm und wies ihn an, seine Gedankenkraft einzusetzen, die ihn beruhigen und das Schockerlebnis mildern sollte. Dadurch würde ihm sofort wieder besser werden – so geschah es dann auch. Das Erlebnis mit dem Zwerg ging nun im Trancezustand weiter, und Horst wunderte sich nachher darüber, überhaupt nicht mehr im Gespräch mit dem Zwerg gestottert zu haben. Auch meine Assistenten und ich konnten danach eine starke Besserung feststellen. Erst als ihn seine Eltern nach der Stunde abholten, gab es wieder Sprachprobleme. Es sollte noch zehn Wochen dauern, alle Ursachen aufzuarbeiten, bis Horst normal sprechen konnte.

Das Stottern war bei ihm nicht allein auf den schweren Sturz zurückzuführen. Horst hatte einen äußerst autoritären Vater, der ihn ständig unter Druck setzte. Vor der Beendigung der Therapie hatte ich die sehr verständigen Eltern in einen taktischen Zug eingeweiht, den ich bei der Entlassung anwandte. Ich schlug Horst in Anwesenheit des Vaters vor, ihm einen Beratervertrag anzubieten, mit einem Pfennig symbolischem Honorar im Monat für eine Beratung. Aber nur wenn Horst es wollte. Sollte sich der Vater unaufgefordert »beratend« einmischen, dann hatte er eine Mark Strafe zu zahlen!

Dem Vater hatte ich verständlich machen können, das zarte Selbstbewußtsein seines Sohnes nur fördern und stärken zu können, wenn er ihm mit Liebe, Toleranz und viel Geduld ein stabileres Selbstwertgefühl vermitteln und seinen Sohn auch mit dessen eigener Meinung zu Wort kommen lassen würde. Stottern kann ein sehr hartnäckiger Schaltfehler sein, besonders, wenn die Ursachen schon Jahrzehnte zurückliegen. Selbst der Hypnosetherapie gelingt es nicht immer, Hilfe zu bieten. Manchmal sind zwei oder sogar drei Therapien im Lauf von ein bis zwei Jahren nötig, um eine anhaltende Besserung zu ermöglichen.

Besonders große psychische Hilfe kann im Symboldrama die Imagination von Licht sein. Das Licht der »Erleuchtung« ist eine Vorstellung, die seit Urbeginn der Menschheit mit unserem religiösen, mystischen Leben sehr eng verbunden ist. Der Weise Sant Rajinder Singh vermittelt in einer langen traditionellen Kette den Weg zur Erleuchtung, durch eine äußerst wirkungsvolle Form der Meditation, durch Licht- und Tonerlebnisse. Mystiker aller Zeiten sprechen von Lichterscheinungen, die Heiligen werden mit einem Lichterglanz oder im Osten in einer lichterfüllten, weißen Lotosblüte gemalt. Immer sind es Lichterscheinungen, die Yoga- oder Meditationsschüler bei der Überwindung ihrer Bewußtseinsbarrieren erleben.

In der modernen Psychologie ist dafür (noch) kein Platz. Ich habe das geistige Licht, wie es sich auch in der Chakrenlehre präsentiert, in meine Therapie integriert. Meine gleichgesinnten Kollegen und ich haben das Symbol Licht als überlegene, höhere Kraft gegen alles Dunkle, Krankhafte in unsere therapeutische Arbeit aufgenommen. Licht gewissermaßen im Patienten zu erwecken bedeutet, ihn Kontakt zu seinem höheren Selbst herstellen zu lassen. Im wahrsten Sinne seine natürliche, göttliche Kraft zu erwecken.

Wer spirituelle Reife erlangt – die vielen Anhänger meditativen Gebets und östlicher Meditation erleben es an sich selbst –, überwindet von allein das reine Verstandesdenken und den Unglauben an das Ende allen Lebens mit dem Sterben. Nicht jeder kann sein enges egoistisches Denken schon in kurzer Zeit überwinden, aber jeder kann nach Licht streben. Da es den Weg zur Wahrheit weist, kommen ihm auch alle guten Kräfte des Universums zu Hilfe!

Wer einen Patienten hört, der sich durch eine innige Verbindung mit seiner Weisheit von vielerlei Beschwerden befreit hat, der wird nie mehr von »Einbildung« sprechen, der wird wissen, was zu tun ist, und auch seinen Weg gehen, um seine Erfüllung zu finden. Die Führung der Leidenden zu ihrer inneren Kraft, die symbolisch als Licht erlebt werden kann, ist in meinen Augen wirkliche Psychotherapie.

Was Erziehung, Schule und auch der Religionsunterricht vom Aufwachsenden fernhalten, ist in meiner Therapie nicht erst späterer Selbsterkenntnis vorbehalten, sondern kann schon dem jungen Menschen zur Überwindung seiner Komplexe und Lebensprobleme verhelfen.

Heilung geschieht, wenn Liebe fließt.

Heilung geschieht, wenn der Therapeut sein Wissen vergißt und der Patient seine Krankheit.

Spiegel des Ehelebens

Eine junge Frau, Dagmar C., die einen Indonesier geheiratet hatte, zeigte im katathymen Bilderleben ihre gefühlsmäßigen Schwierigkeiten, unter denen sie durch die fremde Mentalität ihres Mannes litt. Am Rand der grünen Wiese, in die sie ihre Phantasie versetzte, stand rechts ein dunkler Tannenwald (Gefühlsblockaden und Aggression). Links war heller Sommer, weite Felder und ein See. Hinter sich spürte sie eine graue Mauer. Sie sollte Sonnenstrahlen darauffallen lassen. Da verschwand die Mauer, und in der Sonne tauchten hinter ihr erneut Felder auf.

Der See vor ihr war klein und vom Wald beschattet (ihre bedrückte Seele). Sonne und Liebe sollte sie in den Wald schicken. Nun wurde er lichter, heller. Eichhörnchen tauchten auf. Sie fütterte sie. Die Eichhörnchen wollten, daß sie näher komme, und sie wollten weiter gefüttert werden. Sie trat weiter in den dunklen Wald. Ein junger Mann tauchte auf, ein dunkler Typ im Regenmantel, etwa 35 Jahre alt. Er hieß Karl und grüßte. Sie sollte mitkommen, sie wußte, es ging um Sex. Als sie ablehnte, ging er fort.

Es wurde dunkel. Sie erhielt den Auftrag, Sonnenlicht in ihre Umwelt zu schicken, es wurde heller. Sie sah jetzt Hügel, Sand und Meer und ein weißes Boot mit vielen Leuten darauf. Sie zauberte sich auf das Boot, das aus dem Osten kam. Die Leute waren alle indonesisch gekleidet. Eine dunkle Frau grüßte sie. Sie kam aus Neuguinea und fragte Dagmar C., ob sie nach Indonesien wolle. »Ja«, erklärte sie. Ob sie verheiratet sei und Kinder habe? – Sie wolle keine Kinder, er wolle nur Sex. Das sei alles so schwierig. Die alte Frau nickte verständnisvoll (eine Aussprache mit dem höheren Selbst).

Bei einer späteren Übung befand sie sich unter Wasser in diesem See (Unterbewußtsein). Viele rote kleine Fische tauchten auf, und dann kam ein riesengroßer Fisch, der sie unentwegt anschaute. Er hieß Gobi und war vierzig Jahre alt. Sie empfand Angst und wollte von ihm wegschwimmen. Mit Liebe und Licht (das der Therapeut anzuwenden empfahl) wurde er jedoch zunehmend freundlicher. Sie fütterte ihn mit Gras, er nahm es und fühlte sich gut an, als sie ihn streichelte.

Nun wollte sie Felder mit Hilfe des Fisches auf dem Seegrund anpflanzen (immer noch unselbständig). Alles sollte grün werden, mit Wasserpflanzen bedeckt.

214

Frau Dagmar C. brauchte viele Wochen, bis ihr Dreigestirn der Probleme – geschäftliche und emotionale Sicherheit, sexuelle Frustration und Anpassungsschwierigkeiten an ihren Mann – in der Hypnosetherapie harmonisiert werden konnte. Die allmähliche Veränderung in ihr befreite sie von den vielen Schatten ihrer Vergangenheit. Nur weil sie das Gefühl verspürte, irgend etwas tun zu müssen, suchte sie nach Auswegen und fand schließlich den Weg.

Viele könnten zu einem glücklichen Leben finden, wenn sie nur mehr auf ihre innere Stimme achten würden.

▶ Es ist nicht gut, wenn du vor einem Lahmen herhinkst und es für Freundlichkeit hältst.

Ängste zerfließen in Licht und Liebe

Der 28jährige Edgar D. erlebte in der Hypnose direkte Gespräche mit seinem Unterbewußtsein. Der unselbständige, etwas ängstliche Kaufmann, der das Geschäft seines Vaters übernehmen sollte, sah anfangs in seinem Seelenbilderleben von einer kleinen Lichtung aus nur Wald. Etwa in der Mitte seiner Behandlungszeit beschrieb er eine Situation folgendermaßen:

»Rechts ist ein Bach mit einem Steg (Möglichkeit einer Berufsveränderung) zu einer Wiese mit vielen Schafen. Links ist eine weite Wiese vor dem Wald, und ich sehe mich mitten in ihr liegen. Hohes Gras versteckt mich fast. Vor mir ist ein Gebirgsmassiv, mit vielen Bäumen darauf. Vögel sind um mich. Ich fütterte sie. Leute kommen vorbei und grüßen mich freundlich.«

»Mach noch mehr Licht«, empfahl die Therapeutin.

»Die ganze Landschaft wird heller«, fuhr er fort. »Alles wird klarer. Im Hintergrund sehe ich ein Dorf. Hier möchte ich nicht weg, hier möchte ich nur faulenzen.«

In den Tagen danach erzählte er mir, daß er mit seinem Vater gesprochen habe. Er habe ihm erklärt, den Betrieb jetzt noch nicht zu übernehmen, sondern erst Betriebswirtschaft zu studieren, bevor er die Verantwortung für die Firma übernehmen kann. Sein Vater habe sich sehr über seine Aktivität und Bestimmtheit gewundert. Gegen Ende der Behandlung erlebte Edgar D. dann eine direkte Reaktion seines Unterbewußtseins.

»Ich steige auf den vor mir liegenden Berg«, berichtete er aus seinem Versenkungszustand. »Ganz leicht ist der Gipfel zu erreichen. Es ist sonnig, und ich habe einen wundervollen Überblick über die Landschaft mit ihren Dörfern. Ein alter Mann (sein höheres Selbst) kommt mit einem großen Bernhardiner auf mich zu. Er sagt, ich habe mich richtig entschieden und ich solle nur nichts überstürzen. Jetzt klopft mir der alte Mann auf die Schulter. Wir essen zusammen (innere Harmonie). Der alte Mann sagt, so leicht, wie ich auf den Gipfel gestiegen sei, so leicht werde ich auch alle zukünftigen Hindernisse überwinden. So sonnig und klar, wie die Aussicht hier sei, wird auch meine Zukunft sein. – Da kommen auch meine Freunde den Berg hoch. Ich erzähle ihnen, was der alte Mann zu mir gesagt hat. Sie freuen sich mit mir.«

Edgar D. war für mich ein Erfolgserlebnis, als er sich bei mir in der Praxis verabschiedete. Er war auf dem sicheren Weg zu seinem Lebenserfolg, und wir konnten ein bißchen dazu beitragen.

Eine noch stärker blockierte Persönlichkeit mit einer sexuellen Neurose zeigte ein österreichischer Arzt. Herbert N. hatte bereits einen Doktor- und einen Magistertitel und steuerte auf den zweiten Doktortitel zu. Das ausschließliche Streben nach Wissen und rationaler Leistung hatten ihm seine innere Ruhe und Ausgeglichenheit genommen. Sein Bilderleben zeigte harte Kontraste. Dr. Herbert N. berichtete:

»Rechts ist ein Wald mit vielen kleinen Tannen. Ich sehe eine lange Mauer aus Natursteinen. Aber die ist ja völlig sinnlos, weil die Kühe ganz woanders weiden. Links sind dichte Büsche, ich kann da gar nicht durchsehen. Ein Marterl (Christuskreuz) steht am Weg, und lauter Maulwurfshaufen sind auf der Wiese. Weit hinten blicke ich auf meine Heimatstadt. Vorne ist auch eine Stadt, viele Wege führen darum herum.« Die Therapeutin forderte ihn auf, Licht und Liebe in seine Landschaft fließen zu lassen.

»Das Gras wird ganz dicht, die Bäume rechts werden auf einmal kleiner«, fuhr er fort. »Da steht eine wunderschöne kleine Margeritenblume. Ich grüße sie. Sie schaut mich freundlich an und lächelt zurück. Ihr Name ist Iris. Eine Biene kommt, fliegt auf die Blüte, trinkt den Nektar, fliegt weiter (verspielt, bindungslos).

Die Mauer? Stört mich gar nicht. Sie ist doch zwecklos. Ich möchte lieber meine Blumen anschauen. Aus der Mauer ein Haus bauen? Ach, nein! – Oder doch? Das wäre nicht schlecht. Aber ich habe keine Lust.

Ein großes Kuhkalb kommt auf mich zu. Es schaut mich mit großen, braunen Augen treuherzig an. Ganz weiche Nüstern hat es und schlägt mit dem Schwanz. Ich streichele es zögernd – nun läuft es weg!« (gestörtes Verhältnis zum Femininen).

Herbert N. wollte auch in Zukunft nur an Blumen schnuppern, reiten oder in der Sonne liegen. Alles Einengende in der Landschaft, wie Mauern, Zäune, querliegende Bäume oder Maulwurfshügel, empfand er nicht als störend. Zu sehr war er durch eine strenge, lieblose Erziehung an diese Einengungen gewöhnt. Wasser – die symbolhafte Form der unbewußten Geisteskräfte – sah er nie. Es ist wohl ein Grundmuster für einen Intellektuellen, nur die rationalen Vorgänge im Leben gelten zu lassen. Er war zum nüchternen Verstandesmenschen geworden, der bis zum Schluß der Behandlung nicht die Bereitschaft zeigte, innerlich loszulassen, und seine fixen Vorstellungen vom Dasein wenigstens vorübergehend zu entlassen und seine verbauten Gefühle zu befreien. Meine Hilfe für ihn bestand hauptsächlich aus Impulsen, sein Innenleben allmählich klarer werden zu lassen, Bücher zum Thema zu lesen und sich langsam an die Existenz einer ihm noch unbewußten Kraft zu gewöhnen.

▶ Du bist nicht böse, wenn du nicht gut bist, du bist nur säumig und faul.

Entdeckungsreise in die Vergangenheit

Das katathyme Bilderleben beschränkt sich nicht darauf, im Augenblick vorhandene Seeleninhalte zu definieren. In Tiefenentspannung und in der Hypnose kann unser Gedächtnis besser als im Tagesbewußtsein genutzt werden, und wir können uns bis in die entfernteste Vergangenheit unseres Lebens, in jede einmal erlebte Szene, erneut einfühlen. Das eröffnet die Möglichkeit, auch vergessenen oder verdrängten Erlebnissen, die unterschwellig noch heute auf vielfältige Weise unseren Alltag bestimmen, auf die Schliche zu kommen. Ängste und Phobien, generell Neurosen aller Art, haben eine sehr einfache Erklärung in verdrängten Gefühlen, in unbewältigten Erlebnissen der Vergangenheit. Im Grunde lassen sich alle Problemursachen beim »Durchforsten« des Unterbewußtseins auffinden. Die Psychotherapeuten nennen diese Methode, Vergangenes aufzuspüren, Regression oder Rückführung.

Im tief entspannten Zustand öffnet sich das Tor zum Unterbewußtsein und macht die Präsenz unserer psychischen Kräfte bewußter. Es ist bekannt, daß man jeden auf diese Weise in sein Schul- und Kindesalter zurückversetzen kann. Er nimmt dann auch die Denkweise und den Schriftzug beispielsweise seines achten Lebensjahres an. Bis in die vorgeburtliche Zeit lassen sich die

Erinnerungen erneut abrufen. Selbst die Wissenschaft hat bestätigt, daß der Mensch schon fünf Monate vor seiner Geburt ein registrierendes Bewußtsein besitzt.

Schon beim ungeborenen Leben können die ersten psychischen Blessuren entstehen und im Erwachsenenalter dann der Hintergrund vieler Probleme sein. In einer fachgerecht durchgeführten Rückführung können wörtliche Äußerungen der Eltern vor der Geburt auftauchen. Wenn ein unerwünschtes Kind vielleicht sogar abgetrieben werden soll, oder die Eltern harte, lebensbedrohliche Auseinandersetzungen haben, ist das werdende menschliche Wesen bereits emotional an der Situation beteiligt. Immer mehr Psychologen erkennen die Aussagekraft derartiger Mitteilungen aus der pränatalen Zeit und integrieren diese Erlebnisse in ihre Therapie.

Einzelfälle machen das schnell deutlich. Eine norddeutsche Patientin, Frau Stella J., kam als schwerkranke Diabetikerin zu mir. Sie war seit fünfundzwanzig Jahren insulinabhängig und verlor immer mehr ihre Sehkraft. Durch die Hypnosetherapie suchte sie Lebensmut, um, wie sie sagte, ihren schwachen Körper besser zu ertragen. Auf die Möglichkeiten der Hypnosetherapie bei einer schweren Krankheit wie Diabetes werde ich später zurückkommen (Kapitel 8). Hier ist im Augenblick nur die Darstellung meines Vorgehens von Interesse. Um die Ursache der Krankheit bei Frau S. zu klären, suchten wir in ihrer frühen Kindheit nach Traumata. Sie bot ein Schulbeispiel dafür, wie jede unserer emotionalen Erschütterungen in unserem Gedächtnis gespeichert wird. Selbst wenn wir über Jahrzehnte hinweg unbewältigte Gefühle aus unserem Tagesbewußtsein verdrängt haben, sind sie deshalb nicht auch tatsächlich verschwunden.

Nach genügender Vorbereitung wurde mit Frau Stella J. eine Rückführung begonnen. In Trance wurde sie aufgefordert, ihr Leben noch einmal vor ihrem geistigen Auge rückwärts laufen zu lassen bis zu jenem Zeitpunkt, an dem sie noch gesund war.

Sie fand sich als Fünfjährige am Meeresstrand mit ihrer Mutter wieder. Spielend lief sie hin und her, war zärtlich zu ihrer Mutter und spürte deren liebevolle Nähe. Sie konnte sich sogar an ihr duftendes Haar erinnern. Schließlich brach ihre Mutter auf und ging mit ihr über die Dünen zu ihrem Haus ... und starb! Sie verabschiedete sich noch von ihrer Tochter, legte sich hin und reagierte nicht mehr, trotz aller Versuche der kleinen Stella, sie wieder »lebendig« zu machen. Lange Stunden wartete das kleine Kind vergeblich darauf, daß die Mutter wieder aufwachen würde. Sie konnte natürlich nicht verstehen, was geschehen war und weinte herzzerreißend, bis man sie an die tote Mutter geschmiegt nach Stunden fand.

Im Symboldrama sah sie sich nun wieder auf der Straße spielen: »Ein anderes Mädchen kommt auf mich zu und sagt: ›Ich weiß, daß deine Mutter tot ist, meine Mutti hat das aus der Zeitung vorgelesen.‹«

Stella schrie auf: »Das ist nicht wahr!« Große Angst stieg in ihr hoch. »Die anderen Kinder sind sehr aufgeregt. Das Mädchen erzählt es wie eine Sensation. – Ich laufe zu meiner Kinderschwester. ›Tante‹ Monika nimmt mich auf den Schoß und tröstet mich. Sie sagt, es sei alles gar nicht wahr. Die Mutter sei im Krankenhaus. Aber ich weiß, daß sie nicht die Wahrheit sagt. Mein Papa hätte mir sagen müssen, daß Mami tot ist. Jetzt ist er in Rußland.«

Immer wieder lief Stella zum Telefon, sie wartete auf einen Anruf der Mutter. Erst nach fast einem Jahr kam der Vater und sagte ihr, daß sie im Himmel sei und daß es ihr gutgehe.

Diese langfristige Spannung verursachte in Frau Stella J. Gefühle unendlicher Verlassenheit und beginnender Lebensangst. Sie kannte nun die Ursache ihrer Krankheit. Ins Unbewußte verdrängte Schicksalsschläge verlieren ihre negative Wirksamkeit erst, wenn sie »erlöst«, also aufgearbeitet, werden und dadurch eine Neuzuordnung erfolgen kann.

6. DIE KUNST,
VOLLKOMMENER ZU WERDEN

Die Suche nach Glück

Kaum ein Begriff erfährt von uns Menschen eine vielseitigere Auslegung als der Ausdruck Glück. Geistvolle Essays wurden von vielen Literaten und Philosophen über das Glück geschrieben. Was aber ist Glück, wo liegt sein wahrer Gehalt?

»Ich möchte auch einmal so glücklich sein wie alle anderen Menschen«, sagte eine fünfzigjährige Witwe zu mir. War es Gedankenlosigkeit oder nur Unverständnis für das Schicksal anderer? Kaum zehn von tausend Befragten werden sich je als wirklich glücklich bezeichnen – obwohl die Suche nach dem »Schatz am Ende des Regenbogens« doch ein Zeichen unserer Zeit geworden ist, werden viele nicht fündig und suchen wohl auch am falschen Ende.

Ich will mich nicht an kunstvoll umschriebene Formulierungen wagen; für mich liegt das Glück darin, zu wissen, daß ich die unendliche, schöpferische Kraft dieses herrlichen Lebens in mir trage. In uns allen ist, was glücklich macht. Auch Sie tragen dieses Kleinod in sich, und es ist nur eine Sache des bewußten Seins, himmlische Wonne zu erfahren.

Das größte Märchen, das zahllose Menschen ihr Leben lang akzeptieren, ist die Ansicht, ihrem Schicksal nicht entkommen zu können. Sie sollten auf den weisen Inder Osho hören, der in einem seiner Vorträge erklärte: »*Alle Ereignisse im Leben sind da, weil du sie angezogen hast. Was du mit ihnen anfängst, ist deine Sache!*«

Er lehnt es genauso ab, das Leben eines Menschen durch

seinen Charakter für immer festgelegt zu sehen. Für den westlichen Intellektuellen wird unser Charakter geformt aus Erbgut, Erziehung und Umwelt. Wo bleibt bei uns der lebendige Geist, der sich den Körper schafft?

»Den hat mir schon mein Vater ausgetrieben«, sagte Siegfried M. zu mir. Er umriß mit dieser bitteren Feststellung, was viele heute oft noch unter Erziehung verstehen. Siegfried M. bewies eine seltene Charakterstärke gegenüber der ständigen Abwertung durch seinen Vater, der ihn für einen ausgemachten Trottel hielt. In den sechziger Jahren hat der junge Unternehmer in der Modebranche seinem Vater einen Konkurrenzbetrieb gegenübergestellt, der im europäischen Raum einen großen Namen errang.

▶ Dein Leben ist aus Gedanken gewebt.

Befreiung von Fanatismus und Egoismus

Wäre Siegfried M. ein Einzelfall, würde ich ihn nicht erwähnen. Jeder, der sich frustriert fühlt, kann selber erfahren, daß es nie zu spät ist, sein »Schicksal« in die Hand zu nehmen. Das Lebensalter spielt keine Rolle, wenn wir unser Glück finden wollen. Alles Ungute, jede negative Situation des eigenen Lebens ist selbst geschaffen und hat lediglich die Macht über uns, die wir ihr geben.

Der Schritt zu unseren Zielen erfordert manchmal etwas Tatkraft und Vertrauen zu unserer inneren Kraft. Wer meint, schwach zu sein, ergibt sich unsinnigerweise einem ominösen Schicksal, das aber in Wirklichkeit nur in seinem Kopf existiert. Wir brauchen nur unsere, mit Irrtümern behafteten Vorstellungen zu ver-rücken, um zufriedener und ausgeglichener zu sein. Nach einer Wandlung zu positivem Denken will es uns oft nicht mehr in den Kopf, mit welch engen Vorstellungen wir uns lange Zeit selbst um unser Glück betrogen haben.

Eine turbulente Lebensgeschichte, gespickt mit ständigen Fehlschlägen, erzählte mir eine Frau in den sogenannten »besten Jahren«. Am Ende ihrer Aufzählung von negativen dramatischen Geschehnissen konnte ich ihr nahebringen, daß sie den Regisseur ihres Lebensfilms wechseln sollte. Ich konnte ihr verständlich machen, daß jedes Thema und jedes Problem von vielen Seiten betrachtet werden sollten, bevor wir sie Schicksal nennen. Sie werde so lange Mißgeschicke erleben, bis sie daraus lerne, was uns Probleme sagen wollen. Frau S. verstand dies und nahm meine Aufforderung an. Mit großem Vergnügen hörte ich nach einigen Wochen von ihrer Wandlung und ihrer Verwunderung über sich selbst. Freunde und Kollegen machten ihr Komplimente über die Veränderung. Noch nie waren ihr in der Vergangenheit so viele angenehme Worte gesagt worden. Sie berichtete: »Wie war ich doch so lange völlig unwissend über das, was ich mir selbst eingebrockt hatte. Und ich kam mir doch so berechtigt unglücklich vor!«

Angezettelte Arbeitskämpfe oder Diskriminierung fremder ethnischer Bevölkerungsgruppen geben rund um die Erde Zeugnis dafür, wie fehlgeleitete Phantasien den Eindruck erwecken können, realer zu sein als die Wirklichkeit. Wer sich selber genügt, der hat keinen Bedarf mehr, Unlustgefühle und Aggressionen loszuwerden. Er wird auch nicht Opfer sein, weil die unerschöpfliche Quelle seiner Lebenskraft ihn stärkt.

Werden auch Sie vom Opfer in einem Drama zum Regisseur Ihres Lebensfilms. Im Unterschied zu einem Schauspieler mit vorgeschriebener Rolle sind Sie Akteur, Autor und Produzent in eigener Regie. Ihre Arbeit an sich selbst ist Ihre Lebensaufgabe. Alles, was Sie wahrnehmen, ist ein Spiel ohne Ende, ohne Grenzen, und Sie haben die Wahl, was Ihnen »dienen« soll.

Der Fortgang der Komödie, die das Leben ist, unterliegt in

vielfältiger Weise unserem Zuständigkeitsbereich. Jeder Gedanke, jede Tat entspringt unserer ureigensten Kraftquelle, unserem immer aktiven Geist, der mit Gott eins ist.

▶ Erfreue dich an der Schöpfung, aber vergiß nicht denjenigen darüber, der sie geschaffen hat.

Fehlgeleitetes Denken beherrscht und formt ganze Berufsgruppen

Wenn unser Verstand sich anmaßt, über den Wert geistiger Energien urteilen zu können, dann verliert der Mensch seinen Bezug zur Basis des Lebens. Vom Diktat der rationalen Weltsicht werden ganze Berufsgruppen in die Enge einer dogmatischen Lebensweise getrieben. Am Ende einer »Negativliste« von einflußreich *wirkenden* Berufen stehen die Ärzte, Juristen, Polizisten und dann die Lehrer. Diese Berufsgruppen sind am allermeisten mit den negativen Auswirkungen unserer fehlgeleiteten Vorstellung vom Leben verbunden. Sie betrachten fast durchweg nur die materielle/intellektuelle Seite unseres Lebens und übersehen damit allzuleicht den geistigen Urgrund der Schöpfung.

Die oft unverantwortlichen Äußerungen von Chirurgen im Operationssaal sind ein Beweis für den fehlenden Bezug zur eigenen Mitte, zum eigenen geistigen Potential. So bewundernswert ihre Kunstfertigkeit, ihre Geduld und Raffinesse ist, mit der sie körperlichen Unzulänglichkeiten ein Schnippchen schlagen, so unterlegen bleiben sie der Äußerlichkeit ihres Tuns. Mit Hilfe der Kräfte unserer uns innewohnenden Intelligenz wären sie weit erfolgreicher, als sie es jetzt schon sind.

Wie selbstherrlich und arrogant hört sich die manchmal noch heute vertretene Ärztemeinung an, Magengeschwüre seien eine Domäne des Chirurgen. Jeder Psychotherapeut bringt sie im

Normalfall in einigen Wochen zum Verschwinden, ohne den Patienten berührt zu haben. Unsere mechanisch/materialistisch orientierte Welt des Heilens ist seelenlos geblieben. Der Einsatz des teuren medizinischen Maschinenparks hat einen höheren Stellenwert als der heilende Geist in uns. Die Macht unseres Unterbewußtseins vermag unsere Gesundheit besser zu bewahren als alle medizinischen Techniken der Welt.

In vielen Kliniken der USA – und zunehmend auch in Europa – gibt es Sonderbeauftragte, die sich während der Operation um das seelische Wohl der Patienten zu kümmern haben. Eine süddeutsche Operationsschwester, seit fünfzehn Jahren Leserin meiner Bücher, hatte sich mit positivem Denken selbst von einer langjährigen Migräne befreit. Sie erzählte mir von ihren seltsamen Tätigkeiten mit Operierten in Vollnarkose.

»Wir legen jetzt den ersten Schnitt«, berichtet sie etwa dem narkotisierten Patienten. »Ihr Puls und Ihre Atmung sind ganz normal. Der Professor ist jetzt am Operationsfeld; es ist alles übersichtlich und wohl geordnet. Er ist voller Zuversicht: Sie werden schon bald wieder ganz gesund sein. Unsere Messungen zeigen, wie gut und vertrauensvoll Sie mitmachen, bald gesund zu sein. Wir sind sicher, daß Sie sehr bald wieder bei Ihrer Familie sind… Jetzt ist die Operation vorüber. Alles ist gelungen. Sie haben es geschafft. Mit Ihrer Konstitution und Ihrem Glauben an sich selbst ist bald alles schnell geheilt. Gute Genesung!«

Wer möchte nicht auch in schweren Stunden die Hilfe einer solchen Krankenschwester erfahren? Wir alle sind aufgerufen, Positives Denken nicht nur als bloße Theorie anzusehen. Wir selbst sind es, die am meisten darunter zu leiden haben, wenn wir das Positive niedriger einstufen als jenes, was uns leiden läßt.

▶ Die Stille ist es, die dir dein Wesen zeigt. Aus ihr kommst du, zu ihr kehrst du zurück.

Die Kunst der positiven Imagination

Immer bleibt der Verstand an den äußeren Erscheinungsformen hängen. Dies drückte einmal ein Ministerialbeamter sehr pragmatisch aus. Er wandte sich nach einer Therapiestunde an mich und fragte: »Dr. Murphy sagt, ›wenn du Fieber hast, sage dir: ich bin gesund!‹ Wie kann ich aber behaupten, gesund zu sein, wenn ich spüre, Fieber zu haben?« Für ihn gab es hier einen Widerspruch, den es erst einmal zu überwinden galt, bevor er selber an seiner Heilung mitwirken konnte. Für ihn mußte alles seine Ordnung haben, und diese Ordnung sollte einer einfachen Logik entsprechen. Ängstlich war er auf die Erfüllung der Verstandesnorm bedacht, so ängstlich, daß er nicht mehr die Eigeninitiative besaß, in eigener Regie seine Gedanken wählen zu können.

Hatte Dr. Murphy seine Leser mit dem Ratschlag auf den Arm genommen? Keineswegs, er hat es so gemeint, wie er es gesagt hat: Wer krank ist, erlebt die Folgen einer Situation, die den Körper schwächt, und sucht den Weg zurück zur Gesundheit. Das Abwehrsystem des Körpers arbeitet auf Hochtouren, und der Kranke wirkt gegen seine Genesung, wenn er sich in seinem Krankheitsgefühl bestätigt. Statt dessen sollte er durch die Mobilisierung aller feinstofflichen Energien das Fieber als Reinigung des Körpers unterstützen und sich geistig bereits schon wieder gesund sehen. Autosuggestionen wie: »Ich bin gesund« sollen den erwünschten Zustand beschleunigt manifestieren. Positive Gedanken sollen den Einfluß negativer Zustände wieder ausgleichen und neue, gesunde Kraft in sich einströmen lassen.

Verwenden Sie folgende Suggestionsformel:

»In mir ist vollkommene Harmonie. Körper, Seele und Geist sind eins. Ich liebe meinen Körper, ich wende mich ihm mit lie-

bevollen, gesundmachenden, aufbauenden Gedanken zu. *Unendliche Lebenskraft fließt mir von allen Seiten zu, sie heilt mich und erneuert jetzt meinen Körper vollständig nach dem Bild, das Gott von mir hat. Göttliche Harmonie stärkt und reinigt mich. Sie schwemmt alles Dunkle aus mir heraus. Mit jedem Atemzug strömt neue Lebenskraft in mich ein. Mit jedem Atemzug bin ich stärker und gesünder. Über Nacht bin ich gesund und wieder voll der Alte. Ich bin wieder eins mit meiner geistigen Mitte. Ich bin geschützt und gestärkt von der unendlichen Intelligenz meines höheren Selbst.«*

Der Patient, der mit Herzneurosen und einem Haufen an Hemmungen zu mir kam, erlebte in der Hypnose erstmals seine geistige Kraft. Er lernte in kurzer Zeit, sein Unterbewußtsein neu zu konditionieren, um sich gegen Krankheiten zu schützen.

Manche Kritiker, die ihre Gedankenenergie in Zweifeln verschwenden, nennen das Positive Denken Positivismus. Sie vergleichen es mit dem Schlaraffenland, in das jeder möchte, aber keiner kann – weil es eben nur im Märchen Wirklichkeit ist. Das Kennzeichen ihrer Unwissenheit über das Leben ist ihr Glaube an Ungerechtigkeit, an Tod und Teufel. Niemandem soll sein Glaube genommen werden. Nur sollte sich jeder darüber klar sein, daß es ausschließlich *sein* Glaube ist, *seine* Vorstellung von der Welt, die sein Leben bestimmen. Der Intellektuelle meint, daß Glaube Nichtwissen ist, und wie könnte es ihm gefallen, unter die Nichtwissenden eingereiht zu werden? Aber nicht die einfache rationale Logik bestimmt unser Leben, sondern eine dieser Welt übergeordnete Kraft, die viele Gott nennen.

Ich *weiß* aus meiner fünfundzwanzigjährigen Praxis, wie vielen Tausenden Positives Denken aus schweren Schicksalskrisen herausgeholfen hat.

Natürlich ist es Unsinn, sich einzureden: »Ich bin gesund und erfolgreich« und insgeheim zu denken: »Wir wollen doch einmal sehen, was jetzt passiert!« Wenn Zweifel unser Grundgefühl ist, dann bleibt alles beim alten. Was ich insgeheim befürchtet habe, ist über mich gekommen. Nur wenn wir mit unserer Überzeugung bei der Sache sind, kann die Suggestion im Unterbewußtsein Raum und Kraft gewinnen und der gewünschte Zustand auch eintreten. Deshalb: Glauben wir an das, was noch nicht ist, damit es werde!

▶ Liebe heißt, den anderen so wahrzunehmen, wie er gedacht ist. Es bedeutet auch, eine Tür zu öffnen, durch die ihr beide die Botschaft hören werdet, die für euch bestimmt ist.

Mit Freude in jeden neuen Tag

Positives Denken ist stets der Beginn einer neuen Sicht auf die Dinge, ist der Anfang einer Persönlichkeitswandlung zum Guten. Wer sein Wesen auf Harmonie und Liebe einzustimmen beginnt, der wird harmonisch und an der Sonnenseite des Lebens teilhaben. Der positiv Denkende gaukelt sich nichts vor, sondern er erlebt die Welt, wie sie ist, voll von all dem, was sich unser Herz wünschen möchte. Wer sich frohen Mutes dem Leben hingibt, der erlebt alsbald die Wahrheit der Bibelworte: »Das Himmelreich ist in euch«. Was aber ist falsch gelaufen in der zweitausendjährigen Geschichte des Christentums? Christus war eindeutig ein Positivist, aber auch er vermochte wohl nicht das ängstliche Gemüt der Menschen nachhaltig mit Gott zu verbinden.

Lassen wir die Problematik mit ihrer Weltsicht beiseite. Wir sind nicht in diese Welt gekommen, um in Sünde und Leid unsere Tage zu gestalten, sondern um durch ein Tor zu schreiten und uns über Vergangenes zu erheben. In jeden von uns legte der Schöpfer die Kraft zu Vollkommenheit und Harmonie. Nutzen wir sie, dann wird sich unser Leben erfüllen. Positives Denken ist der erste Schritt, diese Kraft zu erkennen und sie zu befreien, um dann in Freiheit unseres Weges zu gehen.

Was meinen Sie, wie gut Ihnen Ihr Frühstück schmecken wird, wenn Sie die Freude auf den vor Ihnen liegenden Tag in sich erklingen lassen? Öffnen Sie Ihr Herz für Ihre Welt, blicken Sie hinaus in die Natur, auf die Bäume vor der Tür. Alles, was Sie wahrnehmen, will Ihnen Kraft und Zuversicht vermitteln. Bäume sind fest in der Realität verwurzelt, und doch können sie ihr stilles, eigenständiges Leben führen. Nehmen Sie die Sonnenstrahlen wahr oder den reinigenden Regen. Freuen Sie sich über das Heute, denn es ist gekommen, Ihnen Freude zu bereiten.

Jetzt, in diesen Augenblicken, sind Sie wirklich existent, und nur jetzt können Sie Lust und Glück empfinden. Sie spüren, daß Leben mehr ist, als sich hinter Büchern oder Maschinen zu vergraben, und Sie empfinden jeden Tag mehr, wie in Ihnen Riesenkräfte erwachen. Sie sehen den Alltag nicht mehr grau in grau, sondern Sie erleben die ganze Vielfalt und Schönheit im Da-Sein, das Gott geschaffen hat.

Seitdem ich jeden Morgen mit einem freudigen Gruß an den neuen Tag beginne, um innere Führung bitte und der Allmacht in mir mein Vertrauen ausspreche, stelle ich zufrieden fest, wie es immer meine eigenen Gemütsbewegungen sind, die sich mir bei einem Gesprächspartner widerspiegeln. Ein freundlicher Gruß, ein aufmerksamer Blick am Morgen sichern mir das Fluidum der Sympathie für den ganzen Tag.

Was könnten wir uns mehr wünschen, als in Freude unsere Zeit zu leben?

▶ Bemühe dich, in jedem das Gute und Schöne zu sehen, und du erhebst dich und den anderen damit in den Stand, gemeinsam mehr zu sein.

Jeder ist so reich, wie er es sich vorstellt

Wer läßt sich in so freudiger, aufgeschlossener Stimmung schon von Minderwertigkeitsgefühlen den Tag verderben? Es ist tatsächlich nichts anderes als ein Überfall von negativen Gedanken, wenn wir glauben, daß es schwierig werden könnte.

In der Natur zeigt sich überall die unendliche Fülle, die das Leben ist. Gott gibt alle Gaben, er ist Fülle und Reichtum, ist unsere Freude. Sich Gedanken an Armut zuzuwenden bedeutet, sein Lebenslicht freiwillig auf Sparflamme einzustellen. Es gibt keine unverschuldete Armut. Wer sich arm dünkt und darin sein Karma sieht, erliegt damit nur einer destruktiven Einbildung.

Kein Menschentyp trägt den Gefühlskomplex der Armut und den des Opfers mehr in sich als der Obdachlose. Kein Obdachloser *müßte* auf der untersten Stufe zivilisatorischen Lebens vegetieren und auf Parkbänken schlafen. Er hat sich selbst aufgegeben. Es ist das, was wir den Sündenfall nennen, wenn wir das Vertrauen zur unendlichen Weisheit in uns selbst verloren haben.

Dabei ist es so einfach, die Naivität zu überwinden und dummen Vorstellungen nicht weiter verhaftet zu sein. Sie sind, was Sie denken. Es ist ein wunderbares Erlebnis, mit Ihnen gemeinsam den Weg zu innerer Harmonie zu gehen und alle einengenden Vorstellungen in der Vergangenheit zu lassen.

Jeder kann sich selbst vom Joch negativer Gedanken befreien. Wenn Sie Ihr Herz der Welt öffnen, wenn Sie Ihre Lebenskraft wieder zum Fließen bringen, dann gibt es keine Beschränkung, dann steht Ihnen alles offen, alles können Sie erreichen; oder wie es Dr. Murphy formulierte: »Der Glorie ist kein Ende.«

Sagen Sie sich täglich:

»In mir ist vollkommene Harmonie. Ich vertraue der unend-
lichen Weisheit meines Unterbewußtseins. Alle meine guten

Wünsche sind erfüllt. Mein Herz ist weit geöffnet. Liebe, Güte und Erfüllung sind in mir. Ich fühle, alle meine guten Kräfte haben mein Schicksal in die Hand genommen. Dankbar ruhe ich in meiner göttlichen Mitte, aus der ich mein Leben in Schönheit und Vollkommenheit gestalte.«

Wenn Sie diese Worte in sich »wirklich«, also »lebendig« werden lassen, erfahren Sie, *Schöpfer* und *Geschöpf* zugleich zu sein. Sie tauchen in spirituellen Reichtum, und Sie werden erstaunt feststellen, daß sich die materielle Seite des Lebens von allein ergibt. Die Bibel sagt: »Trachtet zuerst nach dem Himmelreich, alles andere wird euch gegeben werden.«

Die Überwindung Ihrer intellektuellen Fesseln macht Sie zu einem freien Wesen, weil Sie geboren sind, um frei zu sein!

▶ Liebe besitzt nicht, noch läßt sie sich besitzen.

Frei sein von aller Schuld

In unserer Gesellschaft ist der Intellekt so dominant, daß sogar Gott für viele zu einem negativ besetzten Begriff wurde. Die größte Last der Menschheit, die Schuldgefühle, holt sich der Normalbürger zu einem großen Teil dort, wo er doch eigentlich Trost finden wollte. Das Gottesbild ist im Lauf von zwei Jahrtausenden dermaßen verzerrt worden, daß die christliche Lehre für manch einen der Grund ist, ein Leben in Mittelmäßigkeit, Angst und Verzweiflung zu verbringen.

Ich glaube, Gott ist reine Liebe, ist reines Verzeihen und Gewähren. Gott zürnt nicht, und weil er uns nach seinem Ebenbild gemacht hat, sind wir in unserem Kern gleich ihm göttlich, und zwar aus Liebe und sonst nichts.

Die Prediger des Christentums stürzen die von ihnen abhängigen Menschen bedenkenlos in Schuldgefühle und Frustrationen. Wie soll ein unschuldiges, neugeborenes Kind sündig sein, wenn es gerade von seinem Schöpfer den Odem höchster geistiger Kraft mit in die von ihm geschaffene Welt bekommen hat? Der berühmteste Heiler Nordamerikas im vorigen Jahrhundert, Dr. Phineas Parkhurst Quimby, stellte fest, daß sechzig Prozent seiner Patienten voller Schuldgefühle waren, die ihnen die Kirche eingeimpft hatte.

Positives Denken empfiehlt Ihnen, an Gottes Liebe im Land der Lebenden zu glauben. Zu wissen, daß die göttliche Gegenwart niemals bestraft und niemals verdammt. Wir sind es selbst, die uns – durch unsere negativen Gedanken – bestrafen. Der Sohn Gottes ist unser eigener Geist, und er ist inmitten von uns. Sie haben richtig gelesen: Der Sohn Gottes ist unser eigener Geist, wir sind im wahrsten Sinne der Sohn Gottes mit allem, was da kreucht und fleucht. Leben heißt heilige, göttliche Kraft zum Ausdruck bringen. Göttliche Weisheit lebt in unendlicher Fülle für alles und jeden in uns – und zwar frei und ohne um sie bitten zu müssen.

Begeben Sie sich zusammen mit mir einmal auf eine Reise in Ihr heiligstes Innenleben. Streifen Sie jetzt für einige Zeit einmal alle Vorstellungen von Schuldgefühlen ab, die Ihnen beim Lesen der vorhergehenden Zeilen vielleicht gekommen sein mögen.

Es ist keine Sünde, wenn ich den Ist-Zustand der christlichen Welt aufzeige, es ist aber Sünde, wenn wir nicht dem Gebot des Schöpfers folgen und glücklich sind. Gott will uns glücklich, ob wir es glauben oder nicht. Sünde heißt das Ziel verfehlen; und wenn wir akzeptieren, daß Liebe/Gott unser aller Ziel ist, dann ist *nicht* zu lieben die einzige Sünde, der wir erliegen können.

Lassen Sie jetzt einmal alle Gedanken an Vergangenes vollständig von sich abfallen, auch an alles Wissen, das sich kritisch und beurteilend bei jeder Wahrnehmung einschleichen möchte. Denken Sie in diesem Moment der Hinwendung nach innen auch nicht an Zukünftiges! Was bleibt Ihnen? Sie spüren Ihren Körper. Sie empfangen über ihre Sinne Ihre Umwelt. Sie empfinden ungestört Ihr Dasein, zu atmen und zu leben. Sie ruhen im göttlichen, ewigen Jetzt. Das ist der Augenblick wahrer Existenz. Es ist der Himmel auf Erden; dies ist, was man Erleuchtung nennt. Beobachten Sie sich genau und fühlen Sie die stille Gegenwart der schöpferischen Allmacht, die alles Leben schuf. Wenn es Ihnen gelingt, im Gebet, in der Meditation diesen Ort der Stille zu betreten, dann sind Sie am Ziel, dann hat sich Ihr Leben erfüllt.

Sobald jedoch der kleinste Gedanke in Ihnen aufkommt, dann ist diese Harmonie in Ihnen wieder gestört.

Übernehmen Sie deshalb ab sofort die Autorität und entscheiden Sie, welche Gedanken in Ihnen Platz haben sollen. Werden Sie zur Autorität in Ihrem Leben, damit Sie Herr im Haus sind und dies auch so bleibt.

▶ Alles, was du in der Welt an Leiden wahrnimmst, ist nur der Heilungsschmerz, ist die Wehe zu einer Geburt und läßt Liebe dorthin fließen, wo vorher der Schmerz wohnte.

Schicksal als Aufgabe: Harmonie im realen Leben

Sie können viel Zeit Ihres Lebens vergeuden, oder Sie können sich mit positiven Gedanken wahrem Erleben zuwenden.

Viele von uns verkaufen in der heutigen Zeit ihre Seele um des Geldes wegen. Arbeit sei der Anfang aller Häßlichkeit, erklärte mir einmal Dr. Murphy. Er meinte damit allerdings nur unseren Irrtum, wenn wir beginnen, uns mit unserer Arbeit zu identifizieren. Viele leben für die Arbeit und nicht um ihrer selbst willen. Wir sollten uns vor Augen halten, daß wir arbeiten, um zu leben – und nicht leben, um zu arbeiten!

Machen Sie nicht irgend etwas, um Geld zu verdienen. Ihr Beruf sollte Ihrer Berufung entsprechen und niemals irgend etwas sein, womit Sie lediglich Ihren Lebensunterhalt verdienen. Arbeit sollte Spaß machen und die Freude dieser Welt vermehren. Arbeit hat dann einen schlechten Wirkungsgrad, wenn Sie innerlich unbeteiligt, mechanistisch einer ungeliebten Tätigkeit nachgehen und des Geldes wegen Ihre Seele verkauften. Gehen Sie ihr als Selbstzweck nach, verlieren Sie mehr oder weniger schnell die Lust, und Ihr Leben wird Ihnen schnell zur Last. Flucht in die Krankheit ist allzuoft ein Ausweg, wenn der Alltag unerfüllt und sinnentleert unser Leben bestimmt. Ihre Seele zeigt Ihnen mit ihren Signalen, was sie von diesem »Ausverkauf« hält.

»Deine Seele ist dir näher als der Schal auf deiner Haut«, sagt eine islamische Lebensweisheit. Wir können mit allem Recht sagen, daß wir Berufene sind. Nehmen wir den Kontakt auf zu unseren seelischen Tiefen, dann erkennen wir die Ursachen vielen Leids und vieler Probleme in der oft seelenschleifenden Monotonie, die sich bei vielen eingeschlichen hat. Das Positive Denken ist ein Weg nach innen zu unserem Selbst, und es ist uns Führung, wenn wir sie brauchen.

Seit ich begonnen habe, meine transzendenten Bereiche zu erkunden und den Sehnsüchten meines wahren Wesens gerecht zu werden, bin ich religiös geworden, bin ich im wahrsten Sinne Gott nahegekommen. Auch Sie werden auf dem Wege nach innen erkennen: Der einzige existierende Gott befindet sich in Ihnen selbst, *ist Ihr Selbst.*

Gehen Sie Ihren Lebensweg freudig und voller Zuversicht. Ihr Leben ist für Sie bestimmt, ganz allein für Sie, und Sie leben es nur einmal, so wie es sich jetzt präsentiert.

Machen Sie es sich zur Gewohnheit, Aufgaben aller Art sofort zu lösen. Lassen Sie jeden wissen, was Sie von seiner Einladung, der zugewiesenen Arbeit, seinem Angebot, seiner Überlegung oder seinem Wunsch halten. Entweder die Angelegenheit ist wichtig für Sie, dann treten Sie ihr näher, oder Sie haben kein Interesse, dann sagen Sie es. Wer sich gerne alle Türen offenhält, lebt nicht sich selbst; seine Ängste dirigieren ihn aus unbewußten Schichten und bestimmen von dort aus sein Leben.

Wenn Sie von anderen irgend etwas wollen, dann achten Sie auf den Tonfall der Antwort. »Ich weiß noch nicht..., vielleicht ..., das könnte man eventuell ins Auge fassen« sind alles stellvertretende Worte für: *»Ich will nicht!«*

Verschwenden Sie nicht Ihre Kraft, Ihren Gesprächspartner zu überreden. Ihr Wille ist der Unlust des anderen unterlegen, und psychologischen Druck anzuwenden, hilft nur mäßig und kehrt auch als Schwierigkeit zu Ihnen zurück.

»Ich höre oft die warnende Stimme in mir«, erzählte mir eine Patientin, »nur, ich war meistens erst bereit ihr zu folgen, wenn es zu spät war, wenn gewissermaßen das Kind in den Brunnen gefallen war.«

Wir alle haben diesen Fehler wohl schon selbst begangen. Das soll jetzt vorbei sein. Unser Ego hat nicht das Recht, wider unser inneres Wissen zu handeln und uns vielfach ins Unglück zu stürzen, wenn es uns die Weisheit in uns nicht wahrnehmen läßt.

Der erste Schritt, sich vertrauensvoll der Weisheit unserer Seele zuzuwenden ist, sich selbst zu lieben. In Kapitel 7 über die Angst werde ich ausführlicher darauf eingehen. Was wir normalerweise unter »Liebe« verstehen, ist meistens nur ein egoistisches Wollen, ein Haben-Wollen, ein Besitzen-Wollen. Worin das in unserer Gesellschaft gipfelt, drückte einmal ein kluger Engländer mit sarkastischem Humor aus: »Nichts erhält die Freundschaft mehr, als das regelmäßige Austauschen von Banknoten.«

Intellektuelle Charaktere empfinden den Gebrauch der Begriffe Harmonie und Liebe vielleicht als übertrieben und wohl auch nicht zeitgemäß. Sie sollen sich durchaus nicht mit einem falschen Heiligenschein umgeben, indem Sie viel von Harmonie sprechen. Positives Denken bedeutet positive Hinwendung zur Realität.

Es gibt nichts, was Sie nun noch erschüttern könnte. Nichts kann Sie aus der Bahn werfen, wenn Sie den ewigen Lebensquell in sich zu spüren beginnen. In Gott ruhen heißt zu wissen, daß der Lebensfluß immer fließt, immer alles zu Ihnen trägt, dessen Sie bedürfen. Geht Ihnen etwas an äußeren Dingen verloren, eröffnet sich sofort Neues. Wenn sich eine Tür schließt, dann öffnen sich zwei neue. Glauben Sie nicht, Ihre Firma, Ihr Chef oder Ihre Versicherungspolice seien der Garant zu überleben; richten Sie statt dessen Ihre Aufmerksamkeit auf Ihre wahre Versorgungsquelle. Ein harmonischer, seinem höheren Selbst verbundener Mensch wird keinen geschaffenen Dingen Macht verleihen. Er gibt weder Sonne, Sternen oder Mond die Macht über sich. Er gibt sie ausschließlich Gott. Sein Geist in ihm ist sein nächster Freund.

Sind Ihnen diese Worte zu religiös? Dann überlegen Sie einmal, ob Sie sich noch selbst verleugnen und damit selbst verfehlen könnten. Wenn Sie rein rational dem Wesen des Lebens auf die Spur kommen wollen, dann fehlt Ihnen der wichtigste Teil. Der spirituelle, geistige Aspekt ist es, der Ihnen Ihr Leben gab. Nichts gibt es in unserem Kosmos außerhalb der göttlichen Allmacht. Lassen Sie es nicht länger zu, daß Ihr Ego eigenmächtig in seiner einseitigen Sicht Ihr Leben bestimmt.

Alles Wissen ist nur ein Aspekt des Ganzen und gibt Zeugnis von einem Teil der Allmacht, die Gott ist. Wissen führt nicht zu Weisheit. Erst wenn Sie wissen, daß Sie nichts wissen, stehen Sie an der Schwelle zu Ihrem selbstbewußten Geist. Individuelles Wissen ist mehr *Nicht*-Wissen; es ist nur ein Tropfen im Ozean der Weisheit, die darauf wartet, Ihnen zu helfen, das Leben zu leben, wie Sie es sich wünschen.

Albert Einstein sagte einmal in der Abwandlung einer bekannten Volksweisheit: »*Glaube ohne Wissenschaft ist lahm, und Wissenschaft ohne Religion ist blind.*« Heften Sie sich nicht an Detailwissen. Denken, fühlen und handeln Sie aus Ihrer Mitte, in der alles Wissen Ihres Seins vereint ist. Aus ihr schöpfen Sie das, was wahr ist, das, was Sie befreit und was Ihnen zu einem vollkommeneren Leben verhilft.

Wer sich der höheren Weisheit in sich überantwortet, durchschaut bald die Methoden der Machtbesessenen, die Sie gerne im geistigen Schlepptau hätten. Wenn Sie sich mit der schöpferischen Allmacht in Ihnen eins fühlen, dann gibt es nur noch eine Wahrheit, und das ist unsichtbar, ewig, aber dennoch *Ihre persönliche Realität*. Die Schöpfung hat in ihrer unendlichen Weisheit alle Macht, alles Wissen in Sie selbst hineingelegt, und Sie können darauf vertrauen, alles zu haben, wessen Sie jemals bedürfen.

Der Begriff »Erfolg« hat in unserer Gesellschaft eine etwas einseitige Definition zum Materiellen bekommen. Ein Erfolgsmensch ist für die meisten ein Symbol finanzieller Stärke. Erziehung, Ausbildung und Beruf sind fast ausschließlich auf diese einseitige Definition ausgerichtet.

Erfolg steht auch Ihnen zu. Wenn Sie von Gedanken an Erfolg erfüllt sind, wird in der Werkstatt des Geistes mit dessen Verwirklichung begonnen. Unser ganzes Wesen ist darauf angelegt, sich in der Palette menschlicher Existenz Erfolg zu verschaffen. Er manifestiert sich in einer harmonischen Partnerschaft genauso wie im Beruf. Auf vielen Ebenen drückt sich die Entwicklung eines Menschen aus, schließlich auch auf dem Bankkonto. Geld ist eine gute Hilfe, wenn es im »Fluß« gehalten wird. Es ist *ein* gutes Mittel, um unser Leben zu erleichtern. Wahrer Reichtum aber entsteht aus einem erfüllten Leben, und das steht jedem offen. Es ist das Tor zu unserer Bestimmung.

▶ Licht greift die Dunkelheit nicht an, sondern leuchtet sie hinweg.

Positive Wandlung in drei Schritten

Die Gierigen spekulieren um den materiellen Gewinn, sie belasten unsere Umwelt im Namen des Fortschritts und zwingen uns in ein streßerfülltes Leben. Sie wissen nicht, was sie tun. Jede Gier nach mehr, als wir zum Leben brauchen, läßt uns an unserer größten geistigen Kraftquelle unbeachtet vorbeigehen. Die kosmische Kraft in uns gibt uns, wonach wir mit reinem Herzen, mit tiefer innerer Anteilnahme, verlangen.

Wer sich von Fortuna benachteiligt glaubt, wer der Meinung ist, zuwenig Anteil zu haben, der sollte in sich gehen, der sollte in sich den Irrtum suchen, der zu seiner Verletzung geführt hat. Erkennen wir: Unsere eigenen (negativen) Gedanken, unsere Zweifel sind das Hemmnis, das uns in Beschränkung und Not gefangenhält. Verwandeln wir unsere Befürchtungen, unsere Negationen in positive Energie, dann bringen wir uns damit eindeutig als Sieger ins Ziel unserer Wünsche. Was Sie auch immer erreichen möchten, es gibt kein wirkliches Hindernis, ein gutes Ziel mit der Allmacht in uns zu erreichen.

Gehen Sie Ihre Wünsche in drei Schritten an:

1. Stellen Sie keine negativen Behauptungen auf. Wandeln Sie Ihre bisherige Denkweise mit positiven Suggestionen um und sagen Sie sich täglich:

   »Liebe und Harmonie sind in meinem Herzen und meinem Geist. Gott denkt, spricht und handelt durch mich. Ich vertraue der unerschöpflichen Quelle meiner Lebenskraft, die mein Leben bestimmt und alles zu meinem Besten wandelt. Sie stärkt meine geistigen Fähigkeiten und läßt mich jeden Augenblick das Richtige tun.

   Aus dem Frieden in der Mitte meines Wesens verströme ich Liebe zu allen Menschen in der Welt. Ich fühle und weiß, je mehr ich meine positiven Kräfte ausstrahle, um so mächtiger ist der Strom positiver Ereignisse, der zu mir zurückkehrt. Alles, was ich ersehne, kommt zu mir. Die Harmonie meines Wesens erfüllt mein Leben. Alles geschieht wie von selbst.«

2. Wer Liebe und Harmonie zunehmend seine Aufmerksamkeit widmet, der verschwendet keine Zeit und keine Energie mehr an häßliche Gefühlsausbrüche. Streichen Sie Zorn, Ärger, Neid und Eifersucht aus Ihrem Leben. Keines dieser Gefühle bringt Ihnen irgendeinen Nutzen. Zorn entsteht aus dem fehlenden Eingeständnis, selbst eine unangenehme Situation verursacht zu haben, oder aus unseren Vorstellungen von einem ungerechten Leben. Neid entsteht, wenn wir nicht glauben können, selbst zu erreichen, was der andere hat. Neid schwächt unsere Lebenskraft, weil wir uns mit ihm erniedrigen. Eifersucht ist fehlendes Selbst*vertrauen*, das wir auf unseren Partner übertragen. Dies ist eines der destruktivsten mentalen Gifte, die es gibt. Eifersucht ist Verschwendung wertvoller Zeit und Energie, ist die falsche Seite des Lebens, die uns nicht weiterbringt.

Verscheuchen Sie den geringsten Anflug dieser Gefühle liebevoll, aber bestimmt aus Ihrem Geist. Friede und Harmonie sind Ihnen von jetzt an und in alle Zukunft heilig.

3. Lernen Sie, mit Ihrem Unterbewußtsein in Bildern zu kommunizieren. Sobald Sie sich über ein Vorhaben klar sind und Ihre innere Stimme Ihnen bestätigt, auf dem rechten Weg zu sein, setzen Sie Ihren Plan in ein Bild um. Sehen Sie sich in Ihrer Vision am Ziel Ihrer Wünsche bereits angekommen. Wer ein Haus bauen will, der kann sich das fertige Haus vorstellen. Wer eine körperliche Schwäche hat, sollte sich gesund und munter sehen. Wer einen beruflichen Sprung nach vorne plant, sollte sich bereits in der Position, die er erreichen will, vorstellen können.

Leben Sie in dem Bewußtsein, daß Ihr Plan bereits erfüllt ist.

Tauchen Sie jeden Tag mindestens einmal in einer Meditation tief in Ihre Vorstellung ein. Sehen Sie die vollendete Situation plastisch und farbig vor sich. Es gibt nichts, was dieser aufbauenden, suggestiven Kraft Widerstand leisten könnte, außer Ihr eigener Zweifel, Ihre Befürchtung, daß es vielleicht doch anders kommt, als geplant. Ihr Unterbewußtsein wird seine unerschöpfliche Kraft zur Verwirklichung Ihres Vorhabens einsetzen, und Sie werden erleben, was sie denken.

▶ Nur die Schwachen lügen.

Systematischer Kontakt mit Ihrem Unterbewußtsein

Der Erfolgreiche braucht keine Hilfe von außen. Er weiß, wer er ist. Er weiß, was er will. Er ruht in sich, sein Geist ist klar, denn alles andere bewirkt seine unerschöpfliche Kraftquelle in ihm.

Das Geheimnis des Erfolglosen dagegen besteht darin, daß er *nicht* weiß, was er will.

Ein Mensch, der nicht weiß, was er will, ist gleichzeitig einer, der nicht weiß, wer er ist. Er ist jemand, der sich selbst in seinem Leben noch nicht gefunden hat und der sich bisher auch nicht die Mühe gemacht hat, sein Selbst zu suchen. Es heißt, das Leben sei ein Prozeß, der Erkenntnis schafft. Ich will Ihnen damit sagen, daß, wenn Sie sich selbst zu erkennen beginnen, damit dann alles begonnen hat, was man auf »dem Weg sein« nennt. Wer nicht weiß, wer er ist, wer nicht weiß, was er will, steht sich selbst im Weg. Allein durch sein Nicht-Wissen um seine Möglichkeiten tritt er auf der Stelle. Der Gedanke »Mir ist so etwas nicht beschieden« zeigt, daß er sich seiner unendlichen seelischen Kraft noch nicht bewußt geworden ist. Wir sollten uns der Tragweite dieser Worte mit Aufmerksamkeit zuwenden, um richtig erfassen zu können, was es bedeutet, wenn jemandem das

Bewußtsein von sich selbst fehlt. Er ist sich seiner selbst nicht bewußt, wie könnte er da seine innere Kraft für seine Ziele nutzen?

Jegliche Form von Persönlichkeitsentwicklung erfolgt nach sehr einfachen Gesetzmäßigkeiten. Unser Charakter entsteht durch die vielen, vielen Einflüsse und unsere Reaktionen darauf. Das Maß, in dem wir Sinn und Stellung uneres Seins im Leben erkennen, entscheidet über den Grad unserer Selbstverwirlichung, über unsere Persönlichkeit.

Fragen Sie Personen, die im Sinne des bisher Gesagten erfolgreich sind, die es besonders weit gebracht haben. Sie werden im Prinzip immer ähnliche Antwort erhalten: »Mein Erfolg? Ich habe gewußt, was ich wollte! Ich habe Vertrauen zu mir, mochten andere auch über mich lächeln oder mich sogar für verrückt halten, ich bin mir treu geblieben. Es war ganz einfach, ich bin meiner geistigen Zielvorstellung gefolgt – und ich hatte von Anfang an vor meinem inneren Auge ganz plastisch vor mir, was ich wollte!«

Nehmen Sie einem Reichen seine Millionen weg. Es wird ihn nicht sonderlich treffen. Sein Geist ist auf Wohlstand programmiert. Ohne eine Mark in der Tasche hätte er in wenigen Jahren wieder seine Millionen. Wer sich innerlich reich fühlt, wird reich sein!

Beobachten Sie Ihre Kollegen, Nachbarn oder einfach ein paar Straßenarbeiter. Der eine schummelt sich durch langgedehnte Pausen und trickreiche Bewegungsersparnis zum Ende seiner täglichen Arbeitsstunden. Beim Bier an der Theke verbringt er dann seine Freizeit. Der andere interessiert sich für seine Aufgabe. Er vollendet präzise und schnell seine Arbeit und hat Freude daran. Es wäre nicht verwunderlich, wenn er bald als Vorarbeiter der Gruppe vorsteht. Sein strebsamer Einsatz, sein forsches Angehen der angenommenen Aufgabe ist seinen Vorgesetzten aufgefallen.

Immer werden Sie erkennen, daß der Aktive, der bewußt und zielstrebig vorgeht, auch besser im Leben vorankommt. Nichts schadet der Persönlichkeit eines Menschen mehr als Lethargie. Negative Einstellung zur Arbeit und das ständige Machtgerangel in unserer Wirtschaft um höhere Löhne macht die Menschen zu Zerstörern ihrer Seele. Inflation und Arbeitslosigkeit sind die Folge sinkender menschlicher ethischer Qualität. Arbeitslosigkeit in großem Ausmaß ist das Ergebnis von geschürter Angst; sie dient politischen und anderen Interessengruppen zur Machtentfaltung. Erkennen Sie: Wer in sich ruht, der ist unangreifbar, ist frei, seinen Weg zu gehen, wie er es will.

▶ Gib nicht den Situationen der Vergangenheit die Schuld – es ist allein deine Reaktion auf die Ereignisse, die dir Probleme macht.

Wünsche werden Wirklichkeit

Schaffen Sie sich klare und präzise Bilder, die Sie Ihrem Unterbewußtsein zur Realisierung vermitteln. Wer heute »hü« und morgen »hott« sagt, der macht sich selbst zum Schaukelpferd und reitet auf der Stelle.

Bewegt Sie ein besonders großer Wunsch, dann malen Sie sich ihn mit geschlossenen Augen in den kräftigsten Farben aus. Schwelgen Sie in der Vorstellung, wie die optimale Erfüllung Ihres Wunsches aussieht. Schwelgen Sie geradezu mit Ihrer Phantasie, bis Sie das Höchstmaß Ihrer Vorstellungskraft erreicht haben.

An diesem Punkt angelangt, befragen Sie Ihr Gewissen, ob Sie mit Ihrem Wunsch eventuell einen anderen Menschen beeinträchtigen oder schädigen könnten. Ist dies sicher nicht der Fall, dann machen Sie sich das Bild der höchsten Vollendung Ihres Wunsches zur täglichen Meditation. Es heißt, es kommen Ihnen die guten Kräfte des Kosmos zu Hilfe, wenn Sie im Sinne des Ganzen tätig sind. Rufen Sie es sich während des Tages zwei- bis dreimal in kurzen Pausen ins Gedächtnis, was Sie erreichen wollen. Abends vor dem Einschlafen können Sie Ihren Herzenswunsch besonders plastisch vor Ihrem geistigen Auge entstehen lassen. Prägen Sie Ihrem Unterbewußtsein zu diesem Bild die folgende Affirmation ein:

»So wie ich meinen Wunsch erfüllt vor mir sehe, so ist es, so erlebe ich es auch in meiner Wirklichkeit. Die unendliche Weisheit meines Unterbewußtseins setzt seine allmächtige Kraft dafür ein. Ich sehe mich am Ziel. Alles, was ich jetzt sehe, ist bereits Wirklichkeit. Danke Vater, daß es so ist.«

Zusätzliche Dimensionen des Bewußtseins, die auch mit dem heute viel verwendeten Wort »Bewußtseinserweiterung« angezeigt werden, sind allerdings nicht mit unseren sinnlichen Werkzeugen wie Auge, Nase, Ohr oder Tast- und Geschmackssinn zu ergründen. Sie können sie nur durch Ihren inniglichen Kontakt zu Ihren seelischen Bereichen *erfahren*.

Nutzen Sie das ureigenste Wissen der Menschheit zu Ihrem und zum Wohl aller. Begeben Sie sich auf den Königsweg zum vollkommeneren Leben. Wer in seinem Alltag mit Positivem Denken beginnt, der sollte sich darauf gefaßt machen, daß große und wunderwirkende, glückselige Erfahrungen vor ihm liegen. Prüfen Sie die Vielfalt Ihrer Möglichkeiten. Es ist so einfach: Was Sie in Ihren Gedanken kreieren, das wird Ihnen geschehen.

Wenn Sie Mißerfolge zu verkraften haben, dann sollten Sie sich deshalb kein deprimierendes Gefühl erlauben. Jeder Verlust will Ihnen etwas mitteilen, er ist ein Botschafter, der etwas Wichtiges zu überbringen hat. Sagen Sie sich: *»Weil es nur Ursache und Wirkung gibt, mußte es so kommen, wie es jetzt geschehen ist. Ich war unbewußt, ich nehme den Verlust als guten Grund für zukünftiges bewußteres ›Hinsehen‹. Verluste sind eine Tür, die zugegangen ist; bald schon werden sich zwei neue öffnen. Ich* *setze auf meine Kraft und meine innere Stimme. Ich bin klar und sicher in allen meinen Unternehmungen. Mein Ziel ist mir klar vor Augen. Mir gelingt, was ich von Herzen ersehne. Die unendliche Weisheit in mir lenkt und behütet mich und wird mich zur Erfüllung meiner Wünsche führen.«*

Abschirmung vor fremder Beeinflussung

Lassen Sie sich nie von dümmlichen Sprichwörtern wie »Nomen est Omen« oder Zweifeln irgendwelcher Art irritieren. Selbst ein böser Traum von einem Unglück ist kein Grund zur Ängstlichkeit. Nichts ist vorherbestimmt, wenn Sie es sich nicht einbilden.

Gewiß gibt es hellseherische Träume. Wer diese Fähigkeiten hat, weiß dann aber auch, ob er einen Traum als Warnung verstehen soll. Wer glaubt, einem Fluch zu unterliegen, der glaubt das auch. Niemand hat die Macht, uns geistig zu verletzen. Nur wir vergeben diese Macht, indem wir glauben, verletzbar zu sein! Der Fluch afrikanischer Medizinmänner wirkt nur, wenn der Verfluchte Mitteilung davon bekommt. Sein Glaube läßt Angst in ihm entstehen, und sie ist es dann, die ihn umbringt. Nach seinem Glauben ist ihm geschehen; was er befürchtet hat, ist über ihn gekommen.

Fühlen Sie sich bedrängt von einer unbekannten Macht? Dann schütteln Sie sie ab! Verwehren Sie solchen beängstigenden Gedanken den Zutritt. Sie sind frei, wenn Sie sich frei fühlen, Sie sind unfrei, wenn Sie dies glauben. Jemand solle sich »zum Teufel scheren« ist ein Fluch, der den Äußernden selbst am meisten trifft. Er produziert Haßenergie, eine Kraft, die ihn selber am meisten schwächt.

Es ist ganz einfach, sich gegen negative Energie zu schützen. Überkommt Sie eine ängstliche Anwandlung, dann beten Sie.

Unterstellen Sie sich dem Schutz der höchsten Intelligenz in Ihnen, unterstellen Sie sich der Führung Gottes. Wie viele Geschichten gibt es, in denen ein ungläubiger Thomas in höchster Not den Einlaß zu seinem göttlichen Kern erlebte. Folgen Sie Ihrer Einsicht und tauchen Sie in Ihre Tiefe, an Ihren Lebensquell. Gottes Kraft umgibt und schützt Sie. Im Gefühl dieser sicheren Verbundenheit kann Ihnen keine Macht Schaden zufügen. Es gibt nur Gott, und nichts außer ihm kann Sie berühren.

Benutzen Sie dazu laut deklamierend, als ständen Sie auf einer Bühne, folgende Worte: »*Harmonie und Liebe durchströmen mich, durchströmen mein ganzes Sein. Ich spüre die Kraft meiner Mitte, die mich stärkt und mein Leben bestimmt. Ich bin geborgen in dieser Quelle meiner Lebenskraft. Ich ruhe in der unerschöpflichen Stärke meiner höchsten Intelligenz. Sie umgibt und beschützt mich bei Tag und bei Nacht. Ich bin stark und frei. Wer sucht, der findet; wer anklopft, dem wird aufgetan. Ich habe gesucht und gefunden, Gott sei es gedankt.*«

Danach meditieren Sie über den Sinn dieser Worte. Wer sich in die Stille seines innersten Wesens gleiten läßt – die Yoga- und Meditationsanhänger nennen es Versenkung –, erlebt die Antwort auf seine Fragen. Wer Schutz sucht, wird ihn empfangen. Das unbeschreibliche Glücksgefühl unverletzbarer Geborgenheit macht jeden Meditierenden zum Fels in der Brandung. Negatives, äußerliches Geschehen wird bald seine Macht verlieren, und alles wird gut sein.

Ich habe mir zum besseren Verständnis für den Intellekt angeeignet, in mir die Schwelle zu meinem Tagesbewußtsein zu transzendieren, indem ich sage: »*Ich erhebe mich im Geiste in die Höhe, bis Vergangenheit, Gegenwart und Zukunft zu einem großen Blick verschmelzen und mir eine neue Einsicht der Dinge zuteil wird.*«

Wenn Sie sich geistig von der äußeren Welt zurückziehen, stellen Sie sich vor: »*Ich bin eins mit allem! Ich bin in allem, alles ist in mir.*«

Es gibt heute selbst in jeder Kleinstadt die Möglichkeit, an Meditationsgruppen teilzunehmen. Versuchen Sie es, wenn Sie Sehnsucht nach geistiger Vertiefung in sich spüren.

Alles in und um uns ist Energie, ist Schwingung; jedes Atom im Stein schwingt auf seine Art. Auch Sie haben Ihr individuelles Sein, Ihre individuelle Frequenz. Es ist wohl unser evolutionäres Ziel, wieder diese Einheit mit der göttlichen Allmacht zu gewinnen, die Adam und Eva einst verloren haben.

Bleiben wir in diesem Buch auf der praktischen Ebene in unserer Umwelt. Messen wir uns nicht gleich am höchsten Ziel unseres Daseins, sondern beginnen wir in unserer vordergründigen Realität. Das Positive Denken ist der Weg der Befreiung aus täglicher Mühsal. Je konsequenter Sie Ihren Geist in sich zur Ordnung rufen, desto größer werden Ihre Erfolge, und Ihr Leben kann bald schon ohne Probleme sein. Der Schlüssel zu Ihrem Lebensglück liegt am Ende dieses Buches sehr offensichtlich in Ihrer Hand.

»Das Himmelreich ist in euch«, sagte Jesus. Sie sind jetzt dabei, es sich zu erschließen.

7. Wir überwinden
Weltfeind Nr. 1 – die Angst

Der Mensch ist frei geschaffen,
ist frei,
und würde er in Ketten geboren.

Angst hat tausend Gesichter

Zu der schwersten psychischen Last der Menschheit gehört die Angst. Seit Adam und Eva das Paradies der Harmonie mit ihrer geistigen Führung verlassen haben und in der materiellen Welt zurechtkommen mußten, wuchsen Furcht und Unsicherheit zu den heute überall sichtbaren Zeichen unserer Zeit. Angst, heißt es, hat tausend Gesichter. Angst ist der Tribut, den die Menschen dafür bezahlen, daß sie als einzige Lebewesen die Welt verstehen dürfen. Viele Weltanschauungen basieren darauf, daß wir die Krone der Schöpfung sind. Sind wir selbstherrlich geworden, leben wir in der Illusion, in innere Bereiche der Natur eingreifen zu können?

Als harmonischer Teil eines großen Ganzen sind wir willkommen, als Störenfriede dagegen wird uns Mutter Erde einst zur Ordnung rufen. Jeder, der in sich ruht und durch Positives Denken den Kontakt zu seiner göttlichen Lebensquelle aufrechterhält, hat nichts zu befürchten. Er ist in den Kreislauf des kosmischen Reigens eingebunden, wird gefördert und fördert zugleich.

Das Paradoxe in unserer Welt ist, daß die Institution, die uns am stärksten über unsere materielle Lebensphilosophie hinausführen sollte, ihre klerikale Macht dazu benutzt, tiefgehende Ängste in den Gläubigen noch zu schüren. Ihr Anspruch, Mittler Gottes zu sein, untermauerte sie mit Drohungen vom zürnenden Gott, im Mittelalter mit Folter, heute mit weniger überzeugenden Argumenten.

Das erschütterndste Beispiel in meiner bisherigen Praxis bleibt für mich die Geschichte einer jetzt alten Dame, deren vom christlichen Glauben gesetzte Ängste sie ein halbes Jahrhundert daran gehindert haben, ein natürliches, freies Leben zu führen.

Frau Katharina A. war als Tochter des Revierförsters und in der Hierarchie der Dorfgemeinschaft angesehen. Sie verliebte sich in einen jungen »Sommerfrischler« – wie es damals noch hieß – und war einige Monate später schwanger. Ihre heile Welt brach unter dem Entsetzen zusammen, gesündigt und Schande über sich gebracht zu haben. Heiraten konnte ihr Studiosus noch nicht, und so suchten und fanden sie einen Arzt, der ihnen das Kind »wegnahm«. Noch zuvor hatte Katharina der Jungfrau Maria geschworen, sich nie mehr in ihrem Leben einem Mann hinzugeben, wenn sie diese Schande und das Kind unerkannt von den Nachbarn loswerden könnte. In ihrer grenzenlosen Verzweiflung schwor sie bei allem, was ihr heilig war, daß sie schwerste Krankheit treffen sollte, wenn sie je diesen Schwur brechen würde. Nie wieder wollte sie mit einem Mann voreheliche körperliche Beziehungen aufnehmen.

Die Liebe aber war stärker, es geschah im nächsten Sommer, als der Geliebte wieder auf Urlaub im Dorf war. Kurze Zeit darauf begann Katharinas fünfundfünfzigjährige Leidenszeit. Starke Magen- und Darmbeschwerden stellten sich ein. Ständig mußte sie nun zu schmerzstillenden Mitteln greifen. Kreislaufbeschwerden und Hitzewallungen kamen hinzu. Sie erlebte eine ganze Palette psychosomatischer Beschwerden und litt unsäglich, ohne daß ihr ein Arzt hätte helfen können. Das unter Schock gegebene und dann gebrochene Versprechen an die Jungfrau Maria wurde für ihr Unterbewußtsein zur zwingenden Suggestion und für Katharina zur Hölle.

Da sie nun auch ihr Leben, eingedenk ihres Schwures und aus Angst vor der Beichte lebte, ohne sich je wieder einem Mann zu öffnen, wurde die Strafe aus ihrem Wachbewußtsein verdrängt, aber dennoch getreulich von ihrem Unterbewußtsein ausgeführt.

Nie hatte Katharina A. Einsicht erhalten, ihre unablässigen Krankheiten mit diesen Ereignissen in Verbindung zu bringen. Welche Erlösung ihr mit ihrer neuen Erfahrung der Liebe Gottes gebracht werden konnte, war zunächst nicht abzusehen.

Ich wußte, Gott verzeiht nicht einmal und nicht siebenmal, er verzeiht immer und ewig. Er ist die Kraft, die uns bewegt; wir sind göttliche Wesen, und wir sind nach seinem Ebenbild geschaffen. Was immer wir tun, er verurteilt nicht, ja er hat uns niemals angeklagt. Wir dürfen in Freiheit unseren Weg gehen, ihn gestalten, wie wir es gerne hätten. Wie aber sollte ich dieses Vertrauen auf meine Patientin übertragen, wie sollte ich ihr verständlich machen, daß sie selber es war, die sich in ihrer Verzweiflung zu einem Leben in Schmerz und Leid verurteilt hatte?

In diesem Hintergrundwissen um das unendliche Leid, das im Namen Gottes verbreitet wird, in dem Wissen, wie viele Menschen die Kirche niederhält, liegt der Grund, warum ich mich enttäuscht von dieser ungenügenden Verwaltung des Christentums zurückgezogen habe. Ich begab mich in frühen Jahren ohne offizielle Hilfe auf die Suche nach mir selbst, nach meinem Wesenskern und bin Gott begegnet. Umgekehrt gilt ebenfalls: Als ich Gott suchte, bin ich mir begegnet, weil es rechtens heißt, daß der Vater und ich EINS sind. In mir habe ich ihn gefunden. Heute suchen Priester bei mir in eigener Seelennot Rat. Wenn sie ihre Sexualität im Zaum halten müssen, kann ich ihnen manchmal vermitteln, daß der Schöpfer nicht will, daß sie auf seine Geschenke verzichten und der Lust des Lebens um Gottes willen entsagen!

»Die größte Lebensenergie ist Liebe«, heißt es. Wie kann sich eine Institution zum Mittler der göttlichen Ordnung machen, wenn sie Angst und Schrecken verbreitet und mit Strafen droht, wenn wir uns ihr hingeben? Die Allmacht des Schöpfers ist eine lebensbejahende, also aufbauende Kraft. Sie straft nicht. Wir selbst tun es mit unseren negativen Vorstellungen von Gott und seiner Welt.

Gott zu lieben bedeutet Respekt zur Göttlichkeit in uns zu haben, zu jener geistigen Kraft, die uns geschaffen hat. Was Sie über sich selbst denken, denken Sie über Gott. Stützen Sie Ihr Vertrauen weder auf Dogmen noch auf Institutionen, sondern auf die einzige richtige Lebensbasis, auf den allgegenwärtigen lebendigen Geist in Ihnen.

Wenn Sie ein gesundes Verhältnis zu Ihrer Göttlichkeit, zu der Ihres Lebenspartners wie auch zu der in allen anderen Menschen haben, dann fühlen Sie Geborgenheit und Sicherheit. Es ist nur die Vertrauenslosigkeit des Intellekts, die uns unsere Ängste und Unsicherheiten beschert.

▶ Du bist ein Vorbote von etwas Neuem. Du kommst, und das Alte geht.

Liebe zu sich selbst

»Liebe deinen Nächsten wie dich selbst!« Wer ermißt in unserem Alltag die Bedeutung dieser Aussage? Wer sich nicht selbst liebt, kann auch keinen anderen lieben. Er entrückt sich seinem heiligen Zentrum. Wer sich nicht selbst liebt, könnte man vereinfacht sagen, der muß »ver-rückt« sein. Ist unsere Welt mit ihrem Tohuwabohu nicht der beste Beweis, daß es so sein könnte?

95 Prozent der gesamten westlichen Zivilisation sind neurotisch, behauptet eine Studie. Im Alltagsjargon nennen wir immer

jene Leute verrückt, die nach unserem Empfinden aus der Reihe tanzen. Wer sich außerhalb der Gesellschaftsnorm bewegt, gilt als verrückt. Die Gesellschaft wird sich in vielen Fällen gar nicht recht bewußt, daß sie manchen Mitmenschen erst in die Entrückung drängt.

Nehmen wir eine weitverbreitete Krankheit. Die Schizophrenie beispielsweise ist in vielfältigsten latenten und aktiven Formen zum Syndrom unserer Zeit geworden. Sie ist nach Aussagen der Psychosomatik nicht angeboren, sondern wird erworben. Die Neigung zu schizophrenen Zuständen ist in jedem Menschen latent vorhanden. Sie kann u. a. durch Vereinsamung oder – wie die Jugendschizophrenie – durch bedrängende Familienverhältnisse aktiv werden.

Von der Schulmedizin wird die Schizophrenie lediglich als Stoffwechselanomalie des Gehirns verstanden. Das entspricht der ausschließlich mechanistisch/materialistischen Auffassung der Wissenschaft, der es bis heute nicht vergönnt war, die Seele zu finden.

»Das reine Faktum an sich ist uns nicht zugänglich, weil wir uns ihm nur perspektivisch nähern können«, schrieb einmal Immanuel Kant. Mit dieser Haltung zu Seele und Glauben begnügt sich noch heute weitgehend eine Gesellschaft, die sich selbst auf dem Höhepunkt einer alten Kultur fühlt. Mit Sicherheit sind bei einigen Geisteskrankheiten Stoffwechselanomalien im Gehirn festzustellen – aber das sind Symptome dieser Krankheit, nicht ihre Ursache. Ich habe oft versucht, der Phantasie Schizophrener zu folgen und habe dabei für mich interessante Erkenntnisse gewonnen. Ein psychisch nicht gefestigter Mensch hat es nicht leicht, im unmenschlichen Druck unserer Gesellschaftsordnung. Manchmal kann er sich nur retten, indem er sich ent-rückt, um weiteren Repressalien zu entkommen.

Gibt sich ein seelisch Kranker nicht damit zufrieden, wenn er vom Therapeuten Beruhigungsmittel für die Psyche verschrieben bekommt, und behauptet, doch wohl an seelisch begründeten Ursachen zu leiden, dann kann es leicht sein, daß der behandelnde Arzt den Fall in psychiatrische Obhut verweist. Wenn Mediziner von einem Fall sprechen, drücken sie damit unterschwellig aus, etwas entpersönlicht zu haben. Das individuelle Wesen des Menschen ist wieder einmal auf der Strecke geblieben. In der Klinik werden Schübe (Anfallperioden) einfach mit Psychopharmaka zugedeckt. Die körperliche Ebene ist auch dem Psychiater leider das einzig zugängliche »Tor«, den Patienten zu erreichen.

Was ist eine Geisteskrankheit wie etwa Schizophrenie tatsächlich? Wenn die Psychiatrie im Grunde nur eine Stoffwechselproblematik im Gehirn als Krankheitsursache anerkennt, dann ist es tatsächlich nicht leicht, etwas anderes zu beweisen.

Wenn ein Ver-rückter wieder den Weg findet und sich zurechtrückt, dann wissen wir oftmals nicht, warum. Wir vermuten, warum er krank wurde, wir vermuten, warum er wieder gesund wurde. Ausschlaggebend ist, daß Heilung geschieht.

»Ein Irrer braucht keinen Arzt, sondern einen Freund«, sagte ein indischer Weiser einmal. Er braucht niemanden, der ihn wie ein Objekt behandelt, sondern jemanden, der ihn liebt und umsorgt, denn sein Ent-rücken aus der Welt ist oft nur ein Versteckspiel. Sein Unterbewußtsein hat entdeckt, daß es sich so viel bequemer leben läßt. Irgendwann einmal fand er sich nicht mehr im Leben zurecht, zog sich zurück und sah, wie sich nun die anderen um ihn bemühten. Er hatte die Verantwortung für sein Leben an den Psychiater abgegeben.

»Wenn du einem Verrückten sagen kannst, daß nicht nur er verrückt ist, sondern du auch, ist sofort eine Brücke geschlagen. Dann ist er erreichbar...«, meinte Osho zu seinen Schülern.

Manchmal ist unser Intellekt nicht in der Lage, den geistigen Höhenflügen eines Schizophrenen zu folgen. Überall in der Welt bestätigen Wissenschaftler den Eindruck, daß die gesteigerten

Wahrnehmungen dieser Patienten mit den psychedelischen Erlebnissen bei Drogenexperimenten weitgehend übereinstimmen. Der Schizophrene ist zum Meister der Imagination geworden, er hat mit der Macht seines Unterbewußtseins einen »Ort« geschaffen, an dem er seine Ruhe hat. Gelingt es ihm nicht, wieder Herr seiner »*Multidimensionalität*« zu werden, dann hat er sein Spiel zu weit getrieben und findet nicht in diese Wirklichkeit zurück.

Die verschiedenen Bereiche der Psychologie/Psychiatrie sollten ihr Augenmerk mehr auf die möglichen Ursachen dieser »Krankheiten« richten, auf die Umwelt, auf die Exzentrik und die Anomalien der Gesellschaft. Erst im größeren Zusammenhang lernen wir verstehen, was uns im Detail verborgen bleibt.

Aber kehren wir wieder zum entscheidenden Punkt dieses Buches zurück: unser Leben und unseren Charakter durch Positives Denken so zu gestalten, daß *wir* zurechtkommen und gar nicht erst verrückt werden. In Zusammenarbeit mit dem wachbewußten und dem unbewußten Geist in uns, können wir unsere Selbstverwirklichung vollziehen und die Möglichkeiten zum krankhaften Ausscheren von uns fernhalten.

▶ Wecke in anderen den Wunsch nach Gott.

Außergewöhnliche Wege zu höherem Bewußtsein

Vor Jahren habe ich mich auf der Suche nach Erkenntnis Eigenexperimenten unterzogen. Einmal bewog ich den Torwächter der Cheopspyramide mit einem großzügigen Bakschisch, mich nach Abschluß der Touristenbesuche über Nacht in die Pyramide einzuschließen. Siebzehn Stunden verbrachte ich zusammen mit der Heilpraktikerin Stefanie Merges in der totalen Stille und Dunkelheit der Königskammer in und neben dem Sarkophag. Der englische Yogi und Schriftsteller Paul Brunton erlebte hier eine Bewußtseinsspaltung, über die er ausführlich in seinem Buch »Geheimnisvolles Ägypten« berichtete. Viele kleine Nachbildungen der Pyramide werden heute vielerorts zu energetischen Experimenten benutzt.

Wir erfuhren die unfaßlichen geheimnisvollen Kräfte der Cheopspyramide in diesen mystischen Stunden selber an Leib und Seele in ihrer urtümlichen Gewalt. Doch jeder von uns seltsamerweise auf seine eigene Art. Eine Stunde nach dem Verlöschen der Lampen verlor sich für mich die Dunkelheit, und ich glaubte, alles im sanften Schein einer unergründlichen Lichtquelle zu sehen. Ich fühlte mich durchstrahlt, er- und durchleuchtet, wie angeschlossen an einen großen Generator. Je länger ich mit geschlossenen Augen im Meditationssitz verharrte, um so heller wurde es in mir. Meinen ganzen Körper, meinen Kopf empfand ich hell durchstrahlt und vor unfaßlicher Energie vibrierend. Ich konnte mir jetzt gut vorstellen, daß Personen mit einer negativen Einstellung und Ängsten dieser geballten Kraftentfaltung nicht standhalten konnten. In dieser Totenstille und rabenschwarzen Nacht, könnten ihre Ängste und Unsicherheiten hochkommen und sich ins Unermeßliche steigern. Derartige extreme Umstände können in den Wahnsinn führen und sind auch der Grund, warum sich seit vielen Jahren niemand über Nacht in der Königskammer aufhalten darf.

Die sensitive Stefanie Merges beschreibt es ähnlich: »Mich überraschte, daß es für mich hell blieb in den Gängen, obwohl ich doch genau wußte, daß das Licht längst ausgeschaltet worden war. Nach fünfzehn Minuten spürte ich ein lautes Singen (Summen) in meinem Kopf. Erhard Freitag hörte es auch. Ob es von außen, von der Sphinx her kam? Unmöglich! Waren es Winde in den Luftschächten? Wir konnten nicht ergründen, was es war. Wie Frauensingen hörte es sich an. Wir befanden uns genau in der Mitte der Grabkammer. Sofort bekomme ich wieder diesen seltsamen Geschmack auf der Zunge, wenn ich von dieser Nacht nur erzähle. Wir fühlten uns in Hochspannung, wie bei Föhn in Bayern. Es war wunderbar zu meditieren, und wir fühlten uns wie ohne Körper, als reiner Geist.

Zwanzig Minuten vor Mitternacht begann ein tiefes Summen, wie ein brummender Männerchor, der ein ewiges ›OM‹ intonierte. Es muß unser Kopf gewesen sein, der so vibrierte, denn zwei Tage lang nahm der Kopfdruck unablässig zu. Noch nie und nirgendwo sonst habe ich in meinem Leben eine so außergewöhnliche Atmosphäre erlebt!«

Als wir nach siebzehn Stunden ganz benommen wieder in die heiße Sonne torkelten, dankten wir dem Sonnengott Ra der alten Ägypter, in dessen Reich wir zurückkehren durften, für die geheimnisvolle Klarheit, die wir erfahren hatten. In den nächsten zwei Tagen konnten wir nachts kein Auge schließen, hellwach war unsere Seele, und unser Verstand verstand es nicht.

Auf andere Weise versetzte sich der amerikanische Forscher John C. Lilly in eine besondere psychische Situation. Er ließ sich viele Stunden in einen großen, mit Salzwasser gefüllten Tank einschließen und schwamm regungslos in der absoluten Stille und Dunkelheit auf der Wasseroberfläche. Heute stehen derartige Tanks zu Selbsterfahrungsexperimenten an vielen Orten all denen zur Verfügung, die nach dem Besonderen verlangen. Durch vollkommene Stille und ohne jede sensorische andere Empfindung wird versucht, in höheren Bewußtseinsebenen Einlaß zu finden. Nur von Mystikern und Heiligen war bisher berichtet worden, was jenseits der Wirklichkeit auf seine Entdeckung harrt, jetzt ist es an der Zeit, daß uns allen diese Ebene offenbar wird.

Mich faszinierten besonders die östlichen Kulturen, die über Yoga und Meditation zum Licht, zum Ziel allen Lebens zu gelangen versuchen. Dabei empfing ich starke Impulse von der indischen Weisheitslehre. In meinen Augen ist in der indischen

Philosophie eine der tiefgründigsten »Einsichten« zu uns in die Welt gekommen. Die meisten Europäer, die nie etwas von ihr gelesen haben, ahnen nicht, daß sie ihnen eine Essenz der östlichen und westlichen Weisheit vermitteln kann.

▶ Der Intellekt kann Probleme erkennen, aber die Ebene der Veränderung liegt tiefer.

Ich spüre Gott in meiner Mitte

Manchmal kommen Anhänger verschiedener geistiger Wege in meine Praxis und betrachten mich als Zwischenstation auf ihrer Suche nach effektiven Techniken zum schnelleren »Weiterkommen«. Ihr Motiv ist fast immer das gleiche. Sie suchen Befreiung von dieser Welt, aber sie suchen meist *in* dieser Welt. Sie können sie jedoch erst finden, wenn sie Himmel und Erde zusammenbringen, wenn Gott und die Welt wieder eins zu werden beginnen.

Schon das Streben nach einem vollkommeneren Daseinszustand ist das Hindernis auf ihrem Weg zum Licht. Lernen wir, *es* geschehen zu lassen, dann werden wir geführt. Setzen wir aber unseren Willen ein, dann sollten wir wissen: *»Wir können haben, was wir wollen, ganz besonders, wenn wir es nicht mehr wollen.«*

Fangen Sie beim Aufstehen an. Welcher Gedanke Ihnen auch morgens kommen mag, sagen Sie sich: *»Ich fühle Gott in meiner Mitte!«*

Was Ihnen auch geschehen mag, lassen Sie sich nicht aus Ihrer Mitte von Gott weg reißen. Wenden Sie sich in allen Fällen an die eine Kraft, die Ihnen das Leben gab und die alles Äußerliche überwinden läßt, Ihnen Sicherheit und Führung ist.

Die Angst, in die wir uns verirrt haben mögen, konnte nur deshalb soviel Macht über uns gewinnen, weil wir sie ihr gegeben haben, wir selber sind es immer und immer wieder, die durch unsere Furcht über unser Schicksal bestimmen. Angst muß geradezu magisch jene Situationen anziehen, die wir befürchten. Das Gesetz der Resonanz zieht Gleiches zu Gleichem. Ich kann gut verstehen, daß jemand, der tief in seiner Angst verfangen ist, diese Behauptung fast als Ironie empfindet.

Vor ein paar Tagen kam eine Frau zu mir, die seit Jahren in ständiger Angst vor ihrer Angst lebte. Erregt sagte sie: »Wie können Sie versuchen, Menschen in tiefen seelischen Nöten mit solch nutzlosen Hinweisen abzuspeisen. Die Angst ist doch in mir! Wollen Sie behaupten, ich hätte sie mir eingebildet?« Ich antwortete ihr mit einer Gegenfrage: »Glauben Sie, daß Sie dem Leben mit Vertrauen entgegentreten und Kraft und Sicherheit daraus ziehen? Oder glauben Sie, daß irgend etwas oder irgend jemand außer Ihnen verantwortlich für Ihre Situation ist?«

Natürlich vertraute sie nicht, keineswegs war sie zuversichtlich, was ihr Leben anbelangte, und so war sie gefangen in ihrer Welt, in der sie das Opfer war und irgend etwas irgendwo immer der Schuldige war.

Verantwortlich, von den kleinsten Ängsten im Alltag bis zum Wahnsinn, ist *immer* der fehlende Kontakt zum eigenen Selbst. Isolation und Gefangensein in uns sind die Ursachen, wenn wir durchdrehen. Unsere negativen Gedanken liefern die Gründe, wenn wir den Halt verlieren. Positives Denken ist nichts anderes als der Weg des Erwachens zu einem Leben, wie es wirklich ist. Es liegt in der Erkenntnis, von einer Macht geschaffen zu sein, die nicht abstrakt oder ein Phantasieprodukt ist, die nicht irgendwo liegt und sehr wohl faßbar ist, wenn wir zum Vertrauen finden. Diese Erkenntnis zu suchen ist jenes Anklopfen, auf daß aufgetan werden wird – und irgendwann ist es kein Glaube mehr, daß Gott in unserer Mitte ist, es wird zum Wissen unserer eigenen Natur, die Gott selber ist.

Wenn Sie sich dem Positiven Denken zuwenden, geschieht das

nicht aus Langeweile, sondern aus der inneren Führung heraus, geführt von dem (un-)bewußten Gott in Ihnen. Wie können Sie mit diesem Wissen von der schöpferischen Kraft in Ihnen noch Angst haben? Wie können Sie Depressionen haben? Wie können Sie Ängste haben, wenn Sie wirklich wissen, daß Gott in Ihnen ist, Sie führt, und daß das in Ihnen bewahrte göttliche Prinzip jederzeit bereit ist zu helfen, wenn Sie der Hilfe bedürfen. Angst und Furcht haben keinen Platz in einem Menschen, der auf seine schöpferische Kraft vertraut. Ich weise Ihnen mit diesen Zeilen den Weg zu Ihrem Gott, finden werden Sie ihn ohnehin – auch ohne mich.

Wenn jemand leidet, dann ist Mitleid die wirkungsloseste Form von Zuwendung. Mitleid verstärkt nur die Bindung an ein negativ erlebtes »Schicksal«. Ein Weiser spricht vom notwendigen Zerschlagen des Egos, wenn es sich dem höheren Bewußtwerden widersetzt – und das ist nun einmal seine übliche Reaktion.

Es mag in der Tat hart klingen, es ist aber die beste Hilfe für einen anderen, wenn Sie ihm zeigen, was seine Leiden verursacht hat. Den Wünschen eines Egoisten zu entsprechen bedeutet, ihn in seinem Egoismus zu bestärken. Wem das Positive Denken als Lösung seiner Probleme erkennbar wird, der hat bereits mit Siebenmeilenstiefeln sein Ziel anvisiert. Als eine große Hilfe für diejenigen, die sich im Netz ihrer eigenen Gedanken verfangen haben, sind Freundeskreise gegründet worden, die auf meine Initiativen hin das Positive Denken pflegen. Mit jedem Treffen steigt die Zahl der Teilnehmer, und in vielen dieser Selbsthilfegruppen werden bereits Anschlußkreise für die dazukommenden Interessenten geschaffen.

▶ Wenn du nichts gibst, empfängst du nichts.

Heraus mit der Angst – aus jeder Körperzelle

Die Psychologen haben schon lange erkannt, daß hinter fast jedem krankhaften Symptom eine Angst verborgen ist. Die Entstehungszeit für Ängste ist unsere Kindheit, in ihr können wir uns nicht wehren, wenn allzuviel Negatives auf uns niederprasselt. Schon bis zu fünf Monate vor der Geburt können Ängste das ungeborene Leben beeinflussen. Kommen noch als Folge von Ängsten der Mutter Geburtsschwierigkeiten hinzu, dann tritt das bedauernswerte junge Menschenkind bereits mit einem viel höheren Potential an Furcht ins Leben als Kinder aus harmonischen Verhältnissen und nach einer normalen Geburt.

Von der frühesten Jugend an sammeln wir weiter Erfahrungen. Traumata, Schockerlebnisse und Aversionen, die verdrängt ins Unbewußte manchem ein Leben lang Leiden bescheren, gilt es zu entdecken und aufzulösen. Es gehört schon zum normalen Alltag, daß Jugendliche immer mehr mit Härten, Ängsten und Frustrationen konfrontiert werden und nicht mehr weiter wissen. Keine Angst, kein verdrängter Komplex, aber hat das Recht auf dauernde Existenz in unserem Unterbewußtsein. Für niemanden ist es zu spät, sich seiner Kraft zu besinnen und »belastende« Eindrücke aus dem unbewußten Speicher aufzulösen. Positive, seelische Energien sind die stärkste Macht im Kosmos. Nichts will und kann ihnen widerstehen. Unser höheres Selbst wartet geradezu darauf, daß wir den befreienden Schritt aus einengenden Vorstellungen jetzt unternehmen.

Wollen wir unser Leben alleine mit dem Verstand bewältigen, dann werden wir der zunehmenden Inanspruchnahme nur über irgendeine Kompensation Herr. Rauchen, Alkohol, Eßlust oder Sex ohne Liebe sind für viele Versuche, sich abzulenken; sie sind Versuche, nicht hinzusehen. Positive Gedanken lösen diese verdrängten Komplexe aus ihren geheimen Verstecken im Unterbewußtsein. In der Hypnosetherapie kann das zu vorübergehenden Konflikten auf der körperlichen Ebene führen. Ängste, Sorgen und unsere Leiden räumen nicht immer widerstandslos das Feld.

Eine Patientin, die wegen fehlendem Selbstbewußtsein, Prüfungsängsten und zum Abgewöhnen des Kettenrauchens zu mir kam, fanden wir etwa in der Mitte der Therapiezeit plötzlich schweißgebadet im Behandlungszimmer. In der kurzen Zeit, in der der Therapeut das Zimmer manchmal für wenige Minuten verläßt, mußte der Patientin Aufregendes geschehen sein. Mein Therapeut weckte sie, keuchend richtete sie sich auf und erzählte, plötzlich eine äußerst schmerzhafte Verkrampfung ihres Rückens im Nieren- und oberen Beckenbereich erlebt zu haben. Vor Jahren war sie bei einem Autounfall rechtsseitig an der Wirbelsäule verletzt worden. Nach besonderen Anstrengungen, wie Autofahren oder tagelangem Studium, war sie deswegen immer wieder in Behandlung bei ihrem Hausarzt. Noch in der Hypnose versuchte sie selbst, sich zu entspannen und die Schmerzen dadurch aufzulösen. Es gelang ihr nicht.

Nun im Gespräch wurde eine zweite Belastung deutlich. Es sei ihr entsetzlich peinlich, berichtete sie, als hypochondrisch oder als hysterisch angesehen zu werden. Seit der Kindheit war ihr Beherrschung und Haltung eingeimpft worden. In ihrer Familie galt: »Und wie es drinnen aussieht, geht niemanden was an.« Dies war ihr in »Fleisch und Blut« übergegangen.

Verwundert betrachtete sie jetzt meine Kollegin, die fröhlich lachte. »Gleich zwei Knoten sind in Ihnen heute geplatzt«, erklärten wir ihr. »Soeben haben Sie erstmals richtig losgelassen und sich entspannt. Wenn Sie einen Muskel ständig anspannen und ihn dann plötzlich loslassen, dann tut auch das Loslassen weh. Der Puls kann hochschnellen, Atembeklemmungen können auftreten. Bei Ihnen hat sich aus Angst, die Schmerzen wieder zu erleben, die Sie nach dem Autounfall erlitten, der Rücken verkrampft. Der zweite Knoten war Ihre seit der Kindheit geprägte Vorstellung, Ihr Innenleben verbergen zu müssen. Jetzt haben Sie sich geöffnet, uns alles erzählt, und Sie werden diese Befreiung von Ihrer seelischen Not auch als Befreiung von Ihren körperlichen Leiden erleben.«

Bei der Abschlußkonsultation berichtete sie mir dankbar, seit dieser denkwürdigen Sitzung, in der ihr das vollständige Loslassen gelungen war, keine Rückenschmerzen mehr zu haben; ein Zeichen dafür, daß ein traumatischer Block aufgelöst worden war. Ihre »Enthemmung« und die Loslösung von ihren Problemen bewirkten, daß sie viel feinfühliger ihre Mitmenschen erfaßte und ohne Angst frei ihre unterbewußten Kräfte zur endgültigen Bewältigung ihres Studiums fließen lassen konnte. »Mein Leben ist dank Ihrer Hilfe viel tiefer, farbiger und harmonischer geworden«, schrieb sie mir nach Monaten.

Anhänger der klassischen Psychologie halten diese Problemlösung durch Suggestionen kaum für möglich. Das spricht nicht gegen das Positive Denken, sondern nur für die fehlende Fähigkeit, sich von in der Ausbildung eingebleuten Vorstellungen lösen zu können. Es gibt zwar keine Statistiken darüber, aber nach Schätzungen innerhalb der Psychotherapie ist das Aufarbeiten von verdrängten Komplexen mittels orthodoxer Therapie höchstens zu 25 Prozent erfolgreich.

Wer loslassen kann und positive Suggestionen an die Stelle negativer Vorstellungen setzt, dem gelingt es, wie ich im Kapitel über katathymes Bilderleben beschrieben habe, viel leichter, unter seinen inneren Spannungen, Ängsten und Traumen aufzuräumen. Ganz von selbst kommt der Patient nachträglich auf die Deutung seiner abenteuerlichen Reise in seine eigenen Tiefen. Er überwindet die alten Ängste schon dadurch, daß er versteht, wie sie ihre bedrängende Macht nur in ihrer Anonymität ausüben konnten. Durchschaut er sie erst einmal mit klarem Bewußtsein, verlieren sie ihren belastenden Inhalt und versinken in der Bedeutungslosigkeit, und das Positive Denken hat sein Ziel erreicht.

▶ Glaube nicht an Magie, glaube an dich selbst, dann kann etwas Magisches geschehen und dir beistehen.

Imponiergehabe in der Politik

Wer in sich ruht, in dem herrscht Harmonie von Geist, Seele und Körper. Das Märchen der Gebrüder Grimm »Von einem, der auszog, das Fürchten zu lernen« ist symbolhaft für die Überzeugung der meisten, Ängste gehörten nun einmal zum Dasein.

Das spiegelt sich überall in unserem öffentlichen Leben. Eine Möglichkeit, die Angst zu kompensieren, ist offensichtliches Machtstreben. Wer etwas gelten will, muß seine Überlegenheit offensichtlich und lautstark demonstrieren! Er stürzt sich in Imponiergehabe und äußerliche Machtentfaltung. Die größten Schreihälse in der Politik machen die größten Schlagzeilen. Getrieben von eigenen Unsicherheiten und Ängsten predigen sie Haß und schüren das Geschäft mit der Angst.

Fast ausnahmslos alle Politiker und Gewerkschafter sind Verfälscher des Lebenssinns. Sich zu entfalten, vollkommener zu werden und ein harmonisches Leben zu führen, vertreten sie zwar öffentlich, was sie aber wirklich planen, ist nur zwischen den Zeilen zu lesen. Es gibt nur einen Garant für ein besseres Leben: Bewußtseinswandlung hin zu einem natürlichen, gottgewollten Leben.

Jedem positiven Denker gelingt es früher oder später, mit oder ohne Hilfe, die Blöcke aus Ängsten und Frustrationen aus sich herauszulösen. Er befreit sich nicht nur selber von den Belastungen, sondern wird durch seine sich entwickelnde Harmonie – auch im gesellschaftlichen Sinn – zu einem beruhigenden Faktor.

Sagen Sie das einmal einem Politiker! Er versteht gar nicht, daß es die Bewußtseinsinhalte sind, mit denen er verstandesmäßig arbeitet, und die gleichzeitig seine energetische, psychische Konstitution bestimmen. Er würde ausschließlich von Sachzwängen reden und die Philosophie des Positiven Denkens wäre eben allenfalls eine kindliche Theorie und mehr nicht. Würde er sich den Bewußtseinsinhalten der Weisheit zuwenden, stände er/wir vor einer positiven Welt ohne Probleme.

Haß und Angst sind gezüchtete und anerzogene Verhaltensmuster, die mit ihrem Gegenteil, der Liebe, aufzulösen wären.

Politisches Denken als lebensverneinend anzuprangern erregt in unserer Gesellschaft pures Unverständnis. Überlegen Sie aber einmal: Wenn es Ihnen persönlich aus eigener Kraft psychisch und physisch bessergehen würde, dann würden die Vertreter der sogenannten Öffentlichkeit ihre Felle davonschwimmen sehen. Sie wären nicht mehr so leicht manipulierbar! Sie bestimmten selbst, was Sie wollen, was Ihnen guttut. Sie ließen sich nicht mehr scheibchenweise zuordnen, was man für Sie entschieden hat.

Politik miterleben heißt die Verblendung des Verstandes mit erleiden. Ich kenne einige Politiker, die versuchen, Ethik und echtes Miteinander zumindest in ihrer Partei einfließen zu lassen; mit dem Erfolg, daß sie als »Esoteriker« belächelt werden und meist in der »zweiten Reihe« anzutreffen sind.

Vertrauen Sie in Zukunft auf Ihren inneren Frieden, auf Harmonie und Liebe in Ihrem Leben. Harmonie und Lebenserfolg werden in überreichlichem Maße zu Ihnen finden, wenn Sie sich der Weisheit in Ihnen zu überantworten beginnen. Das physikalische Gesetz des Kräfteausgleichs hat nämlich auch im geistigen Bereich seine Gültigkeit. Druck erzeugt Gegendruck. Liebe erzeugt Gegenliebe, Harmonie erzeugt Harmonie. Was erzeugen Sie?

Kein Mensch ersetzt Ihnen auch nur eine Sekunde an Leidenszeit, die Sie unnützerweise mit Ängstlichkeit verbringen. Welcher nach Harmonie strebende Mensch hat auch Platz oder gar Lust für Gedanken an Atombomben und die neuesten Waffensysteme? All jene, die Angst schüren, vergeuden ihre Lebenszeit. Denken Sie an Mahatma Gandhi, der sich gegen die Fremdherrschaft in seinem Land mit dem überwiegenden Teil der Bevölkerung des indischen Subkontinents sehr erfolgreich wehrte. Gewaltlosigkeit, aus dem Bewußtsein innerer Kraft und innerer Harmonie, erlöste ein Volk aus Ausbeutung und häßlicher Willkür. Die Liebe zu seinem Land überwand alle äußeren Mächte und die Waffen dieser Welt.

Die Übung der Gedankenstille

Lassen Sie sich nicht von einer lauten, hektischen Umwelt infizieren. Praktizieren Sie Ihre Befreiung von Ängsten, indem Sie an Ihre Fähigkeit zu glauben beginnen, zu werden wie Sie »gedacht« sind.

Machen Sie eine kleine Übung. Setzen Sie sich auf einen möglichst bequemen Stuhl. Schließen Sie die Augen und entspannen Sie sich. Geben Sie sich nun die folgende Affirmation: *»Mein Kopf ist jetzt frei von Gedanken. Alle unnützen Vorstellungen fliegen davon. Ich entlasse sie. In mir ist vollkommene Stille.«*

Vielleicht ist es nicht ganz einfach, beim ersten Mal Stille zu erreichen. Versuchen Sie, ohne es zu sehr zu wollen, für dreißig Sekunden *nicht* Ihren Gedanken nachzuhängen; versuchen Sie, leer zu sein. Sie werden feststellen, daß es ungewohnt, aber dennoch möglich ist. Wenn Sie diese Übung mehrfach täglich zu Ihrer Kurzentspannung machen und über einige Zeit durchhalten, wird es Ihnen immer besser gelingen. Schließlich erreichen Sie die 30-Sekunden-Gedankenstille tatsächlich. Das wäre ein großer Schritt in die richtige Richtung, und Sie werden an Ihrem ruhigeren Allgemeinzustand erkennen können, daß es sehr wohl auch Nutzen bringt.

▶ Es ist töricht, wenn man aus Vorurteil gegen die ewige Philosophie das Licht nicht sehen will, das auf jene strahlt, welche sich ernsthaft mit ihr beschäftigen.

Aufladen der Lebensbatterie

Wenn die Seele leidet, verliert sie ihre Lebensfreude. Alle Ihre Lebensbereiche werden davon in Mitleidenschaft gezogen, wenn Angst in Ihnen ihre »Wohnstatt« hat. Wir gewähren allzuleicht gefährlichen Gedankenenergien eine Vormachtstellung und züchten uns auf diese Weise unsere Sorgen selbst. Steht das nicht im Widerspruch zu unserer wissenschaftlichen Denkweise?

Lassen Sie sich von keinem Schulmediziner einreden, eine Veranlagung oder ein Virus wären ausschließlich an einer Krankheit schuld. Es ist *seine* Vorstellung von der Körperlichkeit der Krankheit; es ist *sein* Übersehen der feinstofflichen, psychischen Vorgänge. Ihre Ängste und negativen Gedanken bewirken, daß sich Ihre Lebensbatterie entlädt und Sie dadurch dann erst anfällig für Infektionen aller Art werden. Die Immunität gegen gravierende mangelnde Hygiene, die den Hindus am Ganges oder in indischen dörflichen Gemeinschaften unter schlimmsten Verhältnissen zugeschrieben wird, sieht der Inder selbst nur als Folge seiner geistigen Stabilität. Ihm kann nach seiner Ganzheitsphilosophie nichts etwas anhaben, was ihm nicht bestimmt ist.

Wenn es um innere Bereiche geht, dann lassen Sie am besten Ihren Willen aus dem Spiel. Sich mit dem Willen helfen zu wollen wirkt so, als ob sich jemand mit dem Holzhammer beruhigen wollte. Der intellektuell gesteuerte Wille kommt gegen psychische Verirrung nicht an. Unser unerschöpflicher Brunnen ewiger Lebenskraft liegt tiefer verborgen. Jeder kann ihn erreichen, wenn er sich der Kräfte in seinem Inneren bedient. Das Unterbewußtsein richtet sich nach den Äußerungen des Bewußtseins, aber nicht nach gewollten Vorstellungen.

Ich erlebe manchmal, daß Patienten eine Liste mitbringen, auf der sie ihre Krankheiten notiert haben. So wichtig erscheinen ihnen ihre Krankheiten, daß sie diese sogar aufschreiben, um sie einem anderen auch vollständig und genau mitteilen zu können. Hören Sie auf, sich um Ihre Krankheit zu kümmern. *Kümmern Sie sich aber dafür um so mehr um Ihre Gesundheit!* Hören Sie auf, sich um Ihre Probleme zu kümmern, fangen Sie statt dessen damit an, sich um all das Wünschenswerte zu kümmern, das Sie immer schon ersehnt haben!

Eine Volksschullehrerin mittleren Alters meldete sich einmal zur Therapie bei mir mit einer solchen Liste aus den letzten Jahrzehnten ihres Lebens an. Nachdem sie mir ausführlich berichtet hatte, versuchte ich ihr zu vermitteln, was kopflastig ist. Sie hatte sich zu sehr daran gewöhnt, im Kopf »zu sein«. Sie hatte nicht bemerkt, daß sie von ihren eigenen Gedanken tyrannisiert wurde und daß sie sich damit den Zutritt zu ihrer Mitte selbst verwehrte.

Ich vermittelte ihr, nur helfen zu können, wenn sie zur Sucherin werden würde, die das Diktat ihres Verstandes nicht mehr akzeptierte, die ihre negativ geprägte Gemütshaltung nicht unablässig von neuen Gedanken bestätigt sieht. Ich ließ sie in zunächst längeren Gesprächen Einsehen gewinnen, warum sie so war, wie sie war. Sie war bisher nur ihrer Vorstellung vom Leben gefolgt, und erst das hatte dann zu den nicht wünschenswerten Ereignissen geführt.

Wenn Sie es lernen, wirklich loszulassen und damit dann Ihr

Innenleben harmonisieren, dann sind Sie auf dem besten Wege, Ihren Krankheitskatalog endgültig zu den Akten zu legen. Noch besser ist es, ihn zu verbrennen, um der Vergangenheit keinen unnötigen Platz in Ihrem Gedächtnis mehr einzuräumen. Sie könnten eventuell eines Tages in Versuchung kommen, noch mal nachzuschauen, ob nicht vielleicht doch noch etwas zu gebrauchen sein könnte. Für viele negative Geschehnisse und Gedanken aus der Zeit, die hinter Ihnen liegt, wäre es besser, ein »Vergeßnis«, anstatt ein Gedächtnis zu haben.

Die leidgeprüfte Lehrerin schaffte es, auch wenn sie mit ihrer Ratio viel länger kämpfen mußte als mancher andere Patient. Nach einigen Wochen Therapie erzählte sie mir, jetzt habe *sie* ihre Klassen im Griff und nicht mehr, wie früher, die Schüler sie. Sie hatte sogar begonnen, einen Teil der Suggestionstherapie mit in ihren Unterricht einzubauen und ihre Schüler mit neuen Kommunikationstechniken zu verblüffen, die sie in meinen Seminaren kennengelernt hatte.

Das Ende eines Minderwertigkeitskomplexes

Ein Unternehmensberater, den ich von einem Minderwertigkeitskomplex befreien konnte – ihm versagte manchmal in entscheidenden Situationen die Stimme –, schüttelte beim Abschlußgespräch immer wieder den Kopf. Er konnte nicht verstehen, daß er 48 Jahre alt werden mußte, bevor er – zufällig!! – mit dem Positiven Denken und den Zusammenhängen zwischen Leid und negativen Vorstellungen bekannt wurde.

»Hat denn zweitausendjährige Wissenschaft das Dunkel der Seele nicht besser aufhellen können, damit wir gar nicht erst in die Fehler verfallen, die wir alle machen?« fragte er mich.

Auch ihn hatte die einfache Lösung überrascht, daß der Gedanke die Energie ist, die alles Erleben, wie Glück oder Mißerfolg, Krankheit und Gesundheit verursacht. Der Nährboden für Minderwertigkeitskomplexe und Furchtsamkeit, für Ängste und Frustrationen aller Art ist, positiv umgepolt, zugleich die Kraftquelle für Freude am Leben. Es gibt nur eine steuernde Kraft im Universum, und sie ist in Ihnen, Sie dürfen sich mit ihr verbunden fühlen, denn sie ist Ihr eigenes hohes Selbst.

Besonders beruflich Überforderten ist das anfangs ein großes Rätsel. Sie sollen sich selbst ihre Lebenslage geschaffen haben? Der Topmanager eines großen Kaufhausunternehmens schilderte mir seine nervliche Überlastung und seine verschiedenen Krankheiten in den letzten Jahren. Er selbst glaubte, daß übermäßiger Arbeitsdruck und zu viele Termine seine Kondition beeinträchtigt hatten. In Wirklichkeit hatte er Angst, mit seinen 54 Jahren den Anforderungen seiner Stellung, dem Leistungsverlangen der Gesellschaft und dem ehrgeizigen Druck der jüngeren Nachfolger nicht mehr standhalten zu können. Er fürchtete, einfach überrundet zu werden und noch einen Herzinfarkt zu erleiden, wenn er nicht ruhiger werden würde.

Die Zusammenhänge seiner stressigen Situation hatten wir gemeinsam schnell geklärt. Ich erinnerte ihn an das »Harzburger Modell«, das er einmal selber studiert hatte. Dieses Modell empfiehlt, Verantwortung zu delegieren. Zum Beispiel einen Mitarbeiter einzustellen und sich damit zu entlasten. Grundsätzlich war ihm das selbst klar, nur sah er die Notwendigkeit nicht mehr. Er war betriebsblind geworden und bekam einfach Angst. Er hatte die Übersicht verloren, er hatte kein »Einsehen« mehr.

Er erlebte die Hypnose mit ganz großem Erfolg. Während der Therapie verschwanden zunächst seine Magengeschwüre. Er verlor die »innere Bereitschaft« zu einer besonders akuten Migräne, die häufig bis zur Trigeminusneuralgie ging. Diese äußersten Qualen werden auch oft als Selbstmordschmerz bezeichnet, weil sie zu den intensivsten und schmerzlichsten Alarmsignalen gehören, wenn wir im wahrhaft »roten Bereich« sind. Migräne ist eine fast wörtliche Übersetzung, von »sich über etwas den Kopf zerbrechen«.

Mein Patient stürzte sich mit der Aktivität eines konsequenten Intellektuellen auf die Zusammenhänge des Positiven Denkens. Es wurde für ihn zu einer Erlösung. In wenigen Wochen blühte er auf und fand über die innere Harmonie zurück in seinen äußeren Rahmen. Als Tip gab ich ihm mit auf den Weg, sich der Fülle der repräsentativen Verpflichtungen so weit wie möglich zu entziehen. Wer sich rar macht, steigt ohnehin im gesellschaftlichen Wert. Nichts ist kräftezehrender und frustrierender als der Gedankenzirkus unablässigen Partygeschwätzes.

Machen Sie sich zum entschlossenen Praktiker alter Weisheit

Werden Sie sich bewußt, daß Ihr Verstand nicht allein Ihre Probleme lösen kann. Seelische Leiden entstehen aus Konflikten, die ins Unterbewußtsein abgedrängt werden, oder aus Vorstellungen und Erlebnissen, die von starken, meist beängstigenden Gefühlsregungen, begleitet waren und in die unbewußten Seelengründe verdrängt worden sind. Wenn Sie jemand zu Tode erschreckte oder Sie in einer wichtigen Situation versagten, dann kann die bewußte Erinnerung daran längst verblaßt sein, Ihr Unterbewußtsein aber läßt Sie die einmal entstandene Angst in völlig anderem Zusammenhang, in unerkennbarer anderer Form, immer wieder aufs neue spüren. Wenn in unserer Gesellschaft unablässig über angstmachende Vorgänge diskutiert wird, dann wird sich diese Angst in immer größeren Bereichen unseres Alltags auswirken müssen. BSE-Skandale, Aids, Renten- und Umweltprobleme ohne Ende, machen in ihrer beängstigenden Wirkung nicht bei sich selber halt, sie greifen über und ziehen auf breitester Ebene unser aller Leben in Mitleidenschaft.

Positives Denken wirkt dann wie ein Sonnenstrahl im seelischen Erleben, der den, der es praktiziert, vom ersten Augenblick an erhellt. Wir leben hier und jetzt. Wer sich dem Augenblick zuwendet und möglichst jede Handlung und jeden Gedanken in sich positiv gestaltet, erlebt sofort eine Befreiung von Sorge und Last.

Wenn Sie ehrlich zu sich selbst und zu anderen sind, dann wird die Hälfte Ihrer Nöte verschwinden. An einer klaren Persönlichkeit schätzen wir das Gerade und Wahre. Legen Sie alle Winkelzüge des Denkens ab. »*Macht, was euch Spaß macht*«, erklärte einmal der indische Weisheitslehrer Yesudian. Wer seine innere Freiheit erlangt, ist immer auch der Stärkere, Echtere, und nur er lebt wirklich.

»Ich spüre wieder Blütenduft und meine Welt ist wieder voller Farben«, sagte mir eine Studentin, die nach der Behandlung aus der Grauzone ihrer Ängste und äußeren Bedrängungen aufgestiegen war. In vielen Sitzungen hatten wir eine Reihe ihrer Komplexe aus dem »Exil« wieder bewußt gemacht. Sie selbst war es dann, die die gewaltigen emotionalen Staus, die sich in wilden, symbolhaften Szenen entluden, zu deuten und damit zu verarbeiten hatte.

Auch Wandlung zum Guten bringt manchmal Heilungsschmerzen mit sich. Bevor eine harmonische Seelenlage wieder erreicht wird, kann es zu einem Aufwallen der angestauten Gefühle kommen. Der Therapeut ist dabei wie ein geistiger Helfer, der das Geschehen liebevoll begleitet und dem Patienten in jedem Augenblick die notwendigen Hilfsmittel zur Hand geben kann. Das Geheimnisvolle daran ist, daß der entsprechende Grund, mag es eine Angst, ein Trauma oder sonst etwas sein, eine endgültige Lösung finden kann, wenn sie auch wirklich erwünscht wird. Ihm wird für immer die Energie entzogen, weiter aus dem Unbewußten Unheil zu stiften.

Ich halte das katathyme Bilderleben, wie es auch vom Gesundheitsministerium empfohlen und in Volkshochschulkursen für Eltern und Pädagogen gelehrt wird, für eine sanfte Art, psychische Blockaden und neurotische Charakteristika abzubauen. Der richtige, also bessere Weg, ist nicht leicht zu verallgemeinern. Es hängt von der seelisch-geistigen Konstitution des einzelnen ab, welchen Weg, welche Therapieform er wählen wird.

▶ Jeder Moment, in dem du glücklich bist, ist ein Geschenk an die Welt.

Positive Hilfe, Zwangssituationen zu entkommen

Ein 54jähriger, den die Ärzte aufgegeben hatten, weil Lebensangst und immer drückendere Alltagszwänge (medizinisch) unheilbaren Krebs in ihm erzeugt hatten, erlebte in der Klinik eine seltsame Art der Erleuchtung. Nach der behutsamen Mitteilung der Ärzte über seinen Zustand, brach er in Gelächter über die Unsinnigkeit menschlicher Bestrebungen aus. Er ging mit dem Vorsatz nach Hause, bis zum Ende seiner Tage nur noch über alles zu lachen, was er sein Leben lang so tierisch ernst genommen und für unverrückbar wichtig gehalten hatte. Jetzt hatte er sich selbst ver-rückt. Er war aus seinem alten Rahmen gerückt. Nur noch Humor beschäftigte ihn. Er sammelte Witze, suchte ständig Kontakte zu Humoristen und Kabarettisten und lachte sich durch den Alltag. Königlich konnte er sich über menschliche Narrheiten amüsieren. Die Ärzte fürchteten um den Verstand ihres Patienten – er aber hatte die Krankheit längst vergessen.

Heute – nach über zwei Jahren – ist er völlig gesund und ein lebendiger Beweis für die Kraft der Lebensfreude. Der stärkste Schock in seinem Leben, die angeblich »tödliche« Erkrankung, hatte ihm zur seelischen und körperlichen Befreiung verholfen. Meine eigene Krebserkrankung und ihre Heilung habe ich übrigens in meinem Buch »Sag ja zu Deinem Leben« (Goldmann Verlag) beschrieben.

Nicht jeder erlebt so eine wunderbare Erlösung – und doch stehen wir alle in jedem Augenblick unseres Lebens auf der Schwelle zu positiver Wandlung. Machen wir die Augen auf für die begrenzenden Zäune unserer eigenen Vorstellungen vom Leben, wie es ist, dann liegt der Weg der Befreiung vor uns. Ob wir ihn aber auch gehen, ist uns überlassen.

Manche Ängste, die kein Ventil finden, erzeugen extreme Verhaltensstörungen. Bei der 25jährigen Ehefrau Marga B. waren es phantastische Lügen, mit denen sie sich aus selbstgeschaffenen Zwangssituationen zurückzuziehen versuchte. Depressionen wechselten mit Aggressionen, unter deren Einfluß sie die Teller in ihrer Küche an die Wand warf, anstatt sie abzuwaschen. Am schlimmsten empfand sie ihre Alpträume, die ihr die Nachtruhe raubten und sie morgens erschöpft aufstehen ließen. Angst vor Versagen im Bett, Angst vor den Schlägen ihres Mannes und Angst, ihre Arbeit nicht zu schaffen, trafen in ihr auf Traumata aus einer harten, frustrierten und lieblosen Kindheit.

Die Ursache der *neuen* Ängste war ihr Mann. Er hätte selbst in die Behandlung gehört. Marga B. war offen und fähig, die Kraft positiver Gedanken in sich wirksam werden zu lassen. Stete Suggestionen bauten ihr Selbstwertgefühl auf. Sie erkannte, daß sie ein eigenverantwortlicher, freier Mensch ist, der die Freiheit hat, »seinen« Weg zu suchen. Sie lernte wieder zu leben und ihrem Mann auch einmal ganz handfesten Widerstand entgegenzusetzen, wenn sie das Gefühl hatte, sich wehren zu müssen. Ihre sich stetig entwickelnde Geduld und ihr Verständnis machten ihren Mann ab und zu sprachlos; er war ihr in seiner aufgesetzten Herrscherrolle nicht gewachsen. Durch die positive Wandlung von Frau Marga kam die Ehe wieder in eine ruhigere Phase.

▶ Frieden ist eine innere Angelegenheit.

Kraft aus natürlicher Tiefenatmung

Zum täglichen Leben gehören unsere vielen kleinen Ängste, die uns das Dasein oftmals beschwerlich erscheinen lassen. Befürchtungen dieser Kategorie sind wirklich im Handumdrehen zu beseitigen, denn sie existieren ausschließlich in unserer Vorstellung und haben wenig mit der Realität zu tun.

»Kluges Gerede«, wird mancher sagen, »als ob mein Chef mir nicht ständig Schrecken einjagt!« Oder wie es eine Patientin ausdrückte: »Man muß sich doch ängstigen; die Zeitungen sind doch voll von immer neuen furchtbaren Geschichten! Man kann doch nicht einfach abschalten, so tun, als ob alles in Ordnung sei!«

Da haben wir zum Beispiel das anonyme Wörtchen »man«. Warum geben Sie ihm eine Macht, hinter der sich alles mögliche verstecken kann? Was auch immer um Sie herum geschehen mag, Sie sind unangreifbar und sicher, wenn Sie in sich ruhen, wenn Sie Ihre innere Harmonie durch Konstruktivität aufrechterhalten und durch nichts stören lassen. Ein harmonischer Mensch nimmt gelassen an, was er nicht ändern kann, und ändert, was er ändern kann. Er sammelt in sich so viel Kraft, um jedem Unerwarteten begegnen zu können, und er strahlt so viel Sicherheit aus, daß ihn kriminelle Elemente gar nicht bemerken. Harmonie wirkt wie ein Beruhigungsmittel, im persönlichen Leben *und* in der Umwelt.

Die Wirkung der Ängste spiegelt sich in bestimmten Ausdrucksformen der Alltagssprache: »Das verschlägt mir den Atem«, »Das schnürt mir die Kehle zu«, »Das nimmt mir die Luft«, »Da bleibt einem das Herz stehen«. Diese Ausdrücke weisen darauf hin, daß die Atmung, unsere »autonome Lebensversorgung«, bei einer Gefahr behindert ist.

Beobachten Sie einmal ängstliche Menschen. Mit hochgezogenen Schultern, als ob sie sich am liebsten in sich zurückziehen möchten, atmen sie flach im oberen Lungenbereich. Sie können in ihrer verkrampften Haltung auch nicht anders atmen. Wir können sechzig Tage leben ohne zu essen. Wir können sechs Tage leben ohne zu trinken, aber keine sechs Minuten ohne zu atmen. Schlecht oder falsch zu atmen heißt, falsch zu leben.

Die »Erste Hilfe« in bedrängenden Situationen können Sie sich demnach selbst schon über Ihre Atmung geben. Lassen Sie es erst gar nicht zu einer Verspannung kommen. Kopf hoch, Schultern locker und ein tiefer Atemzug bis in den Bauchraum bringen Ihnen die erste Erleichterung, und Sie fühlen sich schnell wieder Herr der Lage.

Menschen mit natürlicher Tiefenatmung leben gesünder, sie sind innerlich ruhiger. Sie sind im körperlichen wie im seelischen Bereich ausgeglichen und entspannt. Nach hinduistischer Ansicht dringt nicht nur vermehrt Sauerstoff mit der tieferen Atmung ein, sondern auch das feinstoffliche Prana, das uns psychisch stärkt. Die moderne Physik bezieht dieses uralte Wissen neuerdings in ihre Untersuchungen mit ein. Tiefer, ruhiger Atem bis in den Bauch, wie es im Yoga gelehrt wird, ist deshalb eine der Vorbedingungen für unser Wohlbefinden. Bei den Entspannungsübungen zur Hypnosetherapie achten die Therapeuten sehr auf tiefe Bauchatmung, ohne die kein Loslassen oder Entspannen möglich ist.

Wann und wo Sie auch immer sind, gewöhnen Sie sich folgende Übung an. Sie ist wichtiger als das zweite Frühstück oder die Kaffeepause:

1. Lassen Sie Ihre Arbeit für ein paar Minuten ruhen. Selbst im Großraumbüro sieht der Chef bald ein, daß diese Pause eher zu tolerieren ist, als mancher »Dienst nach Vorschrift«.
2. Stellen Sie sich ans offene Fenster, noch besser ins Freie, und heben Sie seitwärts die Arme langsam einatmend hoch bis

über den Kopf. Im Ausatmen lassen Sie sie wieder langsam seitlich absinken, bis sie beim letzten Ausatmen wieder ganz am Körper herunterhängen.

3. Verlangsamen Sie Ihren Atem, so daß das Einatmen 10–20 Sekunden dauert – so, wie es Ihnen angenehm ist. Stellen Sie sich dabei vor, die Luft fließt durch den ganzen Körper bis zum Becken; der Bauch ist also ganz locker.

4. Halten Sie die Luft einige Pulsschläge lang an und stoßen Sie sie beim Ausatmen mit einem Zischlaut durch den Mund wieder aus. Dann vier Pulsschläge lang warten bis zum nächsten Einatmen.

5. Fünf bis zehn Atemzüge genügen. Sie werden sich erfrischt fühlen und mit neuer Arbeitsfreude weitermachen. Wer eintönige Arbeit zu vollbringen hat oder viel sitzt, sollte diese Übung einigemal am Tag wiederholen.

Was sollen die anderen denken, die Ihnen zusehen? Machen Sie sich nichts daraus. Ihre Gesundheit und Ihre seelische Ruhe sind um ein vielfaches wichtiger. Die anderen gewöhnen sich sehr schnell an ein derartiges Verhalten – und machen vielleicht sogar mit. In Japan und in China unterbricht die Mannschaft ganzer Werksäle zweimal täglich die Arbeit zu einer gemeinsamen Körperübung.

Gerlinde H., eine junge, alleinstehende Mutter, die mit 27 Jahren ihr Abitur nachmachen wollte, war ein typischer Beweis. Wie viele andere Frauen hatte sie eine ganz flache Brustatmung. Ihr Intellekt ließ ihre Gefühle nicht zur Geltung kommen. Hemmungen, Frustrationen und jetzt die Prüfungsangst waren die unmittelbaren Folgen, zu denen zeitweilig auch noch starke Kopfschmerzen kamen.

Schon nach 14 Tagen bekam sie entspanntere Gesichtszüge und ihre Kopfschmerzen verschwanden. Nach dem Entspannungstraining und den Suggestionen von Harmonie und Liebe zu sich selbst entkrampfte sich ihr ganzer Oberkörper. Die schmalen Lippen wurden voller, und während sie vorher eine müde, gedrückte Haltung zeigte, kam sie bald ausgeschlafen wie nach einer Urlaubswoche in die Praxis.

Als ich sie verabschiedete, verschaffte sie mir eines meiner schönsten Erfolgserlebnisse. Mit einem Satz gab sie mir zu erkennen, daß das Positive Denken ihr tieferes Wesen erschlossen hatte. »Angst rentiert sich nicht«, erklärte sie. »Ich kann gar nicht mehr verstehen, daß ich so wenig Selbstvertrauen in meine eigene Kraft gehabt habe!«

8. IST DENKEN GLÜCKSSACHE?
DER GEDANKE ALS URSACHE
PSYCHISCHER KRANKHEIT

> Wunder geschehen nicht im
> Widerspruch zur Natur, sondern
> nur im Widerspruch zu dem,
> was uns über die Natur bekannt ist.

Testen Sie Ihr Gedankenspiel

»Ein Unglück, das wir selbst auf uns herabziehen, ist nicht mehr aufzuhalten«, sagt ein chinesischer Spruch.

Der Wahrheitsgehalt dieser Weisheit bleibt bestehen, wenn wir die erste Silbe von »Unglück« streichen. Und so wird für unser zukünftiges Leben daraus die positive Weisung: *»Ein Glück, das wir zu uns heranziehen, ist nicht mehr aufzuhalten.«*

Machen Sie einen Wandspruch daraus. Er wird zum *Denkmal* für Ihre größten Lebenserfolge. Kümmern Sie sich ab sofort nicht mehr um Ihre Krankheiten, sondern um Ihre Gesundheit. Ziehen Sie mit Positivem Denken das Glück an; Glück und Unglück unterscheiden sich auf geistiger Ebene nur durch eine andere Schwingungsqualität. Niemand zwingt Sie, in einem Energiefeld zu bleiben, das Sie nicht mögen. Allein durch Ihre Gedanken vollbringen Sie das Wunder einer gewünschten Besserung.

Testen Sie einmal Ihren Verstand, um festzustellen, wie und wo er Ihnen am meisten mitspielt. Streichen Sie in Ihrem Kalender eine beliebige Woche an, in der Sie sich täglich zwei- bis dreimal fünf Minuten zurückziehen, um das festzuhalten, was Sie in den davorliegenden fünf Minuten gedacht haben.

Morgens legen Sie beispielsweise fest: Heute prüfe ich mich um 9.50 Uhr, 13.10 Uhr und 16.05 Uhr. Bei jeder Arbeit lassen sich derartige Augenblicke einräumen. Das Ergebnis wird Sie überraschen. Ehrlich bleiben! Tauchen Sie mit aller Konzentration in die gerade verlebten Minuten zurück.

In jeder Denkpause machen Sie sich genaue Notizen über jeden Gedanken, der Sie gerade beschäftigte, aber auch wirklich jeden. Die kleinen intimen Gedanken sind dabei oft die wichtigsten. Nach dieser Woche werten Sie Ihre Notizen systematisch aus. Schreiben Sie auf ein großes Blatt untereinander die Stichworte der einzelnen Gedanken – etwa: Ärger mit der Nachbarin; Sehnsucht nach körperlicher Liebe; Freude über Wetter; Gewinnspekulation; ehrgeiziges Arbeitsziel; Sehnsucht nach Abwechslung; ärgerliche Gedanken über den Chef; Suche nach Werkzeug und so weiter.

Immer wenn ein gleicher Gedanke in Ihren Notizen aufkreuzt, der vielleicht in den Bereich Gewinnstreben, ewige Suche oder sehnliche Wünsche hineinpaßt, machen Sie nur einen Strich hinter dem weiter oben vermerkten Stichwort. Sie werden zum Schluß bemerken, daß sich 60 bis 70 Prozent Ihrer Gedanken wiederholen. Diese Gedanken enthalten das Material der stärksten Suggestionen, denen Sie sich selbst aussetzen, indem Sie sie denken. Von dieser Mehrheit hängen Ihr Wohlbefinden, Ihre Gesundheit und Ihr Erfolg entscheidend ab. Wenn es Ihnen gelingt, durch Positives Denken überwiegend Gedanken zu haben, die ausschließlich Ihrem Wohlbefinden und Ihren Sehnsüchten gewidmet sind, dann sind Sie nicht nur wunschlos glücklich, sondern stehen auf dem Höhepunkt Ihrer Existenz.

Trösten Sie sich, das fällt sogar Pfarrern schwer. Die absolute Beherrschung unserer Gedankenflut in unserem Inneren würde uns tatsächlich zu Übermenschen machen. Menschen mit diesen Fähigkeiten würden Ihnen und mir unwirklich vorkommen.

Das Wichtigste an diesem kleinen Gedankenexperiment ist jedoch die Tatsache, zu wissen: Hier ist der Weg! Hier liegt die Ursache vieler meiner Leiden und meiner Schwächen. In jedem Augenblick meines Lebens ist die Kraft in mir, mich über alles, was mich bedrückt, erheben zu können. In jedem bewußten Augenblick meines Lebens denke ich, und von der Qualität dieser Gedanken hängt es ab, wie es mir zukünftig geht!

Narrende negative Gedanken

Wenn wir die Wirkungen falscher Vorstellungen jetzt eingehender betrachten, dann wird uns immer stärker verständlich, welcher Machtfülle wir in uns gebieten können. Wer sich einer Angst widmet, setzt die phantasievoll ausgemalten Bilder direkt in seine Lebensqualität um. Das Unterbewußtsein »hört mit« und setzt in Form, Funktion oder Erleben um, was wir denken. In diesem Sinne sind wir, was wir denken. *Unser Unterbewußtsein ist die Exekutive, unser Bewußtsein entscheidet, das Unterbewußtsein führt es aus.*

Die Suggestion, die von Angst ausgeht, ist zu dem Reflex geworden, in allem nur noch die schlimmen, negativen Momente und Möglichkeiten zu bemerken. Menschen, die so denken, schneiden sich ohne guten Grund einfach die positive Hälfte ihres Lebensfilms weg. Schenken Sie ihnen dieses Buch, wenn Sie ihnen begegnen, damit auch sie ihre Augen öffnen und erkennen können, daß sie ihre Sorgen selber verursachen, daß sie immer ihres Lebens Schmied sind.

Hier gilt der oftmals in juristischen Angelegenheiten hart empfundene Satz: *»Unwissenheit schützt vor Strafe nicht.«* Jetzt können Sie sich vor diesen unwissentlich zugezogenen Leiden bewahren, wenn Sie Ihre Gedankenenergie nicht zu dunklen

Wolken, sondern zur stetig strahlenden Sonne Ihres Wesens werden lassen.

Einen anderen Weg, als die eigenen Vorstellungen zu lenken, gibt es nicht. Positives Denken entfernt das »Brett vor dem Kopf«, hinter dem man oft »vernagelt« seine Positionen verteidigt. Der Volksmund beschreibt sehr bilderreich psychologische Vorgänge, die den in falschen Denkschablonen Verhafteten bildlich gut charakterisieren. In sich selbst ist dieses Verfangensein in einengenden Gedankenmustern nur als Ohnmacht gegenüber den Verhältnissen zu spüren. Manchmal suchen wir alle Schuld bei anderen, alle Welt wird zum Gegner. Unsere Ausflucht ist, mit einem so gar nicht existierenden Schicksal zu hadern.

Meistens sind es unsere Schuldgefühle, die sich zu erdrückenden Gewichten auftürmen, wie bei einer depressiven Patientin, die noch als Fünfzigjährige darum trauerte, dreißig Jahre zuvor einem Mann nicht ihr Jawort gegeben zu haben. In Wirklichkeit bestand der Druck aus einer Abtreibung in jener Zeit, die aber den Mann trotzdem nicht hatte halten können. Für sie galt als stärkste Maxime, sich jetzt zu helfen, dem geistigen Gesetz vom Leben im Hier und Jetzt zu folgen und das Gewebe ihrer unbewältigten Vergangenheit für immer zu entflechten.

»Ihre vergangenen Gedanken haben Ihre Gegenwart geformt, was Sie jetzt denken, formt Ihr Morgen«, sagte ich ihr. »Solange Sie Vergangenes aufwärmen, leben Sie im Schatten Ihrer alten Vorstellungen, die Ihre Lebenskraft verschleißen. Leben und handeln Sie heute. Denken und handeln Sie positiv, dann ruhen Sie ab sofort so frei und unbelastet in Ihrem göttlichen Wesenskern wie im Augenblick Ihrer Geburt.«

Durchschauen Sie das Spiel, welches wir uns selbst mit unseren negativen Gedanken inszenieren? Jeder hat Sonne im Herzen, wir brauchen nur unseren eventuellen schwarzen Gedankenvorhang abzulegen, um im Licht neuer, aufbauender Erkenntnisse zu leben. Nicht nur Ihre Seele wird wieder hell und warm, auch der Körper wird von unerwünschten Gedankenmustern befreit.

▶ Je sensibler du bist, um so geringer ist die Quantität des Leidens. Unsensibilität führt zu unnötigem Widerstand und schafft unnötiges Leiden.

Was ist verrückt, was ist normal?

Neurosen, Depression und viele andere psychosomatischen Erkrankungen haben ähnliche Entstehungsursachen. Sie sind Überforderungsreaktionen unserer Psyche durch negative stressige Lebensstrategien und der dann daraus entstehenden Angst. Solange Sie noch nicht beständig im Positiven Denken verankert sind, tragen Sie am besten die nachfolgende Aufstellung auf einem Extrablatt ständig mit sich.

Die Verführer zu negativem Denken:

1. Einseitigkeit, Intoleranz
2. fanatische Ansichten
3. verstandesmäßig ausgeklügelte Lebensvorschriften
4. Schuldgefühle
5. Zweifel am Sinn der Welt

Sie erinnern sich, daß die Mediziner 95 Prozent der Menschheit für Neurotiker halten? Sie und ich gehören mit Sicherheit auch dazu. Was können wir also Besseres tun, nachdem wir wissen, wie und warum es mit uns so steht, als uns in ehrlichem Bemühen jeden Tag unseren Sehnsüchten und wirklichen Lebensanliegen einen guten Schritt näherzubringen? Dem einen oder anderen von uns wird das vielleicht besonders schnell gelingen.

Widmen Sie sich täglich Ihrer seelischen Hygiene. Mindestens einmal abends vor dem Einschlafen sollten Sie den Geist in Ihnen anrufen und über dieses »Gespräch« gewissermaßen im Kontakt sein. Nutzen Sie auch den von mir empfohlenen Spruch für die tägliche Denkpause: »*Gottes Liebe erfüllt meine Seele, Gottes Frieden ist in meinem Herzen und meinem Geist. In mir ist vollkommene Harmonie. Ich strahle Liebe, Frieden und guten Willen aus auf alle, mit denen ich in Berührung komme.*«

Wenn Sie so verfahren, dann gehören Sie niemals mehr zu jenen Menschen, die andere in Schuldgefühle und Ängste stürzen. Unsere Nervenkliniken sind voll von Insassen, die die Härte der anderen in Ausweglosigkeit gestürzt hat. Ihre Wahnvorstellungen gehen oftmals auf fehlende Liebe und Zuwendung ihrer Umgebung in einer entscheidenden Phase des Lebens zurück.

Der Schritt vom Angepaßten zum Isolierten ist gar nicht weit. Ein Psychologe drückte die drei Stufen zwischen geistiger Klarheit und Verwirrtheit einmal humorvoll so aus: »Ein Neurotiker ist derjenige, der ein Wolkenschloß baut. Der Psychopath ist derjenige, der darin wohnt, und der Psychotherapeut ist jener, welcher die Miete kassiert.«

Am Psychotiker erweist sich die wahre Macht der Gedanken. Die Magie seiner eigenen Vorstellungen beschränkte ihn, er sitzt im sichersten Gefängnis der Welt. Hinter den Mauern seiner Einbildung lebt er ein Leben in Horrorvisionen und im Gefühl, Opfer einer Verschwörung zu sein. Viele Menschen seiner Art wären mit Liebe und Geduld wieder zu befreien – nur nicht mit Psychopharmaka.

Von der Frau eines 38jährigen Schizophrenen, für den eine Hypnosetherapie nicht in Frage kommt, wurde ich gebeten, mich wenigstens einmal mit ihrem Mann zu unterhalten. In einer Sitzung mit katathymen Bilderleben sah er sich sofort als Kleinkind bei einem Luftangriff auf Dresden. Mit hoher Wahrscheinlichkeit leidet er noch heute an den Traumata aus jener Zeit. Das

Gespräch mit ihm brachte mir eine hochinteressante Sicht seiner geistigen Einstellung. Er fühlte sich von allen Menschen unverstanden und behauptete, für jede Unterhaltung einige Stufen tiefer steigen zu müssen, um überhaupt verstanden zu werden. Wie ein Psychedeliker im besten LSD-Rausch verabschiedete er sich von uns, von meinem Therapeuten, mit den Worten: »Das Gespräch hat mir gutgetan! – Viele Kristalle haben Sie um sich« (so »sah« er die Worte). Zu meiner Sekretärin sagte er: »Auf Wiedersehen. Oh, Sie haben ja das linke Auge rechts!«

Wer könnte ein sicheres Urteil über die Äußerungen dieses Mannes abgeben? Wer über LSD-Erfahrungen zumindest gelesen hat, erfuhr über die unfaßliche Farben- und Formenvielfalt, zu der menschliche Sinneswahrnehmung unter Drogeneinfluß fähig ist. Bei dem schizophrenen Patienten war das der Normalzustand. Die große Fülle der Symbolik in Drogenrausch ist noch wenig erforscht, es werden Ebenen der Wahrnehmung eröffnet, die unseren fünf Sinnen nicht zugänglich sind.

Neurosenersatz: Liebe und Harmonie

Ich war einmal als Sachverständiger und Gutachter zu einer Verhandlung über einen rauschgiftabhängigen Ausreißer geladen. Der Angeklagte, ein Lehrling ohne Halt in der Familie, suchte in Drogenkreisen, was er zu Hause nicht fand. Er stammte aus sehr gutem Hause und bekam, wie so viele Kinder wohlhabender Eltern, alles, was er haben wollte – nur nicht die Liebe, die er zum Gedeihen brauchte. Wie bei vielen Drogenabhängigen zeigte sich bei ihm in bedrohlicher Weise der Drang, der normalen Bewußtseinsebene entfliehen zu müssen. Unter vier Augen sagte er mir einmal: »Es ist nicht zum Aushalten!« Wenigstens hin und wieder wollte er in einem seligeren Bewußtseinszustand sein bisheriges unbefriedigendes irdisches Los vergessen können. Es ist höchst erstaunlich, wieviel über die Erziehungshintergründe, die Familienproblematik der Drogenabhängigen geschrieben und diskutiert, aber nichts Effektives für eine Veränderung getan wird. Liebe und Zuwendung, Interesse am Innenleben des anderen, diese einfachsten und höchsten Kräfte lassen sich nicht institutionell verordnen – vielleicht weil die Eigeninitiative fehlt. Unser Innenleben müssen wir immer noch selbst in die Hand nehmen, und das in der Regel ohne jede Anleitung von kompetenter Stelle. Jede junge Generation ist immer nur so gut, wie es die Erwachsenen mit ihrer Lebenseinstellung verdienen.

In einer sehr ähnlichen Suchtsituation wie Drogenabhängige befinden sich Alkoholiker. Sie haben allerdings den großen Vorteil, sich mit gesellschaftsfähigen Mitteln zu ruinieren. Aber auch ein Alkoholiker ist in meinen Augen kein Kranker, sondern ein Mensch, der dringend seelischen Beistand und Zuwendung braucht.

Fast immer ist es eine psychische Überforderung, die den Körper in Mitleidenschaft zieht. Immer ist es fehlende Liebe zu sich selbst oder aus der Umwelt, die Menschen zu Verzweiflungstaten treibt.

Bei manchem beginnt es bereits, wenn ein Kind ohne elterliche Obhut in Heimen aufwachsen muß. Wer diese furchtbare Einsamkeit durchschaut, in die viele Menschen in frühester Kindheit gestoßen werden, der kann sogar in der Handlung eines Kriminalbeamten, der einem überführten Verbrecher die Handschellen anlegt, einen negativen Ersatz für den fehlenden positiven Kontakt zu den Mitmenschen sehen. Ein Kleptomane, zu dessen Verhandlung ich zugezogen wurde, und den man dann auf Bewährung mit der Auflage einer Behandlung freiließ, erklärte mir in einem Gespräch: »Sonst kümmert sich kein Mensch um mich! In der Zelle bin ich wenigstens für drei Tage der King – bis der nächste eingeliefert wird!«

Viele verzweifelte Gemüter sehen in ihrer tiefen Not nur den

Ausweg, aus dem Leben zu scheiden. Sie meinen, damit für immer den Vorhang zuzumachen, der sie dann hoffentlich von allem schmerzlich Erlebten trennt. Wüßten sie, was die Seele außerhalb des Körpers erwartet, dann würde die Selbstmordrate sinken. Geht doch aus Hunderten von Berichten bereits klinisch Toter, die reanimiert wurden, hervor, »drüben« genauso im Hier und Jetzt zu verbleiben wie auf der Erde?

Ob nun hier oder in einer jenseitigen Welt, ob mit oder ohne Körper, wir können schon jetzt unsere Lebensaufgabe lösen und erkennen, weshalb wir gekommen sind.

Das mag sich für manchen sehr spekulativ anhören. Es bleibt die Tatsache, daß *jedes* Problem, welches ein Menschenherz bedrücken kann, nur ein narrender einseitiger Gedanke ist, den wir auch noch selber gewählt haben. Jeder Liebeskummer, der härteste Schicksalsschlag, die schlimmste Krankheit werden immer nur aus einem eingeengten, egoistischen Blickwinkel gesehen. Das Herz ist nicht offen für die Weisheit in unserer Mitte, wir wissen nicht mehr, weshalb wir in diese Lage gekommen sind, oder wollen wir es nicht?

Zusammen mit der Kraft in uns kommen wir wieder zur Einheit unseres Wesens, das über allen Problemen seine Wohnstatt hat.

Noch jeden Lebensmüden, der sich meiner therapeutischen Führung anvertraute, habe ich aus der Sackgasse seiner einengenden Vorstellung zu seinem heiligen Zentrum in seinem Selbst zurückführen können. Der Zustand scheinbar heilloser Probleme ist ein Stadium des Nichtbewußtseins, und nur der Blick nach oben zu unserem höchsten Selbst hilft uns aus der Sackgasse heraus. Wer wieder zu seinem alles umfassenden Selbst zurückkehrt, der findet die Harmonie der seelischen Kräfte in sich, und der Friede, der nicht von dieser Welt zu sein scheint, kehrt in ihn ein.

Die natürliche Funktion der Sexualität

Es wäre eine faszinierende Studie, die Verwicklungen aufzudecken, die in der Welt durch Frustration in unserem Sexualleben verursacht werden. Die natürliche Funktion der Sexualität wurde in unserer Gesellschaft so negativ besetzt, daß eine ganze Reihe Krankheiten daraus entstanden sind. Selbst in einer Zeit der freizügiger gewordenen »Liebe« dürfen wir uns nicht darüber hinwegtäuschen, daß wir eine Unzahl Frustrierter, sexuell Entgleister unter uns haben. In vielen Gesprächen mit meinen Patienten erfahre ich von unausgefüllter Sexualität und sexuellen Verirrungen als Hintergrund ihrer Probleme.

Da kam der junge, sympathische, verheiratete Klaus N. zu mir. Er hatte in seinem ehelichen Liebesleben keinen Orgasmus, wenn seine Frau nicht »Hand anlegte«. Weil er in der Vergangenheit das Prinzip des Coitus interruptus angewandt hatte, um eine Schwangerschaft zu verhindern, konnte das auf diesen Reflex ausgerichtete Unterbewußtsein nicht mehr zwischen einem ehelichen oder außerehelichen Geschlechtsakt unterscheiden. Seine Sorge aus der Junggesellenzeit, ein Kind zu zeugen, war es, die jetzt einen Orgasmus verhinderte, selbst wenn er erwünscht war.

Klaus N. brauchte nur eine verhältnismäßig kurze Behandlung, in der seine alte Angst aufgelöst werden konnte. Bald schon war er frei in seinen Gefühlen und konnte seine »Kraft in Freude fließen lassen«.

Jeden Monat finden Patienten, die impotent geworden sind, ihren Weg zu mir. In einigen Ausnahmen schlagen die Frustration und das Unvermögen, zu einem Partner normale Beziehungen zu haben, in aggressive Brutalität um.

Einem meiner Patienten, der seine Zigaretten am liebsten auf den Geschlechtsteilen seiner Frau ausdrückte, war schon etwas schwerer zu vermitteln, was noch lustvoller sein könnte, als am Leiden anderer Freude zu empfinden. Perversität und Sexualverbrechen haben ihre Ursachen in mannigfaltigen ungelösten Konflikten. Wer sich seinem tieferen, natürlichen Wesen entfremdet hat, der ist nicht in seiner Mitte, der ist nicht in Harmonie, er ist egozentriert in seinem Fühlen und Handeln. Die heutzutage immer »offensichtlichere« sexuelle Unausgeglichenheit zeigt eine wachsende Frustration und daraus folgend eine zunehmende Aggression in unserer Gesellschaft. Ich habe Frauen und Männer kennengelernt, die im Gruppensex ihre Lust suchten. Ich kenne Frauen, die versuchen, im Geschlechtsverkehr mit mehreren Männern zugleich ihrer Frustration zu entkommen. Männer wollen zwei, drei Gespielinnen, um auf ihre »Kosten« zu kommen.

Die Aufgabe, sich nicht nur körperlich, sondern auch seelisch öffnen zu können, ist in unserer Kultur für viele leider immer noch ein Buch mit sieben Siegeln geblieben.

Die eine wächst mit lebenslanger Angst vor dem anderen Geschlecht auf, dem anderen gelingt es nicht, sich über seine inneren Hemmungen klarzuwerden, und der Don-Juan-Typ oder die Nymphomanin nehmen die körperliche Liebe als lebensfüllendes Werk der Selbstbestätigung mit häufig wechselnden Partnern.

Eine der größten Frustrationen erfuhren viele in der Vergewaltigung der Liebe durch den Glauben. Es gibt keine negativere Suggestion als das Märchen von der Erbsünde. Es ist eine der Hauptursachen aller Angst, wenn nach den Gründen für vielerlei Entgleisungen gefahndet wird.

Gott ist kein rächender Gott, er straft nicht und läßt auch niemanden leiden, den er liebt, er ist ein Gott der Fülle, ist Ausdruck unendlicher kosmischer Kraft bis ins letzte Atom der Materie. Gott ist Liebe, die jede Seele erfüllt. Alles Mitgegebene in dieser irdischen Welt sinnvoll zu gebrauchen ist unsere Aufgabe, unsere Pflicht, und dazu gehört die Sexualität, damit sie unserer »Freude« dienen kann.

Was bleibt, ist der Weg zu innerer Harmonie. Er ist der Weg zu sexueller Lust und zur Freude, die das Leben ist. In diesem Sinne wünsche ich Ihnen viel Freude an den Geschenken des Himmels hier auf Erden!

Unser Kraftquell Schlaf: Stelldichein mit dem Unbewußten

Eine schier überwältigende Flut von Sinneseindrücken, die auf uns vom Erwachen bis zum Einschlafen einwirken, stellt für uns, wenn wir sie zu verarbeiten haben, eine enorme Herausforderung dar. Die Natur sorgt durch den Schlaf für den notwendigen, regenerierenden Ausgleich, wenn wir müde sind und wenn nervliche Überlastungen unsere Grenzen aufzeigen. In der Versunkenheit des Schlafes finden wir natürlichen und direkten Kontakt zu der Weisheit unseres Unbewußten. Was wir durch Suggestionstechnik im Tagesbewußtsein manchmal vergebens herzustellen suchen, ist in einigen Stunden guten Schlafs ganz natürlich zu haben.

Um sich greifende Schlaflosigkeit ist eines der großen »Zeichen« unserer Zeit. Technik und Vergnügen haben die Nacht zum Tag gemacht. Ein Großkaufmann, der sich alle paar Minuten mit zittrigen Fingern die nächste Zigarette ansteckte, erzählte mir, in seinem Kopf gehe es zu wie bei einer Herde betrunkener Affen in einem Urwaldbaum. »Wenn ich abends ins Bett gehe«, sagte er, »dann passieren alle Tagesprobleme vor mir Revue. Oftmals kommen mir dabei grandiose Einfälle – aber von Schlafen kann keine Rede mehr sein. Da helfen oft nur Tabletten in großer Zahl.«

Eine schwächlich wirkende 83jährige Dame berichtete mir, ohne »ihr« Schlafmittel abends nicht auszukommen. »Sonst käme ich nie auf meine acht bis neun Stunden erholsamen Schlafes«, meinte sie. Sie wußte nicht, daß sie in diesem Alter mit fünf Stunden Nachtruhe besser auskommen konnte und daß sie ihre körperliche Schwäche sehr wahrscheinlich den Nebenwirkungen ihrer Tabletten zu verdanken hatte.

Bei dem einen sind es Sorgen, bei der anderen vielleicht körperliche Schmerzen, die den Schlaf vertreiben. Der Griff zur Tablette ist für viele zur Gewohnheit geworden. Machen Sie noch heute Schluß, mit diesem schädigenden Verhalten Ihre Gesundheit weiter zu untergraben und in eine Betäubung zu tauchen, die dazu noch Ihre unbewußten Ebenen lähmt. Wenn Ihre Gedanken Sie nicht loslassen, dann entlassen *Sie* sie. Geben Sie der höchsten Instanz in Ihnen noch vor dem Einschlafen alles, was der Lösung bedarf, dann gilt für Sie am anderen Morgen nicht der Spruch: Guten Morgen, liebe Sorgen, seid ihr auch schon wieder da?

Sie sollten für die Übung, die ich Ihnen vorschlage, eine persönliche Suggestion verwenden. Es sollte sich um Ihr größtes Anliegen handeln, und Sie können jetzt Ihr höheres Selbst bitten, zu lösen, was der Lösung bedarf.

Vorbereitung für einen gesunden, erfrischenden Schlaf:

1. Wenn es mir möglich ist, nehme ich das Abendessen vor 19.00 Uhr ein. Später aufgenommene Speisen verdaut der Körper nur schwer, weil der Verdauungsapparat auf die nächtliche Ruheperiode schaltet.
2. Abends esse ich nur leichtverdauliche Speisen, nicht sehr fett und nur kleine Fleischportionen. Alkohol sollte allenfalls ein Getränk zur Mahlzeit sein.
3. Bevor ich mich ins Bett lege, beende ich eine Viertelstunde vorher jede Tätigkeit, jedes Lesen oder Grübeln. Ich mache am besten einen kleinen meditativen Spaziergang, das heißt, ich widme mich meinen augenblicklichen Empfindungen. Ich bin ganz im Hier und Jetzt.

4. Im Bett wird nicht mehr gelesen oder gedacht. Ich lege mich – ganz nach persönlichem Geschmack – ausgestreckt zu einer fünf- bis zehnminütigen Entspannungsübung hin. Alles Tagesgeschehen lasse ich los und versenke mich ganz in meine Mitte. Alles Äußere ist jetzt unwichtig. Der Kopf ist frei und klar und gedankenleer.

5. In diesem Zustand empfinde ich meine vorbereitete Wahlsuggestion, die ich vertrauensvoll in die Werkstatt meines Unterbewußtseins lege. Ich weiß, daß ich im Traum, am nächsten Morgen oder in allernächster Zeit Antwort erhalten werde. Ich verlasse mich auf mein höheres Selbst. Mit Sicherheit werde ich die Antwort verstehen, die mir meine intuitive Intelligenz gibt, und ich werde sie getreulich befolgen.

6. Danach danke ich meinem Schöpfer und überlasse mich einem erholsamen Schlaf.

Die Aufträge an das höhere Selbst

Sie können Ihrem Unterbewußtsein die direkten Befehle erteilen, auf die sich Ihre höhere geistige Kraft einstellen soll. Das kann der Wunsch sein, den inneren Wecker pünktlich zu stellen, um morgens zur gewünschten Zeit aufzuwachen, oder am Morgen zu wissen, wo sich ein seit langem verlegter Gegenstand befindet. Ihre innere Weisheit holt sogar einen seit Jahrzehnten vergessenen Namen aus Ihrem unbewußten Speicher, der Ihnen vielleicht gerade der Schlüssel zu einem brennenden Problem sein kann.

Viele Menschen haben durch Träume erfahren, was ihr höheres Bewußtsein ihnen sagen will. Eine Frau erzählte mir von ihrer Scheidung, zu der sie sich über Nacht entschlossen hatte. Zwölf Jahre hatte sie ein Martyrium unter einem zänkischen Egoisten, der nur sich selbst als Mittelpunkt der Welt sah, erlebt.

Ihre hohe ethische Auffassung von der Ehe ließ sie lange Zeit glauben, sie habe die Aufgabe, ihrem Mann zu helfen.

Dann träumte sie plötzlich, im dreizehnten Ehejahr, von einer schwarzen Macht, die ihr Leben verdunkelte und schließlich ihr Lebenslicht ganz auslöschen würde. Wo sie im Traum hintappte, da fielen sogleich die schwarzen Schatten jener dunklen Macht auf sie. Dann wuchsen ihr auf einmal Flügel, und sie konnte sich in einem wunderbaren Flug in ewiges Licht von allem Bedrükkenden befreien. Sie fühlte, daß sie nur ihre Flügel, also ihren Geist, gebrauchen mußte. In den Tagen darauf reichte sie ihre Scheidung ein.

Wer sich den abendlichen Auftrag an sein höheres Selbst zur Gewohnheit macht, der befreit sich von angstmachenden Vorstellungen und findet bald schon erholsamen Schlaf.

Wenn alle diese Maßnahmen nichts nützen, dann gibt es nur noch zwei Begründungen dafür. Eine davon ist der Zweifel. »Ich werde das natürlich versuchen, *aber* ob das bei mir und meinen hartnäckigen Störungen hilft? Eine Tablette nebenher kann nicht schaden!« Besser könnten Sie Ihr mangelndes Selbstvertrauen nicht dokumentieren. Sie können schon bis zu diesem Kapitel gelernt haben, Ihre negativen Vorstellungen durch positive Übungen aufzulösen. Wollen Sie in Ihrer Schwäche bleiben, oder wollen Sie es anders? Wieder sollten Sie sich die nun schon bekannte Aufforderung in Erinnerung rufen: »Wählet, wem ihr dienen wollt.«

Die zweite Möglichkeit, nicht aus dem alten Trott zu kommen, wirkt unbewußter und hinterhältig aus dem alten eingefahrenen Denkmuster heraus. Immer wieder taucht dieses Muster in Patientengesprächen bei mir auf, wie bei jener Frau, die mir nach der ersten Behandlungswoche mitteilte: »Ich kann machen, was ich will – und ich bin wirklich getreulich Ihrem Ratschlag gefolgt und habe meine Suggestionsformel vor dem Einschlafen angewandt –, *aber* wenn ich mich ins Bett lege, dann weiß ich schon, daß ich wieder nicht einschlafen werde.«

Die Formel nützt natürlich nichts, wenn Sie schon vorher wissen, daß sie nichts nützt. Ich mußte der Frau erst verständlich machen, daß sie mit ihrer negativen Erwartungshaltung von vornherein ihre Schlafvorbereitungen unterminierte. Wer seinen Wünschen das negative Kraftpaket alter Gewohnheiten voranstellt, der braucht sich nicht zu wundern, wenn der Sandmann nicht kommt.

Wer mit dem Einschlafen Schwierigkeiten hat, kann auch folgende Vorübung anwenden. Sagen Sie Ihrem Unterbewußtsein vor dem Einschlafen: »Lasse mich jetzt richtig schlafen – oder sage mir, was mich vom Schlaf abhält!« Über Nacht ist oft die Antwort da. Entweder im Traum oder als Intuition während der nächsten Tage wissen Sie, was der »Alp-Traum« Ihrer schlaflosen Nächte ist.

Die merkwürdigsten Gründe tauchen auf diese Weise manchmal auf. Bei einer jungen Witwe war der Grund das Heiratsversprechen, das sie einem Mann gegeben hatte, den sie unterschwellig überhaupt nicht als guten Vater ihrer elfjährigen Tochter annehmen konnte. Eine ältere Frau schlief nicht aus Schuldgefühlen, ihren verstorbenen Sohn in seiner Krankheit nicht ausreichend unterstützt zu haben. Einem Firmenbuchhalter raubte die Angst den Schlaf, den Firmencomputer womöglich falsch bedient und zum Absturz gebracht zu haben.

Glauben Sie nicht, durch Unterdrücken des Schlafes Vorteile für sich erringen zu können. Der übermüdete Kraftfahrer, der unbedingt noch ein Ziel erreichen will, kommt in die Zone, in der das überstrapazierte Gehirn einfach abschaltet, und er findet dann im Graben seine Ruhe. Wer sich dem notwendigen Schlaf entzieht, wird reizbar, launisch, aggressiv und schließlich depressiv. Kein Wille kann unser Schlafbedürfnis längere Zeit aufhalten; das vegetative Nervensystem ist stärker und schaltet im Notfall einfach ab. Hier liegt einer der Beweise dafür, daß wir mehr sind als Wille und Verstand. Wenn diese beiden sich einbilden, die höchste Autorität zu sein und den Körper drangsalieren, dann kommt ganz unvermutet die Zurechtweisung von der wirklichen Kraftzentrale in uns. Lassen Sie es nicht zu einem Zusammenbruch kommen. Der positive Denker kennt die Zusammenhänge und stellt sich auf die richtige Seite in seinem Wesen – die Grundlage für Gesundheit und Harmonie.

9. Die Überwindung von Krankheiten – Der Gedanke als Ursache physischer Krankheit

> Krank ist nur das Gemüt,
> der Körper wird es erst dadurch.

Eine Basis für die Gesundheit schaffen

»Erkenne dich selbst« steht über dem Tempel von Delphi, eine Aufforderung, der wir nicht oder nur gelegentlich nachkommen. Wir wollen meistens nur anderen erklären, was *wir* denken und was *wir* wollen. Verstoßen unsere Wünsche gegen die Gesellschaftsdisziplin und werden wir in unserem Ehrgeiz oder unserem Machtanspruch behindert, fühlen wir uns frustriert. Bald ersetzt dann eine beginnende Krankheit die Frustration. Weil wir dem Druck von außen nicht mehr standhalten, befinden wir uns darauf häufig auf dem Weg in eine leidensvolle Zeit. Wer sich lange genug einredet, nicht zu genügen, nicht »fähig« zu sein, dem zeigt das Unterbewußtsein die Auswirkung dieser negativen Vorstellung in der erlebten Wirklichkeit.

Die Medizin behandelt Krankheiten weitestgehend symptomatisch. Das Erscheinungsbild aber, das der Körper offenbart, ist nur eine Spiegelung unserer seelischen Gegebenheiten. Noch ist die Anzahl der Ärzte gering, die die psychosomatische Sicht einer Krankheit bei einer Diagnose und Therapie mit einbeziehen.

Die meisten Krankheiten sind eigenständige Abläufe energetischen Geschehens im Körper; einfacher gesagt: Fehlgeleitete psychische Energien haben sich verselbständigt und werden jetzt Krankheit genannt. Oder nicht gelebte, verdrängte Gefühle kommen an die Oberfläche und »sagen« uns durch bestimmte Symptome, wo etwas nicht in Ordnung ist.

Sie haben inzwischen vielen Menschen das Wissen voraus, daß es die Energie unserer Gedanken ist, die zur Verwirklichung drängt und die unseren Alltag und unser Erleben gestaltet. Sind wir krank, dann haben wir negative Gedankenpotentiale gespeichert und bringen sie langsam oder auch schneller (akut) wieder zum Vorschein. Körperliches Leiden heißt es, ist der Schmerz, den wir im Bereich unserer Gefühle nicht gefühlt haben, den wir nicht gelebt und statt dessen unterdrückt haben. Krankheit wird uns zum Warnzeichen für unser Fehlverhalten. Unter Bewußtwerdung ist zu verstehen, das Schicksal mit seinen Zeichen richtig zu interpretieren, um zu ändern, was zu ändern ist, und um zu akzeptieren, was nicht zu ändern ist. Krankheiten oder Leiden generell zu umgehen, dazu fehlte uns die Reife. Wer noch das kosmische Gesetz der Harmonie und Liebe mißachtet, schafft sich selbst das Problem, an dem er dann zu knabbern hat.

Mancher stolze Mann, der sein Leben allzustark auf seinen Verstandeskräften aufbaute, wird in der »midlife crisis« aus seinem Unterbewußtsein heraus alarmiert, endlich den Sinn des Lebens zu erfassen und wieder in die Einheit von Geist, Körper und Seele zurückzukehren. Anstatt sich ständig Zerreißproben auszusetzen, gibt es Wichtigeres, nämlich uns selbst zu erkennen und uns selbst zu erfüllen. An keiner Schule werden diese Zusammenhänge gelehrt, und so habe ich diese Seiten geschrieben, weil es an der Zeit ist, daß dieses Wissen durch sie in die Welt findet.

Gar nicht selten besteht der Alarm des Unterbewußtseins aus einem kräftigen Stupser. Herzinfarkt, Nierenversagen, Magen- und Darmbeschwerden oder endlose Kopfschmerzen gehören zu den Zeichen, die uns der Körper schickt, um uns zu Vernunft und höhere Einsicht zu bringen. Lassen Sie es von nun an gar nicht erst soweit kommen. Sie haben es jetzt in Ihrer Hand. Sie denken positiv und haben mit vielen Problemen nichts mehr im Sinn. Und selbst wenn Sie Krebs oder Tuberkulose hätten, vertrauen Sie auf die Macht Ihres Unterbewußtseins, die alles richtet und die alles immer zu Ihrem Besten führt. Folgen Sie Dr. Murphy, der in seinem Buch »Die Macht Ihres Unterbewußtseins« folgende Methode anwandte. Er schreibt: »Als ich selber an Hautkrebs erkrankt war, sorgte ich mehrere Male am Tag für völlige geistige und körperliche Entspannung. Wie im autogenen Training entspannte ich mich und suggerierte mir: ›Herz und Lunge sind entspannt, mein Kopf ist entspannt, mein ganzes Wesen und Sein sind völlig gelöst. Die Vollkommenheit Gottes findet nun Ausdruck durch meinen Körper. Die Vorstellung völliger Gesundheit erfüllt jetzt mein Unterbewußtsein. Gott schuf mich nach einem vollkommenen Bild, und mein Unterbewußtsein schafft nun meinen Körper von neuem – in völliger Übereinstimmung mit dem Bild im Geiste Gottes.‹« Nach etwa fünf Minuten fiel er dann gewöhnlich in einen schlafähnlichen Zustand, aus dem er nach einer Stunde erholt wieder erwachte.

Seinem Unterbewußtsein gelang es, die Vorstellung seiner Gesundheit zu manifestieren. Er wurde wieder gesund. Auch Sie haben die Kraft, genauso zu verfahren, wenn es bei Ihnen einmal nötig ist. Ich bin von den Heilungsmöglichkeiten durch geistige Kraft überzeugt und habe sie am eigenen Leib erfahren. Ich habe so viele »Geist«-Heilungen erlebt, daß ich auch Ihnen an Ihr Herz legen möchte zu glauben, daß Wunder geschehen, wenn Sie eines Wunders bedürfen.

Der Weg zur Selbstbefreiung

Von nun an sind Sie auf dem Weg zu innerer Harmonie, und Sie sind bereits weitgehend vor körperlichen Gebrechen bewahrt. Weil Sie an der »Universität des Lebens« zu studieren begonnen haben, wird Sie Ihre innere Stimme mit Sicherheit warnen. Wenn Sie trotz allem einmal eine ernsthafte Krankheit bekommen sollten, dann sagen Sie sich: *»Ich habe mich für das Glück entschieden, ich bin gesund, und ich ruhe in vollkommener Harmonie in meiner Mitte.«*

Verwenden Sie eine beliebige Anzahl von Affirmationen, wenn Sie die Macht Ihres Unterbewußtseins zur Heilung brauchen. Wiederholen Sie die Suggestionen voller Hingabe, »sehen« Sie sich im Zustand vollkommener Gesundheit.

Viele Krankheiten sind eine Flucht vor dem Alltag oder Selbstbestrafung, wenn unsere Schuldgefühle denn allzu groß werden sollten. Statistiker haben errechnet, daß achtzig Prozent aller Arbeitsunfälle von nur zwanzig Prozent der Arbeitnehmer verursacht werden. Es grenzt an Masochismus, wie manche Menschen ihre persönlichen Sorgen oder ihre Antipathien – unbewußt – gegen sich selbst auf diese Weise abreagieren.

Ich habe eine Bekannte, die meine Freundschaft durch eine negative Eigenheit immer wieder gerne auf die Probe stellt. Wann immer ich sie anrufe, erfahre ich als erstes, daß gerade wieder die Grippe herrsche oder ein Darmvirus kursiert. Immer »herrscht« gerade irgendeine Krankheit, immer ist sie krank. Was sie aber nicht hören will: Sie leidet unter sich selbst.

Grippe und Schnupfen, diese beiden Büro- und Beamtenkrankheiten, sind ein typischer Ausdruck zivilisatorischer Unlustgefühle. Unzufriedenheit mit der Arbeit, mit dem Freund, mit der Ehefrau, einfach mit dem ganzen Alltagsrummel, lassen kollektive Fluchtwege in die Krankheit entstehen. Wer krank ist, muß nun einmal bedauert werden, der kann vielleicht sogar im Bett bleiben oder hat die Gelegenheit, anstatt ins Büro zu gehen, den abwechslungsreicheren Gang zum Arzt zu machen. Meistens ahnen wir überhaupt nicht, welche Tricks unser Ego anwendet, um mit kleinen oder größeren Malheurs gegen die permanente gesellschaftliche Vergewaltigung zu opponieren.

Wer sich seiner seelischen und körperlichen Gesundheit widmet, spürt bald schon, welche Hürden er überspringen muß, um seiner Sehnsucht nach Glück und Zufriedenheit näher zu kommen. Auch Ihr Kind ist auf diesem Wege, wenn es plötzlich morgens mit Halsweh aufwacht – weil am Vormittag vielleicht eine Mathematikarbeit fällig ist. Es braucht dann Liebe und sollte nicht über das Kranksein der angsteinflößenden Schule ausweichen. Treiben Sie es nicht mit Gewalt in die Schule, aber achten Sie sensibel auf den Verlust des Selbstvertrauens, den das Kind an den Tag legt. Versuchen Sie, ab sofort Harmonie und Liebe zu verbreiten und in Ihrem Kind wachsen zu lassen. Das hört sich nicht nur schwer an, das ist es auch, denn wir erkennen meitens dabei, daß wir selbst eine gehörige Wandlung nötig haben, um nicht mehr ungeduldig, streßgeplagt und lieblos gegenüber unseren Familienangehörigen zu handeln.

Die psychosomatischen Krankheiten

Mir wäre es viel lieber, über Gesundheit zu schreiben, als Zusammenhänge im psychosomatischen Bereich aufzuzeigen. Wenn Sie für Ihr ganz persönliches Leben exakte Hilfe erwarten, dann werden Sie auf viele Ihrer Fragen eine Antwort in den nächsten Abschnitten finden.

Die Psychosomatik ist die Lehre von den seelisch bedingten Körperkrankheiten, und sie hat in den letzten Jahrzehnten einen großen Aufschwung genommen. Alleine das Buch »Krankheit als Weg« von Thorwald Dethlefsen kann als Zeichen eines neuen medizinischen Verständnisses gewertet werden.

In dem Maße, in dem ein Mensch im übertragenen Sinne einseitig wird, werden auch durch einseitigen Energieentzug bestimmte körperliche Funktionen in Mitleidenschaft gezogen. Viele kleine Unfälle, vom verstauchten Knöchel bis zum Sturz auf winterlicher Straße, können wir vermeiden, wenn wir mit unseren Gedanken nicht irgendwo, sondern im Bewußtsein unserer selbst ganz bei unserem Handeln sind.

Die östliche Ansicht, Krankheit als Wegweiser zu verstehen oder als Aufgabe, durch die wir hindurchgehen, um zu reifen, findet im westlichen Denken ihre zunehmende Bestätigung. Ein befreundeter Arzt in einer Münchener Großklinik erzählte mir einmal, wie viele Menschen es gibt, die nach schweren Operationen beschließen, ein neues Leben zu beginnen und dann auch wirklich halten, was sie gesagt haben. Viele spüren, daß sie in einem falschen Trott gelebt haben, und ihre körperlichen leidvollen Erfahrungen machen sie empfänglicher und sensibler für den Sinn des Lebens.

Für jeden, der seine Lebenskrise »überlebt« hat, heißt es dann: konsequentes Umsetzen des Erkannten und den Entschluß zu einem gesünderen Leben nicht wieder zu vergessen, wenn das Krankenhaus verlassen wird. Wenn es Sie betrifft oder einen Ihrer Angehörigen, lesen Sie immer wieder dieses Buch und markieren Sie die Stellen, die Sie persönlich ansprechen.

Beginnen Sie heute damit, Ihre alten Vorstellungen durch positive Gedanken zu ersetzen. Sprechen Sie zunächst mit niemandem darüber, was Sie planen und vorhaben. Solange Ihre Metamorphose noch nicht vollständig ist, solange hüten Sie Ihr Geheimnis. Lassen Sie Ihre Familienmitglieder über Ihr gewandeltes Wesen staunen, wenn es ganz offensichtlich geworden ist. Selbst Ihr Lebenspartner sieht Sie in einer Schablone, die er sich von Ihnen gemacht hat. Wir alle haben manchmal unsere vorgefertigte Meinung allzu schnell zur Hand.

Wenn Sie es wollen, dann leben Sie jetzt aus neuer Bewußtheit und neuer Kraft in ein vollkommeneres Dasein hinein. Vermeiden Sie Situationen, in denen Sie unnötigerweise Kritik ausgesetzt sind. Auch der bestgemeinte Rat stört, wenn Ihr inneres Bild noch nicht ganz fertig ist.

Sie haben erkannt, welche Gründe Sie leiden ließen, und Sie haben die Kraft in Ihrem Wesen entdeckt, sich zu »erheben«, damit Ihnen alle guten Kräfte des Universums zu Hilfe kommen.

Erkennen Sie das Verrückte im Normalen

Sie werden beobachten, daß in vielen Fällen das offiziell Normale in Wirklichkeit eigentlich das Verrückte ist. In den USA ist der Ehemann der, der das Geld zu verdienen hat. Im strenggläubigen Spanien ist die Geliebte mit bezahlter Stadtwohnung für den solventen Geschäftsmann eine stillschweigende Verpflichtung. »Verweilt« er ständig bei seiner eigenen Frau, heißt es schnell: »Was muß das für ein unanständiges Weib sein, daß er keine Lust hat, woanders hinzugehen!« Oder ein anderes Beispiel: Bei uns stört sich kein Mensch daran, bei jedem Besuch, bei jeder geschäftlichen Besprechung das Nervengift Alkohol angeboten zu bekommen.

Was immer Sie bei Ihrer positiven Wandlung tun, Sie werden es zunächst einmal schwer haben. Bleiben Sie konsequent und liebevoll mit sich selbst. Ich stehe Ihnen mit diesem Buch zur Seite und gebe Ihnen die Gewißheit, daß sich die Umwelt an Ihr neues Persönlichkeitsprofil dann sehr schnell gewöhnen wird, wenn sie erkennt, daß Sie sich auch zu Ihrem Vorteil verwandelt haben. Sie wird in erheblichem Maße von Ihrer Veränderung profitieren, denn Sie verstärken von nun an die Sonnenseite des Lebens, die Kräfte der Harmonie.

Es ist keine ganz leichte Aufgabe, sich der psychischen Ursachen seiner Leiden überhaupt erst einmal bewußt zu werden. Ein Angestellter in gehobener Position kam in meine Praxis und klagte über Depressionen, die ihm die Freude am Leben genommen hatten. Es war gerade aus dem Krankenhaus entlassen worden, wo man ihn chirurgisch von seinen Magengeschwüren zu befreien suchte. Ein Drittel seines Magens war entfernt worden, und er wollte nun bei mir verstehen lernen, was in den geheimen »Werkstätten« in seinem Inneren vor sich ging.

Niemand hatte ihn je in den vergangenen Jahren nach den Hintergründen seiner Beschwerden, nach seiner seelischen Verfassung befragt. Lediglich Rollkuren, Tabletten und Diät wurden zur Symptombehandlung verschrieben. Aber was können Medikamente gegen Streß, Aversion und versiegende Lebenskraft ausrichten? In einfühlsamen Gesprächen konnte ich ihm vermitteln, daß familiäre und berufliche Schwierigkeiten in Zukunft den Rest seines Magens zerstören würden, wenn er sein altes »Muster« weiterführte.

Zwei Monate Suggestionstherapie machten ihn zu einem freien, gesunden Menschen, der es nun verstand, die positiven Kräfte in sich zu aktivieren, um seine Probleme zu lösen. Seine Suggestionen, die er nach der Therapie auch zu Hause weiter nutzte, waren auf innere Harmonie, Liebe zu sich und der Umwelt ausgerichtet.

»Wäre ich nur früher zu Ihnen gekommen«, sagte er mir später einmal auf einem Treffen für Freunde des Positiven Denkens. »Das Selbstvertrauen, das ich jetzt gewonnen habe, löst manche Probleme von ganz allein.«

Die intensivste Warnung, daß wir im »roten Bereich« sind, ist der Herzinfarkt. Seine Entstehung und Auswirkung ist im letzten Jahrzehnt durch alle Medien in breiter Ausführlichkeit zum Allgemeinwissen geworden. Die Infarkte haben seltsamerweise aber nur geringfügig abgenommen.

Eine Lieblingsbeschäftigung vieler ist leider immer noch das Rauchen, und es hat für viele bereits eine lebensbedrohliche Form angenommen. Die Statistik besagt, daß mehr geraucht werde als je zuvor, und eine Prognose sagt, daß in den nächsten Jahrzehnten mit einer weiteren eklatanten Zunahme zu rechnen sei.

Diese Worte sollten Sie in Alarmzustand versetzen. Nutzen Sie diese Minute, in der Sie einen Blick auf Ihr bisheriges Verhalten und Ihr bisheriges Leben werfen.

Nehmen Sie ein Blatt Papier, machen Sie zwei senkrechte Linien und notieren Sie links alles, was Sie verwirklichen wollen. In der Mitte, alles, was Sie tun sollten, um Ihre Ziele zu erreichen; rechts alles, was Sie lassen sollten, um zum Ziel zu kommen. Zum Schluß schätzen Sie aus der Menge der Notizen rechts, in der Mitte und links den erforderlichen Einsatz Ihrer Zeit und Kraft ab. Meiden Sie, was in Ihrem Leben den größten Druck und den größten Zeitaufwand verursacht hat. Lehnen Sie sich zurück und denken Sie nach: »Ist das hier Aufgeschriebene dasjenige, was ich will? Ist es das auch wert, was ich dafür zu tun habe? Werde ich den Erfolg davon auch wirklich genießen können?« Wenn ja, dann tun Sie, was zu tun ist. Handeln Sie mit Liebe, und Sie werden, getragen von der schöpferischen Allmacht, Ihren Zielen zufliegen.

Wenn Sie nicht völlig überzeugt sind, dann schalten Sie zumindest aus dem Schnellgang eine Stufe tiefer. Ihr Körper wird es Ihnen danken, denn er ist nicht für die Geschwindigkeiten gebaut, die wir heute mit Technik erreichen können. Sie werden in diesem Fall sogar die Feststellung machen, daß im ruhigen Tempo der Genuß und die Anteilnahme am Umweltgeschehen enorm zu steigern sind. Und der Herzinfarkt? Den können Sie vergessen; weil die Warnung angekommen ist.

Der Weg zur psychosomatischen Gesundheit

Zur Umkehr ist es selten zu spät. Ein Leben in Harmonie und Liebe kann wahre Wunder vollbringen und die Schattenseiten des Seins umwandeln in Freude, Harmonie, Liebe. Sie brauchen von nun an keinerlei weitere Leiderfahrung, um innerlich zu wachsen. Kein Hausarzt, Prediger oder Psychologe könnte mehr für Sie tun, als Sie selbst.

Zur Erleichterung Ihrer Arbeit prüfen Sie, zu welchem Typ Sie gehören.

Typ 1
geht mit dem Kopf durch die Wand, wenn es seine Vorstellung befiehlt.

Typ 2
kalkuliert in den ersichtlichen Nutzen einer guten Idee auch die Risiken ihrer Verwirklichung mit ein.

Typ 3
richtet sich ganz nach seiner Intuition. Er denkt und handelt aus einem guten Gefühl für die Sache.

Der eine lernt nicht viel aus seinen Erfahrungen; den anderen machen sie vorsichtiger; der dritte ist der einzige, dem es gelingen kann, alle Folgen eines Fehlverhaltens zu überwinden. Ein Kreislaufkollaps oder Herzinfarkt stürzen ihn nicht in Ängstlichkeit. Es ist ein Aberglaube, den Körper nach solchen Erkrankungen nur noch im Schongang erleben zu können. Ein Nach-Infarkt-Sanatorium im Schwarzwald beginnt mit den aus der Klinik entlassenen Patienten am ersten Tag mit einer kurzen gymnastischen Übung. Am nächsten Tag werden sie zu einem sehr kurzen Waldlauf aufgefordert, der täglich um eine Minute verlängert wird. Vier Wochen später absolvieren alle ehemaligen Herzpatienten – von 30 bis 80 Jahren – täglich einen halbstündigen Waldlauf. Wer sich nebenher durch Positives Denken von den negativen Prägungen seines Unterbewußtseins befreit und seine Gedanken zukünftig von der Weisheit seines hohen Geistes lenken läßt, der führt bald schon ein gesünderes Leben.

Positives Denken braucht aber auch Konsequenz. Alle Gespräche über Krankheiten, Pleiten, Pech und Pannen gehören in den geistigen Mülleimer. Machen Sie es wie ich mit meiner ständig kränkelnden Bekannten: Rufen Sie nicht mehr an, hören Sie nicht mehr hin! Sie bekommen nur negative Energie untergejubelt, und das Unheil wird von neuem beginnen.

Positive Denker sind nicht teilnahmslos, sie haben nur taube Ohren für Gedanken der Schwäche und der Verneinung, weil sie wissen, wie destruktiv das Erzählen von Krankheiten ist. Niemand kann ihnen Mangel an Mitleid oder gar Gefühlsarmut nachsagen. Würden Sie einem gesunden Partner beim Abendbrot zumuten, Gift zu trinken, das Sie ihm reichen? Dann muten Sie ihm auch nicht das geistige Gift negativer Gedanken zu, das durch Reden über Krankheit erzeugt wird. Niemand hat das Recht, einen anderen Menschen zu seiner negativen Weltsicht herabzuziehen. Schützen müssen Sie sich selbst. Ich für meinen Teil entferne mich von derartigen Gesprächspartnern, innerlich und äußerlich.

Schutz und Geborgenheit im geistigen Gesetz

Die Angst vor dem Tod kann nur durch Vertrauen in das Leben aufgehoben werden. Die größte geistige Hilfe für ältere Menschen ist, wenn sie sich zu ihrer ewigen, inneren Wesenheit führen lassen, wenn sie wissen, daß das Leben ohne Ende ist und daß sie am Ende ihrer Tage lediglich ein getragenes Gewand ablegen werden.

Liebe zu allem Geschehen des Lebens wirkt auf jeden Fall fruchtbringender als jedes Beruhigungsmittel. Angst vor dem Sterben wird immer auch mit beginnenden körperlichen Beschwerden verbunden sein. Nicht nur weil wir älter werden, sondern auch, weil Angst, vor dem was kommt, unsere Lebensgeister langsam und sicher versiegen läßt und damit beginnender Krankheit Vorschub geleistet wird.

Eine besonders interessante Erfahrung machten wir mit einem jungen Mann. Eine Mutter brachte ihren zwanzigjährigen Sohn zur Erstkonsultation. Wegen seines kleinen Wuchses glaubte ich zunächst einen Vierzehnjährigen vor mir zu haben. Vor lauter Ängsten war der junge Mann scheinbar zu nichts mehr in seinem Leben fähig. Unablässig stürzte er von einer Krankheit in die andere. Um nicht von zu Hause weg zu müssen und sich die Zuwendung der Mutter zu erhalten, war er fast ständig in irgendeiner Weise krank. Seit sieben Jahren litt er an Diabetes (Zuckerkrankheit).

Die Therapie gestaltete sich in den Anfängen zunächst etwas schwierig. Es war nicht leicht, ihn ruhigzustellen. Nach etwa vier Wochen mußte eine Therapiepause eingelegt werden, weil er wegen starker Nierenschmerzen zu einer klinischen Behandlung gehen mußte. Was bei den Untersuchungen zutage kam, war nicht etwa ein Nierenversagen oder ähnliches, sondern Vorboten einer Genesung. Die Ärzte stellten fest, daß ein erstmaliger starker Rückgang der Zuckerwerte ohne ersichtlichen Grund eingetreten war. Nach eingehender Beratung im Kollegenkreis kamen wir zu dem Ergebnis: Die vierwöchigen Suggestionen zum allgemeinen Aufbau seiner Gesundheit hatten die Nebennierenfunktion meßbar verbessert. Die zuständigen Zellgruppen hatten ihren »Dienst« wieder aufgenommen und produzierten erneut Insulin. Wir alle freuten uns über diese schnelle Wandlung von Peter S. Für uns wurde wieder einmal sichtbar, daß *keine* Krankheit vor dem massiven Einsatz positiver geistiger Energie sicher ist.

Als mir Eltern einen Spastiker brachten, mußte ich allerdings die Hypnose unterlassen. Spastiker sind durch ihre unkontrollierten Bewegungen nicht oder nur wenig mit Suggestionen zu beeinflussen. Ich konnte aber die Eltern dafür gewinnen, den Jungen zur dynamischen Meditation in ein Münchner Osho-Zentrum zu bringen. Diese besondere Form der Meditation, in der er den Körper in der ersten Viertelstunde in starke Vibrationen versetzen muß, bewirkt eine intensive Entladung von körperlichen Überspannungen. Es stellte sich heraus, daß spastische Krampfbewegungen sehr wohl mit *eigener* Initiative behandelt werden können. Der Junge schüttelte seine angestauten Energien frei. Seine spastischen Zuckungen waren unmittelbar nach einer dieser Meditationen nur noch halb so stark.

Ein besonderes Erfolgserlebnis für uns alle erlebten wir mit der darmkranken Frau Charlotte P. Seit viereinhalb Jahren litt sie an Depressionen, Schilddrüsenbeschwerden, Kopfschmerzen und Kolitis ulcerosa. Mit Beginn der Hypnosetherapie hatten meine Mitarbeiter und ich den Eindruck, einen wirklich geplagten und hilfsbedürftigen Menschen vor uns zu haben.

Zuerst baten wir Frau P., einmal zu einem meiner Seminare nach Inzell in Oberbayern zu kommen. Die Erfahrungen, die sie hier machte, waren fast etwas wie eine Erleuchtung, und sie wollte jetzt in konzentrierter Weise den *Arzt in sich* zu ihrer Genesung mit einbeziehen.

Nach den ersten 14 Tagen hatte sie sich bereits aus meinen Praxisunterlagen eine Reihe eigener Suggestionen zusammengestellt. Ich bringe hier einen kleinen Auszug ihrer abendlichen Meditationstexte. Sie notierte sich, als gläubige Katholikin, folgende Suggestionen:

- *Friede, Harmonie und Ausgeglichenheit herrschen in meinem Herzen und in meinem Geist.*
- *Die unendliche Heilkraft meines Unterbewußtseins durchströmt mein ganzes Sein. Sie nimmt sichtbare Gestalt an als Harmonie, Gesundheit, Friede und Freude.*
- *Die Vollkommenheit Gottes findet jetzt ihren wunderbaren Ausdruck durch meinen Körper. Die Vorstellung völliger Gesundheit erfüllt jetzt mein Unterbewußtsein und macht mich wieder heil.*
- *Ich fand den Herrn, der mich erhörte und mich frei machte*

von allen meinen Ängsten. Mir kann nichts geschehen, denn er
führt mich zu stillen Wassern und zu grünen Auen.

Zwanzig Doppelstunden Therapie machten aus ihr einen innerlich ruhigen Menschen, der es lernte, mit seinen Leiden umzugehen – und mit ihnen fertig zu werden. Die Kopfschmerzen
waren schon während der Therapie verschwunden. Im Sommer
danach hörte ich von ihr auf einer Veranstaltung, daß auch ihre
Darm- und Schilddrüsenbeschwerden verschwunden seien.

Krebs – unsere härteste Aufgabe

Fast an erster Stelle stehen in diesen Jahrzehnten die Bemühungen der Medizin, die unnahbarste Krankheit, den Krebs, unter
Kontrolle zu bekommen. Immer wieder wird den Betroffenen
mit einem neuen Wunderheilmittel, einer neuen Therapie Hoffnung gemacht, die sich letzten Endes als Trugschluß oder nur als
Hilfe für wenige erweisen. Alle möglichen Reizstoffe in einer
verschmutzten Umwelt oder ererbte Anlagen (Dispositionen)
versuchen die Wissenschaftler für die Krebsentstehung verantwortlich zu machen. Bis heute ist es ein vergeblicher und erfolg-
loser Einsatz. Nur zwei Prozent mehr werden heute gesund, als
es vor fünfzig oder hundert Jahren der Fall war. Ist das hinsichtlich dieser scheinbar unangreifbaren Krankheit nun unserer
Weisheit letzter Schluß?

Die Medizin steht nur deshalb dieser Krankheit so hilflos
gegenüber, weil sie Patienten immer noch als körperliche Ob-
jekte betrachtet, in denen ein Mechanismus außer Kontrolle geraten ist. Diese Uneinsichtigkeit des ärztlichen Berufsstandes
nimmt den Alternativmedizinern manchmal die Luft. Weil
»nicht sein kann, was nicht sein darf«, ist es, wie es ist – und es
wird vielfach unnötigerweise weiter an Krebs gestorben.

Professor Dr. Douves, der seine Krebsklinik in Bad Aibling auf einer neuartigen Ganzheitsbehandlung aufbaut, war es möglich, mir selbst, als ich an Krebs erkrankt war, und vielen anderen Patienten zu helfen. Vor Jahren bestätigte er den Besuchern eines Seminars, seinen meistens als unheilbar geltenden Krebskranken schon seit vielen Jahren geistige Hilfe nach Murphy zuteil werden zu lassen.

Er sagte in seiner Einführungsansprache: »Wer Dr. Murphy kennt, weiß, daß wir alle falsch programmiert sind, daß besonders der Krebskranke falsch programmiert ist, weil ihm von allen Seiten gesagt wird: Du bist unheilbar, dir ist nicht mehr zu helfen. Wir wissen aus Dr. Murphys Lehre vom Positiven Denken, daß wir dieses Tonband endlich einmal löschen müssen. Wir müssen neue Wege gehen, um auch vom Geiste her frei zu sein und einer Behandlung des Geistes offener gegenüberzustehen.

Unsere Medizin ist in den meisten Fällen noch sehr primitiv. Wir behandeln unsere Patienten somatisch (körperlich) und glauben, damit alles getan zu haben. Im letzten Jahrzehnt ist die Psyche mehr mit einbezogen worden, so daß wir jetzt teilweise psychosomatisch behandeln. Das ist schon ein Fortschritt, aber wir sind noch weit davon entfernt, wirklich zu verstehen, was der Mensch in seinem tiefsten Grunde ist.

Wir haben scheinbar vergessen, daß über dem Körper der Geist steht und daß da noch etwas ist, das gleichfalls zur Hilfe werden kann.

Es ist entscheidend, wie wir zum Geistigen stehen, wie wir zu Gott stehen, ob wir in Harmonie zu uns selbst leben oder nicht. Wir wissen auf der anderen Seite, daß gerade das Geistige das fördernde Prinzip der Seele und des Körpers ist, dem wir zuwenig Beachtung schenken.«

Diesem großen Arzt konnten seine orthodoxen Kollegen lange nicht seinen Weitblick hinsichtlich neuer Behandlungsmethoden verzeihen. Er steht jedoch nicht allein mit seiner Überzeugung, die Lösung des Problems Krebs im Geistigen suchen zu müssen. Der Mediziner und Leiter von ZIST (Zentrum für Individual- und Sozialtherapie), Dr. Rolf Büntig, hielt in München einen Vortrag zu dem Thema »Selbstmord Krebs«. Auch für ihn ist der psychische Auslöser vor einer Intervention auf körperlicher Ebene vorrangig. Er hat sich damit die Anschauung der östlichen Ganzheitswissenschaft zu eigen gemacht. Wer jahrzehntelang Probleme, Konflikte und negative Vorstellungen in sich hineinfrißt, wer sich den Kräften seines göttlichen Wesens entzieht und damit seine Ganzheit der göttlichen Ordnung entrückt, der kann die Wirkung eventuell auch an jenen körperlichen Veränderungen ablesen, die dann eventuell Krebs genannt werden.

Alle Suche nach äußeren Anlässen ist nur eine oberflächliche Suche. Es ist der unzulängliche Versuch der Schulmedizin, für Krebs eine körperliche/materielle Ursache zu finden. Lassen Sie sich von meinen Bemerkungen aber nicht die Hoffnung nehmen, die Sie vielleicht in diese Behandlungsart gesetzt haben. Wie ich Ihnen gezeigt habe, ist jede positive Vorstellung hilfreich, ein Problem zu überwinden. Alles, was ich Ihnen bisher gesagt habe, soll Ihre Hoffnung verstärken. Sie sollten wissen, daß Sie bereits einen großen Schritt über die alleinige medikamentöse Behandlung hinaus gemacht haben.

Dr. Carl Simonton aus Texas/USA beschreitet diesen psychologischen Weg in der Krebsbehandlung ganz konsequent. In seinem *Cancer Counselling and Research Center* ging er von Anfang an ganz auf die emotionalen Bedürfnisse seiner Patienten ein. Als einer der ersten Fachärzte fand er bei Untersuchungen heraus, daß Streß meistens eine Depression nach sich zieht. Diese wiederum führt mit hoher Wahrscheinlichkeit zu einer körperlichen »Depression«. Der Ausbreitung einer Krankheit durch die Schwäche des Immunsystems ist damit Vorschub geleistet. Dr. Simonton geht nun ganz systematisch an den psychologischen Wiederaufbau eines Krebspatienten heran; er führt ihn zu mehr Körperbewußtsein, mehr Lebensmotivation und baut sein Selbstwertgefühl neu auf. So wird ein Patient vom »hilflosen Opfer seiner Krankheit« zum glaubensstarken Mitarbeiter des Arztes.

Viele der Elemente Dr. Simontons zur höheren Bewußtwerdung und auch hinsichtlich der spirituellen Bedeutung einer Krankheit sind zu einem wichtigen Bestandteil meiner Seminare geworden.

Wer die negativen Aspekte seiner streßgeplagten Lebenssituation durch positive Motivation *und* Handlung verändert, verläßt den Teufelskreis, in den er sich hineinziehen ließ. Positives Denken, Entspannungs-, Suggestionstechniken und Meditation aktivieren einen Teil jener 90 Prozent unseres unbewußten Potentials, auf das wir im normalen Alltag selten zurückgreifen. Hier liegen die Reserven, um das Bild von sich und seinen Möglichkeiten verändern zu können und auch die Symbolik einer Krankheit besser verstehen zu lernen.

Es gibt keinen »hoffnungslosen Fall«

Nicht der schwächste Körper, nicht einmal der »inkurable«, ist ein hoffnungsloser Fall. Er ist es nur in dem Augenblick, in dem der Patient sich selbst aufgibt, in dem er vor seinen negativen Energien kapituliert und sie in seinem Körper frei wirken läßt. Sein Untergang ist der Zweifel, den er an der unendlichen Stärke in sich selbst aufkommen läßt und der ihn letztlich tötet.

Spüren Sie die Verantwortung, die Sie mit diesem Wissen gegenüber anderen Kranken haben? Fühlen Sie die Kraft des Trostes, den Sie offenen Herzens und offenen Ohren spenden können? Die Geschichte, die das Leben schreibt, ist eine, deren Ende nicht feststeht. Wir können zu jeder Zeit und in (fast) jeder

Situation Regie führen und den Prozeß beeinflussen – Krebs ist dabei nicht ausgenommen.

Mittlerweile sind mir unzählige Frauen und Männer bekannt, bei denen in den hoffnungslosesten Situationen Heilung möglich wurde. Allein in München kenne ich mehrere von Medizinern aufgegebene Patienten, die mir Jahre nach ihrem Todesurteil durch ihre Ärzte freudestrahlend nach einem positiven klinischen Gesundheitstest entgegentraten. Die Metastasen, gegen die ein Mediziner manchmal nichts mehr unternehmen kann, waren bei ihnen verschwunden. Wodurch?

Die Rettung dieser Patienten hatte einen sehr ähnlichen Verlauf genommen. Fast alle erlebten die Krebserkrankung nach einem langen Leben in Sorgen, Frustrationen und unter hohen seelischen Belastungen. Niemand hatte sich je im Höhepunkt ihrer Krankheit um ihre seelische, geistige Verfassung gekümmert. Chirurgische Eingriffe und Bestrahlungen waren die letzten Alternativen – und auch sie konnten kein Ende des Leids bringen. Ein östlicher Weiser würde sagen, wer in den Ozean der Unwissenheit gefallen sei, kann nicht dadurch gerettet werden, daß man sein äußeres Gewand – den grobstofflichen, materiellen Körper – rettet.

Viele kommen in ihrer größten Leidenszeit mit dem Positiven Denken in Berührung. Es fiel ihnen im rechten Augenblick zu. Der eine liest Dr. Murphys oder meine Bücher, der andere kommt nach der Operation in meine Praxis. Ihre Erkenntnis, in ihrem Leben viele, zu viele negative Kräfte in sich aufgenommen zu haben, war es, die bei allen wie eine Erleuchtung wirkte. Von diesem Augenblick, in dem sie dies erkannten, widmeten sie sich vollkommen der Harmonisierung ihres Innenlebens; im Gebet die einen, mit selbstzusammengestellten Suggestionstexten die anderen.

Demütig unterstellten sie sich der göttlichen Ordnung. Sie sagten und meinten: »Dein Wille geschehe!« – Den geistigen Gesetzen der Harmonie und der Liebe zu folgen, brachte ihnen diese innere Haltung, ihre Erlösung. Sie wollten nichts mehr, sie haderten nicht mit ihrem Schicksal, sie nahmen es rückhaltlos an – und so konnte mit diesem Geschehenlassen die stärkste und heiligste Kraft in ihrem Selbst sie jetzt gesunden lassen.

Es war ein endgültiges Lossagen von ihren falschen Vorstellungen, von ihren Irrtümern über Gott und die Welt. Der Leidensdruck brachte sie zu jener Bewußtseinserweiterung, die Meditationsschulen und Yogazentren den reinen Verstandesmenschen nahelegen möchten. Jeder kann zu einem solchen »begnadeten« Menschen werden. Jeder kann die unendliche Weisheit seines höheren Selbst in seine irdische Realität einfließen lassen. »Das Himmelreich ist in euch«, sagt Jesus. Niemand wird es je außerhalb von sich selbst finden.

»Ein weiser Mensch ist wie eine weiße Wolke, die am Himmel dahinzieht, nicht wissend wohin, aber voller Vertrauen. Wohin der Wind sie auch weht, dort wird ihr Ziel sein. Wir müssen es nur zulassen, einfach geschehen lassen!«

Wer bei Personen in seiner nächsten Umgebung von einer Krebserkrankung erfährt, der braucht nicht verzweifelt die Hände in den Schoß zu legen, wenn der Kranke noch nicht von den inneren Kräften weiß und wenn er sie noch nicht zur Genesung herbeiziehen kann. Senden Sie dem Kranken Liebe und Kraft, sich selbst zu finden. Vereinigen Sie Ihre Kraft mit der einer gleichgesinnten Gruppe. Sie wird sich mit jedem Teilnehmer verstärken. Eine ganze Familie, die ihre Energie einem Kranken im Gebet oder der gemeinsamen Meditation zusendet, entwickelt gewaltige Heilkraft, die vieles ändern kann, wenn es der Kranke denn annehmen will. Nicht Mitleid, sondern Anteilnahme helfen dem Kranken, alle sollten ihn gesund und strahlend vor sich sehen. Den geistigen Gesetzen zu Folge, können wir über jede irdische Entfernung eine positive Vorstellung auf andere übertragen.

Ein Kollege berichtete mir, einer Familie mit einem sehr rational denkenden Vater mit unheilbarem Lungenkrebs zu dieser einzig noch möglichen Übertragung der Lebenskraft geraten zu haben. Die Ärzte gaben ihm im Februar des Jahres noch vierzehn Tage. Er lebte nach letzter Information im Winter vier Jahre später immer noch. Die Familie berichtete von der unglaublichen geistigen Wandlung des Vaters, und die Ärzte sprechen von einer ungeklärten »spontanen Remission«.

Der positive Schlußstrich

Es gibt kein Leid, gegen das keine Hilfe möglich und gegen das kein »Kraut« gewachsen wäre. Und es gibt kein Leid und kein Problem, das nicht auch ein Geschenk in sich trüge. Osho sagte einmal: *»Du suchst Probleme, weil du Geschenke brauchst!«*

Probleme können uns bedeutende Einsichten schenken, sie wollen uns helfen, zu erkennen, was uns ohne sie, ohne guten Grund also, nicht einfallen würde. Jedes Problem beinhaltet gleichzeitig auch seine Lösung. Die Zeit, die zwischen der Entstehung eines Problems und seiner Lösung verstreichen muß, dient im wahrsten Sinne des Wortes unserer geistigen Reife. Manchmal fällt der Tod *in* diese Zeit. Kann ein Mensch sich anmaßen, nach dem Warum zu fragen?

Wenn Sie erkennen, daß Sie Ihr eigener Erlöser sind, dann ist dieses Buch Ihr Leitfaden dazu, und er wird Ihnen gute Dienste leisten.

Nehmen Sie aus dem, was Sie in diesem Buch gelesen haben, das heraus, was Sie jetzt anspricht. Das andere lassen Sie so lange beiseite, bis Sie dafür Verwendung haben. Sicherlich werden Sie vieles ganz anders aufnehmen, wenn Sie dieses Buch ein zweites Mal lesen. Nehmen Sie mich auch nicht immer wörtlich. Manches kann für Sie anders sein, als ich es darstelle. Akzeptieren Sie, daß es nicht Ihre Wahrheit sein muß, die ich hier beschrieben habe, daß es aber zur Wahrheit führen kann, *wenn Sie danach verlangen.*

So viele Menschen auf Erden leben, so viele Wege gibt es zu höherem Bewußtsein und zu einem vollkommeneren Leben. Machen Sie Ihr Leben in dieser schönsten aller Welten zu einer einzigen Freude, empfangen Sie den Geist, mit dem ich Ihr Bewußtsein erweitern helfen möchte. Alle Wege führen nach Rom; deshalb gehen Sie Ihren Weg nach Rom, weil es Ihr Weg ist, und weil es der Erleuchtung egal ist, wie Sie sie erlangen!

Ihren eigenen Weg werden Sie finden, wenn Sie sich von den herkömmlichen Denkmustern frei machen, in die Sie Ihre Erziehung und Ihr Schulwissen gedrängt haben. Ich bin für Sie ein Durchgangsstadium zu einem unendlich tieferen Wissen, dessen Erfahrung Ihnen von nun an zufließt. Vielleicht übersteigt sein endgültiges Verstehen noch Ihr Fassungsvermögen, aber bald schon eröffnet sich Ihnen »ein neuer Himmel und eine neue Erde«. Solange wir einen irdischen Körper haben, sind wir alle und immer nur auf dem Weg, sind in Entwicklung begriffen. Wer dürfte so überheblich sein, zu meinen, er hätte es schon weitergebracht als sein Gegenüber?

Ihr persönliches Lebensglück ist das einzig Erfahrbare auf dieser Welt, das Sie nicht von einem anderen Menschen erhalten können. Sie müssen es sich selbst bereiten, um es zu erleben. Halten Sie deshalb nicht die Hand auf, um auf die Freigebigkeit des Schicksals zu warten. Legen Sie dieses Buch so lange nicht zur Seite, streichen Sie sich alle für Sie persönlich wichtigen Stellen an, bis Sie leben, wie Gott es für Sie gewollt hat. Als Sie lesen lernten, haben Sie sich auch täglich damit beschäftigen müssen. Halten Sie es nun genauso, wenn Sie eine fruchtbare Beziehung zu Ihrem Unterbewußtsein aufnehmen. Wenden Sie die größten Weisheiten und Erkenntnisse, die Sie hier neu gewonnen haben, auch in den kleinen Dingen Ihres Alltags an. So werden Sie in kurzer Zeit ein neuer Mensch.

Wenn Ihnen die aufgezeigten Zusammenhänge von Seele, Körper und Geist einleuchtend erscheinen, dann helfen Sie mit, den schulwissenschaftlichen Geist, der immer noch zu »körperlich« denkt, zu verändern. Bereiten Sie durch Positives Denken den Zugang zu Ihrem Wesenskern, zu Gesundheit und allem Glück dieser Welt.

Der Weg zur geistigen Befreiung ist lang oder kurz, abhängig davon, wie intensiv Sie sich ihm widmen. Je unbeirrbarer Sie sich auf Ihren Weg begeben, desto mehr werden Sie sich dem Leben verbunden fühlen. Manche kenne ich, die sich im Falle einer Krebserkrankung nicht mehr operieren lassen würden. Sie haben die Machtlosigkeit äußerer Eingriffe erkannt und spüren die Mahnung, die in der Krankheit liegt. Dann hilft tatsächlich nur noch die absolute Unterstellung unter die geistige Führung, und der Ausgang hängt von immateriellen Kräften ab.

Wenn Sie darin meiner Meinung sind, gehen Sie generell nur noch zu einem Heilpraktiker oder einem Arzt, der in seiner Praxis danach verfährt. Lassen Sie sich niemals mehr mit einem schnell verschriebenen Medikament symptomatisch auf die »lange Bank« schieben. Versuchen Sie in Zukunft, zuerst zu klären, ob Sie vom Arzt Ihres Vertrauens auch seelisch-hintergründig behandelt werden. Im Zweifelsfall wenden Sie sich an den Verband Deutscher Heilpraktiker.

Wenn Sie ein kritischer Geist sind, dann prüfen Sie Ihre Umwelt auf Täuschungsmanöver. Unterliegen Sie nicht jedem Werbeangebot oder Illustriertenartikel, und glauben Sie nicht, ein neues Präparat für das Wohlbefinden sofort ausprobieren zu müssen.

Läßt Ihr Wohlbefinden zu wünschen übrig, dann tauchen Sie als erstes in Ihr eigenes Selbst hinab. Sie kennen jetzt die Möglichkeiten, den Ursachen seelischer und körperlicher Störungen auf die Spur zu kommen. Rechte Entspannung und suggestive Gedanken verhelfen Ihnen wieder zur inneren Harmonie.

Sie werden nun bald feststellen: Harmonie und Liebe bescheren Ihnen alles, wonach Sie sich im Leben sehnen, auch Gesundheit, Erfolg und die Aussöhnung mit manchem meiner Gedanken, mit dem Sie nicht ganz einverstanden waren. Bleiben Sie Mensch wie ich. Gemeinsam wollen wir uns in Zukunft Mühe geben, nicht mehr auf den verschlungenen Pfaden unseres egoistischen Seelenanteils zu wandeln. Denn wir haben uns für das Glück entschieden!

Ich danke Ihnen, daß Sie während dieser Seiten mit mir den gleichen Weg gingen. Vielleicht berühren sich unsere Schicksale erneut; lachen Sie mich einfach an, wenn wir uns begegnen. Die Früchte unserer Arbeit lassen uns einander erkennen.

Mit sehr liebevollen Grüßen
Ihr
Erhard F. Freitag

Von der Theorie zur Praxis: Aktivieren Sie die Kräfte Ihres Unterbewußtseins....

Wie können Sie täglich die Techniken von Erhard F. Freitag optimal anwenden? Lassen Sie sich doch von ihm selbst dabei helfen. Was möchten Sie erreichen? Möchten Sie schlanker werden, mehr Selbstbewußtsein erlangen, erfolgreicher im Leben werden? Erhard F. Freitag erschließt Ihnen mit seinen Kassetten die Kräfte Ihres Unterbewußtseins. Und damit Sie Ihre Ziele noch leichter und schneller erreichen, hat er die WHOLE-BRAIN® Technik des bekannten Wissenschaftlers Dr. Eldon Taylor auf den Kassetten verwendet.

Womit möchten Sie beginnen? Wählen Sie Ihre Wunschtitel aus:

• Konzentration • Angstfrei leben • Frei von Streß • Selbstbewußtsein • Liebe und Partnerschaft • Schlank sein • Selbstheilung • Ruhig schlafen • Wohlstand • Erfolg • Positiv denken • Nichtraucher • Frei von Nervosität • Der Weg zu Gott • Bewußt leben • Entspannung • Gebete • Glücklichsein • Selbsterkenntnis • Kraftquelle Unterbewußtsein • Frei von Schuldgefühlen • Spirituell erwachen

... denn : Mit Ihrer inneren Kraft erreichen Sie leicht und sicher Ihre Ziele

Jedes Programm besteht aus 2 Kassetten:

Kassette 1 - Das Entspannungs-Programm
Die wohltuende Stimme von Erhard F. Freitag führt Sie in eine angenehme Entspannung, dabei regenerieren Sie an Geist und Körper.

Kassette 2 - Die WHOLE-BRAIN® Methode
Unterschwellige Suggestionen ermöglichen Ihnen, Ihre Ziele "so ganz nebenbei" ohne zusätzlichen Zeitaufwand zu erreichen. Sie brauchen nur angenehme Musik zu hören.

Wie wäre es, wenn Sie Ihr Wissen um die Geheimnisse des Lebens an andere weitergeben?
Durch dieses Werk haben Sie einen tiefen Einblick in die Geistigen Gesetze bekommen. Sie studieren nun an der Schule des Lebens, teilen Ihr neues Wissen mit denen, die weniger Einblick in den Sinn des Seins haben. Ihre Mitmenschen hungern und dürsten nach der Botschaft von ihrer Erlösung. Geben Sie ihnen vom Brot der Erkenntnis, sodass sie satt werden und Frieden in sie einkehrt.

Chris Griscom sagt:

> »Nur spirituelle Lebenslehrer in großer Zahl
> werden eine Wende weltweit einleiten.«

Die Ausbildung zum
»Spirituellen Seminarleiter/Lebenslehrer«

mit
Zarah Flaschberger
und
Erhard Freitag

Diese Ausbildung wendet sich an Menschen, die sich ihrer Eigenverantwortung im Größeren bewußt sind und die sich mit Achtsamkeit sowohl inneren und äußeren Prozessen als auch der Klarheit des Geistes stellen möchten. Die Erfahrungen zeigen, daß ein Netzwerk von Gleichgesinnten, die im Willen des Ganzen stehen, Großes bewirken kann. Wenn in einer Gemeinschaft Gerechtigkeit, Gleichheit und Miteinander ausgewogen sind, alle an den Ergebnissen, auch an den Erfolgen in fairer Weise beteiligt sind, dann kann eine weltumfassende Bewegung ausgelöst werden. Der Weg, den Sie gehen, wird bestimmt durch das, was Sie glauben und durch Ihre Meinung von sich und der Welt.

Dieses Ausbildungsprojekt stellt eine Brücke vom Ort der Rückbesinnung zum wahrhaft erfüllten Leben im Hier und Jetzt dar.

Nähere Informationen und Termine bekommen Sie im
Institut für Hypnoseforschung.

SANFTE HEILUNG
DURCH
HYPNOSE ®

Das Institut für
Hypnoseforschung
informiert:

Durch Suggestionstherapie (Hypnose) zu
einem erfüllten Leben

Qualifizierte Therapeuten an verschiedenen Orten helfen Ihnen,
durch die von mir entwickelte Hypnosetherapie Sorgen und
Ängste aufzulösen. Ihre Kraftzentrale Unterbewußtsein
wartet darauf, Ihnen zu helfen und Sie zu Ihren zukünftigen
Erfolgen zu führen. Weitere Informationen beim:

Institut für Hypnoseforschung
Postfach 200816
80008 München
Tel. (089) 7901525
E-mail: sekretariat.freitag@t-online.de
Internet: http: //www.efreitag.com

LEBENSFREUDE
MIT ALTEM WISSEN

13972

Die Erfolgsautoren und Initiatoren der »Mondwelle« rufen ebenso altes wie zeitloses Wissen um die Rhythmen der Natur wieder ins Bewußtsein: Damit jeder aus eigener Kraft das Beste für sein Wohlbefinden tun kann.

Feng-Shui ist die uralte chinesische Wissenschaft von der Wirkung des Lebensraums auf den Menschen. Detaillierte Anleitungen ermöglichen es jedem, über ein harmonisch ausgerichtetes Heim seine Lebensqualität zu verbessern.

16120